本著作获得国家社科基金资助：AI 时代中国公民道德选择能力定性
与定量研究（项目编号：21BKS165）

人工智能时代中国公民道德选择能力培养研究

潘 军 著

中国财经出版传媒集团
中国财政经济出版社
·北京·

图书在版编目（CIP）数据

人工智能时代中国公民道德选择能力培养研究／潘军著. -- 北京：中国财政经济出版社，2024. 6
ISBN 978 - 7 - 5223 - 3176 - 8

Ⅰ. ①人…　Ⅱ. ①潘…　Ⅲ. ①公民教育－社会公德教育－研究－中国　Ⅳ. ①D648. 3

中国国家版本馆 CIP 数据核字（2024）第 104552 号

责任编辑：彭　波　　　　　　责任印制：史大鹏
封面设计：卜建辰　　　　　　责任校对：胡永立

人工智能时代中国公民道德选择能力培养研究
RENGONG ZHINENG SHIDAI ZHONGGUO GONGMIN
DAODE XUANZE NENGLI PEIYANG YANJIU

中国财政经济出版社 出版
URL：http：//www. cfeph. cn
E - mail：cfeph@ cfeph. cn

社址：北京市海淀区阜成路甲 28 号　邮政编码：100142
营销中心电话：010 - 88191522
天猫网店：中国财政经济出版社旗舰店
网址：https：//zgczjjcbs. tmall. com
中煤（北京）印务有限公司印刷　各地新华书店经销
成品尺寸：170mm × 240mm　16 开　23.25 印张　327 000 字
2024 年 6 月第 1 版　2024 年 6 月北京第 1 次印刷
定价：88. 00 元
ISBN 978 - 7 - 5223 - 3176 - 8
（图书出现印装问题，本社负责调换，电话：010 - 88190548）
本社图书质量投诉电话：010 - 88190744
打击盗版举报热线：010 - 88191661　QQ：2242791300

序

潘军同志的博士学位论文《人工智能时代中国公民道德选择能力培养研究》即将付梓，同时，在该学位论文基础上申报的社科基金项目也获得国家哲学社会科学规划办立项支持。这既是对该课题也是对其勤勉治学精神的肯定与支持。

思想政治教育学科是一个新兴学科，在信息技术时代，如何根据时代的发展变化实现思想政治教育学科的守正创新是推进思想政治教育学科发展的重大问题。目前，数字思政、数据思政、网络思政、智能思政和智慧思政等概念的提出正是思想政治教育学界努力把思想政治教育与信息技术时代结合起来的有益尝试。《人工智能时代中国公民道德选择能力培养研究》正是这种尝试的体现。在信息时代，如何实现思想政治教育与人工智能、大数据等现代科学技术的相融、共建、协同发展和协同实践呢？作者在该著作中指出，在过去的传统社会，公民道德选择是人们在遵循已掌握的天、地、人及自然之道的基础上，对即将作出的行为作出道德性质判断，即在善与恶、是与非、好与坏、对与错的二元对立统一结构中作出评定、筛选，进而作出符合主观需要与客观实际的具体行为。但是，在人工智能、大数据广泛融合应用的新时代，思想政治教育要完成好立德树人根本任务就必须顺应信息革命而作出应有的面向现代化和走向现代化的“自我革新”和“自我提升”。这不仅是思想政治教育学科建设与发展的必然要求，也是思想政治教育学领域学术者应有的基本品质与基础性实践力。因为在这个数据化时代，人工智能、大数据成为新的社会发展主题和助力进步发展的常用工具与要素，推动了时代的快速进步与深刻发展，同时也凸显出在人们作道德选择时，原有的思维范式、选择路径和方式方法的局限性。即仅关注道德与否，难以体现行为选择的道德价值大小和覆盖范围，难以体现道德选择性质的纯粹性、排他性和复杂性，难以适应人工智能、大数据时代公民道德选择的新诉求、新愿望和新实践。而《人工智能时代中国公民道德选择能力培养研究》致力于公民研究“大数据道德素养”“大数据科技素养”之培育，这将有助于公民的道德选择能力提高。

通观全书，我认为有以下特点。

一是研究视角的创新。从科技哲学视野探索思想政治教育学科的道德选择能力培养问题，这种研究在学术界还不多见。该著作既从马克思主义哲学、道德伦理学视角解读道德选择能力问题，从而为其立论提供思想性和权威性，又从实践的技术层面解决道德选择实践力的规程性、方法性，从而在一定程度上提升人们道德选择能力的精准性与和谐性。这极大地拓展了公民道德选择能力的传统范式。作者认为公民的道德选择能力既要注重传统的知、情、意、信、行之主观能动性和“问题—知识—问题”思维范式的引领应用，又应当以智能机器助力的“问题—数据—问题”思维范式和“数据⟷信息⟷知识”赋能范式进行融合应用。通过多学科知识综合集成研究，使得中国公民道德选择能力的信度、效度、精度和广度实现质的提升。

二是新概念的提出与阐释。“数智道德选择能力”是《人工智能时代中国公民道德选择能力培养研究》专著中的一个重要学术关键词，作者认为这是人工智能时代中国公民道德选择能力现代化的标志，是顺应人工智能、大数据时代的产物，是道德选择能力数据化和智能化之趋向。作者认为数智道德选择能力是关于人的道德选择能力数据聚通用后的网状结构综合研究成果，是运用了智能科学知识体系的“信源⟷信道⟷信宿”之信息传递原理，并通过“数据⟷信息⟷知识”不断获得了公民道德选择能力的感受力、爆发力。这些新概念及其阐释具有鲜明的前沿性，当然也面临极大的挑战性。

三是研究方法的创新性运用。诚如作者所言，《人工智能时代中国公民道德选择能力培养研究》专著，是通过人工智能、大数据来研讨思想政治教育学科之公民道德选择能力体系建设，形成了公民道德选择能力体系之本体论、方法论和工程论，以及形成了公民道德选择之预测能力、合作能力、抗变能力和智慧能力，实质上是以马克思主义科技哲学和道德伦理学、智能科学等多学科方法来综合研究推动公民道德选择能力及体系的现代化发展。

在以中国式现代化全面推进中华民族伟大复兴的征程中，我们不仅要建设经济和科技上的强国，还要建设包括道德文明的文化强国。《人工智能时代中国公民道德选择能力培养研究》成果的推出就是在信息化时代如何加强道德文化建设的一种可贵探索。当然，该著作还有不少值得商榷之处。因此，我热切期待潘军博士在已有研究的基础上，以“板凳要坐十年冷”的精神，潜心学术，关注时代，博采众长，综合创新，推出更多更好的成果。是为序。

朱 喆

2023 年 4 月 2 日于南湖玫瑰湾知不足斋

目　录

导　论

中国共产党第二十次全国代表大会庄严宣告：“从现在起，中国共产党的中心任务就是团结带领全国各族人民全面建成社会主义现代化强国、实现第二个百年奋斗目标，以中国式现代化全面推进中华民族伟大复兴”①。作为“为党育人、为国育才”的思想政治教育学科，必然要为提升公民道德选择素养和能力而努力，以保障中国式现代化的全面推进与建成。即“要运用新媒体新技术使工作活起来，推动思想政治工作传统优势同信息技术高度融合，增强时代感和吸引力”②。特别是要结合人工智能（Artificial Intelligence，AI）和大数据（Big Data，BD）等现代科技开展道德选择能力的深度融合应用研究，实现中国公民道德选择能力向着避恶向上向善的数据化、智能化方向发展，以及向着无限趋向最大化向善的可定性、可量化的精准化方向发展，才能助力公民道德选择能力提质增效和助力全面的中国式现代化进程与建设。

“人工智能是由人在特定社会活动诉求中，结合特定社会生产力而诞生的为了人且是服务人的先进性理性价值工具，从其演进发展过程和未来发展的可能性来看，可分为前人工智能、弱人工智能、强人工智能和超人工智能四个阶段”③。而“人工智能时代”通常定义为“大数据时代”的升级时代，是海量数据聚集后的融合应用之必然产物。正因为如此，在现

① 习近平：《高举中国特色社会主义伟大旗帜　为全面建设社会主义现代化国家而团结奋斗——在中国共产党第二十次全国代表大会上的报告》，《人民日报》2022 年 10 月 26 日。

② 习近平：《把思想政治工作贯穿教育教学全过程　开创我国高等教育事业发展新局面》，《人民日报》2016 年 12 月 9 日。

③ 潘军：《AI 智能层级与仿人实现的价值调控与治理研究》，《重庆大学学报》（社会科学版）2022 年第 2 期。

代科技得以迅速发展、大数据覆盖社会生产和生活方方面面的“数聚新时代”，“谁掌握了数据，谁就掌握了主动权”。数据主动权不仅包括一般意义上海量数据的搜集、分析、应用、支配和收益主动权，还深入延伸和扩展到保障国家安全和捍卫领土完整及其优势地位、抢先掌控国家经济社会发展创新动力和命脉、凝聚提高国家和社会文化软实力等事关国计民生各个领域、全方位的“数聚智能体”彰显出的爆发性数据价值掌握与应用的主动权。正因为如此，当前“人工智能和大数据”已然成为推动经济社会发展的基础性战略资源与创新主引擎。正是在这样的人工智能和大数据新时代背景下，要切实实现为中国人民谋幸福、为中华民族谋复兴，必须牢牢依靠现代科技，尤其要以大数据资源、人工智能和大数据技术的深度融合为手段来消解社会发展痛点，尽力满足中国公民各个层面的美好生活需求。为此，中国及世界各国人民纷纷把人工智能和大数据的研发应用作为重要内容和方向列入国家战略布局进行规划部署（见表 0－1），并称其为“人工智能时代”，已然将人工智能和大数据的融合应用研究，纳入了经济、政治、文化、生态、民生等领域的深度融合创新应用，以此壮大国家的

表 0－1　人工智能研发领域和应用领域信息

<table>
<tr><th>重点研发领域</th><th>美国</th><th>欧盟</th><th>英国</th><th>日本</th><th>应用领域</th></tr>
<tr><td rowspan="2">1. 数据科学：机器学习；2. 智能传感：智能感知；3. 图像识别；4. 语音识别；5. 自然语言处理；6. 知识图谱；7. 通用 AI；8. 人机协作（交互、通信、语言等）；9. 类脑科学；10. 机器人；11. 无人机；12. 自动驾驶；13. AI 芯片；14. 智能基础软件（操作系统等）；15. 智能化基础设施（网络、计算等）；16. 公共数据集和环境；17. 可解释的 AI（伦理道德、评估等）；18. 智能能源技术；19. 安全；20. 开源开放平台</td><td>1～17、19～20</td><td>1、9～10、12～13、15～18</td><td>1、10、12、15～17</td><td>3～6、9～10、12、15～17</td><td rowspan="2">A. 医疗康养；B. 交通；C. 制造业；D. 物流；E. 农业；F. 商贸营销；G. 金融；H. 能源；I. 司法；J. 通信；K. 教育；L. 政务服务；M. 食品；N. 环保；O. 国防；P. 科学技术；Q. 个人服务</td></tr>
<tr><td>ABCDEFGIJKLOPQ</td><td>ABCHILOQ</td><td>ABEHIKLOPQ</td><td>ABCDEHMNO</td></tr>
</table>

资料来源：中国信息通信研究院、中国人工智能产业发展联盟编印：《全球人工智能战略与政策观察》，2019 年。

国际竞争实力和国际话语权。当然，人工智能和大数据时代的中国也在加快“数字经济”“数字政府”“数字社会”三位一体的“数字中国”建设，构建起了“智慧城市”“智能产品”与配套服务，正努力打造“全人类网络空间命运共同体”的中国方案，力求促进人类全面自由解放与发展。因此，中国公民的智能化社会实践范式，特别是数据化和智能化的道德选择能力与质效，在一定程度上让人类文明发展看到了发展方向和希望理路，即这项研究具有代表性、典型性、可总结性和可塑造性。

诚然，随着人工智能和大数据逐渐融入人类社会各项社会活动，人类的社会意识、社会活动乃至生存环境越来越趋向数字化、数据化、网络化和智能化，人类世界也被虚拟化为“类人类世界”①，而这个虚拟世界的运行规则正映射和正改造着人类在真实社会中的言、行、举、止及思维方式和情绪情感活动。在传统社会的过去，人们主要依靠知、情、意、信、行的主观思辨范式进行公民道德选择能力的感悟、培养与提质；如今，则进一步拓展为通过多样化的思维范式来增强人类的道德选择活动。即大数据资源、人工智能和大数据技术作为当今社会发展的核心“道德生产力”②，能够帮助人们以人工智能和大数据为驱动力，通过数据分析、数据预测和数据应用，实现一定意义上的前瞻性、精准化和智能化的道德选择。在这种情况下，人的道德选择在一定程度上让机器助力而好像实现了数智道德选择，特别是随着机器智能化的深化发展，在解决新时代人类生产生活中的智能融合需要的同时，势必培养和提升人的整体性道德选择能力、人工智能和大数据道德选择素养，彰显公民道德素养的发展变迁。然而，事物的发展总有两面性，从反方向来看，人工智能和大数据的推广应用也在一定程度上为人类道德文明增添了一些不平衡不充分的发展因素和事实，如网络欺诈、数据隐私、数据霸权、数据权利等非理性事件屡见不鲜，甚至出现科技异化现象，人的道德选择权利被精准、快速和能干的“类人类的机器”器物冲击、代替、强（抢）占。为此，选择和引导人工智能和大数

---

① 参见潘军：《AI 理性价值智能的隐忧与消解》，《自然辩证法通讯》2018 年第 4 期。
② 参见于咏华：《论道德生产力》，《理论学刊》2004 年第 5 期。

据等现代科技朝着工具理性与价值理性的辩证统一方向发展，朝着科技始终是为人类社会健康发展服务的价值旨归发展，朝着助力人的道德选择和机器的数智道德选择皆趋向于避恶尚善、择小善向大善的美好愿景发展，就必须加强人工智能时代的道德选择能力培养研究，培养和提升公民适应人工智能时代信息社会发展的客观现实而深度融合应用大数据资源、人工智能和大数据技术克服并破解道德选择难题，全面提升公民道德选择能力的精准化和智能化，全方位提高公民道德选择的速度、效度、信度和精度，共建共享“全人类网络空间命运共同体”。从而解决新时代“培养什么样的人、如何培养人以及为谁培养人这个根本问题”①。

一、选题缘起

人工智能时代的大数据资源、人工智能和大数据技术、人工智能和大数据思维范式，为当今人类的道德选择带来了很大的变化性、复杂性和可能性。一方面，人工智能和大数据能够助力公民进行最大化向上向善的道德选择，既能为公民带来新满足、新便捷和新快乐，又能为公民激发出新需求、新使命和新责任；另一方面，人工智能时代包容社会价值多元化，这对于主要依赖知、情、意、信、行等人的主观能动性在道德与否的二元道德性质结构中辨析作出非恶即善的道德价值判断和选择的传统道德选择范式来说，既是机遇，又是挑战。即，要进行积极的扬弃，因时而进、因势而新地以大数据资源、人工智能和大数据技术拓展公民道德选择的多样化思维范式，助力向数据化、网络化、精准化和智能化发展。

（一）缘于道德选择在人工智能时代取得了一定程度的新的融合应用

人工智能时代，人工智能和大数据是信息社会不可或缺且更无法避免

---

① 习近平：《坚持走自己的高等教育发展道路：论学习贯彻习近平总书记高校思想政治工作会议讲话》，《人民日报》2016年12月9日。

的社会生活方式。一方面，人工智能和大数据覆盖了人们生产生活的方方面面。当下普遍使用的 GPS①、北斗、国土资源卫星遥感系统、无线网、智能手机等，以及相关领域正在使用的 AR②、VR③ 和较为普及的 5G 乃至未来即将普及的 6G 等技术，使得人们从出生起就自然而然地生活在人工智能和大数据深度融合应用的服务范围内；特别是人工智能和大数据搜集技术应用方式与范围的隐蔽性、广泛性，以及关联数据信息的可分析性，更是使得现代人几乎可谓“暴露”得干干净净，公民想留一点个人隐私都似乎成了“一厢情愿”和一种奢望。如个人直接性信息、关联性信息和碎片化信息一旦被搜集、掌握、分析、利用，人工智能和大数据技术就能更大限度、更快速度、更精准地客观分析出公民的绝大部分数据的真实信息，以至于公民信息只存在于被搜集了多少的区别，而不存在没有涉及的可能性空白。可以说，无论是主动还是被动，公民都只是沧海一粟，既十分精彩又令人无奈地生产生活在浩如烟海、汹涌澎湃的人工智能时代里。

另一方面，人工智能和大数据已经成为人们生存活动不可或缺的理路和实践载体。纵观人类发展史，每一个人都拥有自主选择自己社会活动方式的权利，毫无疑问，当然也会自觉选择和安排最优的、最紧密结合所属时代的且是名利双收的最佳方案。进入人工智能时代，人工智能和大数据的优越性、便捷性、舒适性傲然独立，它融合万物互联互通，形成智能的现代社会活动方式。既能更快速度、更好质量、更低成本、不易删除和遗忘、损失和伤害更小地服务，又能极大满足生产生活需求。人工智能和大数据必然成为当下人类社会活动中最受青睐的选择理路和选择载体。

同时，人工智能和大数据还将进一步走进人类社会活动更为微观的领域，并持续为人类提供更优质、更贴心和更精准的个性化服务。人工智能

---

① GPS（Global Positioning System，全球定位系统）。这是起始于美国 1958 年的一个项目，1964 年投入使用。

② AR（Augmented Reality），是一种实时的摄影机影像计算处理技术，能够在屏幕上把现实世界套入虚拟世界并进行互动。

③ VR（Virtual Reality），是一种利用计算机生成模拟环境，并在其中实现多源信息融合与交互式三维动态视景的体验式仿真系统。

和大数据在政治、经济、文化、民生、生态等领域，甚至是人类的精神情感领域的深度融合应用，特别是用智能终端和各种数据资源作为基本组成成分，事实上是将真实的人类社会复制成一个可观察的虚拟人类世界。即线上虚拟世界与线下现实世界的并存，正在也必然深刻地影响、改变着人类社会的方方面面。正如著名学者尤瓦尔·赫拉利在《未来简史》中所说："到了21世纪，科技已经让外部算法有能力'比我更了解我自己'。一旦如此，个人主义就即将崩溃，权威也将从个人转向由算法构成的网络。人类不会再认为自己是自主的个体，不再依据自己的期望度日，而是习惯于把人类整体看作一种生化机制的集合体，由电子算法网络实时监测和指挥。……到了这个程度，合理的做法就是把越来越多的选择和人生大事都交给算法来为我做决定。"① 也就是说，在社会存在层面，它将改变社会活动的行为方式、预测行为趋向及生命体征；在思维意识层面，它将改进社会存在的意识形态和思想方式，进一步拓展过去主要依靠知、情、意、信、行等主观思辨能力所进行的道德选择模式，并用数据分析、数据预测、数据驱动的数智道德选择模式来助力公民道德选择能力的精准化。

（二）缘于道德选择在人工智能时代一定程度面临着突出的新问题

人工智能新时代，多元社会价值引发的社会道德摩擦、道德冲突和社会矛盾问题等凸显。这些问题的解决，必须依靠"旧的范式"和"旧的范式进行守正创新"，形成新的范式。因为在人工智能时代，人们可以通过人工智能和大数据技术对隐含的数据间关系进行深度智能融合并加工分析，实现比任何历史时代都更便捷、更高效地助力服务和价值服务。但是，同时伴随着剧增的数据体量内无数不可直接认识的"隐性自然世界联系"被挖掘出来，多极非理性价值等问题也逐渐被名利驱动而暴露。一是将人工智能和大数据技术的正面社会价值效应过于放大，推向了"万能解决手"。例如，一些专家认为科技进步完全可以对抗和防范非理性事件，如依靠

---

① ［以色列］尤瓦尔·赫拉利：《未来简史》，林俊宏译，中信出版社2017年版，第296－297页。

"区块链"[1] 技术就能够实现对人工智能时代诸多领域的问题进行全面治理。二是将人工智能和大数据技术的负面社会价值过于放大，担心社会风险和危机。例如，一些专家担心随着人工智能和大数据技术的日益强大，人们会过度依赖人工智能技术，从而产生过度预测烦恼和被它们反人类。这些新问题，旨在昭示公民德育亟须升级成新的理论范式和实践范式并进行指导。

1. 人工智能时代的社会理性价值迫切需要理性化解决方案予以保障

（1）人工智能时代的非理性化问题突出，严重制约了社会发展。人工智能和大数据技术的排他性和非普遍性，以及个体与其对抗力量的微弱性，使得个体在面对人工智能和大数据技术和平台时感到束手无策和无力，以致诸如"棱镜门"事件，因信息泄露造成的骚扰电话不断，网络诈骗案件等问题屡见不鲜，"数据权利""数据隐私""数据垄断""数据暴力""数据宇宙"等非理性化现象严重挑战和践踏了社会诚信、正义、公平、和谐、民主、隐私等道德原则。这些社会非理性现象和事件，往往不能仅依靠某一技术的推广或某些个体文明的规约来消解或形成制约，而是迫切需要一种社会层面的理性化解决方案从宏观层面予以保障，如通过重构人工智能时代公民道德选择能力培养理论体系和实践体系来加以调整。

（2）数智道德选择是治理人工智能时代工具非理性问题的可靠方法。面对当前如此生活化、国际化、科技化的非理性化现象，国际国内都采取了一定的应对措施。但是，通过对比各国的治理效果，都很难寻找到一种可适用范围广且可持续性效果佳的办法。尽管科技进步是科技安全的可依靠力量之一，但随着公众对科技认识的提高，科技的缺陷、局限以及潜藏在内部的窘迫逐渐呈现在公众面前，越来越多的人开始明白单独寄希望于以科技治理科技只是不断地在外层加补丁，难以治本，更难取得稳定性和

① 区块链，狭义上，是将数据区块以时间顺序相连的方式组合的一种链式数据结构，并以密码学方式保证的不可篡改和不可伪造的分布式账本。广义上，区块链技术是构建在点对点网络上，利用链式数据结构来验证与存储数据，利用分布式节点共识算法来生成和更新数据，利用密码学的方式保证数据传输和访问的安全，利用由自动化脚本代码组成的智能合约来编程和操作数据的一种全新的分布式基础架构与计算范式。

长期性的实效。“那么，有没有一种力量，可以长期性、稳定性地提供安全依靠，并能从源头与使用广度上强化这一种可依靠的安全力量呢？显然这样的答案，只能从科技及科技工程是什么，其价值服务于谁中来寻求。即，科技是基于人的需求，为人的需求服务且是关于人的社会活动。因此科技活动需要对人的社会活动进行有规律的把握与规制，也就是提炼成科技伦理，科技伦理是关于人的科技活动的规则，是科技安全中的能动性核心要素，自然是科技安全的坚实基础，是可依靠的永恒力量，是不可缺少的稳定性力量。”① 这里倡导的其实就是一种数智道德选择方案。即在拥有人工智能和大数据技术支持的背景下，构建一种既包括西方语境中“理性”、又包括中国语境中“情理”的数智道德选择方案，在最大程度上兼顾个体与群体利益、满足社会整体需求。显然，这是一种可靠性高的治理方式。

（3）道德选择是引领人工智能时代价值理性的唯一出路。在人类文明进化的转折期，人工智能和大数据的发展与应用若没有科学有效的道德选择理论予以规制，科技掌握者及拥有者就可能出于利己主义或利小集体主义意图，抢夺（占）大数据资源，进而引发纷争、战乱。数据源个体则可能因担心自己的思想、行为和情感信息被搜集到而进行数据造假，造成社会乱象。科技自身的局限性和相对性，使得以科技进步解决科技发展进程中的问题必然是有缺陷的和不可持续的，而道德选择则可凭其实效性、可持续性弥补这一缺陷，成为整治和引领人工智能时代非理性走向理性的唯一出路。具体来说，就是要在新的生产力状况下，整合人类社会活动的需求与价值，积淀和倡导人工智能和大数据发展应用进程中的道德底线及向上的精神价值追求取向，让道德底线成为不能被突破的法律、制度等规矩约束，让精神价值追求取向成为文明社会的道德伦理、道德观念等情感约束。

（4）道德选择既是道德的选择也是理性化的选择，其实现需要工具理性与价值理性的辩证统一发展。理性化包含工具理性与价值理性。其中，

① 潘军、罗用能：《勒索病毒事件的科技伦理隐忧与消解》，《长沙理工大学学报》（社会科学版）2018 年第 3 期。

工具理性，是指为追求功效而采取符合公认的价值观的手段；价值理性，是指目标的价值符合人们在社会活动中共同认可的现实需求。人工智能时代的工具理性与价值理性，往往就表现在人工智能和大数据“服务于什么”的目标和“如何服务”的手段上。目标的善与手段的善应当有机统一，任何一方面的不足都会导致非理性化或非道德的乱象。例如，出现目标的善与手段上的恶时，就会因不择手段地搜集数据行为，诱发“数据垄断”“数据隐私安全”等非理性化现象和非道德行为；反之，当出现目标的恶与手段的善时，就会导致渗透式、隐性地搜集数据，进而诱发“数据权利”“数据帝国”等非理性化现象和非道德行为。因此，目标的善需要运行手段的善来完善，所以排斥手段的恶，因为目标的善实质是目标引领价值的善实现，为保证目标善的价值，就离不开善的手段来保障；手段的善需要目标的善引领，所以排斥目标的恶，因为手段是由一定价值的目标所规定着的，往往善的目标不会引导公民选择恶的手段，即手段的善一定也表现出既定善的目标在引领。此外，若是出现目标与手段都是恶的情况时，那就是典型的如“数据暴力”之类的非理性化现象或不道德行为了。可见，不论是工具理性离开了价值理性，还是价值理性离开了工具理性，都难以发挥社会正效用，难以获得人们的价值认同。只有当两者皆为善，或者至少一方为中性（指不善不恶的状态）、另一方为善时，人工智能和大数据的发展与应用才是理性和道德的行为。正因为如此，人工智能和大数据发展与应用的理性化进程中，体现了工具理性与价值理性的辩证统一发展关系，更体现出公民的道德选择追求。

2. 人类的道德选择理论和实践需要与时俱进地汲取养分

长久以来，人类道德选择理论及道德选择能力培养体系的建设与升级，主要靠人发挥主观能动性进行，客观上的“实验研究”则难以实现。然而，在人工智能时代，人类世界基本上都可以被虚拟化为一个更便于观察、计算、研究、预测的“数据化类人类世界”，即人们通过对“数据化的类人类世界”进行观察、分析、预测，反观现实的人类世界文明，并形成积极的指导性意见，促进人类世界的道德选择及道德选择能力提升。例如，通常人们认为不损害他人利益的行为就是道德的行为。在以往的道德选择中，人们是基于肉眼观察和主观思辨作出道德价值判断后再作为。然而，这样的预估性的主观判断，往往因个人教育背景、成长背景、智力水平等原因导致偏差，以至于人的道德行为选择无法彻底排除对他人利益的事实损害；在人工智能时代，人们可以用数据在虚拟世界中把握人的行为规律与趋向，以现代算法对行为人的行为的短、中、长期后果进行预测性判断和评估，最终根据参考预测结果作出道德选择行为。由此可见，人工智能时代的道德选择及道德选择能力的培养，除了知、情、意、信、行外，还必须掌握数据算法，通过其实现对未来行为、思想、情感作出更清晰、更全面和更精准的预测。这样的道德选择理论建设和道德选择能力培养体系建设方式，是更为靠得住的路径，也是人类道德选择理论建设和道德选择能力培养体系建设自身与时俱进的动态发展的客观需要。

（三）缘于道德选择在人工智能时代出现了一定程度的新的实践态势

道德选择与数智道德选择之间发生了契合，自然也出现了相应的矛盾。道德选择是人们实现“需要”和“被需要”的一种重要实践方式，更是人类生存的基本方式。不管具有动物属性的人，还是具有社会属性的人，都时时处处在做着“选择”，而能选择善恶的属性是人区别于低等动物的根本所在。正如亚里士多德所说：“人的每种实践与选择，都以某种善为目的。”① 现实生活中，人作为理性主体，总是在不断追寻和实现自身价值的路上做着各种选择②。

（1）自由选择、选择责任与公民个性之间呈现既契合又对立的辩证发展关系。首先，人工智能时代自由选择、选择责任与公民个性之间呈现相互制约、相互对立的态势。自由选择通常需要在社会规则与公民个性之间进行平衡、取舍，而这必然产生一定选择的社会责任。自由选择、选择责

① ［古希腊］亚里士多德：《尼各马可伦理学》，廖申白译，商务印书馆 2003 年版，第 3 页。
② 参见何建华：《道德选择论》，浙江人民出版社 2000 年版，第 25 页。

任与公民个性之间的对立，一是体现在地域文化差异上，西方文化认为个体价值应优先选择，而中国自古以来更侧重社会集体规则和价值的优先。二是体现在文化压制上，由于受宗教文化等其他文化的压制阻碍，自由选择的发展速度缓慢，责任成本大，公民个性发挥受到制约。虽然，随着人类文明的推进，公民的道德选择能力逐渐得到进步发展，如尼采的“上帝已死”道德学说、中国的反帝反封建的运动，均在一定程度上削弱了影响自由选择与公民个性发挥的旧的制约要素。然而，这些削弱力与人工智能时代的现实需求相比间隙甚大，拥有人工智能和大数据助力的道德选择呈现数据化、精准化、智能化和未来预见性，以及呈现准确、快速、效果更佳等特性。其次，人工智能时代自由选择、选择责任与公民个性之间出现相互补充、相互契合的景象。从一定角度看，人类社会的历史从其实质来讲，就是人类不断优化选择的历史，也是选择自由化程度曲折上升的历史。随着社会选择历史的推进，物质生产力和道德生产力得到量变、质变、再量变和再质变的循环发展，人们的可选择范围增多、选择可能性增多，选择的质量也在变好，且逐渐把选择什么、怎么选择抽象为一定结构化的价值准则和规范。在这个过程中，公民个体的主体性和个性等都逐渐得以解放和融合发展，选择的责任更加开放发展和包容发展。特别是在人工智能时代，受数据化、网络化和智能化的现代科技融合发展影响，公民个性解放与选择责任开放程度更大，而更加开放的公民个性反过来又促进了选择自由化的进一步飞速发展。

（2）道德选择与数智道德选择之间出现不平衡不充分发展的矛盾。道德选择是公民个体发挥主观能动性，依照认同的道德价值准则和行为习惯在非善即恶的二元对立统一道德性质结构中作出的行为选择。数智道德选择，是智能终端在现有的人工智能水平下，依赖数据分析、行为预测、云计算和数据驱动等现代科技，将现实世界中人的行为、思想和感情数据映射在网络上，形成网络映射数据，并对这些数据进行加工、分析、预测，最终以数据驱动智能终端来应对现实世界中公民道德选择诉求。数智道德选择相比传统社会的“非数智道德选择”，人们更习惯于接受传统的道德选择，无法对机器智能的替代放下戒心，但也寄望于道德选择突破非善即恶的传统模式，实现更加精准化的、更加轻松的道德选择。为此，道德选择与数智道德选择在契合的同时，便表现出一定程度的矛盾。一方面人们希望通过发展智能终端、提升数智道德选择能力，补齐传统道德选择短板，助力人类做好道德选择；另一方面又担忧智能终端的数智道德选择能力和水平超越人的智慧和控制力，给人类社会带来无法估量的生存风险。

二、相关研究综述

在人工智能时代，虚拟化、数据化的“类人类世界”系统正以高速度全面智能地形成；与此同时，人类长久以来基于肉眼观察、主观思辨的公民道德选择能力培养办法、培养理路等理论范式和实践范式呈现出明显的滞后性，难以契合现代科技社会快速发展的诉求和人民对美好生活的向往，甚至在一定程度上产生对立，引发诸多社会负面问题。截至目前，有关公民道德选择能力培养的研究已然有了一些成果积淀，但是针对人工智能时代公民道德选择能力培养的成果还是较为薄弱，甚至还处于拓荒之状态，急需进行更为深入的探索研究和规范研究，从理论上或操作规程上构建起系统和可行的属于当下时代的数智化道德选择培养体系，并指导具体实践。

（一）国内外已有研究成果

截至2022年年底，在诸如中国知网和中国国家图书馆等资源较为全面的文献库中分别以人工智能和道德选择或人工智能和道德选择能力，或大数据和道德选择或大数据和道德选择能力，或人工智能和大数据 + 道德选择/道德选择能力作为关键词进行检索，仅获得期刊文献1篇——《大数据时代大学生道德选择的价值原则》直接性文献成果。此检索结果在预料之内。其原因是：尽管人工智能和大数据的研发与应用时间已然有了一些年头，但人工智能 + 道德选择/道德选择能力，或大数据 + 道德选择/道德选择能力，或人工智能和大数据 + 道德选择/道德选择能力的深度融合应用文献还是很少。为此，为检索更加贴近人工智能时代道德选择能力培养研究这一研究专题，且为了有更多更好的可借鉴研究资源，特降低文献检索要求，坚持相似相近皆尽可能借鉴的原则，分别以人工智能＋道德选择/道德选择能力，或大数据＋道德选择/道德选择能力，或人工智能和大数据＋道德选择/道德选择能力的关键词进行模糊检索，并去重整理后，获得可参考的间接性期刊文献28篇，其中硕士论文4篇、博士论文2篇，国家社科基金项目4项；直接性期刊文献1篇。但是，综合以上文献检索分析，本书几乎没有找到有直接性的国内外研究成果等文献可借鉴。

1. 从道德社会效应视角进行的人工智能和大数据研究：人工智能和大数据是一种“道德生产力”

关于人工智能和大数据的概念阐释研究，朱锋刚、李莹（2015）在《确定性的终结：大数据时代的伦理世界》一文中认为，人工智能时代信息量的几何级剧增，以及人与人之间信息交互模式的彻底性变革，不仅完全改变了人与人之间的关系，更颠覆性地改变了人的思维习惯和范式①。但是，“技术为人类认知世界拓展新视角的同时往往导致新的遮蔽”②。即，人工智能和大数据在改变世界、改变人的同时，形成新的遮蔽，使公民在道德选择中有了一定的立场与选择倾向性。正如大多数学者所认为的，人工智能和大数据是一种工具，其道德立场受主体人的引领与影响。英国哲学家伯特兰·罗素曾指出，科学从它首次存在起就以经济或伦理的方式对纯科学领域以外的事物产生着重大的客观影响。当某个具体的科学理论与社会中的主流道德伦理范式之间存在不协调不平衡的发展关系时，科学的道德伦理问题就容易迅速地由潜至显。特定历史背景下的各个发展阶段的现实社会，科学和道德伦理的契合发展关系往往因人们所对其理解、认可有差异，从而致使其关注问题的立场和应用侧重点也就必然存在差异。为此，马向真（2004）在《科学活动中的道德选择》一文中认为：“20世纪的科学活动，正在经历着由个人的事业向社会的事业转变的过程。当科学

①② 参见朱锋刚、李莹：《确定性的终结：大数据时代的伦理世界》，《自然辩证法研究》2015年第6期。

价值中立不能成立时，也就不可能避免伦理问题。科学活动中道德选择的标准是以终极目标为取舍的，它受制于科学家的个体道德意识，科学共同体及其规范和全社会的道德力量”①。于咏华（2004）在《论道德生产力》一文中指出：“道德作为反映社会存在的一种社会意识，似乎不能被称为具有社会存在性质的生产力，但如果我们深入探讨生产力的构成，就不难发现，道德不仅是一种生产力，而且在当代生产力系统中还是一种重要的生产力，它伴随着科学技术生产力地位的提高，已经成为显在生产力”②。同样，杨怀中（2013）在《现代科学技术的伦理反思》中指出：“科学技术的本质是一种向善、臻善、扬善的活动”③。“科学技术不仅能够外在地增进人类的福利，具有最大的‘善’的价值，而且也是实现‘善’的重要途径。科学技术作为一种获得自由的手段，通过对人类心灵的作用，能克服人们在自己面前和在自然界面前的种种不安全感。不可否认，科学技术的运用会带来不同的社会效果，具有伦理道德的二重性。它既可以造福于人类，也可能会给人类带来灾难。正因为如此，科学技术的道德意义才更加突出”④。根据上述论断至少可以得出这样的结论：道德是生产力，而人工智能和大数据更是一种“道德生产力”。

2. 从道德功能视角进行的人工智能和大数据研究：人工智能和大数据能引起研究方式和思维范式的变革且是一种安全战略资源与技术

从道德功能视角研究人工智能和大数据的学者较多。他们认为，人工智能和大数据技术的应用，既能通过数据跟踪功能和记录功能分析和监测人们的行为，从中发现问题并进行精准改进运行；又能深度挖掘数据背后的爆发性隐含价值关系对可能作出的行为进行理性预测，预先获知可能性行为的行为轨迹和道德结果。在他们看来，人工智能和大数据不仅有海量的数据信息资源，还是数据处理技术的重要引擎，更是一种思维方式、一

① 马向真：《科学活动中的道德选择》，《道德与文明》2004 年第 5 期。

② 于咏华：《论道德生产力》，《理论学刊》2004 年第 5 期。

③ 杨怀中：《现代科学技术的伦理反思》，高等教育出版社 2013 年版，第 21 页。

④ 杨怀中：《科技伦理学究竟研究什么》，《江汉论坛》2004 年第 2 期。

项重要的基础设施、一套影响整个国家和社会运行的基础性“社会制度”①、一种新的价值观和方法论，能凭借其全数据优势，分析和干预人的思维、行为、情感和价值观念，且以全新的技术手段和路径参与社会道德治理，实现思维数据化、治理协同化、对策理性化，促进社会治理伦理转型②，以及人工智能和大数据正在成为国家和政府层面的发展战略③。

（1）人工智能和大数据能引起研究方式变革。持这一观点的学者睿智地认为，人工智能和大数据具备大而全的信息特征，拥有传统抽样研究方法难以企及的统计能力和洞悉能力。正因为如此，思想政治教育领域的一些学者认为，利用人工智能和大数据对思想政治教育活动的全过程对象进行全天候的监测分析，不仅能找准和消除思想政治教育盲区，还能有效解决思想政治教育发展的前瞻性问题，为思想政治教育带来活力和发展新希望。具有这方面认识的代表性学者指出，人工智能和大数据对新时代思想政治教育的价值集中反映在三个层面的诉求：第一，政治价值层面，激发且实现了网络意识形态的安全诉求；第二，社会价值层面，激发且实现了网络思政的目标诉求；第三，个体价值层面，激发且实现了网络时代大学生“身、心、智”协同发展的自我诉求④。此外，还有学者阐释，人工智能和大数据致命地削弱和冲击了“问题⟷知识⟷问题”⑤ 的传统经验式认识方式；还认为可以以科学透视主义回应认识论的挑战；以“问题⟷数据⟷问题”⑥的认识方式解决实践中的重难点问题。概述之，人工智能和大数据能引起研究方式的彻底变革。

（2）人工智能和大数据是一种新能源、新引擎。认可这种观点的学者认为，大数据像动力燃料一样，只要将人类社会活动的数据这种“燃

① 参见徐继华：《智慧政府：大数据治国时代的来临》，中信出版社 2014 年版，第 1－2 页。

② 参见陈进华：《大数据时代社会道德治理创新的伦理形态》，《学术界》2016 年第 1 期。

③ 参见徐子沛：《大数据：正在到来的数据革命，以及它如何改变政府、商业与我们的生活》，广西师范大学出版社 2012 年版，第 57 页。

④ 参见崔海英：《大数据时代高校网络思想政治教育的价值维度与实现方式》，《黑龙江高教研究》2015 年第 3 期。

⑤⑥ 参见潘军、阮青：《大数据时代大学生道德选择的价值原则》，《学校党建与思想教育》2022 年第 11 期，第 48－50 页。

料”导入“数据分析机”，人工智能和大数据技术就能生产出具有爆发性的巨大有用价值信息，为人的生产生活甚至是未来活动提供指导性动向、动作、动力。例如，美国斯坦福大学发起了“人工智能 100 年”的研究项目，2016 年 9 月 1 日该项目的首个成果《人工智能与 2030 年的生活》发布，声称“人工智能”具有深度学习功能，这实际上是在把人工智能所要消耗的数据认同为一种学习能源且是人工智能获得智能的重要来源。此外，潘军（2018）在《AI 理性价值智能的隐忧与消解》一文中认为，“人类的隐私，往往是伴随人的行为而外泄的，特别是在大数据时代，各种智能终端都在对人的行为、思想，甚至情感进行数据化记录，人类基本生产生活在一个没有隐私和没有隐私权保障的大数据时代，而硅基的 AI 在模仿碳基人脑的支配行为时，就恰恰需要大量的人类社会活动数据资源来训练硅基的 AI，使之形成‘机器人类世界’背后运行的模仿模型，数据资源越多，训练就越有效越能形成稳定性、仿真性模型，甚至一些 AI 自动闭环式运行，在循环往复之间提升‘智能程度’（主要指仿真程度）”①。由此可见，人工智能和“数据是主导未来的基础性战略资源与创新新引擎”②。

（3）人工智能和大数据是一种变革性的思维方式。持这一观点的国外学者认为，人工智能和大数据几乎如一场科技革命般影响着人们的生产生活，给人类的社会活动方式带来了颠覆性的变化，所以人们只有树立“人工智能 + 大数据”思维模式，才能在新的社会活动中立于不败之地。例如，维克托 · 迈尔 · 舍恩伯格和肯尼思 · 库克耶在研究中指出，人们认识世界、改造世界，以及其思维方式都受大数据激发产生了革新：更加重视大数据，不再青睐小数据；更加重视宏观洞察力，不再青睐微观发力；更加重视相关性，不再青睐因果关系。③ 因为人工智能和大数据具有爆发功能，且是

① 潘军：《AI 理性价值智能的隐忧与消解》，《自然辩证法通讯》2018 年第 4 期。

② 连玉明：《中国大数据发展报告（No. 2）》，社会科学文献出版社 2018 年版，第 1 页。

③ 参见［英］维克托 · 迈尔 · 舍恩伯格、肯尼思 · 库克耶：《大数据时代：生活、工作与思维的大变革》，盛扬燕、周涛译，浙江人民出版社 2013 年版，第 33 页。

一种变革性的思维方式，通过数据分析加工，人类的思想、行为和情感等可预测值达到了93%以上。①

（4）人工智能和大数据技术自有一套“技术性+人文性”的安全措施和价值调适体系。人工智能时代，世界上各行各业最为关心的问题是隐私安全问题，但在消解这些问题方面的措施和风控体系上，主要有四种主流技术办法和若干种科技伦理规范与原则。

技术性办法②。一种是语法隐私（syntactic privacy）保护技术，为满足隐私安全需要，利用技术直接改变数据的某些属性值，以隐私数据的形式避免重要数据在搜集、储存、分析、交易、利用过程中因网络受到攻击而泄露；另一种是语义隐私（semantic privacy）保护技术，这种技术主要通过严格定义的数字隐私保护模型及隐私保护理论框架黄金法则实现隐私数据保护③。此外，还有两种技术主要依托“区块链”技术中的时间戳、签名、去中心化及分布式存储等特性实现隐私干预和数据加密计算来实现。

人文性的价值调适体系，即科技伦理规范与原则。国内学者黄欣荣（2015）发表了一系列有关大数据伦理的论文，在《大数据技术的伦理反思》一文中，从“大数据时代及其分享精神”“‘第三只眼’与数据足迹”“数据权与隐私保护”“大数据预测与预防惩戒”“唯数据主义与数据独裁”“伦理规制与人性自由”六个方面研究大数据技术带来的伦理挑战，提出“保持开放心态—坚持分享精神—坚守伦理底线—加强数据立法—呼唤透明公开—确保人性自由”来实现大数据的自由、开放和共享。④ 还有邱宗仁（2014）在《大数据技术的伦理问题》一文中指出，大数据技术是把

---

① 参见［美］艾伯特-拉斯洛·巴拉巴西：《巴拉巴西网络科学》，沈华伟、黄俊铭译，河南科学技术出版社2020年版。

② 参见 Sabrina De Capitani di Vimercati, Sara Foresti, Giovanni Livraga, Pierangela Samarati. *Data Privacy: Definitions and Techniques*, International Journal of Uncertainty, Fuzziness and Knowledge-based Systems, 2012 (6), pp. 793-818.

③ 参见 Cynthia Dwork. *Differential Privacy: A survey of Results, in Proceedings of International Conference on Theory and Applications of Models of Computation*, Springer, 2008, pp. 1-19.

④ 参见黄欣荣：《大数据技术的伦理反思》，《新疆师范大学学报》（哲学社会科学版）2015年第3期。

"双刃剑"，创新能使人受益，也能给人们带来风险，为此必须鉴定风险、平衡利益与风险；同时，他还针对数字身份、隐私、可及、安全和安保、数字鸿沟等伦理问题进行研究分析，呼吁"伦理治理"，并从大数据技术深度融合应用实际出发制定和完善行为准则与法令来丰富伦理学基础及九大行为原则：以研究仅用于合法、合乎伦理和非歧视性方向、促进人的幸福、提高生活质量为基本目的，坚持"负责研究"，一切情形优先处理并惠及脆弱人群事项和利益，做到不受专业群体和企业群体的利益驱动，尊重他人信息权，保护他人隐私和尊严，公正地获得和使用大数据信息，维护他人收益权、知情权和参与权，引导利益攸关者了解和参与大数据技术的研发应用。① 此外，朱锋刚、李莹在《确定性的终结——大数据时代的伦理世界》一文中认为，由于大数据的基础元素——数据和数学的非本质性和无概念性给人类开辟了新领域，使得信息交互模式呈现出与人类以往从中心到边缘的信息走势全然不同的"无中心"本质，② 以至于人们的生活方式发生蜕变，人类面临确定性的终结，人类的习惯也难逃终结命运，就连伦常德性与理智德性养成机制也被彻底地改变。潘军（2022）在《AI智能层级与仿人实现的价值调控与治理研究》一文中指出："人工智能（AI）是人们在致力于如何仿人和仿人哪些功能的过程中不断深度创新、探索的动态性和先进性器物。其智能层级水平基本上以仿人的维度、深度和效度来核定或计量；它的仿人价值调控及其社会治理是以技术价值、社会价值、伦理价值等研究成果的'人文+科技'方式逐渐实现的"③。为此，人工智能时代重视是什么而不重视为什么的思维模式，颠覆着人的思维惯性、认知方法和交流方式，以往的道德伦理似乎已经过时，在很多时候许多案例中引起人的疑惑和深思。特别是潘建红、潘军（2018）在《大数据时代个体数据理性化悖论与消解》一文中认为，人工智能和大数据时

① 参见邱仁宗、黄雯、翟晓梅：《大数据技术的伦理问题》，《社会与科学》2014年第1期。

② 参见［德］黑格尔：《精神现象学》（上），贺麟、王玖译，商务印书馆1997年版，第28页。

③ 潘军：《AI智能层级与仿人实现的价值调控与治理研究》，《重庆大学学报》（社会科学版）2022年第4期。

代种种社会非理性问题，是基于工具价值与目标价值是否辩证统一而引发的；若能实现工具价值理性与目标价值理性的辩证统一，人工智能和大数据时代的诸多个体数据悖论及社会负面问题都能获得一定程度的消解。①美国学者戴维斯、帕特森（2016）在《大数据伦理：平衡风险与创新》（*Ethics of Big Data*：*Balancing Risk and Innovation*）一书中认为，可启用人工智能和大数据对网络道德和伦理问题进行详细的分类，设置一定的智能化语句分析，在不损害他人隐私的基础上，划区域定期公开利用网络工具伤害或干扰他人的不道德行为，以期实现工具理性和价值理性的辩证统一。②

（5）世界各国纷纷对人工智能和大数据技术安全战略投入热切关注。特别是美国著名的“棱镜门”事件后，世界各国对网络个人隐私重视程度进一步提高，信息隐私保护不再仅是学术界的热点课题，更成为世界各国抢占国际话语权的重要制高点（见表0－1）。此外，在人工智能和大数据研发与应用方面，2011年美国就组建了“大数据技术高级督导小组”，专门从事大数据发展与规划事务：一是为搜集、分析大数据且研发应用技术；二是为识别数据的技术不受非理性价值影响而独立运行，研发“数据到对策”的自动化；三是为追求人机良性交互，谋求培训与运行契合发展且无缝对接，研发人机系统。③ 甚至美国国防部、国立卫生研究院投入巨额资金用于人工智能和大数据专项研究。例如，2013年3月，奥巴马签署法令，要求美国联邦机构中若有向中国购买信息系统的，都必须经美国联邦调查局的有关网络间谍机构批准；④ 美国马萨诸塞州的吸取利益者组建大数据隐私工作组启动了大数据计划项目，着重研讨和考察大数据安全应用，其中，数字广告联盟形成了一些构想、理念，为保障顾客信息安全做出了

① 参见潘建红、潘军：《大数据时代个体数据理性化悖论与消解》，《自然辩证法通讯》2018年第2期。

② 参见王永峰：《对大数据道德悖论的思考》，《人力资源管理》2016年第2期。

③ 参见陈明奇：《大数据时代的美国信息网络安全新战略分析》，中国计算机学会计算机安全专业委员会编：《第27次全国计算机安全学术交流会论文集》，2012年印刷，第32－35页。

④ 参见陈释：《大数据的启示与探讨》，《信息安全与通信保密》2013年第9期。

一些好的尝试，甚至呼吁要为人工智能和大数据建立一部集普适性、系统性、公正性于一体的保障价值实现的伦理实践准则。此外，在英国，剑桥大学心理测量学中心研究员科辛斯基仅使用公开的脸书网信息，就能瞬间生成极为详尽的用户心理，即人口特征资料，包括种族、性格、智商分数、幸福感、药物使用、性取向、政治观点和宗教信仰等有效的个人信息。日本2013年行动计划把大数据作为新信息通信技术战略的重点。法国政府也不甘落后，制定了《数字化路线图》，把大数据纳入国家创新战略的重点项目。中国学者对美国在人工智能和大数据技术安全策略方面的做法也进行了大量借鉴研究，主要涉及八个主要方面的项目：多级别的异常监测项目、内部人网络威胁项目、洞察系统项目、机器读取项目、心灵之眼项目、面向任务的弹性云项目、加密数据的编程计算项目、视频与图像检索与分析工具项目①。特别是近年来，中国还借鉴研究美国的“XDATA”项目②，涉及ARPA网（互联网的雏形）、隐身技术、无人系统等内容③。甚至在中国政府内部，出台了诸如《国家科技伦理委员会组建方案》等助推人工智能和大数据与道德伦理的融合发展。

3. 从道德视角进行人工智能和大数据研究：以人文辅以调节才是出路

学者比较一致地认为，人工智能和大数据等现代科技作为第一生产力，必须由道德、伦理、安全、理性等人文规范加以制约才能保证人工智能和大数据深度融合发展的价值方向正确、才能保持生产力的先进性和生产关系的和谐性与公平性。这一方面的研究成果较多。潘建红、潘军（2018）在《大数据时代个体数据理性化的悖论与消解》一文中认为，“大数据时代，个人理性在应对大数据隐私问题中受各方面的要素制约而失效，为此调整传统隐私安全的应对策略，应对大数据下的个人隐私安全问题显得极为迫切。为此，应结合实际，以法律立法、政府引领、

①③ 参见陈明奇：《大数据时代的美国信息网络安全新战略分析》，中国计算机学会计算机安全专业委员会编：《第27次全国计算机安全学术交流会论文集》，2012年印刷，第32－35页。

② “XDATA”项目是一种军事大数据处理技术，重点用于分析大量的半结构和非结构化大数据的计算软件工具，并有能力对数据进行可视处理。

行规自律，以及利用大数据本身技术突破来支持大数据时代个体理性化进行协同治理”① 才是出路。首先，要依托法律规范，从保证知情权落实、重新定义隐私敏感信息、重新界定犯罪主体、合理设置判罚力度、大数据犯罪入刑五个方面守住理性价值底线。其次，政府要从加强监管、建立举报机制两个方面为工具理性与价值理性协调发展护航。再次，要依靠行业规范、技术创新促进工具理性与价值理性的辩证统一，实现大数据的良性发展。正如潘军、罗用能（2017）在《以科技伦理观思考“勒索病毒事件”》一文中认为：“就是要在全社会自觉形成、传播‘科技伦理 + N 技术措施’应对共识，同时倡导及时、广泛地应用于勒索病毒等这一类似工程伦理事件的治理中”②。再如，湖南中医药大学李红文副教授在 2015 年第一届全国赛博伦理学研讨会上，从伦理视野反思大数据技术，认为应坚定不移立足于现代道德哲学，制定灵活高效的伦理原则和伦理框架来规范大数据技术应用活动，并在推广应用等环节进行全面的风险与收益评估，实施风险管理，促进大数据技术良性发展。③ 此外，王小杨（2015）在阐述大数据语境下伦理范式的重建问题时认为，大数据时代伦理困境的产生与形成，主要基于大数据世界观缺位、数据权利边界模糊、数据市场应用失衡、大数据技术开发短视四大缘由，提出要理解并抓住数据本质，在传统伦理的土壤里拓展和丰富大数据伦理理论空间，依托伦理正效应实践，迅速全面从严规范大数据市场，促成伦理重建。④ 陈万求（2013）探析了 NBIC⑤ 会聚技术引发的“NBIC 鸿沟”道德难题和“后人类”难题，他认为“NBIC 鸿沟”道德难题包括种属伦理难题、伦理秩序混乱、技术规范难题、生态伦理秩序解构四个方面。“后人类”难题表现为：主体→类的

---

① 潘建红、潘军：《大数据时代个体数据理性化的悖论与消解》，《甘肃社会科学》2018 年第 2 期。

② 潘军、罗用能：《以科技伦理观思考“勒索病毒事件”》，载《第八次全国工程哲学学术会议集》，2017 年印刷，第 319 页。

③ 参见唐熙然：《大数据的伦理问题及其道德哲学》，《伦理学研究》2015 年第 3 期。

④ 参见王小杨：《大数据语境下的网络伦理治理转向》，《今传媒》2015 年第 6 期。

⑤ “NBIC”是纳米（Nanotechnology）、生物（Biotechnology）、信息（Information Technology）、认知（Cognitive Science）四大前沿科技的英文缩写。

消解；客体→技术异化。总之，它的良性发展 NBIC 会聚技术要求，要谨慎负责地把伦理反思纳入技术研发阶段，实施前瞻性战略，采取预见性措施，建立集法律、伦理、监督等于一体的 NBIC 会聚技术发展机制，遵循安全原则、公平原则、知情原则、优先原则和差别原则，构建“公众—企业—全球”技术主体的伦理新秩序。①

4. 关于道德选择的研究：是在道德与否的二元对立统一结构中作出选择

《哲学：理论与实践》一书道：“只要我们还活着，就要同道德这样的价值问题打交道。”② 道德选择是人之所以为人的高级行为，彰显着人类的主体自觉精神与价值趋向的辩证统一，是人的自我完善和自我超越，是主体在追求道德价值、信仰和理想实践中对现实的肯定与否定的辩证统一。道德价值与人类共存共生，脱离了道德选择，人就不再为人，人只有选择追求哪种道德价值的权利，或者说只有追求道德价值大小的权利，而没有是否选择道德的自由。③ 道德选择是主体人必不可少的社会活动，既引领了主体的道德实践与道德生活，又彰显了主体价值取向④。道德选择实质上就是人对善恶、是非、美丑、轻重、利己还是利他、保全还是牺牲、高尚还是卑贱等方面进行的取舍。⑤ 正因为如此，人们必须在特定的生产力与生产关系背景下，以人性本色为基础，建立主流的社会价值观、道德情理、道德信仰和道德理想、道德价值准则和规范，指导人们在现实中因仁义而选择、由选择引导仁义作为。

（1）道德选择的基础和前提。姚新中（1989）在《论道德选择》一文中认为，把主体和选择两个概念引入认识论是当代哲学和伦理学发展的重大突破。主体的选择与选择的主体相辅相成，只有拥有自由意志的主体才

① 参见陈万求、黄一：《NBIC 会聚技术的“后人类”议题》，《湖南师范大学社会科学学报》2013 年第 4 期。

② ［美］J. P. 蒂洛：《哲学：理论与实践》，古平、肖峰等译，中国人民大学出版社 1989 年版，第 205 页。

③ 参见王敬华：《事实、价值与道德选择》，《齐鲁学刊》2007 年第 6 期。

④ 参见韩东屏：《论道德选择的所指、前提、责任与方式》，《河南社会科学》2012 年第 4 期。

⑤ 参见李德顺、孙伟平：《道德价值论》，云南人民出版社 2005 年版，第 104 页。

能作出选择；而只有拥有选择权和选择可能性，主体才能真正成为主体。① 拥有自由意志和选择可能性是主体进行道德选择的重要基础和前提，否则道德就失去灵魂，选择也失去了必要性和价值意义。因此，只有同时拥有两者的主体且作出道德选择才是有生命力的选择。关于自由意志，西方社会有这样的思考和研究：让人拥有“自由意志”，是判断选择行为正当与否、善与否、符合社会实际与否的基础。而“‘自由意志’是人文学科关于理性行动者从各种方案中选择一种行为这一特定种类的能力的哲学术语……许多哲学家假设自由意志概念与道德责任概念或赏或罚、表扬或责备密切相关”②。自由意志的重要性吸引了西方学者探讨道德问题的兴趣，其探讨中既奠定了西方道德哲学的基础又推动了西方道德哲学鲜明的理论范式和思想理念。归纳西方学者对道德自由意志的认识、思考和研究成果，不难看出，西方学者在一定程度上认为，宗教世界与世俗世界得以统一的依据主要是自由意志，进而集中地解决了世俗世界的问题，即建立起了“去自由意志”的实践哲学③。也可见，西方的道德选择理论旨在强调要保障自由意志的同时，还主张“理性”选择，认为人可以凭借先在思维逻辑，推理认知事物本质，然后进行选择取舍。但休谟怀疑认知理性的作用，并试图否认道德理性，他认为理性对情感和行为选择没有影响，道德规范从理性而来的学说并不合理。

关于道德选择的基础和前提，中国传统儒家思想把“孝”等情感因素作为道德选择的情理基础，刘清平（1999）在《儒家伦理：道德理性还是血亲情理?》一文中认为西方哲学讲求的是在真理性“知”基础上“理”的必然性，而儒家哲学讲求在血亲“情”基础上“理”的必然性，故把合情与合理相融而谈和论④；韩东屏（2012）认同选择可能性是道德选择的

---

① 参见姚新中：《论道德选择》，《中国人民大学学报》1989 年第 1 期。

② Ben Stahlberg. *The Self Beyond Itself*: *An Alternative History of Ethics*, *the New Brain Sciences*, *and the Myth of Free Will*, Journal [J] AJS Review. Volume 38, Issue 2. 2014. pp. 500 – 502.

③ 参见史巍：《自由意志与道德选择的可能性：西方学者对自由意志探讨的基本倾向》，《东北师大学报》（哲学社会科学版）2017 年第 2 期。

④ 参见刘清平：《儒家伦理：道德理性还是血亲情理?》，《中国哲学史》1999 年第 3 期。

前提，他在《论道德选择的所指、前提、责任与方式》一文中指出，选择只能是人作出，动物的选择是它的本能反应，为自然选择，与人的真正意识选择有本质区别。① 马向真（2004）也赞同这一观点，并在《科学活动中的道德选择》一文中指出，人的道德选择既受主观愿望和目的的影响，又受制于社会为人提供的选择可能性的条件及范围的约束。② 此外，道德选择还受道德尺度、社会环境等要素影响，这些要素不仅包括特定社会条件下的价值观、生产力、生产关系等确定性因素，还包括科技生产力的日新月异更新升级、人类社会活动环境的动态变化等不确定性因素。于咏华（2004）在《论道德生产力》一文中指出，道德生产力实质上就是在阐述道德选择与社会生产力的关系，道德生产力与物质生产力一样，能动态地生成道德尺度、营造道德选择的环境，也能对道德选择施以影响和制约。③

（2）道德选择的自律性。“自律”常与“他律”进行对比辨析。苏格拉底认为“德性即知识”，西方的道德自律着重强调掌握事物的本质，认为掌握了事物的本质就把握住“理性”，只有真正掌握知识的人所作出的道德选择才是理性的，出现非理性情况可能源自掌握的知识本身有问题。中国的诸子百家思想则持不同意见。儒家一些人认为，人性本善之人，“其身正，不令而行；其身不正，虽令不从”。受这些思想影响的一些学者认为，人的自律性正是由善的本性促成、培养和提高的。尽管孟子的弟子告子持不同观点，认为人性无善无不善，人性如河水，引东向东流、引西向西流，关键由环境和条件决定。但是告子的观点受到其师孟子的批判，孟子认为，水向下流才是本性，即使水可以被人为引水上山，但属外力影响所致而非水之本性所愿。综上所述，研究道德选择的自律性与他律性，必须对人性的本质特性是什么进行深入剖析研究。例如，道德选择是理性的人，或者说是性善的人，他就会有意识有目的自主自觉地进行取舍活动，因为人性相当于是自己给自己颁布了“法则”和“法令”。如此看来，在

① 参见韩东屏：《论道德选择的所指、前提、责任与方式》，《河南社会科学》2012 年第 4 期。
② 参见马向真：《科学活动中的道德选择》，《道德与文明》2004 年第 5 期。
③ 参见于咏华：《论道德生产力》，《理论学刊》2004 年第 5 期。

一定程度上道德选择主体的本性是道德主体的自我立法，即使有外界的社会活动规则干预和限制，但道德选择过程中主体也会一定程度地自觉排斥不符合人性的他律。即，对一些有理性的人或者说是性善的人来说，可以依据自己的德性自由地进行道德选择，达到至善、快乐和幸福，根本不需要外求于他物他力。当然，对于一些认为人性是恶的人来说，与自律相对的他律，在一定程度上必须有外在强制性力量对主体加以约束，才能保证道德选择的理性。

此外，道德选择的自律中包含他律的升华和内化。道德自律并不完全是与生俱来的，即便是认为“性本善”的一些儒学大家也强调通过后天教育和学习的必要性。因为后天的教育教化本身就是一个由他律到自律的发展过程。当人类把道德作为社会规范被动去践行时，他律在引领人类作出道德选择；而当人类把道德作为对自己的内在要求主动去做时，自己的意志就得到自主强化，表现为自为、自律。因此，提高道德选择自律性，实质上是实现个体被教“化”或者他律转化为自律的过程。从长期性来看，道德选择的自律性受道德选择的他律性发展干预和制约，且又在人类的一代又一代延续中获得一定的道德选择他律性向道德选择自律性转化和演进，在这个过程中，道德选择在一定程度上实现一定范围的道德选择从不自觉到自觉、从不自主到自主、从不自由到自由、从他律到“随心所欲且不逾矩”的自律的升华，且人类的社会认知能力和辨别能力在此过程中也逐渐得以巩固、增强，善的本心与善的价值体现得到了有机统一。

当然，单靠道德选择的自律性来实现道德选择终究是不可能的，在一定程度上需要有强制性甚至是强迫性的道德选择之他律性相结合才能更有效。正如李耀臻在《论大学生道德选择教育》一文中认为的，道德选择作为人的自主自律性选择，应鲜明地体现人的选择的自主自觉性本质，以及向善的价值取向、自由选择权利的发挥和自我约束的意志超越。例如，近代殖民活动的扩张不仅体现为土地的扩张，更体现为道德文化的殖民输入，多元的、他国的政治思想、经济文化以及价值理念的或显性或隐性的入侵并不是被殖民国人民自由自觉意志的体现，恰恰是外来文化单方面的强势强制输入导致的道德规范作用的异化。① 特别是在科技发达和文化多元的当下，一些领域的道德选择也由自律性走向了他律性，割裂了一些主体自身自觉自由的选择，甚至一些选择活动的他律性成为一种或隐性或显性的强制，主体无法施展一些纠正措施。在这种情况下，这些道德主体也随之被异化，成为被动客体，自由意志得不到体现和落实，甚至出现一些主体只能无奈地服从。即在一定程度上，道德选择不再“由仁义而行”，成了“行仁义也”，甚至“行非仁义也”。正是由于这样一些主体自由选择面临着名存实亡的危险，一些学者纷纷提出“道德选择能力培养”的概念，并试图通过道德选择的自律性与他律性的协同发展，破解道德选择的困难、困扰和困境。

5. 关于道德选择能力培养的研究：着力提升人的知情意信行等主观能动性

中国关于道德选择能力及其培养的研究始于 20 世纪 80 年代中期，其成果集中显示出它是一种综合道德能力，也是一个需要长期培育的过程。国内学界关于“道德选择能力的培育”“道德选择教育”“道德选择能力的培养”等的说法和叫法不一，但行为指向基本相同。其中，在国家层面，中国共产党中央委员会办公厅、中华人民共和国国务院办公厅联合印发《关于进一步加强和改进新形势下高校宣传思想工作的意见》，明确要求高校要把“培养德智体美全面发展的社会主义建设者和接班人”② 作为根本任务。党的十八大以来，党中央更加重视道德选择能力培养，特别是习近平总书记多次在不同场合对不同群体强调和重申道德选择能力培养的重要性和必要性。2017 年 12 月 7 日至 8 日，习近平总书记在全国高校思想政治工作会议上要求全国各高等院校要高度重视思想政治教育，要将其贯穿于教书育人的全过程，要实现全过程全方位育人，且要解决好培养什么人、怎样培养人、为谁培养人的根本问题；在党的十九大报告中，道德建设被

---

① 参见李耀臻：《论大学生道德选择教育》，博士学位论文，华中科技大学，2005 年，第 15 页。

② 中共中央办公厅、国务院办公厅：《中办国办印发〈关于进一步加强和改进新形势下高校宣传思想工作的意见〉》，《中国大学生就业》2015 年第 5 期。

提到了更高的高度，习近平总书记指出："加强思想道德建设。人民有信仰，国家有力量，民族有希望"，并强调要通过理想信念教育、爱国主义教育、社会主义道德观教育的深化和加强，以及社会公德、职业道德、家庭美德、个人品德等公民道德建设工程的实施，引导人们树立正确的文化观、历史观、价值观、国家观，培养公民积极向善、爱国爱民、孝老爱亲、敢于担当、乐于奉献的道德自觉和行为自觉，营造良好的道德能力培养环境。① 在党的二十大报告中，习近平总书记还深情地说："实施公民道德建设工程，弘扬中华传统美德，加强家庭家教家风建设，加强和改进未成年人思想道德建设，推动明大德、守公德、严私德，提高人民道德水准和文明素养。"② 然而，现实中，由于人工智能时代文化多元且相互交融、信息繁多又高频互动……可变因素和不确定性因素越来越多，人们难免受到影响和诱惑，加之道德教育的方式和方法不够新颖，不能够适应变化过程中人们的心理需求，道德选择就可能出现不确定性，甚至出现非理性问题。所以学术界关于思想政治教育的研究重点移到了大学生道德选择能力培养方面，其中主要有四个方面研究成果可以借鉴。

（1）关于"道德选择能力"的概念界定研究。蔡志良、蔡应妹（2008）在《道德能力论》中明确指出，道德选择能力是人基于一定的道德判断，积极主动地自由地分辨善恶且执行契合需要价值行为的能力总和。③ 李楠（2016）在《论道德选择能力的自我形成》一文中认为，道德选择能力由四个基本要素构成，道德意识是基础，道德意志是核心，道德意志由核心向外扩散并发挥作用，在感性角度凝聚成道德情感，在理性角度形成道德认知。④ 何建华（2000）在《道德选择论》一书中，从道德选择的心理机制和社会机制，以及道德选择的本质层面进行深入剖析研究，以新的视角

---

① 参见习近平：《决胜全面建成小康社会 夺取新时代中国特色社会主义伟大胜利——在中国共产党第十九次全国代表大会上的报告》，《人民日报》2017 年 10 月 28 日。

② 习近平：《高举中国特色社会主义伟大旗帜 为全面建设社会主义现代化国家而团结奋斗——在中国共产党第二十次全国代表大会上的报告》，《人民日报》2022 年 10 月 26 日。

③ 参见蔡志良、蔡应妹：《道德能力论》，中国社会科学出版社 2008 年版。

④ 参见李楠：《论道德选择能力的自我形成》，《阴山学刊》2016 年第 4 期。

阐释了道德选择的新内涵。[①] 概述之，众多学者对道德选择能力的概念定义，有三个方面的内涵信息不可忽视：第一，道德主体是在道德判断基础上对自身行为作出的善恶辨别和取舍；第二，道德选择能力是道德选择主体自觉、自愿进行价值判断、价值取向的外化表征；第三，道德选择能力培养，主要是培养人们弃恶择善的能力。

（2）关于道德选择能力培养的必要性研究。近年来，非道德、非理性社会问题频频出现，诸如越来越多的“老人摔倒扶不扶”等冷漠选择事件被曝光。这吸引了较多学者们对道德选择能力培养的问题进行了更为深入的研究。学者们认为，“老人摔倒扶不扶”等冷漠选择事件频发的根源，在于社会教育忽视了公民的道德选择能力培养。为此，吴康宁（1999）强调，不论是从时代要求出发，还是从学生发展的内在需求出发，新时期学校道德教育都应提高学生道德选择能力。[②] 此外，其他学者也从社会转型期多元文化和多元价值观并存的现实中，认识到加强新时代道德选择能力培养的重要性和必要性。例如，徐辉、蔡志良（2002）指出，道德主体的心理发展规律、道德品德形成规律，受社会道德环境影响。[③] 综上所述，在人工智能时代鱼龙混杂、复杂多样的价值观念等社会道德环境的变化，决定了道德主体道德选择变化的趋向和特点。但是，综合学者们的观点可以发现，加强道德选择能力培养，要同时在内因和外因上下功夫，一方面帮助主体建立科学的正确的价值观，使其具备应对和解决复杂冲突问题的能力；另一方面要在全社会营造向善的社会风气，建立起新型的道德体系，使人们在潜移默化的影响和熏染中提升全民道德选择能力。

（3）关于道德选择能力培养面临的挑战研究。首先，学者们对大学生道德现状进行了深入探究。李靖茂、唐建伟、葛畅（2009）从大学生品德水平、道德判断水平及价值取向的自我评价这三个方面对大学生的道德现

① 参见何建华：《道德选择论》，浙江人民出版社 2000 年版。

② 参见吴康宁：《教会选择：面向 21 世纪的我国学校道德教育的必由之路——基于社会学的反思》，《华东师范大学学报》（教育科学版）1999 年第 3 期。

③ 参见徐辉、蔡志良：《大学生道德能力培养的探索》，《教育研究》2002 年第 2 期。

状进行了数据收集、现状评估和能力分析，指出了大学生道德选择能力培养面临的挑战所在。[①] 陈慕真（2005）在《浅析大学生的道德现状及对策》一文中，通过对大学生道德现状及道德教育现状的调研考察、深度分析，认为当前大学生普遍存在价值观念杂乱、道德观念淡薄、社会规范缺失、品德修养匮乏等问题。[②] 石莉莉（2008）在《浅析当代大学生的道德困惑》一文中认为，当前大学生道德选择能力不足致使大学生出现道德困惑，在面临“两难”道德选择时，往往会陷入犹豫不决、进退两难的困境，培养和提高大学生的道德选择能力面临道德冲突、道德矛盾和道德困惑三重挑战。[③] 此外，还有一些学者对现代信息网络时代进行了专项研究，指出网络科技的快速发展是现实社会道德选择遭遇挑战的重要原因之一，并从塑造学生道德自律精神、树立学生道德自主意识、训练和提高学生的批判性思维能力及道德创造力等方面提出了应对措施。

（4）关于道德选择能力培养的具体实操研究。徐辉、蔡志良（2002）认为，教育者要尊重学生自主选择意识，在自由选择的前提下，采取多种方式方法帮助学生提高道德选择能力。[④] 田延光（2002）在《论大学生道德能力的培养》一文中认为，大学生道德选择能力培养主要涉及对大学生道德认知、道德实践及道德自我教育等能力的培养。[⑤] 陈炳水（2000）认为，我国当下时代加强学生道德选择能力培养，既要转变德育理念，尊重学生主体地位和自主选择，又要改革学校德育的方式方法和内容；既要注重培养提高、学生道德认知水平，又要重点强化道德践行，在知与行的双重培养中提高学生的道德意志力及决断力。[⑥] 吕星宇（2007）在《培养道

---

① 参见李靖茂、唐伟、葛畅：《大学生行为特点及教育引导》，《高校辅导员学刊》2009 年第 6 期。

② 参见陈慕真：《浅析大学生的道德现状及对策》，《青少年研究（山东省团校学报）》2005 年第 2 期。

③ 参见石莉莉：《浅析当代大学生的道德困惑》，《科技创新导报》2008 年第 2 期。

④ 参见徐辉、蔡志良：《大学生道德能力培养的探索》，《教育研究》2002 年第 24 期。

⑤ 参见田延光：《论大学生道德能力的培养》，《江西社会科学》2002 年第 4 期。

⑥ 参见陈炳水：《论道德教育实践中的道德能力培养》，《宁波大学学报》（教育科学版）2000 年第 1 期。

德选择能力：当代道德教育的选择》一文中认为，需要推进高校道德教育改革，以实践思维开展大学生德育活动，采取“+1示范法”“公正团体”等策略，用真实性生活场景代替传统灌输式道德教育方式引导大学生做出正确的道德判断和道德选择。①

6. 关于道德选择与人工智能、大数据等现代科技之间的关系研究：正负效用皆有

（1）关于人工智能时代道德选择前提及条件的研究。任何时代的道德选择都是人作出的社会选择，而作出选择有两个前提：首先，人作出行为选择，必然要在多种选择性中作出价值识别、对比，而后选取最合人意和最能实现价值目标的一种取舍活动；其次，需要有多个可能性选择，而作出的选择必须符合特定社会发展规律，具有合理性。当下社会是一个复杂的综合体，因为每一个社会层面都有相应的道德诉求与道德价值导向，每一个人也有一些特殊的道德价值诉求和道德价值观念，使得各社会层面的道德规范体系和每个个体人的价值观均呈现出距离。即，因每一个层面、每一个领域、每一个人都有自己特殊的道德诉求和道德价值导向（观念），这些不同的道德内容彼此相互包容、相互冲击、相互交融、相互独立，纵向和横向的道德诉求和道德价值导向交织成多维的道德关系立体网，为道德选择提供了社会前提。例如，人工智能和大数据融合实体经济发展，以数据形式展示各个实体经济内部的运行规则、价值，从业人员按数据形式的行业标准和从业标准作出的道德选择，既有利于生产，又不打乱原有的生产关系，是上佳之选。当然，此类道德选择标准是有遵循范围要求的，非本行业人员可能就不需要遵循甚至不知道这样的标准。从选择可能性角度看，早期人类社会简单的生产关系决定了人们道德选择的较小空间，人们只能在有限的可能性中进行道德选择；随着人类活动的丰富和分化，社会交往逐步频繁，人与人之间关系越来越复杂，选择和道德选择的场所和多样化可能性空间越来越广阔，而人工智能时代更多层次、更多种类的个

① 参见吕星宇：《培养道德选择能力：当代道德教育的选择》，《教育理论与实践》2007年第17期。

体规范、行业规范、产业规范及网络规范等构成了公民道德选择的道德依据。从必要性上看，主体人是社会关系的高级集合体，具有稳定性、确定性和排他性的身份、地位和责任，因此作出的道德选择必然受制于个人无法左右和改变的一定形式的社会规范与社会要求。而人性的向善性以及对道德的需求，必然要求道德选择的合理性和必要性在社会实践中得到强化。

（2）关于人工智能时代道德选择的可能性研究。康德早就提出了“我能够认识什么”“我应当想什么”“我能够期望什么”“人是什么”四个让人深省的问题。两个多世纪过去了，不管处于什么样的时代，“康德问题”一直存在，而要回答这组问题必然涉及“道德选择”。陈爱华（2004）在《试论高技术的道德选择及其本质》一文中认为，高科技的迅速崛起为世界带来正面改变、为人们进行道德选择提供了更多可能性空间；同时高科技伦理风险又为道德选择带来严峻挑战。① 他以宇航技术和生物技术的进步为例作了进一步论证，认为20世纪美国宇航员首次登上月球之后，各国之间就随之出现了“制月”道德之争，即月球资源的利益分配是应该谁第一次发现就占领还是各国均衡分配的“太空道德”问题；随着生物技术的进步，转基因技术、试管婴儿、克隆生物，甚至是人类全部的遗传信息研究技术的逐一突破，生物工程技术在服务于“万物之灵”生命和生活的同时，也给传统的神圣的生命伦理观带来挑战，对生命神性的去魅可能引发一系列的家庭、环境和生态伦理问题。②正因为如此，在人工智能时代，人们更加需要利用科技进步帮助人类作出文明的道德的选择，用智慧确定性地回答“我能认识什么”“我应当想什么”的问题，甚至从根本上解决“应当有所为”和“有所不为”的内容与界限问题。

综上所述，正如恩格斯的精辟论断，“社会一旦有技术上的需要，这种需要就会比十所大学更能把科学推向前进”③。尽管科技进步是把“双刃剑”，可能带来人口爆炸、能源枯竭、资源匮乏、环境污染、战争威胁、疾病困扰等种种问题，但是人们仍然希望科技进步能给人类社会带来福祉。

①② 参见陈爱华：《试论高技术的道德选择及其本质》，《道德与文明》2004年第6期。

③ 《马克思恩格斯选集》第4卷，人民出版社2012年版，第648页。

那么，被寄予很大希望的人工智能和大数据技术，能否满足现代人的道德选择需要？这就涉及厘清人与科技关系中人的本质是什么、科技发展旨归是什么等的深层次问题。马克思认为，动物不能把它同它的生命活动区别开来，而人不仅可以且能把生命活动变成他的意志和意识的对象，即他的生命活动是有意识的，且不仅与动物区别开来，同时还能在实践中改造世界甚至是创造对象世界。为此，马克思还从生产的方面对人的本质与动物的本质作了全面对比分析，他论证道："诚然，动物也生产。动物为自己营造巢穴或住所，如蜜蜂、海狸、蚂蚁等。但是，动物只生产它自己或它的幼仔所直接需要的东西；动物的生产是片面的，而人的生产是全面的；动物只是在直接的肉体需要的支配下生产，而人甚至不受肉体需要的影响也进行生产，并且只有不受这种需要的影响才进行真正的生产；动物只生产自身，而人再生产整个自然界；动物的产品直接属于它的肉体，而人则自由地面对自己的产品。动物只是按照它所属的那个种的尺度和需要来构造，而人却懂得按照任何一个种的尺度来进行生产，并且懂得处处都把固有的尺度运用于对象；因此，人也按照美的规律来构造。"① 人工智能和大数据思维及技术，作为当代人类认识世界、改造世界的智慧结晶、认识世界和改造世界的强有力的方式，按道德需求把海量数据运用到"应当想什么""应当怎么做"的问题上，是人们按照需求尺度进行的真正的、臻真臻善臻美的生产，是人工智能时代道德选择的题中之义。

（二）国内外与本书相关研究的关注点及问题

综合以上国内外研究成果，完全可获悉这样的信息：关于公民道德选择能力培养的研究，国内外研究比较集中的关注点是公民道德选择、公民道德选择能力培养，而结合时代性特征，特别是结合人工智能和大数据深度智能融合应用的新时代来进行公民道德选择能力培养的研究真是处于拓荒之地。概述之，关于人工智能时代公民道德选择能力培养研究的国内外

① 《马克思恩格斯选集》第1卷，人民出版社2012年版，第57页。

研究关注焦点和研究存在的突出问题，至少有以下三个方面的主要内容。

第一，人工智能时代道德选择能力培养研究，目前处于亟待研究、急需整理的“拓荒”状态。现实社会中，人工智能和大数据已然成为人们熟知和熟识至少是熟见的选择工具、载体、路径，但是这种数据化和智能化的助力选择应用还没有在道德选择应用层面得到重视和总结。特别是以人工智能时代为背景的道德选择研究或道德选择能力培养研究等相关文献成果和现实应用成果均处于相当薄弱的状态。因此，在本书的研究过程中，没能查找到直接性文献用于借鉴；而相似的文献主要研究道德选择的复杂性，或者是结合社会复杂性呼吁加大数据化和智能化与道德选择及道德选择能力培养的融合力度和应用广度，或者是利用人工智能和大数据助力道德选择和道德选择能力培养等方面。例如，潘军（2018）在《AI 理性价值智能的隐忧与消解》一文中，首次提出将人的道德智慧嵌入人工智能的中央处理器，使机器运行强制性接受道德系统的监督与管控，防止人工智能出现背离服务于人的价值性初衷的问题。① 这显然是一种良好的选择和合理的设计，可以说实为一种关于道德选择未来发展的预见性描绘，但文章没能从人们如何进行道德选择的角度进行全方位的实践论证与阐述。

第二，研究未能体现开放的科技精神和科技力量。已有文献中集中反映的问题是：以技术解决人工智能和大数据应用安全问题的研究成果占了很大比重，这集中反映出依靠科技进步来解决科技道德伦理问题的思想比较突出。甚至，这些成果在向人们灌输这样一种思想：未来高科技的发展潜能可以消除现代及未来社会中的一切“疑难杂症”，且充分迷信科学的胜利“是人类具有最大幸福和崇高道德的保证”②。诚然，这些研究涉及的领域较广，但都拘泥于以科技进步解决科技发展安全问题，未能从一个开放的体系层面研究“人工智能和大数据 + 道德选择/道德能力”的深度融合发展范式。正如古训——“道高一尺魔高一丈”所示，若固执地仅是选择技术对抗技术，只会催促和盼求技术进步发展，让人类“生活在文明的

① 参见潘军：《AI 理性价值智能的隐忧与消解》，《自然辩证法通讯》2018 年第 4 期。

② 转引自张之沧：《论科学的道德属性》，《光明日报》2004 年 6 月 22 日。

火山上”①，亦终将偏离科技精神和科技力量。

第三，技术中的人文研究少。从人文的角度研究人工智能和大数据融合应用中的道德建设、数据伦理、大数据理性化、智能伦理等问题的相关文献所占比例较小，已有的成果也尚未很好地研究融合应用。包括考虑人文因素的大数据理性化研究，仍处在探索或起步阶段，即“人工智能和大数据+道德选择/道德能力”的研究仍然任重道远。

综上所述，本书仍存有进一步研究的必要性和可行性：一是人工智能时代人的自由全面发展实践和美好生活诉求要求道德选择能力要在人工智能和大数据的深度融合发展中形成新的理论范式与实践范式；二是“人工智能和大数据+道德选择/道德选择能力”的“问题⟷数据⟷问题”思维范式和“数据⟷信息⟷知识”赋智模型已然呈现，为数智道德选择提供了可实践路径。

三、本书的理论基础

“马克思主义是我们立党立国的根本指导思想”②，但同时，马克思主义还在继续发展中，且在怎样发展和坚持什么标准发展以及发展什么样的社会中正作出时代性的检验、回答和指导。为此，人工智能时代公民道德选择能力是新时代公民的基本素养之重要内容，加强公民道德选择能力培养，是中国特色社会主义思想政治教育或道德教育的基本内容和核心要义，且要在马克思主义真理、中国化时代化的马克思主义真理的照耀下继往开来，取得可持续健康发展、创新发展和科学化发展。③

（一）马克思主义道德理论

新时代现代思想政治教育，特别是人工智能时代中国公民道德选择能

① Urich Beck, *Bisk society: towards a new modernity*, London: Sage Publications, 1992, pp. 120 – 121.

② 习近平：《决胜全面建成小康社会 夺取新时代中国特色社会主义伟大胜利——在中国共产党第十九次全国代表大会上的报告》，《人民日报》2017 年 10 月 28 日。

③ 参见张耀灿、郑永廷、吴潜涛、骆郁廷：《现代思想政治教育学》，人民出版社 2006 年版，第 35 页。

力培养，必须始终坚持以马克思主义科学体系为理论基础，始终坚持以在马克思主义具体实践中提炼和总结的中国化时代化伟大成果为指导思想①，始终坚持马克思主义的本质性规定性贯穿研究全过程。首先，始终坚持辩证唯物主义和历史唯物主义的世界观、认识论、方法论；其次，始终坚持科学社会主义和共产主义崇高社会理想；再次，始终坚持无产阶级和广大人民群众利益立场，为无产阶级和广大人民群众谋利益，始终坚持人民群众是历史的创造者；最后，始终坚持解放思想、实事求是、与时俱进、求真务实和开拓创新。概述之，始终在马克思主义科学体系之中，探讨和把握人工智能时代公民道德选择能力培养，特别是要以马克思主义道德理论和马克思主义科技道德伦理思想作为理论基础和指导思想，才可能保障和彰显人工智能时代公民道德选择能力的科学化、大众化、智能化和精准化等目标。

1. 坚持道德是解放的、历史的道德

"解放的道德"主要是指坚持以消灭剥削和消灭资本主义私有制为前提，以全面自由解放全人类为道德旨归。因为现实中的人必然会产生各种诉求，也必然处在一定的社会文化和体制约束之中，而文化和约束是为了人更好地发展而存在的，离开了文化的教育功效和约束作用，人的选择往往是无道德、非道德的，是不利于个体和人类整体的发展的。故道德有历史性，是人类自古以来一直追求的。"历史的道德"，指坚持历史唯物主义的眼光去看待道德，当然道德不是一成不变的，不是孤立存在的，它体现了人自由全面发展的进步史和革新史。恩格斯在《反杜林论》中把道德归结为，"一切以往的道德论归根到底都是当时的社会经济状况的产物"②。因此，现实性道德具有动态性，我们必须结合特定的历史条件，在"实践—认识—再实践—再认识"的循环往复提升中认识道德或在人类社会活动的不断实践中总结道德理论。在这一点认识上，中国化时代化马克思主

① 参见张耀灿、郑永廷、吴潜涛、骆郁廷：《现代思想政治教育学》，人民出版社2006年版，第35页。

② 《马克思恩格斯选集》第3卷，人民出版社2012年版，第471页。

义实践成果始终是承认和遵循道德的历史性和解放性的。例如，毛泽东思想的精华——“全心全意为人民服务”，从使命和责任担当的视角彰显了解放思想的共产党人有以人民的利益为价值旨归的道德观念；习近平新时代中国特色社会主义思想，强调以人民为中心、构建人类命运共同体等理念，更是解放思想而放眼世界的道德观念。

2. 坚持道德的发展性、自由性、平等性、责任性和秩序性等特性

首先，道德具有发展性。对于无产阶级来说，“他们没有任何同整个无产阶级的利益不同的利益”①。从一定意义上可以说，无产阶级的初心和使命是在“全心全意为人民服务”的利益基础上，发展生产力和解放生产力，为人类自由全面发展的最终旨归而不懈努力奋斗。包括无产阶级革命运动轰轰烈烈地开展，在一些国家消灭了剥削、消灭了私有制，也是为了更进一步实现这个宗旨。尽管现实社会发展中还是存在一些客观的问题，但是这些问题属于内部矛盾、内部问题，与资本主义私有制问题有着本质差异。即，无产阶级运动是为实现符合真正人性的“真正道德”而作出努力的运动，是为全人类解放与发展的运动，其必然是一种发展性的道德，因为他在消灭具有历史性的社会剥削和私有制，在努力建构全人类解放与发展。

其次，道德具有平等性与自由性。社会存在对社会意识的决定性，使得解放人的无产阶级运动，或者说这种无产阶级的道德属性运动，在整个无产阶级运动过程中，彰显出其道德属性的演进与成熟，如无产阶级专政国家的绝大多数公民可以按照他的理性意志从事自由劳动，且能在这种无压迫、无剥削的自由劳动中满足他的理性需要和实现人生价值。这时的无产阶级运动的道德属性具有平等性与自由性。但这种平等性与自由性不是与生俱来的，不是先验的，往往是曲折发展的结果。因为“任何一个存在物只有当它用自己的双脚站立的时候，才认为自己是独立的，而且只有当它依靠自己而存在的时候，它才是用自己的双脚站立的。靠别人恩典为生

① 《马克思恩格斯选集》第1卷，人民出版社2012年版，第413页。

的人，把自己看成一个从属的存在物”①。

再次，道德具有责任性与秩序性。在为每一个人的自由全面发展，即实现共产主义社会的奋斗过程中，个体组成集体，集体由个体组成，个体离不开集体，集体不能放弃任何一个个体。这就要求个体与集体要有共识价值，要共同遵循一些共同价值。因为只有个人与群体、国家、人类等之间的利益始终相一致时，人才是“真正的人”，社会才是真正的“人类社会”。但是，个体与集体、人类和国家之间，还是需要设定一些优先权的秩序性问题。即，在特定情境中，可以主张集体利益高于一切；在一般生活中，又需要尊重个体利益和注重个性需求，这也大概是道德的责任性和秩序性所要考虑的问题。

3. 坚持以道德主体“人”为出发点和落脚点，承认道德的本质兼具主体性、本体性和工具性

首先，道德具有工具性②，可以通过善恶价值观念及价值准则等，从人的精神层面影响客观世界。马克思认为，“我们拒绝想把任何道德教条当做永恒的、终极的、从此不变的伦理规律强加给我们的一切无理要求，这种要求的借口是，道德世界也有凌驾于历史和民族差别之上的不变的原则。相反，我们断定，一切以往的道德论归根到底都是当时的社会经济状况的产物”③。“在这里，在道德方面也和人类认识的所有其他部门一样，总的说是有过进步的”④。“如果我根本不存在，我又怎么能成为有德行的人呢？如果我什么都不知道，我又怎么会有纯洁的良心呢?”⑤ “所以道德始终是阶级的道德；它或者为统治阶级的统治和利益辩护，或者当被压迫阶级变得足够强大时，代表被压迫者对这个统治的反抗和他们的未来利益”⑥。诚然，早年的马克思道德观与成年的道德观是有一些区别的，但是，总体来说，“马克思的道德是对客观存在的调节，体现出绝对的命令性

---

① 《马克思恩格斯全集》第3卷，人民出版社2002年版，第309页。

② 参见李彦：《关于道德工具性意义理解上的两个误区》，《兰州大学学报》（社会科学版）1996年第3期。

③④⑥ 《马克思恩格斯选集》第3卷，人民出版社2012年版，第471页。

⑤ 唐能赋：《试论道形成特征对道德本质的规定》，《重庆社会科学》1989年第3期，第32页。

和权威性，既含有工具性意蕴，又隐现出本体性特质，在约束、规范的同时，给出价值评判，为现实存在提供价值目的和导向。”①

其次，道德具有主体性和本体性，马克思指出：“我们不是从人们所说的、所设想的、所想象的东西出发，也不是从口头说的、思考出来的、设想出来的、想象出来的人出发，去理解有血有肉的人。我们的出发点是从事实际活动的人，而且从他们的现实生活过程中还可以描绘出这一生活过程在意识形态上的反射和反响的发展。”② 即“马克思将人视为现实的、能够进行实践活动的、生活在社会关系中的主体，扬弃了康德对主体人的理解，也超越了康德主体性道德理论。”③ 可以说，马克思主义道德理论，具有主体性和本体性，是为了使人自身得到更进一步的自由全面发展，少走一些弯路，必然要充分发挥主观能动性去认识和改造世界及人自身的理论。

最后，道德具有积极服务和调和现实社会中的利益争端的特殊本质功能，特别是其服务全人类解放的主旨特性和历史特性，“但是今天的情形是怎样的呢？今天向我们宣扬的是什么样的道德呢?”④ “哪一种是合乎真理的呢？如果就绝对的终极性来说，哪种也不是；但是，现在代表现状的变革、代表着未来的那种道德，即无产阶级道德，肯定拥有最多的能够长久保持的因素。”⑤

总的来说，马克思、恩格斯道德理论体系中，道德产生于真实的人类社会生活之中，随着主体性质的确立与现实环境的革新而不断与时俱进。质言之，道德是人的道德，人同时担任着主客体的角色，从精神层面和实践层面充分融合运用道德的约束性与规范性，既可以展现出作为工具性的外在价值又可以展现作为本体性的内在价值⑥，即道德是以人为出发点和落脚点的高度社会化的产物。

4. 坚持马克思主义辩证的道德机理

一方面，以理性方法，戳穿宗教本质，反对宗教神权，正释理性权威，

---

①⑥ 兰春庆：《论马克思主义道德的本质》，《呼伦贝尔学院学报》2010 年第 4 期，第 3 页。

② 《马克思恩格斯选集》第 1 卷，人民出版社 2012 年版，第 152 页。

③ 陶立霞：《康德道德哲学的主体自由度研究》，《理论与现代化》2018 年第 4 期，第 79 页。

④⑤ 《马克思恩格斯选集》第 3 卷，人民出版社 2012 年版，第 470 页。

构建现实社会，关注全体人类，理性确立德性。正如马克思曾引用一句话，“渎神的并不是那抛弃众人所崇拜的众神的人，而是把众人的意见强加于从神的人”①。为此，他还进一步指出：“扎勒特的判断证明，他既不是神学家，也不是哲学家。如果他是神学家，那么，这种同人的理性和伦理的矛盾就不会使他感到不安，因为神学家不是用人的理性和伦理来衡量福音书，相反，他是用福音书来衡量人的理性和伦理。如果扎勒持是哲学家，他就会认为这种矛盾根源于宗教思维的本性，从而就会把这种矛盾理解为基督教观点必然产物，而决不会谴责它是对这种观点的歪曲”②。质言之，马克思坚持以理性的方法定性研究道德，通过否定神来肯定人，将束缚人的宗教道德、神权道德改造成为人的理性道德。一是理性指出宗教是虚幻的、不存在的，是人的本质的反映，是人按自己的本质需要而创造出来的虚幻反映。③ 二是理性解析是“人创造了宗教，而不是宗教创造人。就是说，宗教是还没有获得自身或已经再度丧失自身的人的自我意识和自我感觉。但是，人不是抽象的蛰居于世界之外的存在物。人就是人的世界，就是国家，社会”④。此外，马克思坚持以理性研究方法汲取黑格尔的扬弃的理性批判和理性思维精华，进一步将道德与“市民社会”有机结合，正如“在《关于新闻出版自由和公布省等级会议辩论情况的辩论》中，马克思深刻分析诸侯、贵族、资产阶级等反动派反对出版自由的荒唐借口。自由报刊是联结国家和人民的纽带，是人民观察自己的精神之镜，出版自由是人民的权利所在，利益所在。然而诸侯、贵族、资产阶级反动派在新闻出版自由问题上不是代表人民，而是代表本等级的利益，辩论的目的不在于出版自由本身，而在于利己的利益，关心的是自己的自由，并且通过反对广大人民的自由获得自己的自由”⑤。即，“马克思意识到对黑格尔不能做

① 《马克思恩格斯全集》第1卷，人民出版社1995年版，第12页。
② 《马克思恩格斯全集》第1卷，人民出版社1995年版，第441页。
③ 《马克思恩格斯选集》第4卷，人民出版社2012年版，第228页。
④ 《马克思恩格斯选集》第1卷，人民出版社2012年版，第1页。
⑤ 孙其战：《马克思道德观及其德育价值研究》，山东大学博士学位论文，2022年，第48页。

肤浅的、道德化批判，必须对其哲学基础进行深入分析”①。马克思指出，要以是否合乎人民意志作为判断合理与否的道德检验标准。马克思认为：“哪一种是合乎真理的呢？如果就绝对的终极性来说，哪一种也不是；但是，现在代表着现状的变革、代表着未来的那种道德，即无产阶级道德，肯定拥有最多的能够长久保持的因素。”② 因为“只有在不仅消灭了阶级对立，而且在实际生活中也忘却了这种对立的社会发展阶段上，超越阶级对立和超越对这种对立回忆的、真正人的道德才成为可能”③。

另一方面，以非理性的方法承认道德的前提是有现实的人的个体存在，有衣食住行等诉求，有肉体、有经验、有感觉和有感性活动等。当然，这里的非理性不是反对理性主义的意思，理性只是人性的一部分，而不是全部和唯一。因为马克思“他们从实践的维度回答了理性与非理性何以可能的问题，将理性从神秘化、抽象化、先验化的困境中解放出来，也将非理性从狭隘化、污名化、对立化的泥沼中解救出来，在实践的基础上实现了理性与非理性的和解”④。正如马克思指出的：“在社会生存条件上，耸立着由各种不同的，表现独特的情感、幻想、思想方式和人生观构成的整个上层建筑。整个阶级在其物质条件和相适应的社会关系的基础上创造和构成这一切”⑤。“激情、热情是人强烈追求自己的对象的本质力量”⑥。从一定意义上说，人类历史以有生命的人的存在为前提，必须肯定人的一定程度的非理性需求与自然之间的联动关系，人为了满足一定程度的非理性需求所从事的生产活动是人类历史得以存续发展的前提基础之一。为此，道德主体离不开衣食住行，更离不开社会活动中产生的政治、经济、文化和科技，所以物质生活资料的消费是基础之中的基础，是万事活动的前提。正因为如此，恩格斯在承认道德非理性根基的基础上，肯定感性经验的存

① 孙其战：《马克思道德观及其德育价值研究》，山东大学博士学位论文，2022年，第50页。

② 《马克思恩格斯选集》第3卷，人民出版社2012年版，第470页。

③ 《马克思恩格斯选集》第3卷，人民出版社2012年版，第471页。

④ 李忠军、杨科：《思想政治教育中的“理性”与“非理性”——基于马克思恩格斯经典文本的相关论断》，《东北师大学报》（哲学社会科学版）2021年第5期，第2页。

⑤ 《马克思恩格斯文集》第2卷，人民出版社2009年版，第498页。

⑥ 《马克思恩格斯文集》第1卷，人民出版社2009年版，第211页。

在地位，认为脱离了经验和肉体的人是虚幻的，是偏离了唯物主义的，“我们必须从我，从经验的、肉体的个人出发……只要‘人’不是以经验的人为基础，那么他始终是一个虚幻的形象”①。

5. 坚持马克思主义符合人性的道德观

道德学说都有其一定的人性理论作为支撑根基②，马克思主义道德观也是如此。正如恩格斯所认为的，人性都是具体的和历史的，不是抽象的，其带有一定的阶级性。③ 在这一点上毛泽东同志也曾指出，“‘人性论’。有没有人性这种东西？当然有的。但是只有具体的人性。没有抽象的人性。在阶级社会里就是只有带着阶级性的人性，而没有什么超阶级的人性。我们主张无产阶级的人性，人民大众的人性，而地主资产阶级则主张地主资产阶级的人性，不过他们口头上不这样说，却说成为唯一的人性。有些小资产阶级知识分子所鼓吹的人性，也是脱离人民大众或者反对人民大众的，他们的所谓人性实质上不过是资产阶级的个人主义，因此在他们的眼中，无产阶级的人性就不合于人性”④。首先，“马克思扬弃形而上学人性观，揭示出‘现实的人’的自然属性、精神属性、社会属性。作为道德的主体，‘现实的人’三方面属性产生出人的自然需要、精神需要、社会需要，从而形成人最深沉的道德动力”⑤。其次，马克思主义者强调人的主体地位，主张人人生而平等的人权。再次，“在马克思看来，道德在于摆脱肉体欲望的支配，使‘人作为人的需要’成为需要”⑥。即“人的感性对象性关系的复归是‘真正人的道德’的实现，每个人在发展别人中发展自己，在实现别人的发展中实现自身的发展，实现自己的‘是其所是’”⑦。最后，马克思、恩格斯还指出：“加入协会的一切团体和个人，承认真理、正义和道德是他们彼此间和对一切人的关系的基础，而不分肤色、信仰或民族”⑧。

① 《马克思恩格斯全集》第 47 卷，人民出版社 2004 年版，第 330 页。
② 参见孙其战：《马克思道德观及其德育价值研究》，山东大学博士学位论文，2022 年。
③ 参见罗国杰：《无产阶级人性论是道德修养的前提》，《中州学刊》1981 年第 1 期。
④ 《毛泽东选集》第 3 卷，人民出版社 1991 年版，第 870 页。
⑤⑥ 孙其战：《马克思道德观及其德育价值研究》，山东大学博士学位论文，2022 年，第 1 页。
⑦ 孙其战：《马克思道德观及其德育价值研究》，山东大学博士学位论文，2022 年，第 2 页。
⑧ 《马克思恩格斯选集》第 3 卷，人民出版社 2012 年版，第 172 页。

总之，马克思主义道德理论之德性论，阐释了人性中的何为道德、如何践行道德等问题。第一，坚守道德是无产阶级者的品格。周恩来同志指出："我们无产阶级有无产阶级的人性，为什么有顾虑？是有一种压力。把'人性论''人类之爱''人道主义''功利主义'都弄乱了。这些问题，毛主席早在延安文艺座谈会时就回答了。我们不一般地反对功利主义，我们讲无产阶级的功利主义、人性、友爱和人道主义"①。因此，罗国杰（1981）在《无产阶级人性论是道德修养的前提》一文中研究指出："马克思主义认为，人的本性，或人的道德品质的善恶，不是先天的，而是后天的。人的本性是由社会关系决定的，在阶级社会则主要是由阶级关系决定的"②。第二，坚守道德的人方能功成业就。因为在马克思主义学说看来，"任何实践活动都必须在现实的对象性关系中才能实现，既要实现人与自然关系的和谐、又要追求不同利益主体之间和谐，这就要求每个人在考虑自己利益的同时还必须满足人类的利益追求，在满足眼前利益时还必须追求人类的长远利益"③。第三，德性既有理性成分又有非理性成分（前面已述不再重述），既有确定性的价值共识，又有非确定性的要素，它具有反映特定时代和特定历史的动态价值、个性价值和临时价值，既有经验的实践积淀又有先验的基因传承和对现实社会的真实感知。由此可见，道德养成的最佳土壤是共同体中的实践，而道德不能脱离于社会现实独立存在，其形成和发展离不开现实生活。第四，道德是人类从事社会活动的行为选择力和劳动创新力。马克思认为："占有表现为异化，自主活动表现为替他人活动和表现为他人的活动"④。但这种异化，终会随着人的劳动实践，特别是现代化、自动化、智能化的劳动实践的改进，以及人的自觉觉醒而逐渐改变，被现代工人和现代机器自觉构建成的共同体的实践所超越，表现为人类自身的演化力、人的社会实践行为选择力和劳动创新力。第五，对道

① 《周恩来论文艺》，人民文学出版社 1979 年版，第 94 页。

② 罗国杰：《无产阶级人性论是道德修养的前提》，《中州学刊》1981 年第 1 期，第 28 页。

③ 张峰铭：《道德出场与利益消解——马克思主义道德观研究》，吉林大学 2017 年博士学位论文，第 93 页。

④ 《马克思恩格斯选集》第 1 卷，人民出版社 2012 年版，第 62 页。

德的遵循能促进人生各阶段价值的实现。在自由劳动实践中坚持修德，能够促进财富的积累和事业的兴旺。反之，不坚持自由劳动就会出现强制劳动和劳动异化，视劳动为工具，视金钱为万能，劳动凌驾他人也同时凌驾自我之上。总之，马克思主义道德理论之德性观内涵，将道德作为人生目的，不断地追求人生与人性的真善美价值有机统一，追求人性与人生的平和互动，追求人性指导下的人生喜悦；将其视为社会活动的选择手段、选择过程和价值导向，要求人们在客观的历史社会实践中，宠辱不惊、不卑不亢，以平和的心态，彰显和追求人性真善美的魅力。

6. 坚持马克思主义全面的正确的道德观

马克思、恩格斯对有人性关怀的道德义务论的阐释，区别于以往道德义务论。他们主张道德不仅是“要我遵循”的义务，更是“我要遵循”的权利和自由。他们强调自由基础上的责任与权利。正如马克思指出的，没有经受过主观愿望起来反对他自己的理智的客观见解的时候所产生的良心的痛苦①，是难以获得一定意义上的全面的正确道德观的，“因为它既没有自己的理智，也没有自己的见解，也没有自己的良心。”②

马克思主义人性道德论还要求切勿做资本主义制度下的被异化的“财迷”，而要围绕社会活动的主体人开展现实的独立的道德实践，实现“个体善”和“共同善”。他精辟地论证指出：“自然本身给动物规定了应该遵循的活动范围，动物也就安分地在这个范围内活动，而不试图越出这个范围，甚至不考虑有其他范围存在。神也给人指定了共同的目标——使人和他自己趋于高尚，但是，神要人自己去寻找可以达到这个目标的手段；神让人在社会上选择一个最适合于他、最能使他和社会变得高尚的地位。”③“如果我们的生活条件容许我们选择任何一种职业，那么我们就可以选择一种使我们获得最高尊严的职业，一种建立在我们深信其正确的思想上的职业，一种能给我们提供最广阔的场所来为人类工作，并使我们自己不断

① 《马克思恩格斯全集》第 1 卷，人民出版社 1995 年版，第 296 页。
② 《马克思恩格斯全集》第 1 卷，人民出版社 1995 年版，第 296 页。
③ 《马克思恩格斯全集》第 1 卷，人民出版社 1995 年版，第 455 页。

接近共同目标即臻于完美境界的职业，而对于这个共同目标来说，任何职业只不过是一种手段。”① 即，人一定要树立既符合“共同善”又符合“个体善”的特定的共同价值目标，并以这个特定共同价值目标为中心，坚持不懈地奋斗，作出符合人性的现实的、独立的道德选择。此外，马克思主义道德义务论还认为，道德的人性关怀必须体现在自尊、自强、自爱的生活实践中，“人是人的最高本质”②，道德的崇高来源于人是人最高本质的“必然”，让人有尊严地生活，让所有人有尊严地、自由地、全面地生活和发展是道德的本质体现。

同时，反对道德说教的马克思主义道德理论也关注“功利”，只是他关切的是人民的利益。第一，道德属思想意识范畴，也不能脱离利益。马克思恩格斯指出：“‘思想’一旦离开‘利益’，就一定会使自己出丑。”③ 第二，马克思主义道德观视野下的利益是“阳谋”不是“阴谋”，是肯定“真正的共同体”的利益和符合人性本质的个体利益，反对“虚幻的共同体”利益。第三，经济基础决定上层建筑，是建立真正的共同体、实现共产主义、实现人人自由解放发展的基础，因此有必要选择从“我们自己出发”的现实路径。第四，道德的利益标准是实现最广大人民的根本利益，关键时刻集体利益应高于个体利益。但也不能随便牺牲个人利益，即便特殊情况下个体利益让步于集体利益了，也应当获得适度补偿或返还。第五，道德的利益应为全人类谋取幸福，关注的主体应是全体公民，是“整体的人”，而非部分团体、某个阶级。第六，利益的欲望常常导致道德失控。马克思主义政治经济学认为，货币是人进行各种社会活动的中介，是流通与交往的工具。把钱财当作目的，必然导致货币功能异化，进而使得道德主体的理性价值，以及货币的工具价值扭曲。同时，他还理性地认为，从众的欲望未必合理，欲望合理与否，要看质而非单纯地看量，只有符合人性本质的才是合理的、道德的。而“共产党人同其他无产阶级政党不同的地

① 《马克思恩格斯全集》第1卷，人民出版社1995年版，第458页。
② 《马克思恩格斯选集》第1卷，人民出版社2012年版，第16页。
③ 《马克思恩格斯文集》第1卷，人民出版社2009年版，第286页。

方只是：一方面，在无产者不同的民族的斗争中，共产党人强调和坚持整个无产阶级共同的不分民族的利益；另一方面，在无产阶级和资产阶级的斗争所经历的各个发展阶段上，共产党人始终代表整个运动的利益”①。

7. 坚持科技道德伦理是自由劳动实践的产物

在工程哲学学说中有一种共识性的认识，人的劳动实践除包括科学、技术、工程等物质生产力外，还包括道德伦理等精神要素。因为“劳动包括资本，并且除资本之外还包括经济学家没有想到的第三要素，我指的是简单劳动这一肉体要素以外的发明和思想这一精神要素”②。即，人类的社会实践劳动，在客观上成就了人类的自由实践劳动和自由生活，成就了人与人、人与社会、人与自然之间的道德伦理关系，更成就了人类的自由与文明，为人的全面自由解放作了准备。首先，“文明时代是学会对天然产物进一步加工的时期，是真正的工业和艺术的时期”③。科技的进步使得压迫与被压迫、剥削与被剥削的人际关系逐渐向人人独立自主自由的方向进步，使人人具有了天然的平等和自由发展可能。其次，科技的进步促进了人的繁衍形式的重大演进，“因此，如果没有新的、社会的动力发生作用，那么，从成对配偶制中就没有任何根据产生新的家庭形式了。”④ 所以说，是科技进步取得群婚制度向对偶制、专偶制的进步发展。再次，科技的进步促进了母权制向父权制的转向，它改进了人的性别分工，使得较为多数的男性掌握科技主导权。最后，科技的进步牵动了人与自然关系的历史发展进程。人从宗教神权中解放出来，促进了“认识世界万物——改造世界万物——支配世界万物”的渐进发展。

8. 坚持以科技道德伦理来防治和消解科技与人、社会、自然的异化

马克思主义者认识、发现和分析了科技带来的人的异化、社会的异化、自然世界的异化，也从理论层面阐述了科技消解异化的作用和方法。

① 《马克思恩格斯选集》第1卷，人民出版社2012年版，第413页。
② 《马克思恩格斯选集》第1卷，人民出版社2012年版，第28页。
③ 《马克思恩格斯选集》第4卷，人民出版社2012年版，第35页。
④ 《马克思恩格斯选集》第4卷，人民出版社2012年版，第62页。

(1) 科技与人的异化及其消解。

科技使人不再成为人，集中表现在四个方面：第一，科技容易分裂人的整全性。“这样一来。一群不满分子自以为在旧的分工线上构筑了无法攻破的工事，却发现他们已被从侧翼包围，现代机器战术使他们的防御手段毫无用处。他们只好无条件投降”①。显然，科技的兴起带来一系列危及人的整全性的问题，因为资产阶级的贪婪，必然导致资产阶级以科技代替人而兴起科技的深度应用，而劳动者又要与之科技竞技，以至于导致妇女生育能力降低、孩子发育畸形、男子体质变弱等问题。马克思指出：“劳动生产了美，但是使工人变成畸形，劳动用机器代替了手工劳动，但是使一部分工人回到野蛮的劳动，并使另一部分工人变成机器劳动生产了智慧，但是给工人生产了愚钝和痴呆”②。第二，资本主义制度下的科技使人失去了属于人的正常生活，沦为资本家和自身贪婪的工具和奴隶。特别是科技的极端化发展，“无家可归的人挤在大城市的贫民窟里；一切传统的血缘关系、宗法从属关系、家庭关系都解体了；劳动时间，特别是女工和童工的劳动时间延长到可怕的程度；突然被抛到全新的环境中的劳动阶级，从乡村转到城市、从农业转到工业、从稳定的生活条件转到天天都在变化的毫无保障的生活条件的劳动阶级，大批地堕落了”③。第三，容易导致人的价值观发生偏移。“所有这些人愈是聚集在一个小小的空间里，每一个人在追逐私人利益时的这种可怕的冷淡、这种不近人情的孤僻就愈是使人难堪，愈是可恨。虽然我们也知道，每一个人的这种孤僻、这种目光短浅的利己主义是我们现代社会的基本的和普通的原则”④。第四，科技容易让人们失去民风熏陶、被排斥在教育之外、生活在恶劣的环境、缺失家庭关爱特别是母爱，以及失去自由劳动和自由生活等。

此外，科技又促进了人的自由和解放，主要表现在两个方面：第一，

① 《马克思恩格斯全集》第32卷，人民出版社1998年版，第388页。
② 《马克思恩格斯选集》第1卷，人民出版社2012年版，第53页。
③ 《马克思恩格斯选集》第3卷，人民出版社2012年版，第785页。
④ 《马克思恩格斯全集》第2卷，人民出版社1957年版，第303－304页。

人的自然属性的正视与满足离不开科技的支撑与发展。马克思认为，“当人们还不能使自己的吃喝住穿在质和量方面得到充分保证的时候，人们就根本不能获得解放”①。因为“这一生产上的技能，对于人类的优越程度和支配自然的程度具有决定性的意义；一切生物之中，只有人类达到了几乎绝对控制食物生产的地步。人类进步的一切大的时代，是跟生活来源扩充的各时代多少直接相符合的”②。第二，科技解除了人们自由劳动中必须承受的许多负重，使得人们有更多的时间和精力实现自我的全面自由解放与发展。

（2）科技与社会的异化及其消解。

一方面，科技进步加剧社会异化。首先，科技促使社会结构、社会组织和人际关系等发生异化，阶级差距和阶级矛盾激化。恩格斯阐释资本主义制度下科技极端化现象时指出，“无家可归的人挤在大城市的贫民窟里；一切传统的血缘关系、宗法从属关系、家庭关系都解体了；劳动时间，特别是女工和童工的劳动时间延长到可怕的程度；突然被抛到全新的环境中的劳动阶级，从乡村转到城市、从农业转到工业、从稳定的生活条件转到天天都在变化的毫无保障的生活条件的劳动阶级，大批地堕落了”③。“最后，自1825年起，一切新发明几乎都是工人同千方百计地力求贬低工人特长的企业主发生冲突的结果。在每一次多少有一点重要性的新罢工之后，总要出现一种新机器。而工人则很少在机器的应用中看到他们的权威恢复，或如蒲鲁东先生所说，他们的复原”④。其次，科技导致人类社会的道德伦理发生了极端化。正如恩格斯所言：“所有这些人愈是聚集在一个小小的空间里，每一个人在追逐私人利益时的这种可怕的冷淡、这种不近人情的孤僻就愈是使人难堪，愈是可恨。虽然我们也知道，每一个人的这种孤僻、这种目光短浅的利己主义是我们现代社会的基本的和普通的原则”⑤。再

① 《马克思恩格斯选集》第1卷，人民出版社2012年版，第154页。
② 《马克思恩格斯选集》第4卷，人民出版社2012年版，第29页。
③ 《马克思恩格斯选集》第3卷，人民出版社2012年版，第785页。
④ 《马克思恩格斯选集》第1卷，人民出版社2012年版，第247页。
⑤ 《马克思恩格斯全集》第2卷，人民出版社1957年版，第303－304页。

次，科技引发和加剧城乡冲突。因为“城乡对立的经济基础，是城市对农村的剥削，是资本主义制度下工业、商业、信用系统的整个发展所造成的对农民的剥削和大多数农村居民的破产”①。同时，科技强大的物质生产力，诱使资产阶级疯狂地猎取和垄断科技生产力、科技利益、科技话语权，并试图通过法律、规则、道德伦理等，将其嗜血的疯狂行为合法化、合理化、正义化、主权化和保障化。科技以及“同时机器成了资本的形式，成了资本驾驭劳动的权力，成了资本镇压劳动追求独立的一切要求的手段”②。以及“机器是资本家阶级手中用以实行专制和勒索的最有力的工具”③。最后，资产阶级的功利主义价值观、运行机制、资本主义制度本身以及国家机器是引发科技异化的重要因素。资产阶级在它的萌芽、壮大和发展等各个阶段，无时无刻不在不择手段地追逐和占有利益最大化，而科技是作为其实现目的的重要手段，必然发生异化，到了一定阶段，当量变促使质变时，“它把政权也夺到手了，于是它对于无产阶级和小农说来就成了统治阶级。”④

另一方面，科技进步能够在一定程度上消解社会异化。近代以来，科技的兴起和大工业的建立，使得封建社会逐渐走向灭亡，资本主义制度得以建成；如今，以人民利益为奋斗出发点和落脚点的社会主义制度已建立百年有余，社会主义运动的蓬勃发展以及社会主义制度的先进性，使得科技发挥出更大的生产力优势，进而使得占世界一定范围内的人们享受到自由的无剥削的劳动，享受到自由与解放。正如库兹涅茨以马克思整体性看待科技道德伦理文化创新魅力时所言：“先进技术是经济增长的一个允许的来源，但是它只是一个潜在的、必要条件，本身不是充分条件。如果技术要得到高效和广泛的应用，而且说实在的，如果它自己的进步要受这种应用的刺激，必须做出制度的和意识形态的调整，以实现正确利用人类知

① 《斯大林选集》下卷，人民出版社1979年版，第557页。
② 《马克思恩格斯全集》第32卷，人民出版社1998年版，第387页。
③ 《马克思恩格斯全集》第21卷，人民出版社2003年版，第457页。
④ 《马克思恩格斯选集》第3卷，人民出版社2012年版，第723页。

识中先进部分产生的创新。”①

（3）科技与自然的异化及其消解。

一方面，科技造成自然异化。“但是我们不要过分陶醉于我们人类对自然界的胜利。对于每一次这样的胜利，自然界都对我们进行报复。每一次胜利，起初确实取得了我们预期的结果，但是往后和再往后却发生完全不同的、出乎预料的影响，常常把最初的结果又消除了”②。即，科技直接作用于自然，表面上看是对自然环境的利用和破坏，实质上是较近或较远的对包括人在内的自然环境的破坏，因为人与自然是感觉对象性关系，只有顺应规律，引导科技服务人类的理性需求与供给，才能使科技走向道德化。当然，这里就必然涉及社会生产方式、社会制度、价值观等的设置问题。

另一方面，科技消解自然异化。首先，“马克思恩格斯还将科技置于人与自然复合系统中，认为科技是联结人与自然，使人与自然在互动中达到更深层次的综合的中介”③。恩格斯认为：“自由是对必然的认识，必然只有在它没有被理解时才是盲目的。自由不在于在幻想中摆脱自然规律而独立，而在于认识这些规律，从而能够有计划地使自然规律为一定目的服务”④。所以说，“自然界与历史——这是我们在其中生存、活动并表现自己的那个环境的两个组成部分”⑤，人与自然需要科技助力深化人与自然和谐相处，即科技使得人与自然充满了活力与灵气。最后，还自然界和人的生长的本性。科学技术能够在社会生产方式、社会制度，以及社会管理等方面起到积极作用，通过防治污染、变废为宝等方式，促进绿色发展、循环发展，一定意义上也消解了一些自然异化现象。

9. 坚持马克思主义科技旨归论

科技的起源与发展的本质是服务于人的理性需求。创造性、增强性的

---

① ［美］道格拉斯·C. 诺思：《经济史中的结构与变迁》，陈郁、罗华平译，上海三联书店 1994 年版，第 68 页。

② 《马克思恩格斯选集》第 3 卷，人民出版社 2012 年版，第 998 页。

③ 童美华：《马克思主义生态科技观研究》，厦门大学博士学位论文，2019 年，第 37 页。

④ 《马克思恩格斯文集》第 9 卷，人民出版社 2009 年版，第 120 页。

⑤ 《马克思恩格斯全集》第 39 卷，人民出版社 1974 年版，第 64 页。

科技供给，是持续服务于人的感性对象性活动。即，科技绝不仅止于知识、工具和能力，更需要吸收、服从、遵循和坚持道德伦理和价值诉求进行再升级、再改造，以至于成为助力实现人的自由全面发展的绝佳手段。正如马克思所言："人类的智慧在自己的创造物面前感到迷惘而不知所措了。然而，总有一天，人类的理智一定会强健到能够支配财富……那么单纯追求财富就不是人类的最终的命运了。……这将是古代氏族的自由、平等和博爱的复活，但却是在更高级形式上的复活"①。

一方面，科技要促进人人的自由全面发展。自由是建立在物质和精神财富极其丰富的基础上的，因为"人的依赖关系（起初完全是自然发生的），是最初的社会形式，在这种形式下，人的生产能力只是在狭小的范围内和孤立的地点上发展着。以物的依赖性为基础的人的独立性，是第二大形式，在这种形式下，才形成普遍的社会物质变换、全面的关系、多方面的需要以及全面的能力的体系。建立在个人全面发展和他们共同的、社会的生产能力成为从属于他们的社会财富这一基础上的自由个性，是第三个阶段"②。而科技"即财富的最可靠的形式，既是财富的产物，又是财富的生产者"③，科技的进步、科技作用的充分有效发挥是人人得到自由全面发展的基础和前提，"推进人的全面发展，同推进经济、文化的发展和改善人民物质文化生活是互为前提和基础的。人越全面发展，社会的物质文化财富就会创造得越多，人民的生活就越能得到改善，而物质文化条件越充分，又越能推进人的全面发展。"④ 正因为如此，习近平总书记审时度势，在新时代明确了充分平衡发展与人民美好生活之间的辩证相互关系。

另一方面，科技要促进社会的全面和谐发展。正是基于科技的社会化、经济化，人类才有可能实现由必然王国进入自由王国的飞跃。首先，现代科技价值旨归的理性回归，能彻底消灭私有制，能"彻底消灭阶级和阶级

① 《马克思恩格斯选集》第4卷，人民出版社2012年版，第195页。
② 《马克思恩格斯全集》第30卷，人民出版社1995年版，第107－108页。
③ 《马克思恩格斯全集》第30卷，人民出版社1995年版，第539页。
④ 江泽民：《在庆祝中国共产党成立八十周年大会上的讲话》，人民出版社2007年版，第44页。

对立；通过消除旧的分工，通过产业教育、变换工种、所有人共同享受大家创造出来的福利，通过城乡融合，使社会全体成员的才能得到全面发展，——这就是废除私有制的主要结果"①。所以维持和扩大生产的资料促使了个体性自由和理性需要的联盟形成——真正的共同体所直接占有。其次，同一性维持着科技服务社会、促进社会向更加和谐的方向发展。即，"人成为自然界自觉的和真正的主人"，既有一定的符合人性的自由的道德权利，又有一定的道德义务。个体、群体与自然之间没有不同的利益，而科技不仅可能保证一切社会成员有富足的和一天比一天充裕的物质生活，而且还可以保证他们的体力和智力获得充分的自由的发展和运用②。最后，科技促进全球范围的联合，以及人类命运共同体的构建，"单是大工业建立了世界市场这一点，就把全球各国人民，尤其是各文明国家的人民，彼此紧紧地联系起来，以致每一国家的人民都受到另一国家发生的事情的影响"③。

（二）社会主义核心价值观

社会主义核心价值观，是马克思主义中国化重要成果之一，是道德选择的最新理论思想。因为社会主义核心价值观从国家、社会和个人三个层面分别提供了公民道德选择的价值遵循，有利于培养和提升新时代公民道德选择能力，有利于将符合人性的道德选择理论范式和实践范式通过最精华、最核心、最根本性的价值导向从社会主义国家延伸到其他不同社会形态的国家中去，有利于人人自由全面发展的道德选择价值观普照世界每一个角落，有利于核心价值观深入和激发每一个人心，进而推动全人类的自由全面发展进程。

1. 坚持国家层面的道德选择价值标准

"富强、民主、文明、和谐"作为国家层面的整体性的道德选择价值

① 《马克思恩格斯选集》第1卷，人民出版社2012年版，第308－309页。
② 《马克思恩格斯选集》第3卷，人民出版社2012年版，第670页。
③ 《马克思恩格斯选集》第1卷，人民出版社2012年版，第306页。

标准，不仅是中国特色社会主义道路、理论、制度和文化自信的价值聚合目标，而且还是社会主义核心价值观培育的最核心共识目标和最首要共识目标。为此，道德选择设置国家层面的价值标准，旨在通过“富强、民主、文明、和谐”的价值引领，倡导和培育公民建立统一的价值立场与价值信念，从而实现统一的思想共识和行为指南，即要共同致力于属于每一个人的自由解放与全面发展。

“富强”是社会主义核心价值观在国家层面的道德选择价值标准，蕴含了勤劳致富和更进一步追求自由全面发展的人类进步的深刻哲学内涵，是结合了辩证唯物主义和历史唯物主义的价值导向原则。即，无论是身在社会主义国家还是非社会主义国家的个体公民、社会组织机构，此价值导向原则引导的是他们追求物质与精神双结合的“富强”，只有这样的富强才是符合时代发展诉求和人类共存进步的价值导向。否则，富强就会脱离人性而变得非理性和非道德。

“民主”是对人们进行社会活动方式、组织方式的要求，即，要求处事原则、方式和结果能体现集体意志的是“民主”，反之则可能是“非民主”，质言之，是否体现集体意志是其判断民主与否的分水岭。所以说，无论是社会主义的国家、非社会主义国家，还是社会主义和非社会主义国家的公民或组织机构，都应当将是否体现集体需要、智慧、意志等作为判断这个国家或组织机构是否和谐、民主、进步的标准之一。因为集体智慧与需要就是集体意志，是人民群众当家作主的具体体现和标志之一。例如，我国的民主集中制，就是通过制度、规则和道德价值体系的建立，规范和引导中国人民集体意志表达的社会活动方式。民主，要求解决和消除是私有制，倡导公有制或共有制，能够体现人民当家作主的国家治理观，凝聚集体主义精神，构建群居共同体、利益共同体和命运共同体。

“文明”，特指传承人类创造的精神财富和物质财富，并能促进人类自身更进一步发展的价值导向原则。首先，文明源于人类长期的社会实践，包括对自然的认识、劳动技改、实践工程与人文精神等，其具有显著的持续性、传承性和创新性，既没有不需要传承的文明，也没有脱离了对优秀文化传承和弘扬的文明。其次，文明体现的是文化自信和文化创建，强调文化的现实性、群众性、发展性。最后，文明强调科学文化知识教化于人的实际效应。总之，文明的选择标准，要求的是对人类发展历程中优秀社会活动范式的传承、发展与应用，彰显的是人的社会性成果价值及其再创造。

“和谐”是以是否伤害他人名利、是否有利于多赢共赢局面的实现为衡量标准的道德价值标准，倡导良性的人与人、人与社会、人与自然和平相处的人际规则、生态伦理、价值共识。例如，中国文化中的“己所不欲勿施于人”就是和谐价值观的体现。所以“和谐”成为一个国家、一个地区，或是较大社会组织的价值标准，体现了社会主义性质在道德选择中的应然诉求和必然结果。

2. 坚持社会层面的道德选择价值标准

“自由、平等、公正、法治”作为社会层面的行为规范和价值诉求，彰显的是社会主义发展中最普遍、最基本的价值尺度，体现的是社会主义道路、理论、制度和文化的自信与自觉。为此，道德选择的社会价值标准，旨在维护社会的公平正义和推动依法治国的进程，即保障社会层面的人与人、人与自然之间的和谐伦理关系。

“自由”，包括两个方面的道德选择价值标准：一方面考察道德选择主体的自由心理状态和层级；另一方面考察道德选择主体的自由行为形式和内容。即，只有在思想意识与言谈举止相一致的前提下，人们才能接受和践行真正的自由。因为认识层面的自由，不仅要求道德选择主体具备良好的心理认知能力，更要求这种良好的认知心理认同程度有外在的表现，所以才会有身心愉悦下的自觉自由和美的自由。否则自由就成了要牺牲一些利益的享乐主义或者是强制下的无奈之举，成了没有范围与规则的自由，成了其他道德选择主体不认同的强制，进而成为背离道德选择对自由客观诉求的非理性，这当然不是真正的自由。

“平等”往往以社会伦理和价值原则的形式出现。在价值观层面要求的是道德选择主体具有平等的价值思想、行为和情感。其丰富的道德选择价值内涵还包括：对生命个体的平等尊重（包括意识上的平等认知），人身权利的平等对待与主张，社会地位的平等认识与追求，等等。由此可见，平等的道德选择价值标准，旨在引领培养社会层面有平等伦理思想、行为和情感的道德选择主体且诠释社会活动的社会性、共生性和群体性。因为任何社会层面的个体或社会组织都不能脱离“社会性”而独立存在与存活。

“公正”，是一种阅世和处世原则。“公”为集体，也为大多数人，“正”为正义，亦为真善美。作为社会层面的道德选择价值标准，公正要求道德选择主体为大多数人谋利益而行正义之事，即善事、美事。所以公正体现着对道德意识共享的要求和笃行。正如马克思青年时期的就业观，就认为只有为人类谋福利的职业才是持久且不容易疲惫的事业。因此，“公正”正是倡导这样一种社会道德伦理价值观，即要求人们做出符合社会活动要求的且是有利于社会活动有序进行的道德选择。

“法治”，体现的是立法、遵法、守法、用法的价值标准，要求道德选择主体在法律的框架内行使自己的法定权利和履行自己的法定义务。法治是底线意识，首先，从立法角度要求相关法律体系的完备性，为公民遵法守法提供法律遵循，即引领公民在社会活动中完成应尽义务、执行应尽职责、把握应有分寸；其次，要求道德选择主体时刻保持和增强社会秩序意识，遵从和遵守法律，即引领公民遵守社会规则，作出向上向善行为；最后，从用法的角度，对管理者提出了提高治理与管理能力和水平的要求，即引领公民包容和尊重合法思想、行为和情感，分清和从严抵制、打击违法犯罪。

3. 坚持个人层面的道德选择价值标准

“爱国、敬业、诚信、友善”作为每个公民应遵循的道德价值规范和行为准则要求，体现了人类传统美德传承和对社会主义本质追求的辩证统一。为此，作为道德选择的个人选择价值标准，旨在通过每个公民道德水准和道德素质提升，实现个体人的自觉自由发展和自由全面发展。

“爱国”，要求道德选择主体要有民族情感和地域情感，并热爱自己的民族、地域和祖国。作为社会主义核心价值观层面的爱国，核心的感情就是对祖国的情感。爱国，不仅指对祖辈优秀文化的弘扬和对向上向善社会活动方式的热爱，以及对生活地域的深厚情感，还有对“祖”这一历史范畴下的民族发展史和民族区域发展史的情感认同。因此，“爱国”考察的是道德选择主体对所处国家、民族、地域的社会秩序、生态伦理、文化文明和时间空间的认同，是对国家的无限热爱和坚决拥护。

“敬业”，体现的是生存方式和生存状态的价值标准，要求道德选择主体以劳动作为人的生活常态，彰显劳动的人性本质。必须指出，这种劳动不是机械地劳作运动，而是自觉地尊重和喜爱某一职业而尽心尽力地做出奉献，即符合人性的劳动。换句话说，敬业要求道德选择主体选择劳动作为安身（心）立命的人性本质，将劳动当作一生的事业，并尽职尽责地恪守。

“诚信”是道德选择主体知行合一的价值旨归。孔子曾在回答子贡问政时说，“足食、足兵、足信”是治国平天下三件事，而足食、足兵不及足信重要，原因在于粮食和人员都可以再补给，而唯有“信”丢掉就很难再立起来。因此核心价值观将诚信作为道德选择主体的价值标准，实质上是以德治、德性作为社会活动的尺度，衡量、选择和考察道德选择主体的知行统一状态及运行水平。

“友善”体现的是一种社会性的德性及伦理规范，要求道德选择主体不仅要有善的本分、本色，还要有与他人进行社会交际并传扬善的本事和本领。即，以“以小见大”的方式培育道德选择主体德性和伦理观，以及促进公民在社会层面积极发挥引领和带动作用，形成社会效应，激励更多群众、群体、组织参与和践行“友善”的德性和伦理观。

四、研究思路、研究方法和创新之处

（一）本书的研究思路及内容

本书始终坚持理论指导实践、实践检验真理的研究方法，在遵循“分析客观现实现状，梳理现状是什么和问题是什么——以问题为导向，全面认知、追问及分析问题——从理论与实践向度解决问题，提出路径与策略”的研究脉络基础上，对人工智能时代公民道德选择能力培养进行分层次研究，旨在实现这样的目标——培养和提高人工智能时代公民“人工智能＋大数据”的道德素养、“人工智能＋大数据”的科技素养、“人工智能＋大数据”的思维等“人工智能＋大数据”的数智道德选择能力，赋予和增强公民道德选择的精准化能力和智能化能力。即全书共分为三个部分。

第一部分，是什么：从分析客观现状着手，分析阐述人工智能和大数据＋道德选择/道德选择能力的现状。本部分重在梳理人工智能时代公民道德选择已有的价值原则，道德选择的真、善、美价值导向，以及人工智能时代公民道德选择的精准化、智能化现实诉求，通过展示人工智能时代道德选择的理论体系建设现状和实践发展现状，论证人工智能和大数据＋道德选择能力培养的理论体系建设与实践经验总结的可能性、合理性和正当性。

第二部分，为什么：以问题为导向，全面认知、追问和分析问题。本部分主要是分析人工智能时代公民道德选择能力培养的积极影响、消极影响和存在问题，旨在全面剖析道德选择能力培养的问题及其问题根源。特别是找到传统公民道德选择能力培养较为集中地表现在非善即恶的二元道德性质结构中做出取舍的缺陷，对消解公民道德选择能力培养的瓶颈制约起到了极为重要的探索作用。

第三部分，怎么办：提出具体路径和策略，有针对性地消解问题。本部分一方面主要从理论层面和实践层面探索消解问题的向度及相关理论支撑和实践路径；另一方面主要从路径与策略方面探索如何具体消解，按图索骥，找准路径和策略，从理念指导、实践做法、体制机制保障和生态环境建构等方面（指路径），全方位解决人工智能时代公民的道德选择能力培养问题（指策略）。

（二）研究方法

本书在借鉴已有研究成果的基础上，紧扣研究主题，创新研究路径和工具载体，采用文献梳理法、集成研究法、实证研究法、案例分析法和专家咨询等方法展开了全面深入论证研究。

1. 文献梳理法

通过对“道德选择能力培养”和“人工智能和大数据”两个重要领域相关历史文献的整理和分析，找出两者之间融合发展的可能性、正当性及内在逻辑。并借鉴优秀研究成果中的历史经验和理论基础，为人工智能时代公民道德选择能力的培养，提供更为优质的培养路径和策略、理论体系和实践经验。

2. 集成研究法

强调问题导向，注重各学科交叉研究与集成研究。综合运用思想政治教育理论、人性论、义利观、理欲观、理性及理性化理论、道德教育学、伦理学、计算机、网络信息、云计算、人工智能、机器学习方法等多门类学科的理论体系和技术特性，对研究中存在的难点、热点、痛点问题展开剖析研究、论证研究、融合研究、理论构建研究和实践操作研究。

3. 实证研究法

通过访谈、座谈会、调研等研究方法，获取相关领域的专家、学者和有识之士对人工智能和大数据 + 道德选择/道德选择能力培养的经验、认识、思维方向等研究素材（详见附录），然后通过实践检验和分析人工智能时代公民道德选择能力培养的具体情况、面临的现实困境，紧密结合实际提出有针对性的对策建议。

4. 案例分析法

通过选取典型样本，以典型实例来增强理论观点的实现基础，并通过实例与举证更加彰显结论的说服力。例如，研究结合国内外影响力大的人工智能和大数据成功融合应用案例来进行解剖分析，提升了论证说服力。

5. 专家咨询法

常参与相关主题的学术研讨，以争取国内外权威专家的指导。同时，在研究过程中以相关问题为研究视点，组织若干次公开的小型专题研讨会，吸收研究专家的智慧，形成专家修改意见，不断地明确研究目标，凝练研究成果。

（三）创新之处

多学科综合研究，特别是综合运用马克思主义伦理学和科技伦理思想、思想政治教育学、心理学、社会学、信息技术等多学科领域的理论知识，运用马克思主义中国化时代化最新理论成果——习近平新时代中国特色社会主义思想，为人工智能时代中国公民道德选择能力培养提供了多学科集成研究支撑。

1. 研究视角创新

在人工智能和大数据中研讨公民道德选择能力培养是截至目前较为稀有的研究视角。在人工智能和大数据的融合发展应用研究中，大多数研究成果集中在科技的应用研究方面，几乎难以找到有学者从科技应用的角度反思道德选择能力及道德选择能力培养的系统化研究成果。

2. 具有开创性的研究

创造性地引入理性和理性化理念，以工具价值理性与目标价值理性的辩证发展关系，特别是以人工智能和大数据技术、人工智能和大数据思维来审视、研讨道德选择能力培养的理论建设，丰富与发展了人工智能时代中国公民道德选择能力培养的理论体系和实践经验，提炼了人工智能时代的道德选择价值观和数智道德选择原理。

3. 针对现实问题研究

结合当下人工智能和大数据技术对人们道德选择及道德选择能力培养的引领和影响效应，对线上线下公民的道德选择能力培养体系进行创新研究。一方面探索线下的道德选择价值标准、道德选择能力培养路径和方法；另一方面探索线上数智道德选择能力的提升，特别是对数智道德选择的仿人原则和人机共同伦理系统建设进行了研究，大大解决了公民道德选择的线上、线下标准问题。

第一章

人工智能时代公民道德选择的概念界定与现状

道德选择，在任何一个时代都不可或缺，道德选择事关人们的生命存在和生命意义，见证了人类及自然的历史发展过程。在人工智能时代，公民道德选择更为频繁，更为细致地融合于每一个人的点滴生活之中。因为数据化、智能化是人们追求美好生活需求的产物，它囊括了一切人和事物的社会存在，不仅能更多、更好、更快地为人们选择服务，还必然要为人们在更为复杂的社会存在中做出有道德的选择服务。当然，在这些错综复杂的选择中，选择并不是没有立场、出发点、终极目的和价值遵循的盲目行动，而是在符合人性、遵循人类共同目标、追求一定价值导向和诉求的理性选择活动。可见，选择的效果性质可分为公共价值性质的价值选择和私人价值性质的价值选择。然而，从人的生存条件的客观必然性来讲，整个社会主要倡导和支持的必然是公共价值性质的价值选择，这与道德的核心内核之天地人之运行的“道”契合，即亦称道德选择。道德选择作为公共价值性质的价值选择的高级活动形式，比一般价值选择更符合人类生存需要和更能满足人类的生命意义。正因为如此，公民道德选择在人类的历史长河中得到了应有的重视和发展，而且是长期紧密融合科学技术进步得以重视和发展的。同理，当人类发展到人工智能时代时，人类社会也必须要有一定的公民道德选择实践能力和水平，即要在发展以往社会道德选择能力培养范式、道德选择能力实践范式和道德选择理论范式等基础上，再适应性发展而自觉生成客观的新的理论范式和新的实践范式。为此，我们需要从有关概念入手来进一步厘清、认识和把握人工智能时代、道德选择和道德选择能力与道德教育之间的辩证关系、发展脉络和发展现状，进而为发现人工智能时代中国公民道德选择能力培养的问题所在和解决问题的理论与维度所在，以及最终高质量地论证提出解决中国公民道德选择能力现代化培养问题的更优策略和方法路径，提升公民道德素养，为全面实现中国式现代之人口素质现代化服务。

第一节　人工智能时代公民道德选择的相关概念

每个时代都有其特殊的专属词汇和概念，这些专属词汇和概念能够紧扣时代主题，反映时代特性和社会生产生活方式和关系。因此，厘清概念与相关概念间的联系与差异，特别是厘清概念及概念间的价值内涵与内涵变迁及发展脉络，是学术研究中最基础和最根本的工作，也是服务研究的客观必要。这不仅有利于保障研究的方向性、精准性，还有利于把握时代特性，让研究在人类世界及“类人类世界”中找到认识世界、改造世界的钥匙、途径和方式方法及核心真理，消除因不认识、不理解对人类生存带来的恐惧和隐忧，且顺应自然规律而造福人类社会向着美好向往的生产生活发展。诚然，结合研究的必要性和关联性，特对人工智能时代、道德选择、道德选择能力等关联性相关概念进行界定。

一、人工智能时代

（一）人工智能及人工智能时代

人工智能时代，实质上是由大数据时代过渡而来的“新时代（指区别于旧时代的新时代）”，如果没有大数据时代的数据聚集，即海量数据聚集中数据就不可能从“数据⟷信息⟷知识”的运行中获得爆发性价值，更不可能从“信源⟷信道⟷信宿”的传递中获得信息“接受力”和信息“感受力”，即大数据时代就不会演进为人工智能时代。正因为如此，潘军博士在研究中指出：“人工智能是由人在特定社会活动诉求中，结合特定社会生产力而诞生的为了人且是服务人的先进性理性价值工具，从其演进发展过程和未来发展的可能性来看，可分为前人工智能、弱人工智能、强人工智能和超人工智能四个阶段。”① 由此可见，当下的人工智能时代，是处于人工智能时代的“弱人工智能时代”；人工智能时代实质上是人工智能和大数据深度智能融合应用的“新时代”。

首先，这样的定义符合技术本质论的要义。正如德国哲学家马丁·海德格尔在“*The Question Concerning Technology*：*And Other Essays*”一书中总结指出，人们对技术的本质无非两种认为，“技术是为了达到一个目的所使用的手段”和“技术是一种人类活动”，即这两种观点旨在强调“人是技术的主人”，人类是有绝对的支配地位和权利的技术统领。② 尽管海德格尔更喜欢的是平等地位上的技术，正如他将人类与质料因、形式因和目的因放在平等线上；同时，他又认为技术是由“动力因”来被迫技术呈现出来并置于一定框架之中的，所以人类其实是促使一个新技术出现的四个平等要素之一，而并非人类是技术的主人。然而现实中，海德格尔认知论下的技术是有危险的，不仅人是没有灵魂的，只是坐等技术的被迫呈现，且人还可能不自知地成为技术呈现的帮凶。那么技术的本质更应当是理性与非理性的统一体、是科学与艺术的统一体，是人与人、人与社会、人与自然的和谐关系的人为产物。即，人工智能作为现代科学技术的一种，其本质必然是既强调是自然关系的产物又强调人的主观能动性下的人为助力的动因。

其次，这样的定义符合科学哲学、认知哲学的协同发展趋向。众所周

① 潘军：《AI 智能层级与仿人实现的价值调控与治理研究》，《重庆大学学报》（社会科学版）2022 年第 2 期。

② 参见 Martindegger，The Question Concerning Technology：And Other Essays. Harpre Torchbooks，1977。

知，“认知科学所要解决的是具体的个体认知过程是怎样的，特别是感觉、知觉、表象等是如何产生的问题；科学哲学所要解决的是人的认识究竟在何种意义上是正确的问题；语言哲学所要解决的是人的思想是如何用语言表达以及语言的规则如何、影响认知主体的因素有哪些、主客观的关系究竟如何等问题。”① 而“人工智能则以这些学科的研究为基础，进一步在技术上解决机器模拟人的思想、语言符号关系等问题。”②即，“在人工智能的模拟中，首先是要确认人的思想是一个有意义的心理过程，计算机的信息处理只不过是符号的操作而已。”③所以，本书在借鉴学界研究成果后综合认为，人工智能的核心定义应由人工智能的仿人原则的实践所决定其核心内涵。即人工智能的仿人原则是最大的运行原则和存在原则。正因为如此，“人工智能科学也为哲学和心理学的发展作出了独特的贡献”④，即，“AI试图借助于符号操作来帮助人类理解人的智力过程，因此它提出了在什么条件下我们才能有理由将心的状态归之于一个纯粹的物理系统的问题。它对于认知科学和心的哲学的发展作出了很大贡献。”⑤

再次，这样的定义与智能科学的价值内涵和价值导向具有一致性。纵观智能科学对智能的内涵阐释与价值导向实践史，可见“智能，包括人工智能，都是复杂系统，其中的许多事情不是都能用逻辑思维解释清楚的，还有大量的非线性、非逻辑成分，可解释性、终身学习、动态表征、强弱推理都需要类比，但类比的机制机理远远不是单纯用科学技术所能解决了的，尤其涉及情感、情境、虚体等，更是如此。”⑥ 由此可见，人工智能的内涵，一方面包括人的智慧；另一方面更包括人工智能智力。然而人工智能的智力，其真正的标志是要实现人与机器的工作无分别化，即人难以分辨哪些是机器代替人所做的工作才能算得上机器有智能⑦。也正如激活数据学和信息传递原理所阐释，只有数据从信源通过信道走向信宿，再由信

---

①②③④ 郑祥福、金生亮：《近30年来西方科学哲学研究中的八大关系》，《浙江师范大学学报》（社会科学版）2015年第3期。

⑤ ［英］尼古拉斯·布宁、余纪元：《西方哲学英汉对照辞典》，人民出版社2001年版，第80页。

⑥ 刘伟：《人机融合智能时代的人心》，《人民论坛》2020年第1期。

⑦ 参见［美］约翰·马尔科夫：《与机器人共舞》，郭雪译，浙江人民出版社2015年版，第14页。

宿通过信道反馈到信源的闭环运行，且在实现“数据⟷信息⟷知识”闭环运行中，实现了数据“感受力”和“接受力”，实现了“数据智能体”，这种智能才是真正意义上的智能，否则是虚幻的智能。① 即，这样的智能科学价值内涵和价值导向就充分体现在人工智能的仿人原则科学内涵与价值导向中，所以它们具有一致性。

最后，这样的定义与马克思主义科技观和科技哲学观的价值内涵具有一致性。一是科技的进步促进了人的繁衍形式的重大演进，“因此，如果没有新的、社会的动力发生作用，那么，从成对配偶制中就没有任何根据产生新的家庭形式了”②。二是科技的进步牵动了人与自然关系的历史发展进程。人从宗教神权中解放出来，促进了“认识世界万物—改造世界万物—支配世界万物”的渐进发展。三是人的自然属性的正视与满足离不开科技的支撑与发展。马克思认为，“当人们还不能使自己的吃喝住穿在质和量方面得到充分保证的时候，人们就根本不能获得解放”③。因为“这一生产上的技能，对于人类的优越程度和支配自然的程度具有决定性的意义；一切生物之中，只有人类达到了几乎绝对控制食物生产的地步。人类进步的一切大的时代，是跟生活来源扩充的各时代多少直接相符合的”④。四是科技是财富的可靠形式，既是财富的生产者又是财富的产物⑤，科技的进步、科技作用的充分有效发挥是人得到自由全面发展的基础和前提，因为“推进人的全面发展，同推进经济、文化的发展和改善人民物质文化生活是互为前提和基础的。人越全面发展，社会的物质文化财富就会创造得越多，人民的生活就越能得到改善，而物质文化条件越充分，又越能推进人的全面发展”⑥。五是现代科技价值旨归的理性回归，能“彻底消灭阶级和阶级对立；通过消除旧的分工，通过产业教育、变换工种、所有人共同享受大

① 参见王天恩：《人工智能的信息文明意蕴》，《社会科学战线》2018 年第 7 期。
② 《马克思恩格斯选集》第 4 卷，人民出版社 2012 年版，第 62 页。
③ 《马克思恩格斯选集》第 1 卷，人民出版社 2012 年版，第 154 页。
④ 转引《马克思恩格斯选集》第 4 卷，人民出版社 2012 年版，第 29 页。
⑤ 参见《马克思恩格斯全集》第 30 卷，人民出版社 1995 年版，第 539 页。
⑥ 江泽民：《在庆祝中国共产党成立八十周年大会上的讲话》，人民出版社 2007 年版，第 44 页。

家创造出来的福利，通过城乡融合，使社会全体成员的才能得到全面发展，——这就是废除私有制的主要结果”①。所以维持和扩大生产的资料促使了个体性自由和理性需要的联盟形成——真正的共同体所直接占有。六是同一性维持着科技服务社会、促进社会向更加和谐的方向发展。即，“人成为自然界自觉的和真正的主人”，既有一定的符合人性的自由的道德权利，又有一定的道德义务。个体、群体与自然之间没有不同的利益，而科技不仅可能保证一切社会成员有富足的和一天比一天充裕的物质生活，而且还可以能保证他们的体力和智力获得充分的自由的发展和运用②。七是科技促进全球范围的联合，以及人类命运共同体的构建，“单是大工业建立了世界市场这一点，就把全球各国人民，尤其是各文明国家的人民，彼此紧紧地联系起来，以致每一国家的人民都受到另一国家发生的事情的影响”③。

（二）大数据及人工智能和大数据

1. 大数据

关于“大数据”的概念界定，目前学界还没有形成统一的理论共识和物理形态，以致各学科领域下的学者们基于不同认识视角有不同的认识理解，并呈现出他们各自对其实践的理解与主张阐释。但是，把现代化时代的数据与过去传统历史社会中的数据加以对比研究，轻易就能够发现新时代的“数据”呈现出复杂化、体量化、信息化、融合化和智能化特征，存在更丰富的资源价值优势，特别是有动态性的价值优势和爆发性的价值优势。正如有学者认为，大数据是“用现有的一般技术难以管理的大量数据的集合”，“大数据指无法在可承受的时间范围内用常规软件工具进行捕捉、管理和处理的数据集合”，“是需要新处理模式才能使之具有更强的决策力、洞察发现力和流程优化能力的海量、高增长率和多样化的

① 《马克思恩格斯选集》第1卷，人民出版社2012年版，第308－309页。

② 参见《马克思恩格斯选集》第3卷，人民出版社2012年版，第670页。

③ 《马克思恩格斯选集》第1卷，人民出版社2012年版，第306页。

信息资产”①。包括麦肯锡也从数据的存储空间大小视角研究阐释了他对大数据的理解——“大数据指的是所涉及的数据集规模已经超过了传统数据库软件获取、存储、管理和分析的能力”②。此外，还有学者着眼于数据的性质对大数据的概念进行深入研究，即认为：“所谓大数据，是一个综合性概念，它包括因具备 3V（Volume/Variety/Veloeity）③ 特征而难以进行管理的数据，对这些数据进行存储、处理、分析的技术，以及能够通过分析这些数据获得实用意义和观点的人才和组织”④。但是，纵观上述各种对大数据的定义，“大数据”核心本质是“数据”，核心特征是“大”，核心价值是有爆发性价值信息。为此，理解“大数据”内涵有以下四大要点：

第一，结构上的复杂性。一般情况下，传统的数据用二维表⑤结构即可满足逻辑表达需要，体现出物质信息的数字化。而大数据除包括二维表结构的传统数字外，还有大量的非结构化的数字、数据、信息、视频、音频、文本、文档、时间、空间和地理位置等信息资料，以及介于结构化和非结构化状态之间的半结构化数据，如 HTML（超文本标记语言，英文为 Hyper Text Markup Language）等。

第二，数量上的规模性。这主要指数据空间大小值，也常常理解为储存能力。通常用 KB、MB、GB、TB、PB、EB、ZB、YB、BB 等表示，其内部之间相互换算详见图 1－1。随着人工智能时代深度融合发展，各种数据呈几何态势增长。据互联网数据中心、中商产业研究院的报告：2017 年全球大数据储量为 21.6ZB，2018 年为 33ZB，2019 年为 41ZB，2020 年为 44ZB，2021 年为 53.7ZB，2022 年为 61.2ZB；同时，“最新数据显示，中国的数据产生量约占全球数据产生量的 23%，美国的数据产生量占比约为

① ［英］维克托·迈尔·舍恩伯格、肯尼思·库克耶：《大数据时代：生活、工作与思维的大变革》，盛扬燕、周涛译，浙江人民出版社 2013 年版。

② Manyika J，Chui M，Brown B，et al. *Big data：The next frontier for innovation，competition，and producivity*，Technical report，McKinsey Global Institute，2011.

③ 大数据的 3V 特征，分别为：Volume：数量性；Variety：多样性；Veloeity：速度性。

④ ［日］城田真琴：《大数据冲击》，周自恒译，人民邮电出版社 2013 年版。

⑤ 二维表：如 Excel 就是典型的二维表，即确定行与列值就可以确定表中的数据，所以二维表，在关系模型中，一个关系就是一个二维表。

21%，EMEA（欧洲、中东、非洲）的数据产生量占比约为30%，APJxC（日本和亚太）数据产生量占比约为18%，全球其他地区数据产生量占比约为8%。”①

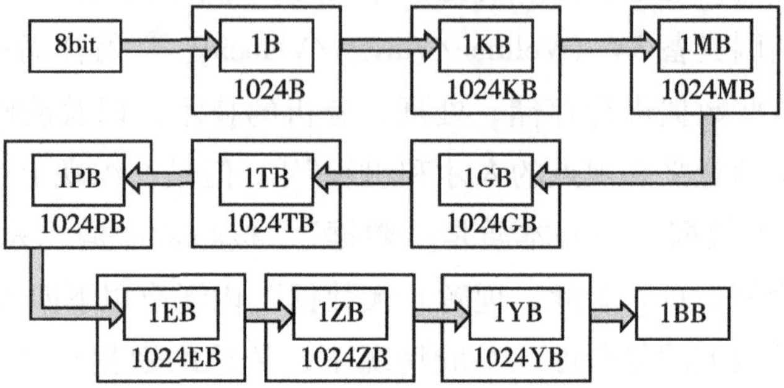

图1－1 数据储存空间转换

资料来源：作者整理自绘。

第三，内容上的价值性。大数据技术通过对反映人们社会活动轨迹的原始数据搜集，对基本活动轨迹加工处理能得出基础分析性信息，并对从各界汇集的数据进行目的性需要设置运行后，还能挖掘出预测性和验证性数据信息，以及能获取一些常规信息分析无法获取的爆发性数据信息，这些都是有大作用的高价值的价值数据，亦称为数据信息。由此可见，大数据的价值存在形式有四大类：原始数据、基础分析性数据、挖掘预测性验证性数据、爆发性信息数据；大数据的价值表现形式还有四大类功能：信息功能、预测功能、验证功能和爆发功能。特别是这四大功能，均能够给人们的社会活动带来方便和指导，使得社会活动更规范、更秩序，从而促进经济社会发展，提高人们的生活水平，提升人们的幸福指数。

第四，表达上的器物性。大数据发展到几乎所有可以实现“万物互联”的今天，早已经不再停留于仅是对物质的逻辑表示，而是作为基本的核心的“客观物质”，成功地创建起了数据化的“类人类世界”，具有客观

① 互联网数据中心、中商产业研究院：《中国数据产生量占比约23% 2022年全球大数据储量分析（图）》，2022年2月23日，见 https://www.51callcenter.com/newsinfo/222/3587956/。

真实反映功能和预见性未来客观真实反映功能。所以说大数据具有表达上的虚拟器物性，这是因为人工智能时代的发展是以若干“数据”为载体、以算法为核心的工程知识支撑起来的，可以供人们选择利用大数据来虚拟人类世界，帮助人们认识、分析和研究真实世界及一定意义上的未来世界，更能成就社会美好发展的最大价值的“虚拟器物”。

2. 人工智能和大数据

关于人工智能和大数据的研究（学术界亦常简称“人工智能大数据”），一般主要指对人工智能和大数据技术、人工智能和大数据融合应用的研究。

（1）大数据技术。这主要是指以大数据为对象，以满足人们对大数据的某种价值利用需求为目的而采取的科学、技术、工程进行综合性研发的总和。大数据技术种类繁多，但当今社会最关键的大数据技术有五种：一是大数据搜集技术。目前，大数据的搜集主要依靠三种渠道实现：手机、手表、各种穿戴设备、传感器和监控设备等智能终端；各种诸如百度、淘宝、微信、微博、QQ 等资源性、社交性平台；数据分析公司通过数据分析而产生的加工数据。二是大数据预处理技术。这是指对搜集好的海量价值信息数据实施数据分析前的辨析、抽取、清洗等处理工作。三是大数据存储及管理技术。由于海量信息数据具有体量大、结构复杂、价值含量不稳定等特点，因此大数据的存储与管理很难由传统技术手段实现，需要用更加稳定的材料和技术来构建存储器，把搜集到的数据存储起来，形成若干个“数据库”或“数据湖”。四是大数据分析及挖掘技术。数据挖掘是一项复杂的工程技术，一方面要从相当大的数据中分清相关性、除去干扰项分析、提取隐含在其中的且一般看不到的人们事先不知道和无法统计但又有潜在价值的信息；另一方面还要将挖掘到的信息以可视的方式呈现或表达出来。五是大数据展现与应用技术。大数据技术既能从大数据中挖掘出最契合目的意义的价值信息，又能服务于人类社会经济活动且还能显示支持资源，实质上提高了社会运行效率，提高了集约化程度。在我国，通过“大数据 +”战略充分发挥大数据的优势，将其广泛军用、民用、商用和政用。

（2）人工智能和大数据技术。这主要是针对大数据进行加工的技术总和。其主要包括算法技术、智能技术。算法技术核心在于处理数据化的信号，包括结构化和非结构化的数据信号在“数据⟷信息⟷知识”中往返运行，同时按一定目标形成网络化的信息节点，让机器学习并最优控制信息节点信息，实现输入与输出的自动化、数据化、可视化。当然，在算法的过程中，也有智能技术的过程。只是智能技术的过程，还需要海量数据让机器学习中网络节点更丰富、更复杂，而让更广阔的数据节点信息形成爆发性价值，且让这些爆发性价值在信息传递中和解码中形成“数聚智能体”。正因为如此，潘军教授在研究中指出，只有海量信息数据聚、通、用，且形成了“数据⟷信息⟷知识”闭环运行的数据智能体才可能是智能。① 因为“促使人工智能换代的动力既有来自人工智能研究的内部驱动力，也有来自信息环境与社会目标的外部驱动力，两者都很重要，但相比之下，往往后者的动力更加强大”②。

二、道德选择

道德选择，从构词形式上看是“道德”在修饰“选择”且对选择价值作出了范围限定性和对选择结果作出了性质界定性，因此关于道德选择的内涵蕴意至少有六个侧重点需要把握。第一点，道德选择是道德意识活动，是行为主体在道德意识的支配下去对诸多可能性道德选择路径、结果进行道德价值大小判断、评估和取舍，从而做出具体道德行为的选择过程。即，道德主体人面临着诸多道德行为可能性时，主体要通过谨慎而周密地研判、对比、辨析，特别是对是非善恶作出区分和价值排序后，最终才能确定道德行为。例如，有学者认为，道德选择是指主体对诸多选择可能性削减为唯一性之前，所进行的预先决定未来行动内容的一种精神活动。第二点，道德选择是人的自觉抉择行为。《辞海》中描述的道德选择是自然人或法

① 参见潘军、姚科敏：《智能防疫：定义、问题与实践》，《武汉理工大学学报》（社会科学版）2023 年第 3 期。

② 潘云鹤：《人工智能要瞄准学科交叉前沿》，《中国科技报》2020 年 9 月 9 日。

人或社会组织等行为主体在诸多可能性的道德行为方式中，对道德价值最大化行为的自主自由取舍，可见道德选择必然要受历史条件、客观可能性和主体人生观和道德观的制约。① 正如罗国杰教授认为的，道德选择是主体意识驱动下的道德经验的社会实践反映，是人的自觉反映，是趋善避恶的反映。② 在他看来，道德选择就是人通过道德意识辨识各种可能性的善与恶的价值排序，进而做出的行为选择倾向。且是道德意识转化到实践活动中的一种特殊过程，是最终行为产生的充分必要条件，必要时既通过道德行为表现出来又以道德选择为前提。第三点，道德选择是人们社会活动的基本形式，即也是人生选择的基本形式，伴随一生、形影相随。“只要我们还活着，就要同道德这样的价值问题打交道”③。第四点，道德选择是一种价值取向。正如孔德萍（1990）认为的，道德选择是人在道德意识的支配下为达到一定的道德目标而主动自觉自愿做的取舍；④ 唐凯麟等（1993）也认为，道德选择是人在众多有道德价值性质的选择可能性中或者说是在诸多可能性行为趋向中做出的合意决断。⑤ 在他们看来，道德选择是一个人或一群人的价值观的外化活动，它把人们长久以来内化的价值观念、道德品质等都以自主自觉选择的活动的形式淋漓尽致地呈现出来。任何人、任何的团体都会经常面临道德选择，通过道德选择能反映人的道德价值取向，也能解构主体道德生活和社会生活的内容和质量。⑥ 在道德选择中，人只有选择哪种道德的权利，而无是否选择的自由。⑦ 第五点，道德选择与自然选择不同，遵循自然法则而做出的选择是自然选择（当然也可能是道德选择），但作出道德选择的主体一定只能是人，当然作出自然选择的主体可以是人，可以是客观存在的自然环境，也可以是生活在自然世界的其他各种生命存在。所以说，自然选择往往是被动的，道德选择必然是主

---

① 参见：《辞海》，辞海编辑委员会编纂，上海辞书出版社 1999 年版，第 284 页。
② 参见罗国杰：《伦理学》，人民出版社 1989 年版，第 344 页。
③ ［美］J. P. 蒂洛：《哲学：理论与实践》，古平、肖峰译，中国人民大学出版社 1989 年版。
④ 参见孔德萍：《道德选择的自主性》，《江汉论坛》1990 年第 8 期。
⑤ 参见唐凯麟、龙兴海：《个体道德论》，中国青年出版社 1993 年版，第 182 页。
⑥ 参见韩东屏：《论道德选择的所指、前提、责任与方式》，《河南社会科学》2012 年第 4 期。
⑦ 参见王敬华：《事实、价值与道德选择》，《齐鲁学刊》2007 年第 6 期。

动的。即，作出自然选择只需拥有自然属性即可，而作出道德选择，人在拥有自然属性的同时，更重要的是拥有社会属性。由此可见，道德选择是在特定社会形态下做出的价值限定性选择，受到特定历史的自然环境、社会形态、生产方式和主体意识等的影响。当然，人也可以遵照他的诉求，特别是以劳动实践对自己的客观生活状态作出不断优化，使环境与主体人相得益彰的进步发展后再实现道德选择。第六点，道德选择与价值选择既有联系又有区别，价值选择中有可能是道德选择，道德选择必然是价值选择，但价值选择中也可能存在非道德选择，道德选择不一定是价值最大化的选择。可见，道德选择与价值选择之间，必然存在义利关系和理欲关系等问题，以及大善与小善的排序问题。这在传统的旧社会往往是选择的难点，而人工智能时代依靠数据分析、数据预测等数据计算，往往可以计算出谁先谁后的义利排序和谁大谁小的道德价值排序。

此外，关于道德选择的范围，从伦理学角度看，有学者认为道德选择不受客观环境影响，主要由人的主观意识控制；也有学者否认了人的道德选择能力，认为道德选择过程完全由客观环境决定；而马克思主义道德伦理学坚决驳斥道德宿命论和绝对意志自由论，他们认为道德主体的行为必须受客观环境制约，因为道德主体人是社会关系中的必然高级动物。即，人既具备认识环境、认识真理的能力，又具备改造环境、顺应和利用真理的能力，所以人完全有能力在自由的社会活动中从多种可能性选择路径中找到向上向善的选择并能担负起相应的道德责任。因此，提高人的道德选择能力，关键在于使人们深刻认识社会历史发展的必然规律、道德价值观、道德自由和道德责任，使人们在各种道德矛盾和道德冲突中，自觉地作出符合时代特征、符合义利观和符合自身需要的道德选择，也自觉地作出抵制各种非道德选择行为的道德选择。

综上所述，道德选择的实质，“就是在事实上的善与恶、是与非、美与丑、重与轻、利己与利人、保全与牺牲、高尚与低下等之间进行取舍。”① 但

① 李德顺、孙伟平：《道德价值论》，云南人民出版社 2005 年版，第 4－5 页。

是上述道德选择的阐述和界定，还有进一步拓展和丰富的空间。在现实的道德关系中，人们依据特定的生产力、生产关系条件下的主流社会价值观、道德情理、道德信仰、道德理想、道德价值准则和原则及规范，不仅是在善恶、是非、美丑、轻重、利人还是利己、奉献还是牺牲、高尚还是卑劣之间做有明显对比的取舍，更多情况下是在善与善之间、恶与恶之间进行的抉择，而这样的抉择更难、过程也更痛苦。所以说，道德选择是社会选择中的高级动物行为，彰显人类主体自觉精神与价值趋向的辩证统一，是人为的自我完善和自我超越，是主体在追求道德价值、信仰和理想实践中对现实的肯定与否定的辩证统一。鉴于此，人工智能时代道德选择是一种德性选择，一种合乎伦理的选择，一种价值的精细化选择且是选善避恶、趋大善避小善的选择，也是一种要消灭一切可能性异化和消灭私有制的理性选择和价值选择。因为道德选择源于道德选择主体的德性，是人在道德生活实践中发挥主观能动性、自主性和创造性，依据一定的道德标准和价值取向，在自己确定的目的、计划、意志等基础上进行的一种求善的自由的道德意识活动和道德行为事前判断活动。当然，主体的意志自由是道德选择的基础，是个体行为道德责任的标尺，是道德的必要基础和前提。同时，道德选择是自律与他律共同作用的结果，自律性是道德选择的重要特征，是有理性的人给自己颁布法规和律令或划定行为规范和边界，是对自身行为的担当；他律是通过社会教化、社会监督，使人实现行为道德化。

综上所述，研究道德选择，还有必要对道德、选择和数智道德选择的概念结合新时代的特征进行辨析研究，以便更好地把握道德选择概念的新发展，厘清时代赋予的新内涵。

（一）道德

“道”，一般指人行走的道路，后渐渐引申有道理、准则、本原、本体、原理、机理、规律等意。为此，“道”运用于自然宇宙中称“天道”，运用于人的生存发展中称“人道”，运用于人与人的社会关系中称“世道”，运用于实体物质运行上称为“物理”。正因为如此，人们对世界万物的认识视角不同，对“道”的理解也随之呈现出一定的差异性。老子是最早把“道”理解为最高哲学范畴的人。在他看来，“道”是天地万物之始基，独立存在且产生了天地万物。《道德经》载明：“有物混成，先天地生。寂兮寥兮，独立而不改，周行而不殆，可以为天下母，吾不知其名，字之曰道”①。有学者认为道是精神性的本体，也有人认为道是宇宙处在原始状态中的混沌未分的统一物。老子将“道”视为法则的意义表示，如《道德经》载道：“孔德之容，唯道是从”②“人法地，地法天，天法道，道法自然”③。庄子受老子影响，认为道是世界的终极根源，是无所不在、永恒存在的宇宙本体。在庄子看来，“夫道，有情有信，无为无形；可传而不可受，可得而不可见；自本自根，未有天地，自古以固存，神鬼神帝，生天生地；在太极之先而不为高，在六极之下而不为深，先天地生而不为久，长于上古而不为老”④。除此之外，庄子还认为道不分彼此与是非，一旦加以区分，道便有了亏损。例如，他在《齐物论》一文中说：“道未始有封”。还说：“是非之彰也，道之所以亏也”“彼是莫得其偶，谓之道枢”，他把“道”视为天地万物的本然和观察万物的准绳。综上所述，道是天地万事万物的发生学动力，是天地万事万物本然性规律和关系性规律，是万事万物既相互制约又相互依赖的准则。即，在自然层面为天道和物理，在人的本质上和人际关系中为人道、世道和人伦。

历史上，对“德”的理解可分为两种主流观点。其一，从“道”所“得”的特殊规律或特性。例如，《庄子·天地》说：“物得以生，谓之德”“形非道不生，生（性）非德不明”⑤；《管子·心术上》说：“德者，道之舍，……德者得也。得也者，其谓所得以然也”⑥。可见“道”在具体事物

---

①③ 文景：《道德经·第二十五章》，中国人口出版社 2015 年版，第 60 页。

② 文景：《道德经·第二十一章》，中国人口出版社 2015 年版，第 52 页。

④ 靖林：《〈庄子〉释义·大宗师》，新华出版社 2016 年版，第 141 页。

⑤ 靖林：《〈庄子〉释义·天地》，新华出版社 2016 年版，第 242、234 页。

⑥ （春秋）管仲：《管子·心术上》，吴文涛、张善良编著，北京燕山出版社 1995 年版，第 282 页。

上的表现即是“德”。其二，指道德品质，也有获得、占有之意。自《尚书·周书》后“德”得以普遍使用并成为常用概念。西周统治者从夏商灭亡得出教训，认识到“天命靡常”“天不可信”，只有“明德”“敬德”“修德”才能得到天的庇佑。这样，就积淀了最初的“以德配天”的文化，“德”从“获得”引申到了“尽人事”。而“尽人事”又必然需要个人内心修养，道德的内涵被初步触及：德是“外得于人，内得于己”。“内得于己”，就是朱熹所说的“得其道于心而不失”，要通过道德修养养成好的道德品质；“外得于人”是把惠泽施与予他人，按照道处理好人与人之间关系。因此，把“外得于人”与“内得于己”两者相统一就是“德”，亦称为“道德”，即从道所德。

道德，先秦儒家以“道”为理想人格和品质，以“德”为立身根据和外在行为准则。正如《论语·述而》主张“志于道，据于德，依于仁，游于艺”①，《孟子·公孙丑下》要求“尊德乐道”，《荀子·劝学》认为“《礼》者，法之大分，群类之纲纪也，故学至乎《礼》而止矣。夫是之谓道德之极”②。在近现代，道德主要指德性、品德。然而，人工智能时代的道德，受人工智能和大数据等现代科技的冲击影响，不可能独善其身，必须随着时代的发展与时俱进地作出适应性改变，以满足新的时代最先进的生产力以及先进生产力与生产关系适应性调整后的社会活动需要之道。

因此，人工智能时代的道德既是一项遵循数据本然之道的活动，又是一项从数据产生的环节就开始的防范数据安全风险、净化数据内容真实性的旨在推进社会有序化、公平化的理性化实践活动。之所以称其为理性化的实践活动，是因为“构成行动的理性化的一个根本要素就是用有计划地按照利益格局来调适的做法代替对某种久已习惯的习俗的内在适应”③，践行人工智能时代道德的过程自身也是实现价值理性和工具理性辩证统一的过程。为此，本书中的道德除了具有中国传统优秀文化中的精辟内涵外，

---

① （春秋）孔丘：《论语·述而》，纪琴译注，中国纺织出版社 2007 年版，第 150 页。
② （战国）荀子：《荀子·劝学》，孙安邦、马银华译注，山西古籍出版社 2003 年版，第 8 页。
③ Weber，Max. 1956，*Wirtschaft und Gesellschaft.* Tübingen：J. C. B. Mohr. pp. 21 – 22.

还拥有科技革命中的目标理性和工具理性及其两者辩证统一的理性化内涵。正如马克思以人来肯定人的同一哲学，旨在追求人的解放与自由全面发展，不同于宗教以神来肯定人的道德实践，更不同于否定神来肯定人的道德导向，主张人与世界万物具有历史的同一性，主张消灭异化劳动和消灭资本主义私有制才能建立人与自然的同一性道德实践观；即“法是他律，德是自律，需要两者并用。如果人人都能自觉进行道德约束，违法的事情就会大大减少，遵守法律也就会有更深厚的基础。”① 人工智能时代的道德，正是传承这样的精神风骨，发展为适应时代发展、与人工智能和大数据融合在一起的物理内涵与人性本质辩证统一。即，人类为了自由全面发展，必然要让人类理性价值和理性本性回归到与自然具有同一性的境界，从而解决全过程中一切异化和或可能性异化的行为，均为人工智能时代的道德范畴。

（二）选择

选择在人工智能时代是指人的关于对世界的认识，且是在认识基础上作出的符合人自身生存需要、客观现实现状、社会价值导向等的取舍与决断。从词源学上看，《古汉语大词典》一书解释道：选为选择，择为挑选②。从词汇学上看，选择是主体按照自己的意愿和需要在诸多客体之间进行的取舍和挑选过程。这里的客体可以是人，常见的有选人、选才、选美；也可以是物，常见的有选文、选题、选址等；还可以是事，常见的有选唱歌、选跳舞等。从哲学上看，选择是反映主、客体关系范畴的概念。在主、客体的互动中，选择是主体根据生存需要、客观现实现状、社会价值导向等对当时社会生产力所能呈现的若干可能性进行理性分析、比较、取舍的从思辨到行为的全过程总和。

汉语言中的“选择”更倾向于主体选择权的发挥，更张扬人的自由，

---

① 《习近平关于社会主义文化建设论述摘编》，中共中央文献研究室编，中央文献出版社 2017 年版，第 138 页。

② 参见徐复：《古汉语大词典》，上海辞书出版社 2000 年版，第 1275 页。

也具有与古希腊哲学一样的秩序性认知；而俄语中主要侧重于选择的客体和选择的实现。不过他们却都认为，进行取舍决断的选择行为虽非人类所独有，但人类的选择富含维持自然生存规则的秩序性、美好性动机，因而是最直接彰显理性力量与道德意志的行为。正如马克思的论断，“动物和自己的生命活动是直接同一的。动物不把自己同自己的生命活动区别开来。它就是自己的生命活动。人则使自己的生命活动本身变成自己意志的和自己意识的对象。他具有有意识的生命活动”①。可见，选择只能是人所独有，虽然动物也能选择，但那是一种自然的选择，是动物本能的反映，与人的意识选择有本质区别。② 为此，选择的概念我们可以这样来认识和理解，一般指人在社会事务中对人、事、物的取舍与决断。从选择的结果来看，往往是对是非、好坏、善恶、崇高与普通、大善与小善等之间进行的取舍与决断；从选择过程来看，往往表现为主、客体互动的表现与结果，是主体依据自身需求、价值趋向（包括个体、社会、国家层面价值趋向）等认知，对当时社会生产力所能呈现的至少有两种及可能性相关客体进行辨别分析、利弊分析而作出的从思辨到行为的判断取舍全过程。

综上所述，人的选择活动存在于人类社会活动的方方面面，贯穿于人的整个生命历程。选择的社会规律性和主体主动性是人与动物的区别所在。正如亚里士多德所指出的选择，“是对于一种不同于当下快乐的目的的概念，指在追求某种善的各种能力中伴有技术的正确性的那种能力，这种能力使一个人在所面临的危险中做出正确的行为”③，“是同时包含着意图与能力的追求目的（善）的实践”④。另外，马克思也精辟地阐释道：“动物只是按照它所属的那个种的尺度和需要来构造，而人却懂得按照任何一个种的尺度来进行生产，并且懂得处处都把固有的尺度运用于对象；因此，人也按照美的规律来构造”⑤。

---

① 《马克思恩格斯选集》第 1 卷，人民出版社 2012 年版，第 56 页。
② 参见韩东屏：《论道德选择的所指、前提、责任与方式》，《河南社会科学》2012 年第 4 期。
③④ ［古希腊］亚里士多德：《尼各马可伦理学》，廖申白译，商务印书馆 2003 年版，第 3 页。
⑤ 《马克思恩格斯选集》第 1 卷，人民出版社 2012 年版，第 57 页。

（三）数智道德选择

数智道德选择的核心还是道德选择，但与传统道德选择的差异性是有了“智能”，即有了数据化、网络化和自动化等现代科技特性。而传统的道德选择，只能是以人的知情意信行等主观能动思维模式在助力人作出道德与非道德的选择，而人工智能时代，数智道德选择是以机器、网络、数据和算法在助力人进行只是道德范围的选择，且这样的选择能将道德价值最大化排序出来供人参考和选择。这样一来，数智道德选择，不仅有大数据资源、有网络平台、有算法运行模型，还有仿人的器械，甚至有仿人的智慧，包括仿人的道德伦理。即，数智道德选择是智能终端集精准化和智能化为一体助力人的道德选择价值最大化的取舍活动总和。其中，精准化和智能化最为核心的包括数据资源、算法和人机道德伦理系统。

三、道德选择能力

“道德选择能力是什么”，有不同学术背景、经历和立场的学者都会提出一些有自己见解性的定义。例如，有学者认为，道德选择能力是指人能对善恶二元对立统一结构进行自由研判和筛选等综合能力。虽然这样定义颇有见地，然而有两个方面问题值得商榷：首先，道德选择能力必然彰显是对善恶二元对立统一结构非此即彼的研判和筛选，但它还往往表现在对善与善的道德价值大小排序上的“更的选择”；其次，道德选择并不只是主体自由的选择，即只是思想、行为、情感一致的表现，现实中的道德选择往往还会发生在一些强制性或诱导性的环境里。可见，道德选择能力是道德能力的一个方面，是一种实践性的能力，但不是一种独立性的能力，且是始终处在能力系统之中，需要经过一系列的辨识、分析、预测、去噪、合作、选择、践行后才能完成的系统性工程实践。例如，有学者认为，道德选择能力表现为主体对象在道德意识支配下的一种实践活动，贯穿于道德活动的各个环节。也有学者认为，之所以要培养主体的道德选择能力，是希望受教育者按照教育者的期望做出符合社会规范的选择和判断。总而言之，道德选择能力至少具有四个方面的重要内涵：第一，具备道德选择能力是主体能够进行道德选择的前提，只有在道德选择能力的支撑下，主体才能做出符合社会价值规范的道德选择；第二，道德选择能力能够反映主体的道德修养、道德心理和道德境界，以及人性本质和义利观水平；第三，人们在道德选择过程中，逐步修成和提升道德选择能力，其公民道德选择能力不仅有主观层面的影响因素，也有客观层面的影响因素，它是主体主观能动性的思维引领活动，也是主体带着一定价值原则和价值导向在实践中不断完善的实践锤炼活动；第四，道德选择能力是人生选择的一部分，道德选择能力的本质和特征是自主、自律，那么主体在道德活动中和在多种可能性下，依据自我和自我认可的道德标准、道德观念、道德准则、道德判断等做出的实践性选择，必然存在一定的差异性。

由此可见，道德选择能力，首先是公民个体或公民群体在意识领域或生活实践领域，面对多样化的价值选择可能性，依据早已吸收的道德价值原则与道德价值观念，作出契合自身实际诉求且也契合社会诉求有机统一的道德选择，据此追求自我人格完善与社会生活质量改善等目标。其次，道德选择能力，是主体在具备道德能力的基础上，依据对历史必然性和道德必然性的认识进行正确选择的能力，也是主体为了实现道德价值目标而自觉地提升自我、改造环境的能力。道德选择能力可以分为个体性和群体性的道德选择能力两类。在不同的历史阶段，甚至是同一社会形态中，个体、社会团体的道德选择能力也是有差异的，尽管两者之间彼此相互紧密联系又相互影响，但他们却始终难以让道德选择能力处在一样的能力级水平。最后，为了缩小道德选择能力的差异性，增强道德选择能力的精准性，提升道德选择能力的时效性，应当结合人工智能时代特性，在融合人工智能和大数据应用中拓展道德选择能力。总之，提高道德选择能力是促进个体道德选择可能性的重要前提，也是现代道德教育的主题。即，道德选择能力的提质重点要在笃定道德信念、扩展道德知识、锤炼道德思维、培养道德情感等方面下功夫，同时也需要在寻找理性工具方面来助力下大功夫。

综上所述，由于道德能力涵盖了道德选择能力，为此有必要再进一步剖析清楚道德能力的定义，以便更准确地去理解和把握两个概念的内涵和差异；同时，在厘清人工智能时代道德能力与道德选择能力的本质内涵研究中，不仅有利于理解已有理论阐释和传承已有理论，还有利于结合新时代的特性，严谨地去分析研究道德能力与道德选择能力内涵的新发展、新范畴和新边界。

道德能力。它特指从道德的维度理解、把握和控制生活的能力。其中的理解、把握和控制等能力，不仅要依靠“问题⟷知识⟷问题”的思维范式来提升道德能力，还要依靠人工智能时代的“问题⟷数据⟷问题”的思维范式来消解道德阻碍力，且同时提升道德能力特别是道德选择能力。可见，人工智能时代的道德能力是一个概念比较大、定义比较复杂且综合性比较强的概念，具体包括感知、研判、选择、抗变、合作、智慧和执行等道德能力内容。道德能力与道德选择能力是包含与被包含的关系，这两种能力都基于主体认可的道德价值规范和价值标准，在主体的道德伦理观和道德价值观指导下进行道德选择、开展道德实践。

纵观历史上学者们对道德能力的定义阐释，可谓是仁者见仁，智者见智，多维度的硕果因研究视角不同而纷呈。权威的《中国伦理学百科全书》认为：“道德能力是道德活动的主观条件”，由道德认知能力、道德判断能力、道德行为能力、道德意志能力四方面构成。① 这一定义是从主体从事社会活动具有主观能动性的视角维度来阐释道德能力的定义，旨在表达人的活动要想达到预期目的就必须具备和克服很多主、客观条件的能动能力，而道德能力是道德主体选择一定道德价值且实践必不可少的主观条件之一。在国内相关概念定义研究中，也有学者认为，道德能力是人们走出狭隘的利己主义，排除自我的非有限利益需求而选择社会普遍认可的规范和准则实现普惠更多社会成员的能力。② 这一定义首先说明了道德能力，是人克服自己欲望的一种自觉自主遵守社会普遍认可的规范和准则的主观

① 参见罗国杰：《中国伦理学百科全书》伦理学原理卷，吉林人民出版社 1993 年版，第 308 页。
② 参见蔡志良：《论道德能力的构成要素》，《天津市教科院学报》2005 年第 4 期。

能力；其次说明了不同行为人之间道德能力必然有差异性，因为人们所处的时代、国度、家庭背景不同，人与人认可的规范和准则既有因时代不同、地域不同的标准版本差异又有对同一标准版本的理解程度差异。所以道德选择能力必然随之呈现出认识和践行程度上的高低水平，甚至出现性质上的对立态势。为此，有学者进一步研究指出，“所谓道德能力，也就是人所特有的一种超乎自身功利，而履行人所确认的道德原则或规范的本领及心理特征。它包括人的道德认识能力、道德判断评价能力、道德选择能力、道德实践能力以及道德抵抗能力等”①。可见，道德能力得到了实践研究发展和理论丰富，突出了其具有实践性、排他性和对抗性。即，行为人要履行道德价值原则和价值规范，需要具备抵抗诱惑和抗利己主义等能力，以及具有做出道德分辨、履行道德规范的能力等综合能力。质言之，人工智能时代的道德能力必然是需要结合时代特征而作出适应性调整的综合能力。

第二节　人工智能时代公民道德选择的实践发展现状

调研发现，人工智能时代的公民道德选择已逐渐习惯性使用大数据资源、人工智能和大数据技术、智能终端等来助力公民道德选择能力、道德选择效用，甚至客观地展示出公民社会活动选择从“价值选择”迈向了“道德选择”。同时也可见，数智道德选择的大众化，实质上是人工智能时代公民实现道德选择的效率更好、信度更高、价值更向上和向善，必然彰显出公民道德选择能力的培育有了智能化、精准化发展的可行性、正当性和操作性，公民道德选择能力的培育有了科技助力应用的场景性、规律性和大众化发展路径。

一、人工智能时代公民道德选择迎来了高质量发展转折与机遇

随着人类的进步，人工智能和大数据等现代科技思维范式和实践范式

① 何建华：《道德选择论》，浙江人民出版社 2010 年版，第 7 页。

逐渐确立，共同缔造并形成新时期核心的社会生产力（包含数据生产力和智能生产力）和价值观。这使得以大数据资源、人工智能和大数据技术为核心的“新质生产力”，以现代科技思维和智慧为代表的精神生产力（道德生产力），以及以人工智能和大数据为中心和纽带的新的社会生产关系，组成新的社会活动方式，其中自然也包含道德伦理关系的形成。由此可见，人工智能时代已然到来！新的道德力、价值准则已然出现。从全国各地来看，基本上没有不被大数据、人工智能和大数据技术、人工智能和大数据思维等覆盖的供给与消费，人工智能时代的数智道德选择，已然成为新时期较为重要的常态化的社会活动要素和发展理念。

（一）数字化基建加快，且数字化产业兴起

三大运营商及拥有数据（搜）集能力的现代科技巨头企业纷纷加速推进数字中国和智慧中国的基础设施建设。例如，贵州正以“秒级处理”数据中心的建设打造大数据高地——“中国数谷”。三大运营商是指：中国电信、中国移动、中国联通；拥有数据（搜）集能力的现代科技企业，如高通、华为、微软、联想、苹果、腾讯等实力企业。它们自 2012 年以来，先后在中国及世界各地抢先建立“数据中心”。同时本书通过调研获悉，在这些大数据（搜）集资源库逐步建成中，还兴起了大规模的大数据产业业态、关联业态和衍生业态，如数字技术、数字产品及服务，且全面地带动了实体经济融合发展。因使用数字技术、数字产品及服务而带来了经济产出增加和实践效率提升，使人类社会活动更加快捷高效。例如，一年一度的“中国国际大数据产业博览会”（Big Data Expo）（简称“数博会”）全面地展示了大数据在人的衣、食、住、行等方面的深度融合应用客观事实（参见表 1－1），特别是这些大数据衍生产业、关联产业的数据开放与共享，又进一步为健康大数据和电子政务、智能交通、智慧物流、智慧旅游、智慧工业、电子商务、食品安全等价值互联互通和万物智能提供了新的服务人类的高度和质量。

表 1-1 大数据消解公民社会活动的“痛点”列举

类型名称	“痛点”	融合大数据的契合点	融合价值
服装	制作周期长、需量身、成本高等	对大量照片智能量身；对个体综合信息数据分析	周期缩短、不需量身
食品	选择困难、信息不对称、不想出门	建立网购平台及评价体系，对个体习惯与食品安全状况统筹分析	评分、偏好参考选择，在家享用
住宿	手续烦琐、寻找难、信息不对称、安全低	网上订购和退房、整合房源、客房个性化和去集中化、网上认证和呼叫服务	个性化服务、无打扰、出入自由、安全性和舒适性高，性价比高
出行	信息不对称等，线路和时间固定，找车难	信息共享、精准和个性出行、路线信息提前知晓，整合出行资源	踩点出行、选择性出行，行程与时间两缩短
娱乐	价格高、距离远、观赏效果不好、耗时、太闹	VR 技术	费用少，体验感强，节约时间，观赏效果不差
购物	耗时费力、信息不对称、退换货困难	网购平台、第三方监管、消费数据分析、线上评价和退订	节约时间不费力气，退订货自由，个性消费
旅游	信息不对称、耗精力，浪费时间，各环节对接难	智能信息共享、VR 技术观景、一条龙无缝对接服务平台	个性旅游、实时讲解，收获满满
教育	模式化、理论灌输、固定时空和内容，效度不高	校企融合共建网络课程，学困点警示	个性、满足需求、灵活、保障效果
医疗	看病难、看病贵、医疗资源不均衡、流程复杂	穿戴监测，智能预警、挂号，远程和 AI 看病，数据共享	看病及时、成本降低、分级诊疗，一键结算

资料来源：作者整理自绘。

（二）数字化终端出现，人们生活方式转变

普及性的智能移动终端无处不在地笼罩着从事社会活动中的每一个人，既实现着人们怎样进行社会活动的选择也实现着人们社会活动方式的转变。因为普及性的智能移动终端或多或少地正收（搜）集着人们的社会活动踪迹，甚至无时无刻不在对人的思想、行为、情感进行着数据化记录、管理、加工应用。例如，淘宝上的一次购物数据踪迹，就能使你在下次淘宝上线时，由智能终端后台提供“潜在消费需求产品”广告在淘宝网页供消费者选择，

这就是大数据资源、人工智能和大数据技术等现代科技在发挥重要作用。同时，正是这些数据的收（搜）集，个体的大数据选择动力、能力、价值标准等都能通过数据而被挖掘出来，呈现出个体的选择标准、喜好、价值观等信息，人们的社会活动方式也正经历着拓展与变化。例如，贵州的某智慧停车项目，就能通过停车位上的智能传感器，将一些驾驶员在停车中的习惯、选择偏好，停车收费方面的诚信问题等以数据化形式展现出来，同时驾驶人员也能选择这个智慧平台快速获得自由解放，甚至是从中获得较大的价值和道德双收益。

（三）数聚化智能爆发，数聚彰显战略资源

人工智能和大数据深度融合应用实例收益显著，正引领越来越多的社会活动争先创新、争先创优、争先创便、争先创利和争先创规，特别是融合应用中的“数据⟷信息⟷知识”，以及“知识⟷信息⟷数据”的循环智能流动进一步推动了人工智能和大数据的广泛深度智能融合应用，呈现出诸多彰显个性化需要供给产品、服务、价值观和社会规则。例如，在政府层面，贵州依托地理、气候等自然性资源优势逐渐打造成一个“大数据高地”，形成享誉中国及世界的“南方数据中心核心区、全国大数据产业集聚区、全国大数据应用与创新示范区、大数据与服务贸易融合发展示范区、大数据双创示范基地、大数据人才教育培训基地——贵安新区”，以及由“国家高新区大数据引领产业集群创新发展示范工程”“国家科技服务体系建设试点”“国家科技服务业区域试点”“长江经济带国家级转型升级示范开发区”等 18 个国家级试点示范的贵阳国家高新技术产业开发区，大健康与大数据融合发展形成引领示范区乌当区，贵阳大数据交易所、国家大数据（贵州）综合试验区，国家大数据工程实验室等为支撑的贵州贵阳。两大板块区域性的大数据自觉选择发展，使贵州成为中国及世界关注的大数据高地，“中国数谷”正在贵州矗立！人工智能和大数据在深度融合三次产业发展中并衍生“四产”形成。企业及社会组织层面，受人工智能和大数据现代科技思维、智慧影响促成一批批自觉选择人工智能和大数据进行融合发展的企业拔起，他们利用大数据资源、人工智能和大数据

技术拓展人工智能和大数据产业进行生产、经营及提供服务活动，不仅赢得客户数量上的增加，而且收入也呈指数级增加，同时还因获得了人工智能和大数据融合应用事实形成有自主产权的诸多行业标准。中商情报网讯有关信息报道，截至目前，2022 年我国数字经济规模达到 50.2 万亿元，2023 年预计达 56.7 万亿元。除此之外，这些企业还收（搜）集着非常大的数据资源，在正常的产品生产与销售及提供主营服务，获取数据存储而带来的福利，即增添新的营业外收入和拓展新产品和新服务的话语权。例如，数据交易、数据商业价值的挖掘，以及预测功能和验证功能的拓展，使企业又增添产业链商机和收益点，从而进一步帮助企业发展并强大。值得一提的是，企业及社会组织形成一套自觉选择人工智能和大数据应用发展的思维模式、选择模式、价值观和知识产权，且这些又反作用于“人工智能和大数据产业”“人工智能和大数据产业生态”和“人工智能和大数据文化”发展，实力打造了共享经济和数字经济在中国的崛起。

（四）智能化基建夯实，智能技术越发走深走实

随着摩尔定律的发展，计算能力及数据体量每两年约翻一番，人工智能和大数据等现代科技也越来越受军用、商用、民用、政用青睐，同时“人工智能和大数据产业”“人工智能和大数据生态”和“人工智能和大数据文化”，以及人工智能时代道德选择价值观取得社会层面的纵深发展。近些年来，特别是随着升级的中央处理器（GPU、TPU）的出现，电子产品因算法的提升带来的关联产品成本下降较大，以及数据体量每两年翻一番，实质上是社会资源在翻一番，所以引起了机器学习的稳定性增强。由此可见，受摩尔定律影响，大数据资源、人工智能和大数据技术的应用成本降低，越来越促进军用、商用、民用、政用的深度性，甚至形成了技术青睐、技术依靠和技术战略。与此同时，大数据资源、人工智能和大数据技术在军用、商用、民用、政用方面收（搜）集着个体和群体思想、行为、情感数据，形成个体道德选择价值观和因群体分布而凝结的行为道德选择标准、规范、习惯。可见，人工智能时代因大数据资源、人工智能和

大数据技术深入军用、商用、民用、政用领域的引领发展，人工智能时代深度推进了人工智能和大数据产业、人工智能和大数据生态、人工智能和大数据思想走深走实。例如，人工智能和大数据在农业方面的应用，特别是通过遥感监测、地面调查、网络挖掘等技术，构建“天空地人”四位一体的数据可持续采集更新体系，以及溯源技术的深度应用，使得农业领域的食品安全“痛点”得以一定的消解，从而构建起食品安全领域的生产性道德选择标准，也影响并形成一种“只要有痛点就能应用人工智能和大数据消解”的人工智能和大数据融合应用选择观理念、思维、意识。

（五）智能化争相应用，美好生活向往呈现

人工智能和大数据现代科技在选择应用中的便捷性、可视性、踪迹性和追求真善美特性凸显，正引领越来越多的个人、社会组织和团体关注甚至是参与到这样的时代潮流中。即，选择人工智能和大数据融合应用后的数据可视化，既直观易懂，又实用便捷。例如，美团上的外卖，只要在家里下个订单，就能很快享受到所需的服务，便捷、可视、时尚的选择操作与选择应用，已然成为当下的选择应用先锋和应用时尚潮流。特别是选择其融合发展后，数据记录可以永久留存，可以随时接受社会上有资质的组织通过“溯源技术”查清和追踪其历史行为并展示事实真相。从这个视角来看，实质意义上是在为规范人类社会活动选择科技支撑，即这样的科技选择，实质上促进了社会活动的有序性，人们在这样的科技背景下必然走向求真、求善、求美的思想、行为和情感。中国政府率先掀起了“万企融合”大行动，鼓励全国企业及社会组织结合人工智能和大数据进行深度融合发展，旨在追求经济效益的同时，在全社会层面以人工智能和大数据价值观为指南倡导和践行向上向善的选择，即利用人工智能和大数据在选择应用中提升便捷性、可视性、踪迹性和追求真善美等道德特性，以及治理人的社会活动和谐性。例如，贵州省贵阳市的“千企改造”和“一企一策”活动，初步形成“人在干、数在转，云在算”和“让数据多跑路，让群众少跑腿”的现代政务服务模式，让贵阳市一些社会层面的个体和群体

自觉爱上了人工智能时代的道德选择、道德行为，同时也自觉培育了道德选择意识和道德选择能力。

（六）产业智能化延伸，数聚速变新风尚

随着大数据资源、人工智能和大数据技术广泛、深度和频繁融合于人类社会活动，在一定程度上形成属于一些人们的新的社会风尚、风气和风俗。特别是随着以大数据为基础数据对个体公民、企业法人等进行信用评价和信用风险评估的体制机制建立，对一些拥有大数据资源、人工智能和大数据技术的企业来说已经成功获取了一些市场收益。例如，行业性的融合发展，使得一些行业内的社会活动规则、规范以及道德伦理初显。同时坚守这样的道德体系，又促成类似技术的应用，所以人工智能和大数据应用已然成为一些人群的一种社会新风尚，并受到拥护和爱戴。据调研获悉，交通、公安、气象、金融、电子商务、物流等行业都纷纷用上了大数据资源、人工智能和大数据技术，从而助推了大数据资源、人工智能和大数据技术成为一种解决实际问题、创新工作方式、提升工作效率的思维方式和社会实践习惯，以及提炼行业、产业生产规则的自觉选择。诸如融合人工智能和大数据发展而提供产品和服务，更好地满足了人们的社会需求后，消费者就会自觉选择网评网赞，而网评网赞行为又激励个体商户或企业更进一步选择符合人们理性且个性的社会活动需求去生产去供给，于是网评网赞行为，已然成为一些中、青年社会生活中的重要部分，正像民间民俗一样，每天都要通过移动智能终端得以重视、仰慕、崇敬，不失为一种新的“风俗”正被推出、催熟。

二、人工智能时代公民道德选择迎来了高质量发展先机与挑战

人工智能时代公民在选择和利用人工智能和大数据带来便捷高效的社会活动的同时，必然也要做好面对类似高科技带来的负面影响。特别是受科技与科技文化建设的不平衡不充分发展影响，在人工智能时代不可避免

地出现一系列政治、经济、文化、生态等方面的社会问题，尤其是道德问题影响更为深远，不可轻视。

（一）思想道德及经济建设方面的选择与冲击

在思想道德及经济建设方面，突出地表现为“三观”扭曲，拜金主义、享乐主义、利己主义等非理性现象，即一些穿着人工智能和大数据的“华丽盛装”走上网页、街头到处叫卖、作秀，而盛行中始终透露出他们不可遮蔽的严重的思想道德问题。例如，一些非人工智能的自动化产品，通过简单的系统设置一些常用的生活问题并程序化后，就能进行“一问一答”的实际趣用，于是他们在网市和街市上美曰“某某 AI”，而“标签”背后除了多赚快赚一些金钱外，恐怕没有太多的社会“福音”。再如一些企业，以大数据资源、人工智能和大数据技术的得天独厚优势，对客户的隐私数据进行悄然销售，除了具有赚取巨额金钱的能力外，恐怕他们再也没有良知敢存活在阳光之下和透明的群众之中，因为他们是人民的“公敌”，他们赚取的是将一些人民的不可公开的隐私数据公开化后的“社会效应”。例如，一些房开商及掌握大量个人信息的企业，将个人的信息倒卖给电信诈骗集团等不法分子，以致人们在生活中经常收到一些垃圾手机短信、骚扰电话，以及可怕的传播移动木马病毒。

（二）思想意识和思维方式出现的巨变、异变

思想意识和思维方式出现了巨变、异变：抽样调查被大数据颠覆，数据攻击引起数据权利、数据垄断甚至形成了数据暴力、数据宇宙等非理性思想、行为和情感存在。一方面，由于大数据的来源广和覆盖率大，使得抽样调查研究方法式微，逐渐促成和形成利用人工智能和大数据进行数据分析、数据挖掘，甚至是数据灌入机器学习的现代人工智能和大数据技术及思维。例如，智慧城市交通项目，不再以抽样的方式只采集某部分道路或部分路段的交通实况数据代替整个需要整治对象的交通数据，取而代之的是利用人工智能和大数据技术，对需要及关联的城市进行全城、实时交

通数据搜集，甚至包括历史发展数据等进行综合分析、评价，必然其最后决策比抽样更有影响力和说服力。另一方面，由于大数据价值挖掘潜能大，大数据间的关联性强，人工智能和大数据画像的恢复力大，人工智能和大数据搜集技术的“悄然性”和人工智能和大数据踪迹的“不可磨灭性”，数字经济、数字货币等现代数据产业星罗棋布，当然与此同时也使得利用人工智能和大数据这样的特性进行数据攻击，形成数据权利、数据垄断，甚至形成数据暴力、数据宇宙等非理性思想产生并形成危及人类文明非理性行为存在。例如，2017 年两次全球性最有杀伤力和破坏力的“勒索病毒”事件就是典型的数据暴力案例。再如，目前市场上，出现了一些黑科技，有控制你的手机呼叫及通过手机信号跟踪你的出行和生活起居的数据暴力事件；有通过你网淘记录和个人信息的外泄，而引发的数据霸权；还有通过一些核心的人工智能和大数据技术，通过掌控关于个体信息而爆发了隐私数据垄断与数据风险。

（三）政治、经济及社会活动方面出现新变化

人工智能时代，在政治、经济及社会活动方面，一些人的行为做法、交往方式、交流载体及言谈举止表达均出现新变化。一方面促成视频会议、视频交际、电子商务、电子政务，以及新时代的网络传媒等现代化的物联网时代到来；另一方面网络舆情、网络思潮方面出现一些造谣传谣信谣，网上人肉搜查，以及网络淫秽信息传播等非理性非道德问题。特别是随着网络空间的快捷价值存在与普及应用价值存在，一些自然人与法人在政治、经济等常态化的各种社会活动中，其参与方式与路径不再局限于“亲临现场”这一历史最悠久最具权威性和说服力的传统交际模式，而形成视频会议、视频交际、电子商务、电子政务，以及新时代的网络传媒等现代化的“智能物联交际时代”，必然使这些自然人和法人的行为做法、交往方式、交流载体及言谈举止表达有了新状态、新形态和新生态。与此同时，网络舆情和网络思潮方面出现了一些造谣传谣信谣，网上人肉搜查，以及网络淫秽信息传播等非理性非道德问题。

（四）价值倾向、心理依赖、情感体验和寄托的茫然与裂变

在正值西方资本主义阵营利用一切现代手段在政治、经济、文化等方面与社会主义阵营暗自较量的当下，西方发达国家与世界发展中国家之间的较量，使得人类命运共同体的建设与发展放缓。而人工智能时代又是信息时代，随着信息的更加开放与共享，中西方文化得到了一定程度的融合发展，特别是中国倡导的“一带一路”倡议让世界和谐发展共赢发展路径，初步形成“中国的发展离不开世界，世界的发展离不开中国”的新型国际心理及情感关系，形成人类只有一个地球，各国共处一个世界的人类命运共同体的现代价值理念。然而，也正是这样的信息开放与共享，不可避免地带来了冲击与挑战：西方资本主义阵营利用一切现代手段，在政治、经济、文化等方面与社会主义阵营暗自较量，以及西方发达国家与世界发展中国家之间的较量。一方面，以政治立场和文化差异引发西方价值观普世性的强势宣扬与主张，经济、政治、生态等领域的西方话语权、“西方朋友圈”在世界上进行霸道指点和“中心”主义宣扬；另一方面，以社会主义核心价值观为引领的人类命运共同体宣传和建设，虽然已获得一些认可和践行，但是也正遭受到一些非议和不正当看待。例如，众所周知的美国“棱镜门”事件，他们用现代智能终端，对世界各国的数据进行爬取和分析，严重破坏了世界只有一个地球，人类是一个命运共同体的价值倾向、心理依赖、情感体验和寄托。同时，诚信体系正在升级，新的信用体系正在形成。如利用区块链技术形成的新金融体系正在走向成熟和安全，数字经济和共享经济正让人们的社会活动走向更方便、更快捷、更本真，传统诚信体系中的“熟人社会关系”即较为诚信的认知方式正被大数据验证方式进行着论证冲击。

诚然，“任何事物都有其两面性”，人工智能和大数据也一样，同样引发了人与人、人与社会和人与自然的冲击和对抗。首先，人与自然的对抗。在人工智能时代，人与自然的对抗最为突出地表现在生态环境建设问题上。人类要利用人工智能和大数据为人类眼前“美好生活需要”服务，于是出

现一些不管排放、不管资源有限性而强行进行粗放式的环境改造。例如，人工智能时代对电能的“刚性”需求，特别是移动电源的需求，引发了大量废弃移动电源不能妥善处理的困境事实，给人与自然的和谐发展埋下了一颗不可持续发展的“炸弹”。正如有学者所言，人类正“生活在文明的火山上”①。再如大数据的预测功能，在一定程度上具有选择应用性和不可选择应用性，因为人类的一些社会活动是需要预测的，但也有许多地方是不需要预测的。其次，人与社会的冲突。人工智能时代，大数据的资源性与技术性引起了社会活动方式与思维方式的变革，必然也引起生产力变化和生产关系的变化。这就引发了社会活动的习惯、习俗、情感、价值立场、认知心理、实践方法、实践路径及活动规则、准则、原则的变化。那么一些与这种新的生产力不相适应的生产关系就会出现尴尬、矛盾、对立和冲突。在人工智能时代，人们为了使个体数据安全，往往会习惯性选择将自己的真实身份隐藏起来，特别是在网络上进行交流或交际中。这就引发了一些个体对个体的交流或交际不诚信事件发生。在人工智能时代，受机器学习的影响，人工智能越来越智能，也引发了人们对人与机器发展的隐忧。最后，人与自身的异化。大数据的发展，其中有一个重要的应用，就是人工智能的模型训练。当大数据已然在人工智能中得以闭环式搜集、分析、应用数据后，人工智能将从弱人工智能的单个诸如视角技术、储存技术、语言语音技术突破走向更为高级的强人工智能阶段，甚至出现超人工智能阶段。那时机械代替劳动不再简单地表现在体力、记忆和计算方面，可能机械能要向人的“智慧”方面纵深发展，人的智慧与机械智能的较量将从激励较量阶段走向不可抵挡阶段，即人的主体地位也受到质疑，人必然出现自我异化。为此，再审和反省人的存在意义和如何生存逻辑将是超人工智能时代思考人工智能如何服务于人而融合发展的不可回避的时代新话题。

---

① Urich Beck, *Bisk society: towards a new modernity*, London: Sage Publications, 1992, pp. 120 - 121.

三、人工智能时代公民道德选择激起一定价值冲突与社会争论

思考和消解人工智能时代的非道德问题，特别利用现代科技和现代科技文化助力培育公民道德选择能力的问题成为当下思想政治教育学转型升级发展的新动向和新课题，然而正是这样的好事，受工具价值的影响，现实中出现了最为突出的三个向度的纷争和主张。

（一）技术是否能消解非道德问题的争论

以技术进步消解人工智能时代的非道德问题、道德选择失范问题和道德选择能力培育不足问题等主张不在少数，且他们认为，人工智能时代的不道德现象之所以存在，是因为引领道德发展的核心要素是不能只靠文化教育，而是应当核心地依靠技术上的制约和限制，即建立“技术铁笼”才能控制非道德现象发生和发展。所以他们固执地认为，人工智能时代的科技进步必然引起人工智能时代问题的消解。例如，2017 年“勒索病毒事件”前后两次发生后，国内外不少专家、学者呼吁要依赖科技本身的进步来进行应对，而不是一味地依靠文化教育，特别是德育来消解。

（二）道德文化是否能消解技术非理性问题的争论

所有技术均具有一定的立场，科技必然具有双重性或两面性，所以消解技术对社会问题的遮蔽，需要的是文化建设、道德建设、文化教育和道德教育。持这一观点的学者，较为固执地坚信道德的力量，认为道德教育和文化教育才是消解问题的唯一出路，依靠技术与技术的对抗来消解问题是短暂的不长久的，也是不可靠的做法。

（三）“技术+道德”协同治理的主张

需要通过“技术+道德”来协同治理。在调研中发现，秉持这一主张的学者、企业家及社会人士坚持认为，人与科技之间的关系存在一定程度

的理性价值缺失，包括工具价值与目标价值的双缺失。所以他们始终站在科技是为人类服务的这一马克思主义立场上思考问题、分析问题和解决问题，尽管一些学者固执地认为人工智能时代就是技术说了算的世界，只要技术上有新突破就能解决人们生产生活中的不理性现象，认为发展技术就能治理社会问题，但他们的理念在一定程度上有失偏颇，应当厘清人与科技之间的关系，让科技朝着为人类全面自由解放而发展，并以“技术＋道德”的协同治理才是既有快速解决问题的速度和质量，又有长期治理效度、信度和高度，所以这种办法才是最终的解决路径。

第三节　人工智能时代公民道德选择的理论体系建设现状

人工智能和大数据成为新时代公民道德选择实践必然路径、载体，且融合于社会活动的方方面面，因此人工智能时代公民道德选择的实践，可以通过研究凝练、抽象为一定的理论体系。即，人工智能时代公民道德选择的理论体系建设已经紧紧跟随大数据资源、人工智能和大数据技术的融合应用发展并取得了一定的发展，如形成一些价值原则、价值导向、价值诉求和选择责任。质言之，人工智能时代公民道德选择的实践范式得以实践提升的同时，公民道德选择的理论范式也正得以发展。

一、人工智能时代公民道德选择的价值原则

人工智能时代公民道德选择应该是什么？应当由哪些价值原则来引领实践。“所谓价值原则，就是承认价值在主客体相互关系中的特殊地位。坚持实践和认识过程的价值原则，就是要求现实的认识主体，在自身的行为和认识中，明确地意识到价值关系的制约，自觉地认识价值关系在主客体相互作用过程中的效用”①。其中，价值一般指客体对主体需求的契合状

① 李春立：《价值原则与真理原则的冲突》，《晋阳学刊》1992 年第 6 期。

态，是“客体的存在、属性及其变化同主体的结构、需要和能力是否相符合、相一致或相接近的性质。如果这种性质是肯定的，就是说客体对主体有价值或正价值；如果是否定的，则意味着客体对主体无价值或有负价值”①。原则，一般指规则性、标准性和程序性的遵循，诚然有最高原则和最低底线的区分。可见，价值原则调整的是规定性行为在价值性质上应当是什么和价值大小状态。结合道德选择来看，价值原则的价值性质已经被固化和确立，那就是符合道德的范畴，也就是不能有恶的性质；此外，价值大小上可以有差异，但道德选择的最高道德价值和最低价值底线都应当是确定性的，否则公民道德选择就没有价值原则可言，也就没有道德选择可为。结合道德的内涵来看，特别是结合马克思主义的道德观来看，道德就是倡导公民与世界万物具有同一性，即尽力构建社会没有压迫、没有异化、没有剥削，人是自觉自主的自由发展个体，是通过人自身来肯定人，来发展和满足人自己的人性。可见这种自由全面发展境界之上，没有再比这种境界更高的理论与憧憬，即人的自由全面发展是人类道德选择的终极目标，是最高的道德选择价值原则。同时，在现实道德选择活动中，若选择价值性质中只要有一点恶，其道德选择就不能也不称之为道德选择，应当属于是别的什么选择，也可见“无一丁点恶”不一定属于道德选择的价值原则，因为这里面还包括中性的价值性质状态。那道德选择一定是要有善性才是道德的吗？其实现实中有大量的案例可以列举，没有恶没有善、无恶无善（排除佛家的道德最高境界的说法，仅从实然角度分析）往往也是一种可以选择的选择，也是社会可以宽宥甚至是可以认同的选择，只是这时的选择是没有价值性质的选择，或者说是“零价值”或“中性价值”的选择，而道德选择的价值原则，重在彰显和追求有价值性质的价值且是道德性质的价值，因此这样的情况也不是道德选择倡导和追求的价值性质价值范畴。由此进一步可以看出，道德选择希望有哪怕是只有很小的善的价值。也就是说，道德选择的最低价值底线或原则就是“哪怕有且只有一

① 李德顺：《伦理学大词典》，中国人民大学出版社 1995 年版，第 261 页。

点善”，亦称“仅见善原则”。

随着人类社会活动及其需求的演进发展，人类社会对实体性物能的需求与依赖，拓展至对实体性物能与实体性物之间的数据双需求与双依赖，人工智能和大数据就迅速崛起。同时，随着人工智能时代来临，“数据孤岛”也逐渐消融，流入的数据变信息，信息跃“知识龙门”后，呈现出广阔的应用价值的海洋。这样一来，一方面更多的知识积累能更好地指导人类社会实践，人类对实践中的道德选择价值性质与价值性质内价值层级就有了阶段性的更进一步具体化的要求，形成阶段化、时代化的价值趋向，但这个价值趋向与道德选择的道德性质没有半点冲突，只是突出时代的特征和时代背景下的阶段性需求，却依然服务于最高价值原则且满足于最低价值底线与要求；另一方面知识又能转化为信息，信息还能转化为数据，甚至数据能转化为实体物能，从而使得人类社会活动出现自觉分工需要，以智能机器代替人类一些直接性的物能劳动，让人自身尽可能地解放出来从事一些创构性的劳动，于是人类道德选择不仅表现为人自己像传统旧社会一样亲自参与道德选择，还可表现为借助由具有一定模仿人的智慧的智能机器来代替人的道德选择全过程，从而做出“数智道德选择”。尽管这种是智能终端直接进行的道德选择结果，但这种选择还是服务人的且是人的道德选择范围内的活动，同时不可否认，这种数智道德选择实现了对道德选择的超越。由此可见，数智道德选择也是时代轴上必然会出现的阶段性道德选择的新情况和新特征，尽管此时道德选择的价值性质本质上没有改变，但是服务于最高价值原则的阶段性特征得到了更加凸显。质言之，道德选择的价值原则，除了有最高和最低价值原则外还应当有时代价值原则。

（一）最高价值原则：自我解放与自由发展

在人工智能时代，数据成为穿梭于人与人、人与社会、人与自然之间基本的必要和必备的连接线，且数据高频流动使得一切关于人们的思想、行为和情感信息完全公开在虚拟的网络世界之中。“在信息迅速传播、无孔不入的年代，‘我不知道’这种类型的借口加重了罪恶，它不会导致罪恶的赦免。它要表达的意思是，‘为了我心灵的平静，我自私地拒绝受到打扰’，而不是说‘我被隐瞒了真相’。在坦白的年代，当公共领域越来越成为展示隐私的展台时，任何信息的任何隐瞒都被视为一种过错，都会引起怨恨。换言之，关注现存的信息，‘做到信息灵通’，加入最近的街谈巷议，所有这些都变成了美德。另一方面，缺少对信息的兴趣，忽视最近的传言，不关注新闻的走向，所有这些都成为耻辱的原因。如今，几乎任何一次谈话都会变成街谈巷议，而且，几乎任何一次街谈巷议都不会在这种谈话中被忽视。显然，‘我不知道’并不符合时代精神。”① 这就是人工智能时代的魅力所在，即每一个公民都是网络空间的行动者和最强音，都能够发声且展现个性；同时，公民个体置身于网络空间的选择场景，强大的信息量和传播速度使得所有人都不能再做网络的旁观者，不能以“我不知道”为借口逃避，更不能做“集体沉默”中的观望者。在这样的环境中，“集体沉默”显得如此“不合群”，社会需要以及道德选择需要，迫切地表现出每一个公民都必须作出选择且是道德的选择并参与其中。而这种参与选择不是别的活动，恰恰是彰显人与自然和谐同一性的价值观，否则就会在大数据这种较为公开公正的阳光下被曝光甚至被逼得寸步难行。可见这种同一性价值，正与马克思主义同一性价值思想是一致的，是通过人自己来肯定人的活动，因此这种同一性价值观需要公民个体个性“自我解放与自由发展”，从而为全人类的自由全面发展服务。自我解放与自由发展作为全人类的自由全面发展的一个具体性目标，便是它作为最高价值原则在社会实践中的客观发展需要所使然。因为没有个体公民的自我解放与自由，全人类的自由全面发展就可能是一个空壳，是个“虚幻”或者说就是个虚假的东西，公民道德选择行为也可能是伪善行为。因此，在人工智能时代，道德选择的最高价值原则往往表现出客观层面的真正的“自我解放与自由发展”。而客观现实中，受人工智能和大数据融合发展的着力点是消解社

① ［英］齐格蒙特·鲍曼：《被围困的社会》，郇建立译，江苏人民出版社2005年版，第214页。

会活动痛点影响，以及发展个性化消费与生产的产业业态和衍生业态的影响，公民“自我解放与自由发展”已然成为公民道德选择的最高价值原则，在实践中规范着每一个公民的道德选择行为，甚至是规范触及了公民道德选择思想和情感之中。由此可见，在人工智能时代公民道德选择最高价值原则所起的社会规范作用主要体现在：引领公民实践构建“真正共同体”；引领公民践行劳动彰显人的本性；引领公民个性需求和劳动生产；引领公民树立道德自由与道德责任而谋求发展；引领公民以自由劳动为基础进行等价交换。

1. 引领公民实践构建“真正共同体”

人工智能时代，公民道德选择的最高价值原则是自我解放与自由发展，这好像与传统社会的集体主义核心价值原则不够协调一致。事实上，集体主义价值原则和个体自我解放与自由发展的价值原则是一体两翼关系，都是服务于全人类的自由全面发展这个最高价值原则的两个不同视角不同侧面，同样是最高原则范畴的价值原则，只不过从传统社会到人工智能时代公民道德选择最高价值原则的核心实现路径有所转移和调控，恰恰体现的是最高价值原则的两翼均衡生成且要均衡发展，体现的是最高原则下的时代特征和价值侧重点罢了。尽管人工智能时代强调个体的自我解放与自由发展，但是集体主义价值原则仍然与其是并列地位能实现最高价值原则的实现路径之一，只是时代特征和现实社会客观需要，强调了个体的实现路径。因为个体是组成集体的最基本单元，集体道德选择价值原则中必须也必然体现个体的自由选择权力和趋向。同时，也是在更进一步强调没有公民个体自由道德选择的集体可能是“虚幻共同体”或者是“抽象共同体”。正因为如此，马克思才警示我们要厘清“虚幻共同体”和“真正共同体”。那么什么是“真正共同体”呢？人工智能时代对公民自我解放与自由发展的强调正是在实实在在地构建“真正共同体”，之所以这样说是因为：首先，公民个体的自我解放与自由发展是集体发展的根本保证；其次，强调公民个体的自我解放与自由发展与党的十八大以来的“新的改革共识”相符。党的十八大以来，诸如“四个全面”战略布局中全面建成小康社会之脱贫攻坚战的“一个都不能少”之类的理念正式形成，倡导树立了正确的公民个体与集体主义的辩证关系。为了防止和杜绝“虚幻共同体”的出现，我们更应当旗帜鲜明地倡导公民个体的自我解放与自由发展，保障个体与集体各项需求指标的“双赢”。当然，这样的“双赢”必然是在个体与集体辩证关系中收获的。特别是作为人工智能时代的最高价值原则——实现“自我解放与自由发展”，重在规范和指引公民道德选择价值取向，是公民道德选择的主导性、旨归性的价值原则。在最高价值原则的引领下，各项自觉应用人工智能和大数据进行自我解放与自由发展的活动，不是任性、无纪律、想当然地选择人工智能和大数据进行自我满足和自我追求的私利活动，而是在削弱因过去集体主义对公民个体选择的不够重视、不够理性和不够公正对待的平衡活动，是在以集体主义为大前提、大背景下进行的理性选择活动和理性发展的“双赢”活动。

2. 引领公民尊重和彰显人性本质

公民的最高价值原则“自我解放与自由发展”是与马克思主义人性本质学说和人与自然的同一哲学思想是相一致的价值原则。在马克思主义者看来，自由自觉地认识自然、改造自然的劳动和社会实践活动是人的存在方式，人的本质就是通过对人的劳动与社会实践的自我异化的积极扬弃，在动态的自由劳动实践过程中实现人的自我解放和自由发展，逐渐接近“完整的个人”，达到人的存在与本质的统一性和同一性。人工智能时代，公民越是追求符合人性本质的个性满足，社会生产力就越是有质的发展与飞跃，整个社会越是有能力、实力和意愿去热衷于满足人的各种个性需求。可以说，对公民符合人性本质的个性需求的关注和满足已然成为社会重要关注点。只是，为满足符合人性本质的公民个性需求而进行的劳动实践在不同的生产资料所有制形式下出现了一些致命差异性罢了。在奉行生产资料私有制的资本主义社会，劳动是异化的不自由劳动，“工人生产的财富越多，他的生产的影响和规模越大，他就越贫穷。工人创造的商品越多，他就越变成廉价的商品。物的世界的增值同人的世界的贬值成正比”①。可

① 《马克思恩格斯选集》第1卷，人民出版社2012年版，第51页。

见人的本质被异化，符合人性本质的人的个性也发生了巨大改变和严重性扭曲，甚至造成人与自身对立，公民的自我解放和自由发展成为虚妄的梦。在生产资料公有制为主体的社会主义社会，公民的符合人性本质的个性需求是通过劳动或等价劳动交换而满足的，劳动与人的本质在一定意义上具有同一性，公民个性在这种集体主义倡导下得到了一定关怀和成长。但由于集体主义至上，符合人性本质的个体个性往往会受到压制而成全集体主义。在人工智能时代，公民从大量的物能劳动中解放出来，将较大量的物能劳动让渡给了仿人机器，而公民自己却从事着更高文明的创构活动，可见被劳动异化的机会在万物数化进程中渐渐减小了，符合人性本质的个体个性的发展特别是在物质层面的需求已经得到较大层面的满足，甚至符合人性本质的个体个性的发展成了新时代的经济、政治、文化等供给侧结构性改革引力和发展突破点。因此，公民自觉参与智力劳动、以仿人机器代替自己参与社会实践活动创造的财富越多，生产的产品就越能够满足人的需求，公民的符合人性本质的个性需求就越能得到满足，公民的自由程度和解放程度也就越高，公民的生活就越美好，人的本质也就越能得以尊重和确立。

3. 引领人工智能时代公民个性需求和劳动生产

改革开放以来，中国实现了由计划经济向市场经济的伟大转变，社会活力大大增强，产品和服务的供给数量和质量都有了质的飞跃，这些都是得益于个性美好生活需求刺激了市场经济发展。市场经济主体在追求利润最大化的过程中，兴奋地发现对消费者符合人性本质的个性需求的解放和满足是绝佳的道德选择和经济选择；人工智能和大数据天生就像是为这个目的服务的一样，全面刺激了符合人性本质的个性消费与个性生产的崛起、繁荣。例如，几乎无人不知无人不晓的汽车智能导航系统，正是公民自我解放与自由发展的产物。当我们需要驱车从 A 地到 B 地时，往往不止有一条路线，那么选择哪条路线呢？传统上的“两点之间直线距离最短”的几何思维当然可以助力人们找到最短路线，但现实社会中最短的距离又经常因车辆拥堵、时间成本偏高等不能算是最佳的选择路线。这时智能导航系统根据个体现实的个性需要牵引，“被迫”和欣喜中选择大数据技术的应用，在A、B两地的若干线路选择图中，准确且迅速地发现哪一条道路是不拥堵的，选择走哪一条路是时间与路程实现双优的选择，并以秒级处理速度供给公民个体个性需要。以上案例是人工智能和大数据引领公民解放、张扬和满足公民个性需求的实践活动，既节约了资源且是无恶行为，又更好地满足了个体理性需求，作为消费者的公民得到了个性和自由追求的满足，作为产品提供者则通过把人工智能和大数据应用到劳动或等价劳动中得到了经济收益，因此这样的选择活动些许算得上是道德选择活动。诸如此类的案例在人工智能时代比比皆是，可以说在人工智能时代，谁能抓住公民主体性符合人性本质的个性需求，并能融合人工智能和大数据创新应用，谁就能抢占先机成就一番事业。当然，人工智能和大数据在市场上的融合应用及“双赢”局面的实现是有前提的。即，消费者对个性解放和张扬的追求应是理性的、正当的、道德的、可操作的且是无恶的，生产企业在价值规律的引领下优化生产资料的配置为满足消费者的需求进行生产也是要符合这些要求的。由此可见，正是因为选择活动是在最高价值原则引领下进行的生产供给式道德选择，是有利于公民的全面解放和自由发展的生产，因此，劳动生产创造的财富越多，公民的个性需求就越能得到满足，公民的自由程度就越高，公民的生活就越美好。

4. 引领公民正确认知自由与责任的辩证关系

任何时代公民的自由都是有一定程度责任的自由。在传统社会里，人们的信息不够对称，对集体主义的一味推崇使得人们在生产生活中更多地强调义务的履行和责任的承担，这样必然在一定程度上限制了符合人性本质的公民个体的个性自由发挥和发展。进入人工智能时代后，生产力的进步为公民追求个性发展提供了客观物质基础条件和更进一步升级发展的可能性条件，且每一个公民都生活在网络化、数据化、智能化的社会现实中，以更多的选择方式和更自由的言论等使得人们完全能够以便捷、高效和精准的方式生产和生活着，自由的愿望张力和希望被满足的程度也随之达到了历史最高，公民日益觉醒的个性自由追求已然成为对美好生活的内在需求，成为全社会认可、倡导和鼓励的合理行为、道德行为和出彩行为。但人工智能和大数据并不仅为公民带来个体个性自由飞翔，还要求公民要有责任心、有担当精神和要做符合一定的价值原则的事，否则数据留痕、数据还原、数据画像及关联数据信息分析技术等都能够把每个人的非法行为、非道德选择行为及无道德选择行为赤裸裸地呈现给世人，甚至能实现数据智能化进行惩罚。例如，大数据信用体系和征信报告体系的广泛应用，使得那些非法、非道德和无道德公民的选择行为全无遮蔽地被曝光、无寸土可立足。因此，哪怕只是为了防止个人不道德行为的泄露，每一名公民在追求自由的过程中，也必须守住社会发展的最后防线和道德底线，把握好理性自由与适度责任区间，自觉建立起权利与义务等同性的价值原则认知体系、道德选择体系，把自由与责任高效地有机结合，在促进政治、经济、文化、社会、生态等领域的高质量飞速发展需要的同时，促进公民的自我解放、自我提升与自由发展。

5. 引领公民以自由劳动进行等价交换

正是突出了人工智能时代公民自由与责任辩证关系，人工智能时代人的本质与人的社会属性得以一定程度的回归。在人工智能时代的实践中，由于做不到脱离数据化、智能化的智能终端监督视线，故很难不劳而获地得到收益和服务，从而公民将逐步通过自觉的自由劳动进行等价交换。在人工智能和大数据助力公民自由实践劳动与等价值交换的全过程中，公民劳动是自觉的，交换也是等价的，公民获得的收益与付出是成正比的，公民的自由与责任之间也是基本等同的。即，在人工智能时代，公民道德选择的自由，也必然有道德选择的责任，自由与责任之间密切联系着，又相互促进和监督着；同时，道德选择的责任，又反作用道德选择自由更加开放，循环往复。人工智能时代的道德选择实质性呈现出人的劳动本质和劳动社会属性在公民中得以回归和认可，呈现出人工智能时代的最高价值原则对公民道德选择有社会秩序性功效。

（二）最低价值原则：哪怕有且只有一点善

最低价值原则是用来维系人们日常活动秩序中必须必备的共同遵守的

最起码、最简单、最基础的价值原则。否则任何向下举动都保持不住其选择行为性质还是道德性质范畴。可见，最低价值原则是公民道德选择活动中的“警戒线”，应当在公民当中提升知晓率和践履率。当然，这时的道德价值最小，往往也是法律需要介入并实施监管的地方。但绝不因其道德价值最小而不受重视或不纳入可能性选择视野，因为在道德选择中，道德选择一方面是选择行为保证价值性质是道德范畴；另一方面是尽力将道德价值最大作为选择对象，而当没有更大道德价值可以选择时，一点的道德价值总比没有道德价值或恶价值强。中国有句经典的古训“勿以善小而不为，勿以恶小而为之”说的就是这个道理。那么在道德选择的实践中，如何保障最低原则的运用呢？其实道德选择的本身内涵，早已告诉我们应当如何实践才能确保道德价值原则的最低线不被突破——保障最低道德价值性质的前提下，向更高道德价值发起追求行动。此外，道德选择不是只要是或见着道德性质的选择可能性就选择，而是应当在所有道德价值可能性中，经过一番筛选、价值比对，将道德价值属性范围内的道德价值大小进行排序而做出道德价值最大化的选择。当然，这也是道德选择的本质性核心价值内涵所在。正因为如此，传承积淀了人类几千年文明精华的中华传统道德思想观念就比较容易做到道德选择。如“勿以善小而不为，勿以恶小而为之”“一室不扫，何以扫天下”等，对保障最低道德价值性质并向更高道德价值发起追求行动具有指导意义和引领作用。尤其是结合中国传统文化在实践中凝练的仁、义、礼、智、信“五常”，兼备了个人心性品德与人伦关系原则的双重特点，必然是公民道德选择的常用道德价值原则。所谓“五常”，最初是孟子提出的“仁、义、礼、智”四个基本德目，后由董仲舒拓展成“仁、义、礼、智、信”五个基本德目。常者，恒也，即恒常不变之意。“五常”始终深度融合于中华伦理的发展历程，始终是中国常见道德价值体系中最为活跃和关键的价值导向。

1. 仁

从词源学来理解“仁”字，左边的偏旁是“人”，右边是个“二”。于是有人认为“仁”讲的是如何处理两个及两个以上的人之间的伦理关系问题，公民自己一个人的问题只能够称其道德，而不能称其仁。这样，道德与伦理就有了一些细微的差异。但孔子却认为“仁”是最高的善和最高的道德。然而，在中国传统道德文化中，自古以来能当得起“仁”的人凤毛麟角，甚至评价自己“若圣与仁，则吾岂敢?”① “仁学”是孔子思想中最核心、最活跃的内容，张岱年老先生就认为“仁”是孔子思想的核心和精髓。此外，也有人认为“仁者，人也”②，仁就是“爱人”③ 和“泛爱众”④，“孝悌也者，其为仁之本与!”⑤ 孝是仁的起源，仁是孝的发展。此外，还有“克己复礼为仁”⑥ “刚、毅、木、讷近仁”⑦ “志士仁人，无求生以害仁，有杀身以成仁”⑧ “能行五者于天下为仁矣（恭、宽、信、敏、惠)”⑨ 等说。关于具体应该怎样做，则有“己欲立而立人，己欲达而达人，能近取譬，可谓仁之方也已”⑩ “己所不欲，勿施于人”⑪ “居处恭，执事敬，与人忠”⑫ 等价值原则。

2. 义

《中庸》记载“义者，宜也”，可见“义”强调主体性和至当性。孔子认为“尊贤为大”是为“义”，孟子认为有“羞恶之心，义也”，庄子说“至义不物”，总的来说，“义”有善待万物之德，忠勇节恕都是义。“义”的内容很广，济安拔危是义、助人为乐是义、处善聚缘是义、助弱济贫是义、果断有力是义、舍己为人是义，排忧解难、扶生万物也是义。⑬ “仁”

---

① （春秋）孔丘：《论语·述而》，纪琴译，中国纺织出版社 2007 年版，第 171 页。
② 《中庸·问政》，杨洪、王刚 译，甘肃民族出版社 1997 年版，第 42 页。
③ （春秋）孔丘：《论语·颜渊》，纪琴译，中国纺织出版社 2007 年版，第 280 页。
④ （春秋）孔丘：《论语·学而》，纪琴译，中国纺织出版社 2007 年版，第 8 页。
⑤ （春秋）孔丘：《论语·学而》，纪琴译，中国纺织出版社 2007 年版，第 4 页。
⑥ （春秋）孔丘：《论语·颜渊》，纪琴译，中国纺织出版社 2007 年版，第 262 页。
⑦ （春秋）孔丘：《论语·子路》，纪琴译，中国纺织出版社 2007 年版，第 304 页。
⑧ （春秋）孔丘：《论语·卫灵公》，纪琴译，中国纺织出版社 2007 年版，第 350 页。
⑨ （春秋）孔丘：《论语·阳货》，纪琴译，中国纺织出版社 2007 年版，第 392 页。
⑩ （春秋）孔丘：《论语·雍也》，纪琴译，中国纺织出版社 2007 年版，第 144 页。
⑪ （春秋）孔丘：《论语·颜渊》，纪琴译，中国纺织出版社 2007 年版，第 264 页。
⑫ （春秋）孔丘：《论语·子路》，纪琴译，中国纺织出版社 2007 年版，第 298 页。
⑬ 参见刘峻杉、张俊：《仁义礼智信五德体系的德育价值——基于三种美德体系的比较研究》，《比较教育研究》2013 年第 12 期。

与“义”往往合而论之，“古之为君者，深行之谓之道德，浅行之谓之仁义”①，道家和儒家美德伦理传统中，“义”是仅次于核心精髓“仁”的道德价值原则，“义”与“仁”“礼”之间具有承转关系，“仁”是“义”内在的价值根据，“礼”是“义”的实践目的。《论语·里仁》记载：“君子之于天下也，无适也，无莫也，义之与比”②，阐述了“义”之道德价值原则的指向。对于一个“义”者而言，为了道义和正义，为了他人的利益，可以四海为家，可以不计较任何的名与利、贵与贱、得与失，只要心存正义感，正气必能压倒邪气。

3. 礼

一般情况下，我们想到的“礼”，是儒家关于礼制、礼俗、仪节的道德体系。“礼”起源于原始宗教信仰、自然法则与人性管理，具有宗教性、秩序性、实践性、制度性、政治性等属性③，其内化表现为道德伦理，外化表现为法律制度。儒家伦理中“礼”还指“恭敬之心”，礼治与仁治都是孔子思想中的核心内容。关于什么是“礼”，孔子认为“非礼勿视，非礼勿听，非礼勿言，非礼勿动”④是实行仁德的纲领。“礼”的本质是人类社会活动的一种规则体系，精髓是倡导道德与文明。但长期的社会实践已经证明，仅依靠“礼”并不能建设起和谐有序的社会。在人工智能时代，“礼”在保存一定的儒家“礼学”思想精华之外，还有新的时代内涵。为了提高精神生活的品质、发扬道德价值、指导人生方向，需要开放性地把“礼”文化有益地应用于人文教育的实施、社会问题的解决、人际关系的调整等方向，以达到提升人性价值、建立健全人格、共创和谐秩序之目的。

4. 智

“智”指具备灵活运用知识来明辨是非的能力，亦称智慧、理智。《中

① 《通玄真经》，徐灵府注，中华书局出版社1985年版，第183页。

② （春秋）孔丘：《论语·里仁》，纪琴译，中国纺织出版社2007年版，第79页。

③ 参见田君：《论“礼”的字源、起源、属性与结构》，《四川大学学报》（哲学社会科学版）2014年第5期。

④ （春秋）孔丘：《论语·颜渊》，纪琴译，中国纺织出版社2007年版，第262页。

庸》把“智”与“仁勇”并称为“天下之达德”。“智”也作“知”讲，“智者不惑”说的就是具有智慧、理智的人能够不为外界事物而困惑。孔子注重“仁智”，他认为“仁者安仁，知者利仁”① “知者乐水，仁者乐山；知者动，仁者静；知者乐，仁者寿”②，在孔子看来，“智”与“仁”之间存在辩证关系，“智”是实现“仁”的重要条件，他认为同时遵循“智”“仁”“勇”道德原则的人才是志士仁人。孟子把“智”视为一种明辨是非、善恶的实践能力，认为“是非之心，智也”③。西汉董仲舒指出“必仁且智”，认为“智”有知道遵道、利人利国、自知知人、慎言慎行、见微达变、好学知过、量力而行、居安思危等道德内涵。

5. 信

“信”往往指人的言与行之间的关系。“信”的道德价值原则要求人们言行一致、言出必行。在中华传统道德中，“信”是“进德修业之本”“立人之道”“立政之本”。孔子指出“人而无信，不知其可也”④ “民无信不立”，认为有道德的人要做到“宁死必信”。孟子将“信”与“诚”有机结合，阐释了“诚”与“信”之间的内在关联，以及“诚信”在社会中的规范意义；荀子将“信”推行于选贤治国之中，扩至君臣上下伦理关系之中，倡导无论是执政还是做人都应以诚信为本。由此可见，“信”是做人的根本，是兴业之道、治世之道，无论人与人之间是社会阶层的上下关系，还是社会公民左右之间的关系，诚信之德都在，都要求忠信诚实、稳重厚道、言行一致、表里如一、笃信不疑。

（三）时代价值原则：消解社会活动痛点

时代价值原则，是在最高价值原则指导下、最低价值原则的警示下和常见价值原则的传承下，结合自身时代的道德选择实践，而作出的价值微

---

① （春秋）孔丘：《论语·里仁》，纪琴译，中国纺织出版社 2007 年版，第 71 页。
② （春秋）孔丘：《论语·雍也》，纪琴译，中国纺织出版社 2007 年版，第 138 页。
③ （战国）孟轲：《孟子·告子上》，王常则译，山西古籍出版社 2003 年版，第 171 页。
④ （春秋）孔丘：《论语·为政》，纪琴译，中国纺织出版社 2007 年版，第 42 页。

调。其价值引领指数介于最低价值原则和最高价值原则之间，也是服务于最高价值原则和注重最低价值原则践行的道德价值导向线，以及也是注重常见价值原则传承与发展的新发展、新态势和新内容。它从社会实践中凝练而来，必然也指向公民道德选择的实践。时代价值原则在不同时代会因时代特性和发展状况不同必然有所差异。人工智能时代公民道德选择的时代价值原则是凝聚新时代较大多数公民共同社会需求的价值原则，与公民的现代生产生活紧密联系。特别是在调研获悉，在人工智能和大数据融合发展较好的区域和群体中盛行着“只要有痛点就可以用人工智能和大数据求发展”“数据是主导未来的基础性战略资源与创新引擎”[①] 之类创新创业经典语，但研究深思和深入研究后发现，这些经典语绝非狂妄之言。人工智能时代人工智能和大数据已然燃起可以解决若干社会活动痛点的火把，为众多生产生活痛点指明了发展明路和规划了发展前景。尽管现实中把人工智能和大数据应用于解决社会痛点并不是简单的事和容易的事，但是只要知道痛点在哪，只要知道点燃人工智能和大数据与之融合发展的燃点在哪，只要人工智能和大数据与生产生活痛点之间有能融合的契合点、创新点，那该事宜就可能得到飞速的发展以及可能得到质的飞跃发展（见表1－1）。即这一切正是时代原则在引领选择和支撑选择。

诚然，正是由于契合点和创新点难觅，在人工智能时代能否应用人工智能和大数据解决社会活动痛点，越来越被列入划分社会阶层的一个重要参考因子，甚至已然成了能否成就一番事业的“分水岭”，成为决定由传统社会中发展而来的经济、政治、文化、生态能否实现可持续发展的关键因素。例如，对于曾是贫穷、落后代名词的“贵州”人民来说，摆脱贫困、共享社会发展成果是他们共同的价值愿望，他们历经千辛万苦找到合适的发展选择与定位，实施“大数据、大生态、大扶贫”发展战略，把大数据与贵州生态相融合以谋求创新发展，走出了一条有别于东部地区、不同中西部地区的绿色发展之道，守住了青山绿水，也换取了金山银山，规

---

① 连玉明：《中国大数据发展报告（NO.2）》，社会科学文献出版社2018年版，第1页。

避了生态与发展的“两难”选择，解决了社会发展落后的痛点，为贵州擘画了一幅大数据创新发展的宏伟蓝图，也为“美丽中国”“数字中国”建设提供了“贵州方案”。为此，梳理时代价值原则在公民道德选择中的指导和规范作用、实效，有利于进一步认识和把握人工智能时代公民道德选择原则，助力公民道德选择和社会全面发展。

1. 倡导智能生产融合发展

在人工智能时代的社会生产领域，为了追求利润最大化，仍然把“开源节流”当作生产企业可持续发展的按钮，也是难以启动的痛点。为此，为进一步解放生产工人的部分劳动，生产企业自觉选择人工智能和大数据作为新的生产力和新的生产资料，推动生产自动化向智能化的转变和改造，即让人工智能向仿人发展方向发展，因为人工智能是降低生产成本最可靠和最常见的“开源节流”做法。即人工智能出现了仿人的体力劳动，或仿人的脑力劳动，或综合性的既仿体力劳动又仿脑力劳动的智能机器劳动，把人类从计算量大的职业、机械重复劳动的职业、工作在恶劣艰辛环境的职业中解放出来，从而与时俱进地把人工智能和大数据与生产全过程实现智能融合发展。即用若干智能传感器把生产、销售、消费和再生产等环节中的整个社会生产销售活动痕迹数据全部搜集聚集成“类人类的机器世界”；然后，再通过人工智能和大数据技术获得呈现个体公民偏好、习惯，甚至是隐私、情感和思想等信息，从而实现市场供给的优化调整，以及将产业、行业的全部生产行为和销售行为数据搜集起来，通过人工智能和大数据分类管理技术提炼成为产业、行业的生产标准和个体行为规则，进而指导产业和行业的发展价值导向和规模。由此可见，这些“数据标准”能反过来指导和优化生产者的生产行为的同时，也在一定程度上达到了降低生产成本和增加生产收入的理想目的，还大大推进了数智道德选择、产业诚信体系、生产标准体系的形成，以“数据铁笼”消解公民的非理性、非道德和无道德行为，实现了线上线下“公民”个体的道德选择。总的来说，正是由于社会生产需要解决发展痛点，才引导了生产领域的智能融合发展，促进着公民道德选择的道德价值精准化发展。即公民可以在生产领域中实现道德选择，因为这个过程中公民遵循着时代价值原则，能对各种可能性道德价值性质的道德选择进行数据化计算、排序，并及时做出数智道德选择。既减免了人脑的能量消耗和企业生产成本开支，又高效地增加了因生产了大数据反映的个性需求产品而实现的销售收入和知识产权收入，以及还大大提升了公民道德选择的精度、信度、效度和速度。

2. 满足美好生活实现需求

在人工智能时代，人们青睐对人工智能和大数据的广泛深度融合应用，既带动了社会生产力得到飞速发展、精准发展和智能发展，又提升了社会满足公民的一般物质需要的供给能力，包括智能化和精准化的供给能力。为此，社会的主要矛盾已从由落后的社会生产同人民日益增长的物质文化需要之间的矛盾转化成了人民日益增长的美好生活需要和不平衡不充分发展之间的矛盾。那么，什么是人民日益增长的美好生活需要呢？人生阅历和生活背景不同决定了不同公民对美好生活判断力和自我内心满足感的差异。或者说，人们的美好生活需求是公民在对更加便捷、更高质量、更加精细生产生活状态的共同追求基础上的个性化微观需求，如安全感、存在感、幸福感和自我价值实现感等。在人工智能和大数据等先进生产力对经济发展的决定性作用下，在价值原则的引领作用下，自觉、自主、道德地选择人工智能和大数据，解决阻碍美好生活需求的制约要素、根据公民需求深化智能融合发展，成为人工智能时代公民的自觉心理和选择必然。例如，在许多个体都很关注的减肥与健康问题上，存在着追求“苗条身材”与放弃“健康身体”的矛盾痛点。但选择健康大数据对公民个体的身体健康指数进行分析，根据身体生理机能状况进行精细化营养摄取和针对性局部身体训练，能够快速稳定地满足公民个体兼具苗条身材和健康身体的美好生活需求。而这种积极、自觉选择满足美好生活需求的生活方式和社会实践方式往往又有很强的扩散效应，对需求的精准满足足以引起更多公民效仿选择，即利用人工智能和大数据在一定程度上能解决生活痛点、满足美好生活需求。于是，应用人工智能和大数据满足追求美好生活需求很自然地成为人工智能时代的价值原则，被人们广泛纳入生活领域的方方面面。

二、人工智能时代公民道德选择的价值导向

如果说道德选择的价值原则规定了公民在面临道德选择时应该怎么做的选择性质与特定价值性质范围内的价值大小区分的话，那么道德选择的价值导向就是通过对公民道德选择的价值原则践行设置一定价值目标来吸引和引导公民作出道德选择从而实现价值旨归，即解决为什么要这样选择的问题。价值导向是一种价值目标的引力化活动，是“一定社会或阶级为了实现其政治经济目的，依据其价值观念和价值原则的要求，所形成的总的指导思想和所提倡的社会生活的总体指向”①。是“社会通过理论、路线、方针政策的宣传和教育等手段对个人、集体的价值取向的引导、示范和要求，通常是由社会群体或整个社会来履行这样的职责”②。由此可见，价值导向是调整社会价值观的杠杆，或者说就是社会核心价值观，其重视的是整个社会的共同价值诉求，发挥作用的方式是通过一定程度的价值引领来调控人们的道德选择，即用理性将非理性的价值取向和目标规制起来，用各种价值规范将各种失范约束起来，用秩序将无序控制起来，进而使人的生存状态更加完善和富美、社会更加和谐和稳定、生活更加丰富和多彩。人工智能时代公民进行道德选择的价值原则具有三个层面的价值导向：公民遵循自我解放与自由发展的最高价值原则，旨在追求人的自由全面发展，引领公民走向真善美的自由王国；公民遵循解决社会活动痛点的时代价值原则，旨在追求智能科技与人类社会的更深度融合，引领科技理性助力美好生活需求；公民遵循仁、义、礼、智、信等常见价值原则和遵循哪怕有且只有一点善的最低价值原则，旨在追求人与自然和谐相处，引领人工智能时代道德尺度的再度升级。正如价值哲学认为的，“人创造价值的质和量，取决于它自由而全面发展的程度，人享用价值的质和量，也取决于人的自由而全面发展的水平。人生的最终目的则在于不断扩展其自由而全面

---

① 唐凯麟：《伦理学》，高等教育出版社 2001 年版，第 508 页。

② 夏东伟：《思想道德修养》，中国人民大学出版社 2003 年版，第 244 页。

发展的程度"①。再则，由于人工智能时代"中心→边缘"结构社会的加速构建，使得每一个公民无论主观是否愿意，都不得不成为网络空间中的一个节点，全民"在场"的道德选择形态就此形成。而公民社会活动中遇到的绝大多数问题和难题都能够得到高频率、高速度传播，使得复杂问题简单化、抽象问题具体化、个性问题共性化，地球村内的公民都"围绕某一具体的问题，迅速扩展和无限放大的声音所集结起来的是一种力量，并以这种力量推动了政策问题建构"②。当然也包括道德选择中价值导向理论建构。

（一）人的自由全面发展：走向真善美的自由王国

在人工智能时代，人们由不自觉到自觉地选择人工智能和大数据，并把人工智能和大数据融合应用于社会活动的演变和发展过程，以追求人的自由全面发展，并使得人们渐渐走向真善美的自由王国。这是因为，人工智能时代的道德选择价值导向有其时代特色，必然立足于传统的道德选择价值而发展成新的价值导向。即，人们自觉选择把数据化、网络化和智能化的大数据融合于社会活动之中，目的是创造一个更加真实、更加便捷、更加高效、更加清晰、更加和善、更加富美、更加和谐和更加安全的现实世界，以及升级道德尺度，以满足人们的美好生活需求，全力助推人的自由全面发展。实质上客观现实也正是如此，即人们从现实世界的物质生产力和道德生产力实际情况及公民的社会需求出发，利用人工智能和大数据为人们的社会活动提供实现更多的可能性、自由性选择，而这样的选择不能是没有价值属性规定的选择，作为拥有社会关系总和属性的人类主体，不得不通过一定的道德选择以促进人的自由全面发展。同时，追求人的自由全面发展不仅是人的物质需求满足的供给发展，更应该是追求物质文明与精神文明有机统一的发展，即一方面物质丰富；另一方面精神向上向善，有且只有在这种情况下的发展才算是真正自由而全面的发展。为此，人的

① 李连科：《价值哲学引论》，商务印书馆 1999 年版，第 11 页。
② 张康之、向玉琼：《网络空间中的政策问题建构》，《中国社会科学》2015 年第 2 期。

自由全面发展，必然导向人们走向真善美的自由王国。由此可见，这样的道德价值导向是与马克思主义政治经济学理论指向相一致的，马克思通过对旧哲学，当时的国民经济学、资本主义、空想社会主义等学说的批判，形成一个相互联系的整体，通过不断扬弃，消灭劳动异化、革除资本主义的反人性，达到一个“人终于成为自己的社会结合的主人，从而也就成为自然界的主人，成为自身的主人——自由的人”①。即人的自由与自然、社会的真善美相统一的理想状态，也即“社会化了的人，联合起来的生产者，将合理地调节他们和自然之间的物质变换，把它置于它们的共同控制之下，而不让它作为一种盲目的力量来统治自己；靠消耗最少的力量，在最无愧于和最适合于他们的人类本性的条件下来进行这种物质变换”②。同理，人工智能时代人们求真、善、美，求自由、开放和个性的道德选择价值导向与马克思主义者通过扬弃异化劳动和私有制而寻求自然、社会和人自身统一的目标指向是一致的，这样的境界是真理与道义和理欲的最高境界。

1. 求真价值导向是追求个性、开放、负责任和可持续的自由生活使然

这里的求真有真诚、真理两层含义。第一层含义是真诚。真诚是所有时代人们共同的美德，中华传统文化中有忠信仁义美德，现代化社会有真诚守信之美德。真诚、诚信的道德基因在数千年的文化传承活动中已深深刻入中华儿女的骨血，代代延续。中国人始终讲究“始有真诚之心，方行信义之事”“人无信不立，业无信不兴，商无信不旺，政无信不威”的诫言，并代代相传。由于人工智能时代交往具有虚拟性，人们更热衷于拓展与更多“陌生人”社会打交道的机会，故很容易陷入失真失信的误区里。因此，人工智能时代更需要选择真诚和诚信，更需要求真的道德选择价值导向。第二层含义是真理。众所周知，认识真理、把握真理、运用真理，才能更好地为人的自由全面发展服务。吕耀怀（2011）在其《科技伦理：真与善的价值融合》一文中认为：“科学技术的真，是指科学技术作为一种知识体系，它反映了客观事物的本质和规律性，而一旦人们在思想上把

① 《马克思恩格斯选集》第3卷，人民出版社2012年版，第817页。

② 《马克思恩格斯全集》第46卷，人民出版社2003年版，第928－929页。

握了客观事物的本质和规律性，人们就可以改变外部现实或再造现实，即使思想中的存在变为客观真实的现实存在”①。人工智能和大数据技术作为科学技术的最新发展，能将实体物能及实体物之间的关系数据等转换为信息，并能从信息中提炼为助力人类改造世界的知识，必然人工智能和大数据具有真理价值属性。由此可见，真理价值导向，旨在追求“质”的客观真实和内在逻辑结构，“量”的内存规定性和“度”的内在逻辑结构关系等内涵。为此，选择人工智能和大数据进行融合发展应用，必须厘清社会活动中人事物的现象与本质差异、划清假象与真相界限、梳理本体与联系之间的关系，以达到去伪存真、披沙拣金、革旧维新从而实现预期目标和目的。而这种追求客观真实性、内在逻辑性和规定性的求真过程，实质上是在追求公民本真个性的过程，也是在倡导和彰显开放、负责任和可持续的自由生活的过程。

公民追求个性、开放、负责任和可持续发展的生活方式，必然要求公民道德选择的价值导向是求真。例如，贵州省某县某果园，出于提升产品安全品质保障、可持续发展和协调水果供求平衡考虑，选择运用人工智能和大数据使之融合于果园栽培、管理和销售全过程，在果园里安装了现代传感器、监控终端等设备，时刻对整个果园的“天空地人”进行数据搜集，构建起了“数据化果园”，并把果园的某些特定的留迹记录数据进行公开化、透明化，让消费者随时随地可以突破传统的时空距离屏障，通过溯源技术查看产品的安全性和生产全过程见证客观真相，获得放心消费、安全消费和健康消费的心理需求满足。可见，该果园把人工智能和大数据融合应用于放心供给、安全消费的举措，实质上是公民通过人工智能和大数据融合发展追求个性、开放、负责任和可持续的自由生活同时，彰显出了求真的价值导向。而这样的道德选择行为路径和方法是在消解果园生产和消费环节上的求真和信任“痛点”，提供给消费者一个好的、美的、健康的、安全的、放心的消费渠道和消费产品，实现了消费者和生产者的

① 吕耀怀：《科技伦理：真与善的价值融合》，《道德与文明》2011年第1期，第31页。

“双赢”。由此可见，在过去的社会中，说负责任的话、做负责任的事、当负责任的人是每个人的立身之本，然而论证是否负责、是否真诚往往需要用时间来证明。而果园的实例充分说明人工智能时代完全可以以数据溯源的方式清楚、直接又快速地验证以往不能验证、不好验证的问题。即，能利用智能化的机器和网络空间优势解决以往社会中的人们在追求真相上的无奈，时刻保障人的社会活动满足个性、开放、负责任和可持续的发展。正如实例中的产品供给和服务方式，彰显了其健康、安全、真诚、诚信的道德行为，满足了消费者对美好生活的需求，流露出社会求真的价值导向，构建起了一定范围和领域里的人真诚、开放、负责任和可持续发展的生活方式。齐泽克在借助莱布尼茨的单子本体论阐述数据空间时说：“赛博空间的主体正如一个个单子：一方面，我们通过人机互动，遭遇到的仅仅是虚拟的仿像（simulacrum）；另一方面，却前所未有地沉浸于全球网络中，与世界进行交流”①。人工智能时代的数据化、开放性正把世界万事万物联结起来，并使具有不同宗教信仰、价值观念、风俗习惯和生活方式的人的一切数据在全球范围内得以融汇、开放与合作，进而深刻地推动了世界经济文化大发展和供求市场在求真基础上的深度大开放、大重组，从而使得人工智能时代的交流与合作以数据形式得以迅速全球化和规范化，而公民也在这样的自由全面发展机会中渐渐走向了真善美的自由王国生活。

2. 求善价值导向是追求友善、平等、多元化和共同体的自由生活使然

如果说求真是科技活动的本质，那么求善则是科技活动所达成的结果的性质状态。求善的价值导向，一般要求主体有真德行，还要求主体有对他人的多元化真包容和人格平等对待的真涵养等行为结果的善性。特别是在人工智能时代，科技的进步在一定意义上凝聚了人类的一些智慧和历史财富精华，以前所未有又无可替代的力量作用于人类文明的进步发展过程，其中包含善的价值确立和引导作用。② 即，通过人工智能和大数据与人类社会的融合应用，借助于数据化、智能化手段，以机器延伸人的劳动器官，

① 何李新：《齐泽克的赛博空间批判》，《外国文学》2014 年第 2 期，第 139 页。

② 张之沧：《论科学的道德寓意》，《沈阳师范学院学报》2007 年第 6 期。

把人从重体力劳动、恶劣环境劳动中解放出来，为人类提供安全、和谐、有序的生产生活环境，使人们能够根据自己的意愿更加平等、更加自由地参与劳动，既消解源于就业环境差异的职业歧视，又进一步促进和保障人与人之间的友善与平等，这就是善的价值确立过程和价值导向过程。由此可见，求善的价值导向是对求真的价值导向的升级，是把科技认识和科技实践从关心“客体是什么”，以及认清客观规律与本质是什么的层面，上升到了关注主体需要、主体情感、主体意愿、主体目的的高度，实现“求真”与“扬善”的统一。① 然而，善的价值当然不可能自己实现，在新的时代必然有新的需求，以及新的应对方法、应对方式。人工智能时代的人们需要“存在一套系统，它不属于任何人或公司，由多数人共同维护和控制，可以免费地帮我们记录资产和交易，而且从来不会犯错，也无法被攻击。这个系统就是区块链”②。区块链技术正是基于交易需求产生的、应用越来越广泛、越来越深刻的求善技术。也就是“在用价值互联网彰显信息互联网的内涵，进而提升数据理性化程度：一方面，所有数据嵌入区块链技术，即数据以‘块状’结构加上时间戳（time stamp）链接起来且块数据均渗入密码学对其哈希（Hash）设置保护，可见数据来源可追溯不可篡改且还是分布式存储，这就大大消解了个体数据隐私等非理性化现象风险；另一方面，区块链去中心化特性切断了错误验证中多个节点同时达成哈希共识的可能，从而最大程度以监视、管理、记录数据流通、交易全过程来保障个体数据的理性价值实现。可见对区块链的便捷、流动、互认特征和标尺进一步推广应用，对重构线上和线下的社会价值信用体系有益，且也能通过广泛共识和价值分享，升级人类社会在信息文明时代新的价值度量衡，以及诚信体系、价值体系、秩序规则体系”③。区块链技术把大数据与金融等领域发展相融合，利用签名技术、时间戳（time stamp）技术、密码

---

① 杨怀中：《现代科学技术的伦理反思》，高等教育出版社 2013 年版，第 160－161 页。

② 2017 中国国际大数据产业博览会：《区块链将如何改变世界》，《数博会前沿》2017 年 4 月 5 日。

③ 潘建红、潘军：《大数据时代个体数据理性化悖论与消解》，《甘肃社会科学》2018 年第 2 期。

学技术，以及哈希（Hash）等，赋予数据智能水平，实现数据的安全保障、友善保障、平等保障，实质上是在技术层面创新实现社会活动的求善价值，引导人们能够在社会活动中始终遵循善的价值引导，从而使得行为更友善一些、人格更平等一些、包容性更大一些。可以预见，“在区块链的不断完善与技术应用下，互联网的发展将构建成信息互联网、价值互联网和秩序互联网为一体的理性化大数据时代。信息互联网让人与人之间的沟通建立在信息对称的前提下，从而杜绝信息不对称引发非理性活动；价值互联网以区块链的时间戳和签名技术跟踪监督数据产生、搜集、储存、管理、交换和分析应用全过程，确保大数据价值客观真实性及其研发与应用符合以人为本、以人为贵的价值原则与旨归；秩序互联网以区块链可追溯不可篡改且去中心化和分布式储存等技术创新社会组织方式、治理体系、运行规则，为人们的社会活动有序进行拓展了新的可靠路径”①。同样还可预见，在人工智能和大数据与人类社会的深度融合应用进程中，人工智能和大数据将在人们的交流、交际、交易、交换等领域，逐渐扩大求善的社会价值导向，提供友善、平等、多元化的环境条件，规范供人们践行遵循的价值标准，也将实现科技活动的根本目的和真正价值。

3. 求美价值导向是追求富美、敬业、正义和向上向善的自由生活使然

求美的价值导向，关键在于引导人们认识美、践行美、发扬美、挖掘美。科学技术追求和体现理性的美，既符合客观世界规律又满足人为设置标准尺度的需求美；同时，求美的信念和动力引导科技创新和科技进步。正如有“科学家研究自然（nature），并非因为这样做有用处。他研究它因为他从中得到乐趣；而他之所以从中得到乐趣，那是因为它美”②。正因为如此，“科学理论的合理性要从它的审美价值中去寻找，并用它来断定科学方法的合理性。因为没有规律的事实是不会有什么价值的，而没有理论的规律顶多有一点实际用处；我们看到支配科学人员的动机，从一开始，

① 潘建红、潘军：《大数据时代个体数据理性化悖论与消解》，《甘肃社会科学》2018 年第 2 期。

② ［美］S. Chandrasekhar：《科学中的美和对美的追求》，方兆炷译，《世界科学译刊》1980 年第 8 期。

就体现为审美的冲动……”①

关于什么是美，首先，从字面上看，“羊大为美”即是标准。货币出现以前，羊之所以能够作为一般等价物出现在人们的生产生活中，也许既有羊是胆小和善良的动物（象征善），又有羊是古时候人们生活必需品和生产资料（象征财），所以可以猜测人民币的货币符号“￥”应当不是巧合的缘由。进入新时代后，我国社会的主要矛盾发生了变化，单纯物质的富足已经不能够满足人民日益增长的美好生活需要，对“羊多”的需求还要求解决物质与精神发展不平衡不充分的矛盾，要求同步的发展中有同样的富有、富足、富裕、富强和富美。其次，美要解决好比例问题。正如海森堡指出的，美是各个部分与部分之间、各个部分与整体之间等恰到好处的状态保持和协调一致性。②公元前6世纪，古希腊著名哲学家、数学家毕达哥拉斯发现了黄金律，随后黄金分割之美被用于医学、人体美学等各个领域。黄金律、黄金分割点讲求保持一定的比例，即便是穷困不已、三餐难以为继的时代，人类的道德价值观也从未把追求物质作为人生活的全部目标，饱暖只是基础，在饱暖之上，还有更多的价值追求。例如，恩格尔系数通过对食品支出总额占家庭消费支出总额比重的分析，判断一个国家是贫穷、温饱、小康还是富裕。沙利文（1980）认为科学理论必须符合美的价值，“对一个科学理论成就的估量其实就是对它的审美价值的估量，因为它是对所谓混沌以前就有的和谐程度的一种估量”③。在这里，和谐即为美；此外，杨怀中（2013）认为：“美是在真与善的基础上更高的要求，从人类理性与情感的契合”④。尤其是社会发展到了人们的物质生活需求得到满足的新时代，人们对法治政府、公平公正的社会环境的期待和需求更高，这是人们对美的社会的期待；当然，对美的个体也存在需求，从黄金分割定律来看，就是要办事讲尺度、言行讲规矩，敬业、健康、本分、老

---

①② ［美］S. Chandrasekhar：《科学中的美和对美的追求》，方兆烓译，《世界科学译刊》1980年第8期。

③ ［美］S. Chandrasekhar：《科学中的美和对美的追求》，方兆烓译，《世界科学译刊》1980年第8期，第47页。

④ 杨怀中：《现代科学技术的伦理反思》，高等教育出版社2013年版，第162页。

实、灵活、机敏。人工智能时代求美的价值准则，就是人们选择把人工智能和大数据融合在社会生活各个方面的发展中，让数据化的产品与服务与社会活动对接、交融，挖掘潜在价值，为人们提供美的感受。以健康大数据为例，通过把人工智能和大数据应用于人体，通过机器穿戴等对人体健康指标进行24小时全天候的全面监测，综合分析人体健康状态，预测健康隐患、有针对性地指导人的养生保健、预防和治疗，能够最大限度降低人的患病率、以最快的速度对已患病症进行治疗康复，满足人对健康之美的需求。

但要注意的是，美的不一定是善的，也不一定是真的，且真的、善的也不一定是美的。这就需要透过现象看本质，要让善展示着美，美蕴藏着善，要让真成为美的真，美成为真的美，也要让善成为真的善，真成为善的真，还要努力坚持人工智能时代的道德选择价值导向成为真、善、美的辩证统一体，彰显出真的本质特征、善的价值属性、美的内涵品质，让美成为真理的光辉，让科学的理性真展示、真显现，且蕴藏着善的价值属性和真的本质特性。

（二）人与社会智能融合：科技理性助力美好生活

在人工智能时代，公民与社会的关系发生了天翻地覆的变化，特别是社会运行方式方面出现了新情况：受大数据全息性、脱域性和去中心化影响，社会出现科技理性助力美好生活的客观现实，即生活智能化和智能生活化。生活智能化，或者公民生活智能化，指公民生活被全方位地以“大数据+”“互联网+”构建为数字社会，即实现了“万物数化—万物互联—万物智能”。传统社会公民生活是以地域和制度来进行“中心→边缘”划分且进行规范管理的，然而人工智能时代，受数据传播无中心主义和高频互动无地界制约，以及在虚拟世界中“处处是现场”场景的影响，社会正彻底地朝着去中心化的趋势发展，公民个体成为中心，处处以网络形式实现“亲临现场”，不分时间空间的高频互动。甚至公民的思想与情感、价值观都去中心化，并以智能化的社会活动方式思考和实践。如价值观，不再以某地域性、地方性的民俗价值观为唯一价值导向，而拓展从人工智能和大数据视角，在全息性的数据中搜集公民个性的价值观数据，以数据驱动的方式汇聚“人类命运共同体”价值共识。智能生活化，指智能技术大众化、生活化，也就是网络空间的社会，能对公民生活的方方面面进行制约和影响。传统社会中，人们只能依靠实体物能进行社会活动和满足人们的社会活动需求；而人工智能时代，人们拓展至不仅依靠实体物能，还依靠实体物之间的关系数据进行社会活动和满足人们的社会活动需求，且这些活动不再是人自身来处理，往往将大量的体力劳动和一些重复劳动等交给了人仿照自己创造的机器来完成——人工智能。即，人从一些劳动中解放出来，实现了美好生活需求，同时也实现了智能生活化。由此可见，人工智能时代生活智能化、智能生活化，彰显的是一种创新性、协调性、开放性、共享性和绿色性的道德选择价值导向，即创新的价值导向、协调的价值导向、绿色的价值导向、开放的价值导向和共享的价值导向。

1. 创新的价值导向是人与社会智能融合的现实需要

人工智能时代，人与社会智能融合，使得生活智能化、智能生活化，而两化的背后隐藏着这样的创新范式——“朴素式创新”与“精准式创新”。一方面，创新的短期目标是获取经济价值，或者说是为全面夯实经济基础；另一方面，创新的最终目的是满足人民美好生活需求。也就是说，朴素式创新，是在资源缺失、成本低廉和消费者购买不足的前提下，即没有条件创新而又必须创造一定条件，为保障社会必要的产品有其基本功能而放弃丰富的功能创造所进行的廉价、耐用产品创造，如一些单一功能产品；① 精准创新，主要是公民个体个性需求下，激发起来的产业生态链，包括政治、经济、文化、教育、生态等各个领域深度融合人工智能和大数据应用而进行的发展创新，如 AI、无人驾驶、智慧物流、智慧城市等项目建设创新。这些都是人与社会智能融合的现实需求所致，是人工智能时代公民追求美好生活所致。当然，这种生活智能化、智能生活化的智能时代，

① Kuo A. *Creating Social Value through Frugal Innovation*, Entrepreneurship in Asia: Social Enterprise. Network and Grassroots Case Studies, 2015, pp. 53 – 70。

反过来也遵循创新的价值导向，并指引公民生活智能化。特别是在道德教育或现代思想政治教育领域，同样也遵循这样的价值导向，其教育的主客体都在通过“智能终端”进行教育过程的朴素创新，如多媒体教学、远程网课等；同时，教育内容、教育范式、教育路径，以及教育主体都在向“智慧教育”转移，使得教育大数据更加精准地发现和掌握教育主客体的心理、需求和新动态，更加精准和及时地发现教育过程的不足、个性化和规律，甚至是智能地实现教育优化，使得精准创新成为时代发展的价值导向。例如，在道德选择方面，传统社会的道德选择主要依据道德信念、道德知识和道德情感等一系列的事关道德教育的效用，而人工智能时代，往往拓展为以搜集涉及选择活动中的所有人事物数据，进行行为和事态预测分析，从中找到平衡各种利益的选择方案，且在无任何恶的前提下对向上向善的选择方案进行价值排序后，选择其最大化的无恶价值性质的道德选择。这是传统社会难以办到的数智道德选择，也就是精准创新导向下的道德选择。

2. 协调的价值导向是人与社会智能融合的内在必然

人工智能时代，人与社会智能融合使得两化过程中隐藏着是否可协调发展的大智慧。为此，公民在人工智能时代进行道德选择中不得不考虑其道德选择是否考虑周全，是否坚持了公平、公正原则和差异原则等。因此，如何实现更加均衡、可持续发展的思考与研究，成为新时代公民道德选择的重要研究课题。一方面，人与社会智能融合的内在必然性要求公民道德选择必须尽早建立协调的价值导向；另一方面，为保障道德选择的可持续发展而要求公民道德选择必须时刻遵循协调的价值导向。前者，人与社会智能融合方面，其实质上要求公民数据信息开放与共享，而实际中，消除保守、不适宜和冲突的数据安全保护，与数据开放与共享之间客观地形成了巨大鸿沟。如何克服是人与社会智能融合必须面对的挑战与智慧，即内在必然性导致需要协调价值导向。后者，在人与社会智能融合已有一定规模和成绩的当下，要防止任何非法组织的非道义侵占和干预，从而更要用协调性的价值导向加以调整，即巩固已经建立起来的人与社会的生活智能化和智能生活化等现状。总而言之，公民与社会智能融合都需要排除无意义的非可协调性选择而做出有意义的可协调性选择。道德选择的目标与意义是寻求发展且是可持续发展；数智道德选择也是要实现全面、可持续发展，所以公民更得选择更好的且具有协调属性价值导向的选择。因为只有这样，才能对选择中的矛盾和冲突作出回应，也才能将非道德选择排除在道德选择方案之外，从而做出更好的道德选择实践。

3. 绿色的价值导向是人与社会智能融合的基本诉求

党的二十大提出，“推动绿色发展，促进人与自然和谐共生”①。推动绿色发展，首先就要“加快发展方式绿色转型”②，特别是在人工智能时代，人与社会智能融合，除了要求融合有可能和能可行外，还得考虑其智能融合是节约型和环境友好型的生活智能化和智能生活化，而不是高能耗、高污染的粗放型生活智能化和智能生活化。为此，人与社会的智能融合必然要抵制粗放型人与社会融合模式，并诉求节约型和环境友好型的人与社会智能融合模式。可见，低能耗、低排放、低污染的节约型和环境友好型的绿色的人与社会关系，是人工智能时代人与社会融合发展最基本的诉求。在传统社会，人们的社会活动往往只能选择物能来助力实现这样的需求，而物能的提取、转换与应用往往是粗放型的高能耗、高污染和低循环利用状况，如Shakey首台被设计成能够完全自动化运转的机器人。机器人是由若干传感器、机动轮和线缆组合而成的十分庞大的电子设备集合体，其能源消耗不言而喻；③ 而人工智能时代，人们的社会活动选择方式更注重实体物与实体物之间的数据，以数据来提取信息再提取成知识，或者以数据来驱动人造实体物，来搜集数据或释放物能，其过程比小数据时代更加精细化、自动化和资源节约化，其能量消耗也降低了许多，可循环利用率也大大提高了许多。

此外，绿色生态还包括需求与满足需求行为的理性化、精准化。除上述道德选择的现实选择工具是绿色和理性外，人工智能时代还需要道德选择中注意选择其目标价值性质也是节约型和环境友好的道德价值，这既是人与社会关系的基本诉求，也是人与社会关系应当遵守的规则。例如，勤

①② 《党的二十大报告辅导读本》，人民出版社2022年版，第45页。

③ ［美］约翰·马尔科夫：《与机器人共舞》，郭雪译，浙江人民出版社2015年版，第2页。

俭节约的理欲行为，是任何时代都需要的行为，也是任何时代的任何时候都应当倡导和遵循的行为。因为任何科技的进步，对于自然资源质与量来说，只能解决利用率低的瓶颈，难以解决资源再生的难题。所以面对人工智能时代及未来的超人工智能时代，公民同样需要绿色的价值导向，也应当遵循绿色的价值理念来引导实践发展，特别是要贯穿于人与社会的智能融合发展之中。例如，消费大数据，供应商可以实现精准供应，对于贪婪和奢靡的消费需求就应当友好提示，甚至是做出拒绝供应的行为。

4. 开放的价值导向是人与社会智能融合的升级捷径

人工智能时代的人与社会智能融合，最为核心和最为关键的问题就是数据开放，否则人工智能时代也不能因此而得名且人与社会也无法实现智能融合（当然可能是物能方式的融合或者别的方式的融合）。智能融合，基础是万物数据化，数据万物化后，才得以用数据这一种共识编码进行链接。尽管在人与社会智能融合中，每一个公民参与其中进行数据开放与共享，一定会涉及个体隐私数据的安全，但人工智能时代没有足够多的数据，特别是没有关于人的数据，那就不可能形成价值数据智能体，不可能形成大数据的爆发功能，更不可能与人的社会活动联动、联系、连接起来。可见，大数据一定是关于人的数据，否则没有关于人的数据，大数据时代、人工智能时代还是超人工智能时代，都将一样视其数据是一堆垃圾且是烦人的巨量垃圾。诚然，大数据不可避免地会涉及公民个体隐私，是人工智能时代的新情况和新问题，需要施以“科技伦理＋N 技术措施”等方法治理①，但绝不能因为有安全可能性而不开放与共享数据，或者用假数据充数。若真是这样，那整个社会的诚信体系将不稳定或者将会崩溃，人们的生活将是一个可怕的“闭关”社会。为此，在人工智能时代，数据开放的价值导向是促进人与社会得以智能融合，同时公民也需要遵循开放的价值理念指导数据开放中的道德选择。

大数据不仅是关于人的大数据，大数据也是为了人的大数据。以数据

---

① 潘军、罗用能：《勒索病毒事件的科技伦理隐忧与消解》，《长沙理工大学学报》（社会科学版）2018 年第 3 期。

作为一种共识编码，进行人与社会的链接其终极价值是解决社会中的信息不对称问题，提高人的美好生活需求。即，数据开放的价值导向，是引导公民在人工智能时代得到应有的实惠与真正的利益及真正的尊重。质言之，就是公民在道德选择过程中，为了不能以任何形式和理由侵占任何其他公民的合法利益与侵犯人格尊严，就应当运用好人与社会的智能融合之契机，对公民的真正合法利益真正从公民的实际生存与发展的需要出发，做到真正数据保护和智能保护。即，通过开放数据来计算、预测涉及选择活动范围内的人事物动态，才能真正把握它们的运动规律与行为趋向，从而形成数据保护和智能保护。当然这种真正的数据保护和智能保护，一定是在人与社会智能融合下融合了政治、经济、文化、生态等整体性社会生态方方面面的数据保护和智能保护，一定是整体性融合历史、现实和未来发展历程的数据保护和智能保护，一定是依靠人与科技的力量量力而行和尽力而为的数据保护和智能保护，一定是透过现象看本质的内在性的数据保护和智能保护，一定是保障选择道德价值且是无恶的道德选择的数据保护和智能保护。由此可见，数据开放的价值导向，要求在道德选择中公民以其真正利益的把握与落实为活动目标，而且还必须树立和坚持以人为本、以人为贵的人本主义思想和立场，并坚持追求实事求是的原则和行动实践来追求美好生活。

5. 共享的价值导向是人与社会智能融合的本质使然

人与社会融合的意义与价值，与自然界中除人以外的其他动物和植物与社会的融合的意义与价值，是有着根本性区别的。这不仅是因为人具有主观能动性的缘故，更是因为人的这种主观能动性能建造被建造者（如AI），而且还因为被建造者能再建造建造者，以及循环建造，进而能作用于实践分清善与恶，厘清小善与大善的缘故。可见，人与社会的智能融合，实质上是在人与人、人与人的建造者、人的建造者与人的建造者、人的建造者与人的建造者再建造者，以及循环建造主体之间，在道德选择过程中寻找与追求更加精准、更加智能的事关所有公民最大道德价值红利的选择方案；同时，这样寻找与追求最大道德价值红利选择方案的过程，目的就是将这种最大道德价值红利让渡给更广泛的公民共享。这是公民追求最大道德价值红利的内在本质需要使然，也是公民持续享用最大道德价值红利应当自觉遵循共享的价值导向功能的选择使然。

共享的价值导向，除了要求公民个体的信息数据要按一定规则进行开放，以及让公民依照一定合理、合法程序共享以外，还要求全人类社会中的共建共享共治成为共生存、共劳动、共规范、共命运的命运共同体选择系统，即全人类命运共同体系统。首先，要求尊重每一位公民的存在价值，特别是生命价值，没有每一位公民的信息开放，也就不可能有关于每一位公民的数据来共享；其次，要尊重公民群体的价值，没有让公民群体拥有数据共享价值，群体价值也就难以维持，群体价值不单是由公民个体价值组合而成，而是比个体价值更具有爆发功能的价值；最后，要尊重公民之间、公民群体之间和公民与群体之间的共享价值，这是数智时代人与社会智能融合中必须重视的领域，否则将会无序融合，这就要求共建共享共治人类命运共同体。第一，共生存，珍惜人类只有一个地球，也珍惜人的生命只有一次，将生命价值与生存资源放在较高的位置，只能按照有限的人的生命需要摄取，不能过度开发和贪婪享乐；第二，共劳动，共同遵循人的社会本质是自由劳动，不能不劳而获，但劳动没有贵贱之分；第三，共规范，即遵循一样的法律制度和价值观；第四，共命运，指同呼吸、共进退，共荣辱，一损俱损，一荣俱荣。

（三）人与自然和谐相处：新时代道德尺度再升华

在人工智能时代公民选择社会活动不仅要考虑人与人、人与社会之间的关系，更要考虑人与自然环境的关系。一方面，人不能离开自然环境而独立存在，人与自然环境的关系既是依赖关系、主客体关系，更是“同一”和“统一”于自然这个整体的“天人合一”关系和“人与自然辩证统一”关系；另一方面，自然资源是有限的，不能满足人的无限需求，只能顺应自然而动。即，以满足人们的理性需求为限，否则，自然的力量便会对抗人的力量，影响自然的生命期和人的生命质量。正如马克思认为的，自然具有先导地位，人来源于自然也应得顺应自然和服从自然，但这种顺应与服从不是被动接受而是能动地通过劳动实践认识与改造自然。为此，人与自然环境的关系必然有一定的和谐相处之尺度，且人工智能时代的新的道德必须符合这种尺度；同时，还得以此尺度为准绳分层级、分阶段地倡导全社会公民思考并践行。

1. 可持续发展的价值导向是人与自然和谐相处的共同演进活力

纵观人类历史，是人对自然不断加深认识的过程史，也是人对自然不断强化改造的过程史，这种不断的认识与改造过程，既是人与自然相处中的博弈与演进，也是人与自然共同追求可持续发展的协调与契合。由此可见，这里有一种东西在平衡着人与自然不断的发展，牵引和规范着人与自然的演进，那就是人与自然和谐相处的道德伦理尺度。如果这种尺度不复存在，那人与自然的发展就会出现各自为政的乱象，人与自然的演进结果将不可想象。诚然，人与自然和谐相处的道德尺度，不是简单地将人与人、人与社会相处的道德伦理照搬和照用在人与自然的相处过程中，而应当遵循人与自然的客观实际，历史性谱写出人与自然环境的可持续发展之道德尺度。有学者认为，“我们需要抛弃陈旧的人类中心主义思维模式，超越了现有的生态伦理范式，将伦理关怀推广到自然和其他生物，将公平正义、权利义务拓展到自然系统，倡导既要对人讲生态伦理、也要对自然和其他生物讲生态伦理”①。即，人工智能时代人与自然和谐相处的更进一步演进，同样也需要将人与自然和谐相处的客观道德尺度提炼、传承、发展和升华，需要一种超越具体道德尺度的可持续发展的价值导向来引领和规范人与自然和谐相处的道德尺度升级与转型。同时，可持续发展的价值导向也引领和规范着公民在社会活动中考虑人与自然的关系而智慧作出可持续的道德选择。即人与自然的可持续关系，是指人与自然环境可以且便能更为长久地存在于宇宙之间，同时还能保障向着良性互动的方向发展演进。也就是说，人与自然环境应当永远是有机统一体，而不是对立体，人永远是自然中的一个特殊种类，自然也永远包容人存在其中且维护好这个整体

① 孙全胜：《马克思主义生态自然观的“天人合一”之境》，《华北电力大学学报》（社会科学版）2016 年第 1 期，第 92 页。

概念。质言之，人作为一种特殊种类能永续生存于自然之中且能依赖依存于自然整体而得以存在和发展下去，即人要遵循包括人在内的自然运行之道。在人工智能时代，这种可持续的价值导向，是人与自然和谐相处的良性演进诉求，是指导公民选择社会实践活动的价值导向，更是人与自然和谐共生与永生的道。因为人工智能时代的人与自然关系，以数据化形式表现，不管是人对自然数据的敏感度，还是自然对人的数据感受力，都能及时、精准地通过数据反映出来并得到融通。如气象大数据，人能通过自然气象变化的数据，预测天气气候变化的规律和某个时点气候的可能状况；同时，自然气象也能“接受”到来自人类的生产生活数据的干预与影响，变成“极化天气”，如洪水灾害、地质灾害。

2. 生态共同体的价值导向是人与自然和谐相处的共同发展引擎

在历史的人与自然共同演进过程中，受人与自然“相互具有”“敏感的感受力”存在的影响，其共同演进过程则向着共同性质的发展方向发展，即人与自然不得不紧密合作，形成生态共同体的发展格局。因为人与自然的任何一方不按可持续发展的价值导向行事和运行，人与自然的演进就会饱受灾害之苦，会偏离可持续发展的方向，甚至人与自然的生命期也受到十分严峻的考验和挑战。为此，人与自然和谐相处的可持续发展性质要求人与自然必然形成命运共同体等生态共同体，使得自然界中的各类动植物同进退、共命运。生态共同体，一方面指人与自然是共同主体，否则简单、单纯地以人为唯一主体的共同体，必然会遭受一些人的“类”的自私本质遮蔽而影响，这是哲学意义上的同一性，地位相同，只是社会分工不同；另一方面指所有共同体主体在其发展方向、发展性质和发展周期等事宜上具有一致性和统一性，即有荣辱与共、生死同在的韵味，既表现出中国传统文化认为的“天人合一”内涵与实质的统一性及形式的统一性，又表现出西方哲学的“人是万物的尺度”的形式统一性。由此可见，生态共同体强调人与自然界中其他生命具有相通性，人成了自然要素之一①；

① 卢艳芹、彭福扬：《人与自然命运共同体论析》，《理论月刊》2017 年第 6 期。

同时，人与自然彼此同大、齐同均等、互不相胜，且人与自然是相合一的，“一”就是自然①。人工智能时代一样，需要人与自然的和谐相处的发展性质具有统一性和各主体之间具有同一性，即需要构建生态共同体；同时，也需要在社会活动中以生态共同体作为价值导向来指导打造和选择更有利于人与自然和谐相处的社会条件与社会活动。

三、人工智能时代公民道德选择能力的培养的现实诉求

诉求，“诉”是向上而说和对外而说，也可理解为是找到管用的地方或机构去说，“求”就是想要的内在的需求。合意为陈诉、请求之需要，也有追求需要和要求之意。与需求区别于“诉”，所以诉求之“诉”一定有诉之理，往往是必需、刚需和急需，是能说得出来的可公开又急切的需求，既是现实诉求、价值诉求，也可能是最基本的生存方面的必备诉求。由此可见，从人的生存条件和发展趋向来看，有生存权诉求、自由解放诉求，有生活权利诉求，还有利益诉求、追求美好诉求和追求发展的诉求等；同时，这些具有可诉之理的诉求，表现出有一定合理性、可能性、价值性、社会性和契约性等特征，是可以选择和优化并尽最大努力后而能够获得支持、认可、满足和肯定的必要诉求。所以，诉求不光是关系到社会制度和社会文化等层面的包容性建设问题，还关系到道德选择活动应当如何“诉”和如何“获”的问题，即现实诉求。现实诉求，往往就表现在当下，客观存在着的诉求；与现实诉求对应的诉求是理想诉求，具有中、长期特征，往往表现为较高级的发展诉求。从马克思主义的诉求理论来看，人的最高理想诉求是自由全面发展的诉求；从马斯洛需求层次理论来看，人的最高理想诉求是自我价值实现的诉求。而综观所有诉求理论，人最为核心和最为根本的现实诉求是生存诉求和利益诉求，这是生命存在的需要使然。因此，马克思曾精辟地指出：“的确，英国在印度斯坦造成社会革命完全是

① 朱喆：《天人关系与生态智慧：先秦道家与西方哲人之有关思想比较》，《武汉水利电力大学学报》（社会科学版）2000 年第 6 期。

受极卑鄙的利益所驱使，而且谋取这些利益的方式也很愚蠢。但是问题不在这里。问题在于，如果亚洲的社会状态没有一个根本的革命，人类能不能实现自己的使命？如果不能，那么，英国不管犯下多少罪行，它造成这个革命毕竟是充当了历史的不自觉的工具。总之，无论一个古老世界崩溃的情景对我们个人的感情来说是怎样难过，但是从历史观点来看，我们有权同歌德一起高唱：‘我们何必因这痛苦而伤心，既然它带给我们更多欢乐？难道不是有千千万万生灵曾经被帖木儿的统治吞没？’”① 很显然，马克思承认世界历史所浓缩着社会发展方向，体现出人类的价值诉求、利益诉求。正如马克思所说的，“‘思想’一旦离开‘利益’，就一定会使自己出丑”②。这就是说人的思想、行为乃至思维逻辑，都是立足于一定生存利益基础之上的。公民的道德选择当然也不例外，其既建立在经济社会发展程度的现实基础之上，又围绕着自身利益需要而作出。即，人工智能时代公民道德选择能力的培养，与传统社会公民道德选择能力的培养有一定的联系又有一定的区别，联系是都能作为追求选择的可能性和道德价值范畴的可能性方案；不同的是人工智能时代应当代公民诉求创造性地开启了传统社会无法实现的选择可能性方案——人工智能和大数据能识别一定程度的大善与小善，能将道德选择能力推向了精细化培养阶段，将道德选择拓展为数智道德选择，能实现人为的道德选择向机器数智道德选择迈进，能够解放人的一些劳动，并彰显道德选择能力智能化发展方向。

（一）拓展公民更多选择：转变非善即恶的选择空间

传统的道德选择，一般来说是在避恶向善的价值观引领和指导下，在可以选择的若干可能性之中，逐一判断道德可能性行为价值，并根据道德价值判断结果选择一种符合自身道德价值观和现实诉求的善的、好的、对的可能性行为并付诸实施。这样的选择结果往往被认为要么是善的，要么就是恶的，几乎不存在其他价值的选择结果。

---

① 《马克思恩格斯选集》第 1 卷，人民出版社 2012 年版，第 854 - 855 页。

② 《马克思恩格斯文集》第 1 卷，人民出版社 2009 年版，第 286 页。

例如，2015年5月3日曝光的一个视频，其道德价值判断就出现了曲折的历程。最初被报道的事件内容是在成都市娇子立交处发生一名女司机卢某因违章超车，被超车一伙将她拖出车辆、当街暴打，35秒内4次被踢中脸部。视频公开后，出于传统道德观和传统道德价值诉求对女性“弱势”群体的怜悯，社会舆论一面倒地谴责男司机张某。但是，随着事件的发展、发酵，第二天当事男司机张某公开了行车记录仪录下的视频，事件先后始末才算比较完整地展示在公众面前。原来，事发原因竟然是女司机卢某多次突然强行跨越两个车道拐道逼车，严重危及男司机行车安全。于是，社会舆论的矛头又纷纷逆转，指责女司机肆意、随意行车活该被打，并利用网络将其“人肉”，公开了她的个人信息、父亲工作情况、开房记录及时间、名下车辆共46次违章未处理，以及曾经的不道德行为等。客观地了解完事件全貌后不难发现，之所以出现剧情反转、舆论倒向和过度网评等情况，以及反复出现非理性行为，是源于人们习惯上的道德价值诉求，只要求且也只能是非善即恶、非黑即白的二元结构的道德选择理念，即是传统道德价值诉求不具备信息对称性条件，也就做不出精准性的道德选择来反映道德价值诉求。

即使是人工智能时代的2018年，《中国青年报》在5月对北京地铁上老人骂人不让座事件的案例分析并没有改善多少人们对道德价值诉求的精准性和理性。在最先公布的视频中，老人因别人没让座骂人，甚至不光自己几乎用全英文骂，还要求对骂的男子也使用英语。然而，就在视频获“病毒式”传播、社会舆论纷纷指责该老人倚老卖老不值得别人尊敬、让座时，有位自称已孕9个月的孕妇发声为老人辩护，称老人之所以发飙，是因为看到她挺着大肚子不容易，自己要给她让座，但孕妇不忍心使用老人的座位，然后才有了老人指责年轻人不让座的事情发生。《中国青年报》2018年5月24日刊登的“剧情频频反转‘吃瓜’群众不妨等等真相”的评论性文章中，提到“针对个体的道德争议，往往事实上失之毫厘，判断上就谬以千里，对错常常不那么容易分清”①。

① 土土绒：《剧情频频反转“吃瓜群众”不妨等等真相》，《中国青年报》2018年5月24日。

类似的反转式爆料视频，除上述之外还有不少，究其原因："晒丑短视频"的主旨单一、删繁就简是直接原因；但深层性、根本性原因，是传统道德价值诉求的道德选择黑白分明、非善即恶，其简单、朴素之形态与人类社会的快速发展诉求不相适应，才表现为非信息对称下的选择活动是非理性的选择行为。

首先，人类社会的快速发展在带来利益诉求的同时，也带来了铺天盖地的信息诉求。自工业革命以来，人类创造的财富比之前几千年加起来的总和还要多。随着网络信息技术等先进生产力的不断进步和发展，人们的生产生活方式越来越现代化，人与人之间的距离不断缩短，实现了全球甚至跨星球即时通话，理论上乘坐飞机可以在40个小时绕地球飞行一圈，这也就意味着人们可以乘飞机在2天内穿越国境线、海洋到达任何想去的地方，于是有了"地球村"等说。特别是人工智能时代以来，各种智能终端的使用，更是大大便捷了人们的社交诉求和发展诉求，使得几乎所有人的种种生活、工作情况都可以以数据形式留痕，人与人的交往和沟通成本降低、速度大大提升。例如，成都女司机被当街暴打的案例，在事发后第一时间就被上传网络，引起了社会的强烈反响。以往的一封信、一匹马走上数天甚至数月的信息传递方式早已成为被"珍藏"入历史记忆，不再使用。社会迅速发展的结果，是人们在有意无意间或主动或被动地以从前难以想象的速度接收与接受了百年前、数十年前都不可置信的海量信息。这些内容繁、杂、多、乱、快，甚至是片面的。就像案例中最初社会公众接收到的信息只是女司机被男司机当街狠打暴揍、老人要求别人让座遭拒后骂人，再比如说不少人遭遇的各种碰瓷事件，客观地说，不够完整的信息不仅可能助长某些不道德行为的气焰，更有可能误导他人的道德选择，事件爆发初期社会舆论对女司机和老人的口诛笔伐正是不完整信息误导了公众作出非理性道德价值诉求的结果。因此，在社会高速发展的今天，社会交往变得越来越容易，也越来越复杂，传统的非黑即白、非对即错的二元道德性质结构的道德选择理念和道德价值诉求已然不能与现实、具体的社会实践相一致，容易出现脱节现象。因此，拓展人的道德选择空间已成为人工智能时代新的现实诉求——精准化选择和智能化选择。

其次，传统的道德选择诉求满足偏于保守与固化，缺失将人性诉求、发展诉求和精准诉求集中起来综合考虑。诚然，不完整的信息固然是舆论理性出现偏差的直接原因，但传统的道德选择之价值诉求才是核心、本质、必然的原因，因为这样的道德选择实际上没有把人性与人具体的社会实践结合起来辩证地认识和分析社会存在，而是纯粹地以经验和感性来认识事物。因此，这样的认识，以及在这样认识指导下的实践，无论从方式、方法还是分析结果上来看，都是与马克思主义历史唯物主义的具体的人性论相悖的，犯了黑格尔“理性的人”和费尔巴哈“自然的人”错误。因为他们是在抛开人类史纯粹经验式地在研究人性，脱离了社会存在的前提在讨论人性，是对人进行抽象的脱离了具体实践的解读，结果必然带来极易出错的选择行为。马克思以唯物主义为前提，从现实的个人出发，把现实的个人作为提高认识和实践能力的本质与核心所在，将现实的个人、社会关系、人的实践史联系和结合起来，于是提出“人的本质不是单个人所固有的抽象物，在其现实性上，它是一切社会关系的总和”①，是具体的而非抽象的。因为社会关系和社会存在不是固定的、一成不变的，人性也就不是固定不变的，而是随着社会关系和社会存在的变动不断调整和变化着的。马克思、恩格斯还进一步研究指出，“德国哲学从天国降到人间；和它完全相反，这里我们是从人间升到天国。这就是说，我们不是从人们所说的、所设想的、所想象的东西出发，也不是从口头说的、思考出来的、设想出来的、想象出来的人出发，去理解有血有肉的人”②。正如在《德意志意识形态》中，马克思、恩格斯不再对“人的本质是什么”做空中楼阁式的问答，而是从人的客观的现实存在出发研究人性。在他们看来，人的道德选择是建立在社会关系和社会存在基础上的基于利益权衡后的实践行动。社会存在决定社会意识，社会意识反作用于社会存在，只有在良性的螺旋式发展上升的循环中，人类才能进步。人的道德选择是以人类社会为现实基

① 《马克思恩格斯选集》第1卷，人民出版社2012年版，第135页。

② 《马克思恩格斯选集》第1卷，人民出版社2012年版，第152页。

础，为均衡人的利益划分才存在的，其目的就是使人作出有别于动物的“类物种”、超自然的选择，只有立足于人工智能时代的现实社会情况，作出的兼具道德选择目的与价值、形式与过程的道德选择才是应然的选择。

最后，道德选择能力的培养诉求淡化了主体道德选择的本质旨归。在学校教育中，作为基础性的必要的公共课的德育课，较为普遍地被忽视其地位；即使是社会中，德育也习惯性被理解为对某些道德规则的遵循而已。即灌输式的道德选择能力培养，较为一般的做法是将道德规则等道德知识的灌输式储备于教育活动，使得被培育客体一味追求脱离了历史逻辑和现实逻辑的一些道德知识、概念、规范，习惯于使用机械的强行记入脑海的道德规范、非黑即白的判断模式分析生活中遭遇的客观现象，忽略了人的主体性和主体道德选择的本质旨归，过于强调道德教育的形式与过程，必然导致淡化道德教育目的与价值的选择结果。① 而且，传统的道德选择能力在培育过程中，侧重于对正面的积极的道德规范和道德现象的教育，对负面的消极的道德现象和行为涉及得很少。② 如此淡化、弱化负面现象的道德培养和培养方式，与社会现实实际不相符，必然导致公民个体在面对道德选择时，对负面现象的分析能力和应对能力较差，无法将合理正确地估算选择的性质和行为后果，容易走入“非白即黑”误区，最终陷入道德困境。因此，走出道德困境，作出正确的道德选择或者说作出精准的道德选择成为人工智能时代公民新的现实诉求。

概述之，人工智能时代以来，人工智能和大数据的广泛融合应用及其快速深度发展，特别是非常微观地嵌入人们的每一个生产生活细节，为拓展人们的精准道德选择、规避道德困境、满足道德选择现实诉求，提供了可实践路径与策略，即拓展公民道德选择的空间，从小善向大善的无限接近。由此可见，人工智能和大数据对人们的社会生产生活是“无孔不入”的，使得人们的一切行为、思想和感情都可以以数据的形式记录下来，从个人每天 24 小时的时间分配到每一项工作的投入精力等都可进行精确分

① 闫闯：《道德教育人性化的诉求阐释》，《教育理论与实践》2016 年第 34 期。
② 参见王向华、赵华：《德性回归：道德教育的当代诉求》，《当代教育科学》2018 年第 4 期。

析，再到人工智能和大数据穿戴装备能对人身体状况的精准把握、预测分析，甚至能对心理和精神状态的精确把握等。可以说，人工智能和大数据不仅可以记录一切，还可以根据需求从不同的方向分析一切、预测一切。这样一来，合理地使用智能终端设备、人工智能和大数据，可以提高对事情的全面分析能力、精准把握能力和预测能力。如前面的两个案例，在对可能引发舆情的舆论信息进行传播前核实时，运用数据前置追踪技术，完全可以获得被打女司机卢某在被打前的多次违规行为事实数据，以及地铁老人欲让座给孕妇的视频验证数据，社会大众就能全面地获得对涉及整个事件的人事物的行为事实数据信息，并根据这些全面、细致的信息数据做出道德价值判定，而且还能对涉事的所有人事物行为进行更为客观的评价，甚至找到各个时间段的行为合理性和估算出各阶段行为的道德价值大小，从而降低不公正、不客观的道德选择概率，也提高选择的价值准确率。

（二）培养公民善于选择：从小善向大善的无限靠近

由于智能终端能够以秒级处理能力将涉及道德选择的人事物行为、思想和情感信息数据进行加工处理进而助力公民道德选择，实现公民道德选择能力向智能化和精准化发展，所以人工智能时代公民道德选择能力培养，不再仅仅停留于对公民明辨是非能力的培养，而应更进一步培养公民应用人工智能和大数据作出智能化的道德选择能力，以期待实现公民从小善向大善的无限靠近。

有一个著名的关于伦理学的“电车难题”（Trolley Problem）思想实验，是1967年英国哲学家菲利帕·福特（Philippa Foot）提出的。之所以说它是个难题，是因为这个困扰学界50余年的难解之题，无论怎样做选择，都是一场对道德的拷问，是无法能妥善做出道德选择的历史性与世界性难题。具体的场景设置是这样的：有一个疯子在有轨电车的轨道上绑了5名无辜的人，一辆失控的电车呼啸而来，片刻后就要行驶到5人被绑的地方。然而，你有一个拉杆，拉动拉杆可以使电车改变轨道，行驶到另外一条车轨上。但是，问题在于，疯子在另外那条车轨上也绑了1个人。情况万分紧急，你会做出怎样的选择呢？是拉动拉杆让电车改变轨道只碾压1个人呢？还是任由电车碾压第一条轨道上的5个人呢？

学术界面对这个问题展开过激烈的讨论，但始终却没有得出一个良好的解决手段、路径和令人信服的选择结果。因为无论怎样做选择，都会造成无辜者丧生；无论做出什么决定，都是在间接地当了刽子手。正因为如此，人们陷入了道德选择的困境，选择必然变得极度的复杂、困难和矛盾。

首先，在传统社会里，人们之所以选择被困，感觉到选择困难，是因为他们的道德选择出发点和旨归都是为了寻求善，寻求一个更善的结果，而他们这种目标价值的善，没有很好地助力选择的方式、方法和载体。所以在他们看来，尽管道德是一种社会意识形态，能“通过对某种行为的是非对错进行价值评判，借助社会舆论，公众看法和个人信念来达成稳定社会秩序，实现社会和谐的目的”①。但是，追求道德的过程是艰辛的、痛苦的。一方面是因为在寻求道德、追求道德的路上要经常面对利益而做出权衡，包括筛选、取舍和调整；另一方面很多时候，权衡本身就是一局困难的博弈。因此，道德选择之难在于如何快速、正确地分析和权衡利益关系、利益结果。

其次，站在传统社会里来看待上述电车困境，人们之所以选择被困，感觉到选择困难，是因为过去选择的手段单一且较为普遍的是在善与恶之间抉择，很难有更好的选择手段和载体来精准地计算出具有尽可能大的道德价值的选择方案且是秒级呈现和秒级助力道德实践选择。即，传统社会的人们在道德选择中一味地将道德选择定性为是一种难以量化的主观能动性的判断。而人工智能时代，则将道德选择看成是既可以定性分析和计算又可以定量分析和计算的选择活动，是可以在客观现实中以秒级处理能力来反映应急选择，且是可以实现从小善向大善拓展的选择。当然，这里的智能选择并没有抛弃它仍然是一种社会意识形态；没有抛弃它仍然能通过对某种行为的是非对错进行价值评判，特别是借助社会舆论、公众看法和

① 易宛如：《电车困境拷问道德》，《文苑天地》2018年第3期。

个人信念来达成稳定社会秩序，实现社会和谐的功能；没有抛弃它仍然是要考虑社会利益权衡的抉择活动。但是，它在人工智能时代已然有了技术手段上的先进性、未来事态发展的预见性和控制事态发展的提前干预性等数智道德选择能力。

最后，人工智能时代面临类似选择困境，之所以选择不再是那么困难，是有其时代的优势和科技的进步支撑。随着人工智能和大数据技术在各种场景中广泛应用，其强大的数据收集能力、计算能力、学习能力令人叹为观止，其智慧亦无限趋近于人的理性价值智慧，完全有能力通过“数学模型对真实世界中的特定问题进行建模，以解决该领域内相似问题的过程”①，即可以把人的综合性应变能力、控制能力、决策能力、预测能力等综合性、复合性智慧“仿制”到智能终端上，增强智能终端的预测能力、应变能力、控制能力、决策能力等机器智能，且还能实现既不损害他人利益又能实现人的道德理性价值的目标。具体到“电车难题”中，就是把人类的伦理道德以及事故规避规则等内容植入智能终端的中央处理器②，依靠科技进步、技术突破，建立快速响应的人机对话机制，在发现危险或者有可能有危险发生前就预测到了危险，且通过后台操作系统，数据驱动智能终端早早在事前就将信息发布给了相关机构和人员及智能设备，包括没等电车驶来就消除了危险或者是早早地就告知了电车停止行驶，以及以其他反应更快的处理措施清扫了危险。这也就完全避免了陷入选择难题。即从技术上规避了“电车难题”事件的发生，实现了不伤害任何人利益的更善的、更趋近于大善的道德价值结果的事前道德选择。

（三）彰显公民道德选择：构建更加自由的智能生活

尽管基本生存诉求与现实自我价值的诉求、美好生活诉求经常出现交叉重合，但是，不同时期的公民诉求有不同的侧重点和主次之分。当人的基本生存诉求得以基本满足时，人们往往会将诉求的目光转向更高层次的

① 李开复、王咏刚：《人工智能》，文化发展出版社2017年版，第77页。
② 潘军：《AI理性价值智能的隐忧与消解》，《自然辩证法通讯》2018年第4期。

现实诉求，即现实自我价值的诉求、美好生活诉求。而这种高层次诉求也可分不同的情况：终极目标是实现人类的自我解放和自由全面发展，以及自我价值的实现和真善美自由王国的建立；现实诉求必然是实现美好生活和自由生活，以及尽最大可能减负的自由生活和智能生活等。为此，从时代背景的满足情形并结合两种情形的统一性来看，这些诉求均在人工智能时代表现为追求构建更加自由的智能生活，其自由、智能和全面发展是核心的诉求内容。

自由是人的生命之本①。首先，现实性是人的本性，人只有选择处在现实生活中，人是自由的主体，才有自由可言。尽管人工智能时代线上线下高频互动，使得网络空间中的人好像也是现实的客观存在，但是线上线下的现实诉求是不一样的。即，线上的现实性是虚拟的虚幻的存在，而线下的现实性才是真正客观的存在；且线上的现实性是通过线下的现实性来实现的虚拟，与客观现实性存在具有较大差异；同时，线下的现实性支配着线上的现实性。其次，自由源于现实性。即，人的自由全面发展源于物质生活实践，但绝不止步于物质生活实践。这就恰恰证明了自由诉求也必然反映人的现实性，只有现实的自由诉求才是有现实意义的诉求，不是有自由的自由，而是真正的自由，是能感受到的自由。否则，自由只是空谈，没有选择实践的价值，更没有存在的必要。再次，自由实现的现实性是要求结合先进生产力等科技载体才能具体呈现。即，自由需要强劲的保障力，而任何社会中保障自由的载体恰恰是科技等进步了的生产力。正如萨顿所认为的，科学的起源与发展的核心本质就是围绕人的存在和发展去解决人的内外部诉求的，科技是人们“向往自由、向往从动物一般的生活条件中解放出来，追求远、宽、高，克服空间和时间造成的距离，追求温暖、舒适、光明、美好、认识”②。最后，自由与科技进步之间相互制约又相互推动进步发展。即，自由需要科技来彰显、来落实，自由也必然要选择一定的科技进步和科技彰显和落实自身；同时，科技保障自由实现和发展，也

① 舒心心、穆艳杰：《马克思博士论文中的自由思想探源》，《社会科学战线》2014 年第 7 期。

② Friedrich Dessauer. *Streit um die Technik. Frankfurt*. Verlag Josef Knecht，1956，pp. 150.

制约自由在一定科技前提假设之中。质言之，科技是人们美好生活的助手，是助力人们美好自由生活的必经之路。与此同时，自由既是人们包括发现科技和利用科技想方设法生活的追求诉求和生活动力，又是人的生活的必要状态和必要前提。

诚然，自由与科技之间的紧密关系，势必推动社会重视科技，且得以科技化，并在此过程中逐渐使得人类的社会生活中，科技产业化、科技社会化、科技生活化、科技智能化，以及生活科技化、生活自动化、生活智能化，进而最终推进更加自由的智能生活。特别是当社会发展到人工智能时代的今天，自由的智能生活成为人工智能时代的主题，自由的智能生活已然来到了我们身边。例如，智能制造、智能生产、智慧交通、智能驾驶等新概念新社会已经从陌生变成熟悉，从听说成了生活，从观看、体验到了实践生活常态。甚至，这种自由与智能不仅是生活化、大众化和普及化，更是变得伟大化和梦想化，如嫦娥四号在月球背面实现了智能软着陆。由此可见，这是何等自由且伟大的梦想！

此外，智能是自由的强劲保障。自由引领科技的发展，也必然引领科技的自由发展和智能发展，同时，科技智能发展也更强劲地保障了自由。杨怀中（2001）认为，现代科学技术的发展“不仅促进了人类文化的发展，诱发了人们价值观念、民族意识和社会文化心理的全方位变革，而且也为人类道德的进步提供了难得的机遇，形成了许多与时代共鸣的价值观念和伦理精神”①。正因为如此，在人工智能时代，数据信息成为人们争相获取的重要资源。也可以说，在人工智能时代，得数据者得天下，数据的拥有者可以占尽先机。相反，缺乏数据的公民和团体只能亦步亦趋、战战兢兢地跟在他人身后，甚至连望其项背的距离都难以获得。诚然，数据信息也有一定的致命弱点，即不安全性。不安全性一是体现在数据信息的获取方面，如数据窃取、数据非道德交易等行为，使得公民的个人信息、工作信息及其他重要信息非自愿泄露；二是人工智能时代强大的数据收集能

① 杨怀中：《“网络社会”的伦理分析及对策》，《武汉理工大学学报》（社会科学版）2001 年第 1 期。

力、分析能力及关联能力，使得个人的有关数据信息被无限度地挖掘、讨论，丧失了个人隐私，进而公民个人面对如此窘境又往往无计可施、无能为力，以致公民自由感更加不真实。为此，人工智能时代的公民更加迫切需要一个平静的、安全的、舒适的和纯粹的，且能够有利于人们社会实践活动的数据后盾和支撑平台，以及能助推人的自由全面发展的信息数据生态，这就是人工智能时代公民的新诉求，也是基本权利诉求发展的必然诉求。即，培养公民道德选择，构建起能实现自我价值的更加自由的智能社会和生产生活。当然，这也就会又一次倒逼科技与科技智能化的文明与进步，从而使得人类自身在道德选择中，以科技真正构建起更加自由的智能生产与生活。

然而，调研发现，在人工智能时代的现实中，人们自由的智能生活已然真实客观发生着。例如，在智慧城市方面，利用高清视频图像的无人机等现代智能传感器，以及融合包括人脸识别技术等在内的人工智能和大数据集成技术，成功地建成了 3D 城市，且成功地实现了智能监管，包括预警、监督和监视；在智慧交通方面，正依托包括人工智能和大数据在内的大数据技术、人工智能技术、深度学习技术和 5G 网络超大带宽技术等现代科技，实现了全新的交通出行体验，即智能化的无人驾驶；在智能制造方面，以现代传感器，不断搜集生产、销售和市场消费等过程数据，以智能终端不断以数据驱动优化生产、销售和服务等过程，以及依托设备感知与联网、生产管理和服务的在线实时精准控制，全面地实现了从自动化向无人化、智能化和满足市场个性化需求的制造转变；在智慧物流方面，实现了无人机在空中便捷投递，以及物流上的托运资源集（节）约化、快速化。综上所述，在整个智慧生产生活方面，人们的衣、食、住、行、旅、游、乐、教育、健康等都实现了与人工智能和大数据的深度智能融合应用，包括高清视频直播、VR、AR 技术等科技都实现了深度融合应用于生产生活，实现了较大多数的自由和美好生活，且这样自由的智能生产生活正在进一步深度融合发展中，在深入推进中，还在向着更高阶段发展的演进中。

四、人工智能时代公民道德选择的自由与责任

道德选择与选择是有一定价值差异性的，选择强调公民的意志、心智及理性，是对客观事物的取舍，不一定要受道德原则和道德价值导向的制约，而道德选择，必然要受到道德价值原则、道德价值导向和道德价值诉求等的影响。正如曾获诺贝尔文学奖的法国哲学家亨利·柏格森（Henri Bergson）所认为的，道德有这样的两个主要来源："义务"的道德和"抱负"的道德。即，道德选择是在选择的基础上发展而来的，需要承担相应的道德责任和履行一定的道德义务，而选择不一定有道德责任，可能是法律责任，以及别的什么责任。道德责任，指公民因选择才可能发生的事务，当选择是非善性质的行为时，公民就会遭受相应的道德惩处；当然，当选择是非恶性质的行为时，公民也会获得一定认同、嘉奖、赞誉和推广。在人工智能时代，公民道德选择的自由与责任突出地表现出与传统社会道德选择的自由程度和承担责任的方式不同，彰显出人工智能时代道德选择的自由程度与承担责任的方式都得到了升级和拓展。这种升级和拓展牢牢地将道德选择的自由与责任捆在了一起：公民主体自由自主地进行选择的同时，也在自觉主动地选择责任。特别是大数据的留痕技术和关联数据分析技术，完全将公民自由自主选择的全过程进行了数据储存，随时随地可以还原和画像，使得公民的选择责任无法摆脱人工智能和大数据的监视、监管的"无形之手"而不选择承担选择的责任。质言之，在人工智能时代，公民道德选择的自由与责任具有同在性，同时也具有辩证发展的对立统一属性和一定意义上的互动性。

（一）意志自由：公民道德选择的内在前提

"选择"是人区别于动物的特有活动，人除了具有与动物一样的本能反应外，还具有有意识的能动反应。只不过人是从众多没有意识的动物中逐渐进化而走出来的有意识反应的高级动物。从具有意识开始，特别是有

自我意识开始，人就逐渐地区别于低等动物而有了“选择能力”，且随着自我意识在实际社会活动中不断得以丰富和完善，自我意识渐渐走向支配地位。但是，从总体来看，受自我意识尚未处于绝对支配地位的影响，以及受到来自大自然的极大制约，人的这种能动性或是说“选择能力”还是处于弱势阶段。随着人类不断实践和认识，以及自我实践和自我认识，特别是科学、技术、工程、道德伦理等作为人的本质力量在社会中逐渐崛起，人的自我意识逐渐得到了觉醒和增强，出现并赋予了包括自立意识、自重意识、自爱意识和自尊意识，以及自构意识等人的意识新内涵。当然，这种自我意识的觉醒过程，正是公民自我素质提高的过程。正是这样，黑格尔揭示了自我意识的三层内涵：意识、自我意识、理性意识。马克思也概括三大历史形态来阐释自我意识的发展历程：个体是“一定的狭隘人群的附属物”，即个体依赖群体的历史形态；“在物的依赖关系为基础的独立性”历史形态中，个体一定程度不再依赖群体而有了自由觉醒和独立性，但人却又死死地依赖于物并受其制约和统治；为了实现“建立在个人全面发展和他们共同的、社会的生产能力成为从属于他们的社会财富这一基础上的自由个性，是第三个阶段”①。由此可见，只有选择超越“以物的依赖性为基础的人的独立性，是第二大形式，在这种形式下，才形成普遍的社会物质变换、全面的关系、多方面的需要，以及全面的能力的体系”②，才能给道德选择的内在前提找到这样一个事实，即意志自由。意志自由从古至今都被看作是道德选择的内在前提，只有意志自由的公民个体，才能获得独立自主的地位和人格，“因为意志自由作为人的自主自决能力，它赋予人可以在任何事物面前说‘要’或者‘不要’，表示接受或表示拒绝的自主性，赋予人反抗命运的坚毅精神和超越环境限制的内在力量”③。恩格斯认为：“意志自由只是借助于对事物的认识来作出决定的能力。因此，人对一定问题的判断是自由，这个判断的内容所具有的必然性就越大；而犹

① 《马克思恩格斯全集》第30卷，人民出版社1995年版，第107－108页。
② 《马克思恩格斯全集》第30卷，人民出版社1995年版，第107页。
③ 肖雪慧：《守望良知——新伦理的文化视野》，辽宁人民出版社1998年版，第326页。

豫不决是以不知为基础的，它看来好像是在许多不同的和相互矛盾的可能的决定中任意进行选择，但恰好由此证明它的不自由，证明它被正好应该由它支配的对象所支配”①。当然，意志自由也意味着责任，“如果不谈所谓自由意志、人的责任能力、必然和自由的关系等问题，就不能很好地议论道德和法的问题”②。伊壁鸠鲁也曾指出：“我们的行动是自由的，这种自由就形成了使我们承受褒贬的责任”③。综上所述，正是公民的主体性解放，才进一步释放出了选择的自由，即公民有选择这样或那样的自由和选择自主权，所以选择可能性和选择空间才得以拓展。在选择中，面临善与恶、小善与大善，选择者自然要慎重思考和慎重作出取舍，才能为自己的自由选择负责。

在人工智能时代，公民进行道德选择时，其前提一样，必然是以公民个体的意志自由为前提。因为在人工智能时代，比以往任何时代更加注重公民主体个性解放与张扬，也正因为如此，人工智能时代公民的可供选择性和可供选择空间以及实践选择能力比任何时代都要大。面临多样化的选择，若公民没有自由的选择权利，那比以往社会背景下的选择更为痛苦，因为人工智能时代可供选择性比以往社会更大，其选择诱惑力也更大，若是不能自由选择，公民选择时的自由心理与不能自由选择的心理形成强大的对立势，使人伤心、痛苦和绝望。有鉴于此，在当下的人工智能时代进行道德选择，必然需要有坚定的道德信念、深厚的道德知识和先进的道德选择能力，更需要充分的意志自由。意志自由才有利于公民主体个性得以解放、张扬和满足，才有利于社会需求是美好化、人性化的产物，社会供给才是精细化和人性化的产品与服务。当然这样不是无序、任意地进行选择，必然受人工智能时代的道德价值原则、道德价值导向和道德现实诉求的制约。

① 《马克思恩格斯选集》第3卷，人民出版社2012年版，第492页。
② 《马克思恩格斯选集》第3卷，人民出版社2012年版，第490页。
③ 朱葆伟：《工程活动的伦理责任》，《伦理学研究》2006年第6期，第36页。

（二）道德责任：公民自由选择的必然结果

任何时代的公民作出任何价值性质的选择，其选择行为背后总是有一定的选择动机和理由，且对选择者或者选择者以外的他人、组织或社会，总会在客观上产生出一定的影响与结果，这个影响与结果可以用善或恶、好或坏，小善或大善等来评估性描述。若影响与结果是向上向善的必然是好事喜事，算是选择者为自己或者选择者以外的他人、组织或社会等负责；若影响与结果中有恶或坏的价值性质，则社会会自觉地从道德视角来找到责任人并让其来承担相应的责任和后果。即，这个相应责任和后果的问题，就是道德责任谁来担的问题和担多大责任的问题。“如是，道德责任就是指对一种作为的不良后果的承担”①。由此可见，公民道德责任源自道德选择导致的不良影响与结果。只是道德选择中，这种影响与结果是正面和积极的价值选择，道德责任是零，也就变成了褒奖，至少不是惩处，因为这是符合社会活动需要的价值选择。同时，在人工智能时代更强调这种正面的影响与结果要进行价值大小排序，然后作出价值择优选择。然而，当这种影响与结果是负面和消极的价值选择时，道德责任是显性的，就要接受来自社会的惩处，甚至是社会的约束、冲击或打击。

此外，公民道德责任也密切与自由选择有关，甚至可以说“没有自由就没有责任，有多大的自由就有多大的责任”②。在人工智能时代，公民主体自由自主地进行选择的同时，也自觉自动地选择了责任。因为人们利用人工智能和大数据等现代科技助力更大范围的道德选择、更加精准的道德选择、更加良善价值的道德选择的同时，大数据的留痕技术和关联数据分析技术等现代科技都能完完全全地将公民自由自主选择的全过程进行数据记录与储存，并能通过这些记录和存储数据随时随地还原、回放真相以及画像公民道德选择心理与人格，再以数据驱动实体物等对公民道德选择的不适行为进行干预、阻击和惩处。由此可见，道德责任与道德自由、道德

① 韩东屏：《论道德选择的所指、前提、责任与方式》，《河南社会科学》2012 年第 4 期，第 33 页。
② 韩东屏：《论道德选择的所指、前提、责任与方式》，《河南社会科学》2012 年第 4 期，第 34 页。

选择具有同在性，否定道德责任也就否定了道德自由和道德选择。道德选择应具备有意义确立与有意义存在，其核心价值原因在于，道德选择是在众多价值选择互相制约中，通过价值排序而进行向上向善的道德价值最大化地计算而作出最大道德价值取值。正如黑格尔曾指出的，人的决心是它自己的活动，是本于他的自由作出的，并且是他自己的责任。① “当我面对着善与恶，我可以抉择于两者之间，我可对两者下定决心，而把其一或其他同样接纳在我的主观性中，所以恶的本性就在于人能希求它，而不是不可避免地必须希求它”②。即，选择到底是道德选择还是恶选择以及还是其他什么别的选择，是公民自己内心需求的选择；若选择向恶，那主体需求恶；若选择向善，那主体需求善。在人工智能时代，受万物数据化，数据万物化，因此公民在选择活动中，其选择的处境比任何时代都复杂，选择的自由程度比任何时代都高，当然，选择后的责任也比任何时代都大，这不仅是网络传播快的缘故，而且还是数据能驱动物能，即，道德责任能以智能的机械和网络进行惩处的缘故。

① ［德］黑格尔：《法哲学原理或自然法和国家学纲要》，范扬、张企泰译，商务印书馆 1961 年版。

② ［德］黑格尔：《法哲学原理或自然法和国家学纲要》，范扬、张企泰译，商务印书馆 1961 年版，第 146 页。

第二章

人工智能时代对公民道德选择能力培养的影响与问题

培养，是指按照一定的价值目的和价值目标，并结合一定的客观现实价值诉求，以比较适宜的条件，有组织、有计划、有步骤地促使某人、某事、某物持续性地发生、发展、壮大的全过程。在人工智能时代，网络空间的存在与发展，为公民道德选择能力的培养和提升，提供了一种新的应用场景，且是以虚拟的集参与式与体验式为一体的培养方式。这种培养方式是以人工智能和大数据为技术和资源支撑的，以数据化的结构和形式来记录的保障价值目标的培养模式，也就是说，培养全过程是可通过调取数据后实现回放、回忆和回看的。因为大数据囊括一切的人事物，即这种新的培养方式必然能够涵盖政治、经济、文化、社会和生态等各个领域，而且还能够涵盖公民的衣食住行及教育、医疗等民生领域，同时，既能够在不知不觉间将理论培养与实践培养结合起来，又能够将虚拟世界与真实社会结合起来。诚然，这种网络参与式、体验式培养路径引起了社会各界的广泛关注，正如有学者正面总结提出了“中国大数据发展十大趋势”①：政务大数据应用开发将获得有力支撑；信息消费升级将持续释放内需潜力；中西部农村信息基础设施建设将迎来爆发期；数字丝绸之路将成为“一带一路”建设的制高点；人口红利将转变为网民红利，成为支撑应用驱动创

① 参见连玉明：《中国大数据发展报告（NO. 2）》，社会科学文献出版社2018年版，第1－5页。

新的最大因素；大数据分析方法有望取得革命性突破；数据控制权争夺战或将成为常态；运用人工智能和大数据技术增强意识形态治理引起关注；数据安全与量子计算机的关联影响将愈演愈烈；中国企业将有计划按步骤地推进数字化转型。此外，有学者从“人工智能和大数据为公众带来了什么”“人工智能和大数据在政府能干什么”“人工智能和大数据企业在做什么”“人工智能和大数据怎样与农业融合”“人工智能和大数据怎样与工业融合”“人工智能和大数据怎样与服务业融合”“人工智能和大数据生态圈”等七个方面系统性地阐述了人工智能和大数据如何融合个体、社会和自然生态并实现创新发展，探索“数据从哪里来、数据放哪里、数据怎么用”等人工智能和大数据融合应用的正面效用和效应。① 综述之，这些对人工智能和大数据应用的总结均是受公民参与式和体验式培养而引起的发展趋势与变化。也不难看出，人工智能和大数据对公民道德能力培养的影响是深刻的、全面的和多维的，尤其是在培养的方式、方法、路径和价值导向方面影响深刻与深远。一方面，使公民从非善即恶的二元对立统一结构的道德选择空间中走出来，拓展为更广阔的选择空间，即公民的道德选择可以是零恶行为，可以是小善行为，更可以是道德价值最大化的行为；另一方面，培养公民道德选择能力，从可以选择走向善于选择过渡，让公民道德选择不再只是在善恶、是非、好坏之间进行道德性质判定，而是从非恶选择可能性中找到最大化善的价值选择，从而实现从小善向大善的无限接近；同时，通过公众人人参与道德选择且在线上线下强化培养，构建起了人工智能时代公民自由的智能生产生活，培养和提高了公民数智道德选择能力，推进了公民道德选择的智能化与精准化发展。然而，公民道德选择能力培养，在这种参与式和体验式的培养中，不仅有正面的积极引领，还有负面的消极影响，甚至在这种培养方式、方法、路径和价值导向下，引发了一些突出问题。但是，总的来看，信息技术革命的深入推进，为公民道德选择能力的培养同时带来了机遇和挑战，若既能够总结正面引领予

① 参见魏琴、欧阳智、袁华：《数融未来：图解大数据＋产业融合》，贵州人民出版社 2018 年版，第 2－3 页。

以传承发扬，又能够梳理负面影响，找出问题及根源所在而消解一些问题，那么就可能为解决负面影响和突出问题找到一些可行的具体的办法、路径和策略，并大大增强公民道德选择能力培养的科学性和实效性，且提高公民道德选择能力培养的精准度和可信度。

第一节　人工智能时代对公民道德选择能力培养的积极引领

2022 年年底，“全国电话用户净增 3933 万户，总数达到 18.63 亿户。其中，移动电话用户总数 16.83 亿户，全年净增 4062 万户，比上年末提高 2.9 部/百人”①，以致“2022 年电信业务收入累计完成 1.58 万亿元，比上年增长 8%”②。其中，“完成固定互联网宽带接入业务收入 2402 亿元，比上年增长 7.1%”，“完成移动数据流量业务收入 6397 亿元，比上年增长 0.3%”③，特别是“数据中心、云计算、大数据、物联网等新兴业务快速发展，2022 年共完成业务收入 3072 亿元，比上年增长 32.4%”④。这些数据表明，人工智能时代的公民正生活在网络空间的社会活动场景之中。正因为如此，在网络空间培养公民的道德选择能力成为必要的培养方式和内容及急需治理的前沿阵地。特别是借助智能终端的普及应用，有助于人工智能时代公民道德选择能力的培养，从单一地依靠道德知识体系、道德选择经验和情感来实现，拓展和新增至依赖“数据驱动”来实现（见图 2－1）。即，在两种思维模式的共同引领作用下，拓展公民道德选择自由空间，增强公民道德选择的判断力、决策力和精准度，缩短公民道德选择的取舍时间，提高公民道德选择的效度和信度等都是现实的且是有重大价值的事情。

①②③④　运行监测协调局：《2022 年通信业统计公报》，中华人民共和国工业和信息化部 2023 年 1 月 19 日，网址：https://www.miit.gov.cn/gxsj/tjfx/txy/art/2023/art_77b586a554e64763ab2c2888dcf0b9e3.html。

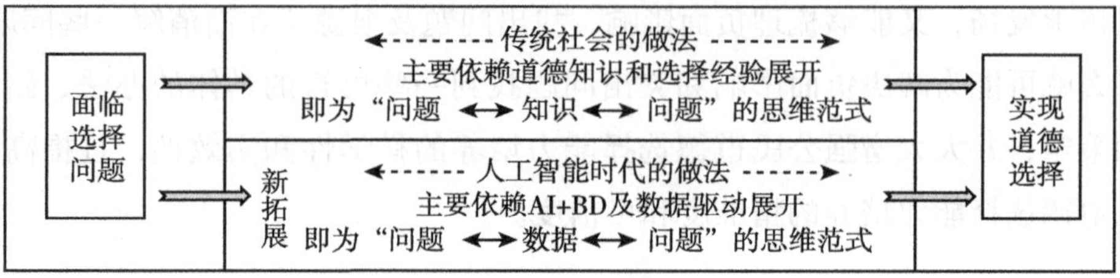

图2-1　道德选择思维导向图

资料来源：作者整理自绘。

一、数据全息性拓展了公民道德选择自由空间

人工智能时代，数据主要来源于公民自身参与社会活动，特别是在公共社会活动空间和私人生活空间中留下的痕迹数据。即便是较为隐蔽的思想和情感领域的信息数据，以及涉及公民保密性的个体隐私信息数据，通过大数据挖掘技术与大数据分析技术等现代科技的应用，在一定程度上都可以实现数据关联性显示。因此，人工智能时代，亦被称为“没有隐私的时代”和“坦白的年代”，这是人工智能和大数据的全息性特征的产物。在人工智能时代，除隐私信息之外，人工智能和大数据全息性还指数据可以实现回放、回看和回忆，还可以还原场景，甚至通过大数据能实现包括对公民的思想、情感和行为在内的真实场景再现或画像。即，对大数据全息性的深度智能融合应用，能使机器智能具备人类难以企及的长期记忆力，也就是具有不容易忘记（对人以外的物来说是指不容易删除意思）的功能，并能迅速引发社会变革，形成除物理世界以外的新空间和新领域，即电子世界，亦称数据世界或网络世界。且公民乐此不疲地经常穿梭于自然、社会和网络世界之间，以行为大数据凝练出新的道德选择规则、情感和能力。

（一）大数据多样性保障了公民道德选择的信息对称性

大数据的全息性，是由数据的多样性构成的。大数据的多样性决定了诸多信息可以用于公民道德选择的认知、研判和决策等环节。这样一来，人工智能时代公民道德选择能力与传统的道德选择能力相比较，人工智能时代的公民道德选择能力较大限度地获得了信息对称性的支持。即公民可以通过各种智能终端和网络平台搜集多种多样化的大数据，并将其放入人工智能和大数据技术系统，从而呈现出多个可能性方案让公民再利用科技进行对比分析、权衡利弊，最终以价值最大的善决定选择行为。这种道德选择也被称为“数智道德选择”。尽管数智道德的选择是通过现代科技助力公民来完成的，但是在整个选择过程中，其读取、研判的数据量大且面广，甚至包括隐性的、依靠公民主观能动性难以搜集到的信息大数据。由此可见，大数据的全息性和多样性，使得公民道德选择在信息对称的前提下进行精准评判，其数智道德选择的应用，比传统社会主要依赖知、情、意、信、行等主观能动性作出的道德选择更为精准及时，善的价值也更趋向于“大善”，有效地规避了恶的选择可能性和排斥了小善的选择可能性。当然，这种数智道德选择能力的培养核心的得益于大数据指数级增长、人工智能和大数据技术的成熟普及应用，以及得益于数据全息性和多样性，这使得公民道德选择能力在尽可能最大化的信息对称条件下作出精准判断和决策。

以健康大数据为例，传统的中医以“望、闻、问、切”作为四诊法来查看病人病情，然后再选择用什么药来治病救人；西医则以各种检测仪器对人的身体进行透视，并对照各种人体生理指标来观照病情，然后再决定选择用什么药，以及切除和更换什么器官来救人。所以说，传统的看诊往往是根据病情发作时的人体特征和病情发作期间身体指标参数作为参考进而作出病情判断的，对病人的家庭病史、病情发展史、环境疫情、生活习惯、职业环境和个体心理发展等历史信息和动态信息难以做到综合分析参考。相比较而言，传统的治病救人措施属于“粗放型”疗法，而健康大数据在保持原有看病方式的基础上，拓展应用穿戴智能设备与公民个体 24 小时随影随像跟踪，且以数据形式，全面地将公民的“未病”情况、病情病况和病史病因，以及所处环境等信息全部加工后呈现出来，从而以多样化的数据帮助病人和医生尽可能地作出精确诊断且帮助制订精细化的治疗方案。这样的健康大数据不仅让医患关系得以改善，让病人的病情病痛得以缓和或好转，让医生诊疗水平提高，从而全方位多角度实现了病人和医生及社会的共赢，取得了道德选择的社会实效。由此可见，人工智能时代公民道德选择能力培养，与传统的公民道德选择能力培养不同，人工智能时代公民道德选择能力获得了大数据全息性悉心助力，必然也从中获得能力提升的“秘诀”，进而公民道德选择能力必然更强、效用更广且彰显社会价值更高。

（二）大数据多样性增强了公民道德选择的现实可能性

大数据多样性，也必然包括公民个体在社会活动中，多样的道德选择经验和路径等大数据。即，当公民在道德选择为难、困难、两难和艰难时，大数据多样性往往能提供路径、经验等价值导向性分析值，公民只要坚持从众原则选择就能够彰显群体智慧，选择难题就可能轻松消解。所以人工智能时代公民青睐以人工智能和大数据融合社会发展中的“痛点”进行创新发展，这不仅是因为人工智能和大数据能够“无”中生“有”和“无”中生“友”，也能“有”中生“财”，实现与“友”“财”共生，还是因为人工智能和大数据能让公民的个性需求得以满足和释放，尽可能实现现实的经济价值选择和道德文明价值选择“双赢”。例如，美食大数据，传统社会不想出门吃美食，又不愿意在家里做美食，必然便成了“懒汉”的“标签人”，是不受社会中人们待见的人，也是“白日梦”型的理想化选择理念。而在人工智能时代，人们只须使用手机在“美团”等 App 上简单操作，就可以省时省力省事地安心当“懒汉”。需要注意的是，对这种需求，不被社会嘲笑和歧视，反而被社会鼓励，成为创新的引擎、理性的选择和道德的选择，也成为培养公民提高幸福指数的捷径。

此外，由于人工智能和大数据技术的信息分析更加智能和精细、大数据预测技术的信息预测更加精准和可信等，大数据的多样性促进了公民道德选择的现实可能性，呈现出了多样化的选择可能路径和价值。例如，在美团 App 的使用过程中，美团颠覆了传统“酒香怕巷子深”“有什么吃什么”的服务理念和选择理念，能够自动定位消费者所在位置，自动呈现距离消费者最近的、速度最快的、最符合消费者口味的美食，供消费者选择。消费者能够迅速在诸多可能性中选择最符合自身需求的美食，实现个性需求的精准性。由此可见，大数据多样性也是培养公民道德选择能力的土壤，因为大数据本身的公民留迹经验和价值已经隐性地告诉了公民道德选择能力应当培养和提升的方向，即向着社会发展“痛点”去培养和提升公民道德选择能力。

（三）大数据多样性培养了公民道德选择中的自由个性

大数据多样性，能够把公民线下的社会活动，以数据形式全部集中映射到线上，形成线上与线下的映射关系，使公民可以随时随地通过网络空间访问和查询现实社会活动的大众性选择趋向。然而在网络空间中，线上公民也经常要遭遇各种数据干扰，为了使线上的参与式体验更加便捷舒适，公民也需要通过坚持从众原则而作出道德选择。特别是在线上道德选择的过程中，公民的个性需求需要及时得到线上与线下的应对和满足，而线上的参与式体验对公民个性需求的满足，又进一步促进了公民线上的个性需求和线下的个性供给发展。如此循环往复，在满足公民个性需求、提升幸福指数的同时，公民线上线下的个性自由和道德选择能力均得到了确立和巩固。

首先，公民个性的重视和张扬，是时代发展的必然走向。受生产力的决定性作用影响，我国人民日益增长的物质文化需要，已经在新时代获得了较大程度的满足，即便是处于贫困线以下的城乡居民，在国家大力扫除“两不愁三保障”① 的精准扶贫中，贫困人口数量也已逐渐得以压缩，目前凸显在新时代现实中的新问题是人民美好生活需求与不平衡不充分发展之间的社会矛盾。这也是党的十九大作出的战略评估，也充分说明了公民基

① “两不愁三保障”，指吃、穿不愁，义务教育、住房安全、基本医疗有保障。

本物质的供给矛盾已然不再是社会主要矛盾，相比较是人民的“美好生活需求”得不到较好、较充分、较平衡的发展，成为主要社会矛盾。这实质上是在阐述，在人工智能时代公民理性的个性需求十分活跃，成为这个时代的主旋律、最强音和新的经济发展动力。为此，在现实社会中，人们针对这一社会主要矛盾的变化，深度整合人工智能和大数据进行个性产品生产，成就了诸多现代“数字经济”式的生产供给与消费，以及成就了诸多智能终端的上市。据统计，2023 年 11 月，全球 5G 用户数增加 21040 万人，总数达到 7.7 亿人左右。① “与世界各国相比，中国已是世界上产生和积累数据体量最大、类型最丰富的国家之一”②。2020 年，“我国大型大数据中心跨地区经营互联网数据中心业务的企业已达 295 家”③。这些信息背后，是巨大的市场消费潜力，是一股不容小视的个性需求，正在提高信息市场的活力。这样的信息流，促进了社会资金流、技术流、人才流、物资流等的快速流动。也正因为如此，我们说，大数据多样性培养了公民道德选择的自由个性，当然也就培养了公民适应个性自由而发展起来的新的道德创造能力和新的道德选择能力。

同时，公民个性消费需求，是通过社会活动痕迹数据来呈现的。公民个性需求的数据，不再局限于通过传统社会的座谈式、访谈式或抽样式调研获得，而将主要通过人工智能和大数据技术对公民个体社会活动痕迹数据进行处理获得。即通过公民个体在各种网络平台的浏览、登记、互动数据，以及公民在现代智能终端应用中的位置跟踪、快捷服务等数据流，汇聚公民个体社会活动痕迹大数据，从而获得公民的个性需求。例如，通过对长期购物行为中产生的购物价格、种类和频率等信息大数据的分析，可以对公民个体的性别、年龄、婚姻状态、身体健康状况、消费水平、兴趣爱好、职业和社会活动习惯进行分析预测，甚至能预测下一次购买可能性

① 运行监测协调局：《2023 年 1—11 月通信业主要指标完成情况（二）》，中华人民共和国工业和信息化部 2023 年 12 月 12 日，网址：https：//www.miit.gov.cn/gxsj/tjfx/txy/art/2023/art_77b586a554e64763ab2c2888dcf0b9e3.html。

②③ 连玉明：《中国大数据发展报告 NO.2》，社会科学文献出版社 2018 年版，第 3 页。

最大的产品名称，乃至人生规划等信息。可见，公民的个性消费需求和公民道德选择能力，也是通过大数据多样性来培养和呈现的。

此外，大数据多样性也引发了“数字政府”和“数字社会”的迅速构建，形成了新的更加宽阔的道德选择自由空间。如果说个性需求最先在经济领域起作用的话，那么其在政治、文化、生态和民生等领域引起的系列连锁反应和功效将更具全面性、创新性、变革性和文明性。例如，民主、自由、公平、法治等，一直以来都是政治领域讨论最多的话题。在传统社会，不管是传统社会的政治主张还是政治制度讨论，往往需要进行抽样调研，先试点确定后再推广；而人工智能时代，人工智能和大数据融合政治实现创新发展，能够依靠公民网上活动痕迹形成强大的“民意数据库”，从而获得全覆盖且庞大的分析数据，在重视小样本数据的前提下，汇聚成清晰的“民意数据流”，通过网络空间实现民主政策和制度的道德选择，为政治主张和政治制度的转型升级提供理性力量和普惠性方案。由此可见，诸如此类的应用，不仅有利于发展政治、民主政治和政治文明，还有利于构建“数字政府”和“数字社会”，既拓展了公民道德选择的自由空间——网络空间，又促进了社会文明的进步。

二、信息对称性提升了公民道德选择判断能力

人工智能时代，是信息爆炸的时代，在海量的信息数据中，有着诸多的价值信息，通过人工智能和大数据技术的使用，人们可以挖掘、研读、研析、研判和解读所需要的价值信息。例如，阿尔法狗的工作原理是通过海量数据进行机器学习，获得监督学习、增强学习和蒙特卡洛树搜索等本领，实现了机器的智能化道德选择能力。当然，这个过程数据越多，机器学习获得的本领就越强劲越精细，这种功能性本领也就越稳定且实用。因此，对于人工智能时代的公民来说，认识、把握和推广这样的运行原理和运行特性，利用好大数据资源、人工智能和大数据技术，即信息对称性表现得越充分，公民利用智能终端实现道德选择的可能性、时效性、价值性、

精准性和强劲性等就越强，同时公民道德选择能力得到的培养效用就越高。

（一）大数据信息越对称，道德选择就越容易实现

传统社会，道德价值选择困难和痛苦的根本原因之一，就是道德价值选择中主客体、利益关系方等多元关联角色之间的关系信息不对称。主体要选择什么样的价值，不能与客体、利益关系方等所涉及的人事物之间来进行精细化的风险评估与利益权衡，甚至无法确定利益关系方的人事物在哪、相互关系是什么和存在范围是什么样，只好由决定选择主体的具有一定局限性的主观意识来识别和驱动道德价值选择，所以价值选择的结果往往是经济利益，是小利益，是私利，甚至是忘义的私利。而人工智能时代，公民能通过若干种类的智能终端，帮助公民搜集主客体、利益关系方等多元关联角色之间较为全面的人事物信息，使主体的愿望、客体的现状和诉求，以及显性、隐性的利益关系方及其相互关系全部显现出来，然后再经过人工智能和大数据分析、预测和验证等技术进行智能计算，最后将风险评估、名利权衡后的选择参考值显示给公民，由公民点击实现道德价值选择。这样就为公民道德选择解决了信息不对称所带来的困扰，大大提高了公民道德选择的全面性、精细化和可信度，甚至将不能实现的选择，也提供在了道德选择的可能性和可实现路径中，呈现出比传统社会公民主要依靠主观能动性进行道德选择的更容易性和更精准性。此外，人工智能时代有50%以上的年平均数据增长率，公民道德选择中可以利用的价值信息数据资源也不断增多。同时，因大数据挖掘技术和关联数据分析技术等现代科技能将一些未知的信息通过碎片化的信息数据加工后呈现，人工智能时代公民道德选择中的信息对称性越来越完全、可信和价值最大化。甚至在公民道德选择中，公民能通过智能终端实现更大范围的精准化和智能化地评估风险、权衡名利。由此可见，公民道德选择的能力、效度、信度、精度、可能性和容易性完全在客观层面得到了实质性的培养和提升。

（二）大数据信息对称性越完全越强劲，公民道德选择越趋向于善

传统社会，公民作出道德价值选择，往往难以主观判断其选择对多少

人有影响，以及影响哪些事和影响程度如何等。正是这些信息的不确定性或者严重缺失，导致了公民道德选择的信息对称性不完全，也就使得公民主观估计、估算利益关系方的影响数量、影响力度处于粗略计算水平。所以较大限度地约束了价值选择趋向于在非善即恶的二元对立统一的道德性质结构中作出判断，也就难以知道公民作出的价值选择是大善、中善、小善还是某个具体的取值。尽管，主观能动性在一些道德选择中能肉眼区分一些大善、中善和小善，但却不能更大范围、更多维度地去精细地排列道德选择的价值大小、道德覆盖率和道德认同率。于是，人工智能时代，在一定意义上放弃了传统社会的信息不完全对称带来的价值选择困难和痛苦，从而习惯性和可信性地以大数据资源、人工智能和大数据技术及现代智能终端等来实现数智道德选择。因为数智道德选择是依靠智能终端智能搜集数据、分析数据和可视化数据，故能轻松地将大数据信息对称性无限趋向于完全和最大化，从而提供诸多道德价值选择可能性和提高道德价值选择可信性，帮助公民在众多的道德价值选择中，把握好信息数据的道德价值排序，实现价值选择的道德最大化。这样一来，公民道德选择就可以依照人工智能和大数据技术，特别是依照人工智能和大数据技术分析出来的诸多可能性选择路径价值排序，看到哪些选择是价值选择，哪些价值选择是小善，哪些价值选择是大善，从而实现公民价值选择中选择道德价值最大化的选择路径。即，人工智能和大数据技术能够呈现出道德价值大小，能够划分道德选择的种类为小善型、中善型和大善型道德选择。由此可见，这样对人工智能时代公民道德选择能力的实践实效进行层级性划分，主要是区分在相同道德选择覆盖的范围内，共赢性价值哪个最大，从而引导公民作出更善型道德选择。

（三）大数据信息对称性越完全越强劲，公民道德选择越高效越精准

人工智能时代，大数据挖掘和分析技术助力公民道德选择，实质上是将巨量数据产生者的信息大数据进行深度加工，既获得了若干数据生产者的道德需求、情感趋向和心理状态等信息，也获得了多种道德价值选择可

能性，对若干数据生产者的道德影响程度预测相应的结果。这种可能性预测结果，既包括预测眼前影响的结果，还能预测往后较长一段时间内影响的结果。所以这种可能性预测，比传统社会的人工分析和预测效率、精准度都高出了若干指数级倍数。同时，由于数字社会是线上线下有映射应对关系的社会，且是互动频率高、传播速度快，融合线上线下的无差异时空互动的社会，因此公民道德选择中的数据分析、数据预测，也引起了群体公民精准化和智能化的道德选择。如此人人实现数智道德选择，必然全社会中的公民道德选择的效率、信度、速度和精度也得到了若干指数级倍数的培养和提升。

（四）大数据信息对称性越完全越强劲，公民道德选择能力越强劲

大数据信息对称性的最大化，是随着海量数据增长而增长的。同样，大数据信息对称性越完全越强劲，公民道德选择的可能性、时效性、价值性和精准性就越大、越高、越多和越好，那么公民道德选择的能力水平又是怎样的呢？其实，公民道德选择的可能性、时效性、价值性和精准性无不体现着公民道德选择的能力水平。确切地说，是公民选择应用智能终端和数据驱动的能力水平。尽管这种水平不是传统意义上的公民本身道德选择能力水平，但这种道德选择能力水平是公民自身通过研发创造，以智能终端来延伸公民的手脚等身体器官代替了公民线上线下道德选择能力的实践能力水平，与公民其他实践的能力水平一样，必然也体现着其社会实践的能力水平。只是公民在没有数智道德选择手段进行价值选择的阶段中，其道德选择能力很难有实质性提高和质的飞跃。因为没有智能终端等现代科技助力，其公民的手脚等身体器官是难以触摸到一些领域并进行估算和发挥主观能动性的。而拥有智能终端助力的数智道德选择中，公民不仅学会了应用智能终端等理性工具的能力，还提高了目标价值理性的认知水平，不仅在过去粗放型的、非善即恶二元对立统一的结构化道德选择中看到了存在一定的选择缺陷，还学会了在道德选择中更深入地区别大善、中善和小善，从而作出更加趋向于大善的价值选择。此外，公民道德选择的判断

能力、决策能力等都得到了较大的培养及提高，包括判断、决策的标准、内容和价值都随着人工智能和大数据的到来有了新理解、新判断和新标准。可以这样说，随着海量数据的增长，公民道德选择能力得到了一定发展，即，随着大数据信息对称性的增强，公民道德选择能力也表现得越来越强劲。

三、数据智能化缩短了公民道德选择反应时间

人工智能时代，是一个以数字化、网络化和智能化实现了“万物互联”的时代。而贯穿于万物之间的不是神秘的神灵，而是共建共享的海量数据。数据便成为互联互通的介质，也成为高频互动的美丽语言和记载符号。传统社会要完成对巨量复杂数据计算后而作出道德价值最大化的选择，不仅对巨量复杂数据搜集和储存有困难，且选择过程中对各种复杂数据的结构化转换和解读以及可视化也是无能为力的大事，就算这些都能在漫长的时间里等待结果显示，其执行道德选择也是无法在速度、广度和精度上超越数据驱动的“秒级处理”。所以人工智能时代，深度学习技术、量子计算、云储存、数据驱动和应用场景等均能助力海量数据的秒处理，且能将复杂的海量数据“聚、通、用”一体化，实质上是培养和提升了人工智能时代公民道德选择能力，更确切地说是让数据智能化缩短了公民道德选择的反应时间。

数据智能化，指大数据思维、大数据技术和大数据驱动的一体化。在人脑中，知识就是力量；在数字社会的网络空间中，大数据就是能源、能量、能力。“尤其是海量数据的迭代训练应用，让机器变得越来越智能，机器的智能化极大地改善了机器同人类沟通协作的能力，人机合作成为驱动人类解决复杂问题和创造一个更为井然有序时代的中坚力量”①。所以数据，特别是大数据在整个社会中起到了核心作用，成了“新质生产力”和新能源，为人类文明尤其是物质文明和道德文明提供了源源不断的动力。

---

① 大数据战略重点实验室：《块数据 4.0：人工智能时代的激活数据学》，中信出版社 2018 年版，第 293 页。

人类社会历史，特别是从原始文明到农耕文明再到工业文明以及到当下的信息文明，人类分别依靠过人的体力、畜力、水能、风能、光能、电能，以及石油能源等加速推进人类文明发展。到了人工智能时代，大数据被拓展为新的能源——“数能”，正驱动着人类向更高阶段的文明迈进，甚至公民生产生活中一刻也离不开了“数能”这一创新引擎。特别是融合现代科技应用后，“数能”功能性作用将发挥到极致，呈现出人工智能时代的数据智能化繁荣景象。

（一）数据智能化：公民道德选择既便捷又精准

在数据智能化的实际应用中，公民道德选择的手段也发生了翻天覆地的变化。传统社会公民道德选择一般是用主观能动性去判断，然后再由公民个体的行为去落实。关于选择结果的好坏预测，一方面是凭借公民个体的选择经验来估算；另一方面是待公民践行价值选择行为后，由社会群体中的公民来评价。这样的选择模式导致了公民道德选择具有诸多不确定性，是价值选择还是道德选择？有无恶的选择现象存在？以及道德选择中善的趋向度到底有多大？等等。这些都无法做到精准计算，更不用说其计算速度问题了。甚至一些选择中出现了“两难”选择、选择困境和选择困难等现象，使得生活中的人们也经常拿一些典型的道德选择难题来讨论，这些也是学术界大多数学者倾心倾力关注和研究的领域，这些讨论和研究引领着公民道德选择的经验积累，如此情境太多这里不一一赘述。但是，在人工智能时代，这些问题似乎都有解答的可能性，选择也不再是那般艰难了。因为数字社会的到来，以往社会的道德选择难题，被数据化后，数据信息对称性更完全，数据驱动更智能，数据来源者思想、行为和情感都被数据智能化解读出来，并由智能机器帮助公民进行了对比分析、风险评估和行为预测。即，公民道德选择从搜集信息，到思考、决策和策略执行，以及群体评价等全过程，均由“具有人脑一样的智能机器代替”。而人在整个数智道德选择过程中，在智能数据分析和预测结果可视化后，只仅仅对较小范围的 1 ~ 2 个可能性道德选择方案进行了智能终端界面点击。而大量的“选择—价值选择—道德选择—最大善的道德选择”等系列数据运算工作被机器迅速解决，公民从中解放了人的脑力劳动、体力劳动和心理负担，使得公民更加轻松、容易、便捷和精准地作出具有最大善的道德选择。

由此可见，数据智能化压缩的不仅仅是公民道德选择作出的时间（包括信息数据搜集和信息数据分析、风险评估以及利弊权衡等时间），也压缩了公民道德选择行为落实到线上线下相关场景活动里的时间，包括其他公民对这种道德选择行为的评价时间和信息反馈时间（包括相关的公民和非相关的公民用数据作出评价的时间）。而公民的道德选择行为和其他公民对此选择行为的评价行为等，都是在智能终端上通过一个点击、一个赞、一个晒图、一串字符和一些表情等实现了最大善的道德选择和对最大善道德选择的认可和赞赏，省去了公民大量估算、预测和执行以及亲临现场交流评价等的时间，更提高了公民在不受时空限制的条件下能作出最大善的道德选择可能性。

（二）数据智能化：公民道德选择既友善又普遍

传统社会的公民道德选择，从道德选择的衡量到行为作出，需要的时间往往是非常多的。因为公民需要对掌握的道德知识体系进行重现，并结合实际，去对他人的风险与自己风险进行综合评估。尽管有些小事的选择不需要很复杂的衡量过程，但也需要一定的反应时间。例如，公交车上让座，公民会看看公交车上自己周围有无空位置，看看身边是否有需要座位的老人、小孩子、妇女和病人以及一些隐性“病弱人员”。这个过程的判断虽然简易，但一定要有其必要的反应时间。特别是当公交车上乘客很多时，这个反应的时间就相当长了。甚至让座的行为落实中，还会存在风险，当你起身后，真正想让给座位的人员没有来坐上，反而被他人抢占。如此失误的事件不在少数，也曾引起过无数实现道德谴责的社会风波。当有了数据智能化后，在公民上车前的排队上车中，个体信息都在公交站这个小区域内形成了“块数据”，每一个公民的身体健康指数、年龄、性别等信息可在公交站得到秒处理，上车后，公交车上的智能多媒体可以将数据分析的结果显示出来，甚至可以实现对需要座位的人员识别和呼叫，非硬需座位的人员就可以实现按序入座。同时，中途有数据更新，也可以通过智能媒介进行公告显示，实现公交车上文明让座的道德选择。

综上所述，数据智能化不仅反映和评价时间比传统的快，而且选择方便、容易、精准和可信。例如，公交车上有年轻小伙突然生病需要座位时，而传统的肉眼观察是难以发现这类隐性需要让座的人员存在，也是无法实现最大善的道德选择。所以隐性需要让座的人员往往被忽略，甚至在传统社会造成误会，闹了不少笑话。然而，数据智能化，公民道德选择既能在较大范围中做到照顾普遍性，又能在普遍性中寻求个性或精准性，更能让精准附有真善美的道德内涵，还能快速地收到认可和赞许等评价信息。这样的数据智能化，就像一只巧妙的“神灵之手”，能在普遍性中有针对性地慰藉心灵，也能保护需求者心理，能普遍性地倡导真善美，还能有针对性地践行真善美，能节约社会资源，还能做到人文关怀。可以说数据智能化是一项民生工程，更是建设民心工程和美好生活的需要，更是美好生活的必要。当然，这样的数据智能化，需要公共领域的智能设备的安装和与公民个体信息互联互通等大量的基础设施建设。但这并不是遥远的事，随着人工智能和大数据深度融合应用后，世界各地的智能城市建设项目如雨后春笋。可以预见，数据智能化随着大数据资源、人工智能和大数据技术等现代科技的进步，将迅速地全面覆盖人们的生产生活，让“数能”的社会功能更上新的台阶，让人类文明乘着这样的道德阶梯进入“自由全面发展”且是富强、民主、文明、和谐、美丽的社会。

第二节　人工智能时代对公民道德选择能力培养的消极影响

人工智能时代，伴随着大数据网络化、智能化和全球化的纵横双向深度推进发展，特别是大数据“聚通用”一体化建设与应用，不仅迎来了文化的多元化与观念差异化，还迎来了价值的反叛、反动和反噬，道德选择的模糊、弱化和困扰。正如马克斯·舍勒所指出的论断：“历史上没有一个时代像当前这样，人人对于自身这样的困惑不解”①。在崇尚自由的大数据诉求时代和标榜个性自我的年代，道德选择正面临着多元的他者文化的僭越、经济社会的转型、熟人社会的消亡和网络信息的发展等现实困境，这些困境大大阻挠了公民道德选择能力培养和公民道德选择能力的表现。

首先，多元的他者文化的僭越。人工智能时代，大数据呈现网络化、全球化、全息化和多样性等特性，必然要突出地表现出文化领域的信息数据存在文化冲突，这使得公民道德选择能力培养在众多文化价值之间难以抉择。当然有人会说那就坚持主流文化吧！但是，这些文化的多元性导致的文化差异性还是固执地冲击和制约了公民道德选择能力的培养。诚然，“主流文化是民族精神的风骨，是民族国家赖以生存的精神成果和智慧结晶的历史积淀”②。主流文化是特定历史上任何一个社会的最强音和主旋律。所以必然“一元文化”在人工智能时代不可能存在，社会呈现的是各种文化的大汇聚和大杂烩。就连有着几千年本土历史的中华文化，在其历史发展长河中也被守正创新为集丰富性和多样性为一体的多种形态和多条支系的文化，更何况在人工智能时代背景下，还有来自西方的和平演变式的文化冲击和多元的他者文化的僭越。正如塞缪尔·亨廷顿所认为的，“新世界的冲突根源，将不再侧重意识形态式经济，而文化将是截然分隔人类和引起冲突的主要根源，民主国家在世界事务中仍会举足轻重，但全球政治的主要冲突将发生在不同文化的族群之间，文明冲突将左右全球政治”③。即，多元他者文化的僭越是以大数据网络化、智能化和全球化为实践载体来一步步实现的，在一定程度上要求人工智能时代文化要交融发展、

① ［德］马克斯·舍勒：《资本主义的未来》，罗悌伦译，上海三联书店 1997 年版，第 57 页。
② 曾楠：《面境与机缘：核心价值观教育的文化考察》，《理论导刊》2014 年第 3 期，第 85 页。
③ ［美］塞缪尔·亨廷顿：《文明的冲突与世界秩序的重建》，周琪、刘绯、张立平、王圆译，新华出版社 1998 年版，第 210 页。

创新发展和包容发展。“人工智能 + 大数据”文化发展既有必要认识、学习和掌握多元的他者文化，又有必要在道德选择中遵循一种主流文化、共识文化；既要紧紧围绕“人类命运共同体”建立现代数字新文化，以及将世界多元文化精华转入“人类命运共同体”文化范畴下来重构属于全人类的新文化，从而消解多元文化对公民道德选择能力的牵制；又要加强对多元文化的开发、利用与保护工作，使之并存发展、包容发展和创新发展，即让多元文化彰显人类文明的多样性。由此可见，公民道德选择在人工智能时代因文化价值多元而出现了一定程度的道德选择的价值标准、价值原则、价值导向和现实价值诉求等的差异性，且这种差异性极不利于公民在线上线下正确地作出道德价值最大化的道德选择，更不用说是否能培养公民道德选择能力了。

其次，经济社会的转型。人工智能和大数据融合发展的一个重要特征，就是融合社会活动中的“痛点”在创新发展，而这个“痛点”往往就是公民个性需求。即，这个“痛点”或个性需求既难以抓住和捕捉，也难以有实践路径和特殊手段来满足。此外，受个性需求在线上得到一定程度的科技遮蔽和法律制度不健全的自阻制约的影响，公民在线上满足需求中容易受到经济社会转型的诱惑，选择崇尚功利和追逐私利，忘记先义后利，而做不到义利同行，甚至忘义取利。特别是当适度“经济诱惑力”呈现眼前时，传统的道德伦理理念开始分崩离析，还美其名曰“个性需求”和“个性自由”，于是经济领域的土壤里埋下了一些一定程度的见利忘义的享乐主义、利己主义、奢靡主义污垢、毒素和种子，自然不利于推动公民道德选择能力提质，甚至在一定程度上反而会滋生出一些公民道德失范行为。

再次，熟人社会的消亡。人工智能时代构建起来的人类社会，是以高频互动的方式建立起来的人际交往圈。打破了地域限制、城市中心主义、家族主义，以及人际互动的时空观，削弱了熟人社会存在的诉求，甚至熟人社会反而成了交际死角，即人工智能时代呈现给人们的社会是地球村和数字社会。诚然，这样的数字社会虽然也有利于公民人际交往，但在这种熟悉又陌生中（高频互动实现从陌生到熟悉，而有科技遮蔽和线上的虚拟，以及不是现实的熟人，所以熟悉又成了陌生），出现数据外泄后的网络欺诈和不理性的信谣传谣等网络舆情，出现了“人情冷漠”与“集体热评”共存的道德情感极端现象，还出现了“陌生关系”与“熟人社会”的人际交往变得更加扑朔迷离的现象，甚至出现了对任何人事物往往先入为主地贴上“不可相信”和“值得疑问”标签的现象。正如“人的行为动机只有两种，要么出于爱，要么出于恐惧”①。可见，在一定程度上，数字社会一半是培养公民道德选择能力的“天堂”，而另一半却成为“培养”非理性选择、非道德选择的“地狱”。

最后，网络信息的发展。信息从纸质媒介走向了多媒体、从多媒体走向了自媒体，实现了“信息”向“网络信息”“信息数据”的转变和飞跃，实质上是人类强烈需求一种更加快速、更直接和更便宜的交际方式使然，也是人类在迫切需求“个性大数据”中与时俱进的发展使然。网络作为一种以公民个体为中心的新型便捷互动资源，传播速度快、影响范围广、保质期长和感受力强，具有超实性、生动性、即时性、共享性、开放性、脱域性和去中心化等特点。公民就利用这样的网络特点，发展网络信息，从而实现了信息传播的快、准、狠、利，随之也将一些色、赌、毒、恐、假信息（谣言）、传谣和诈骗等非理性和非道德行为一同悄然地放入了网络传播信息的“快车道”，一些公民生产生活也由此受到了严重影响和困扰，甚至一些公民不去利用科技解决美好生活需求反而堵住网络信息传播美好生产生活的社会功能。正因为如此，网络信息既能促进信息交流与传播，也能制约公民道德选择能力的培养。正如爱因斯坦指出的，“科学是一种强有力的工具。怎样用它，究竟是给人类带来幸福还是带来灾难，全取决于人自己，而不取决于工具”②。因此，在网络信息的发展中，必须注意公民道德选择能力的正向培养，防止网络信息滥用和反向“培养”。

综上所述，随着大数据网络化、智能化和全球化的不断发展，以及大数据“聚通用”一体化建成广泛应用，公民道德选择不仅经常要受到多元

① ［美］尼尔·唐纳德·沃尔什：《与神对话》，李维宏译，上海书店出版社2009年版，第56页。
② 《爱因斯坦文集》（第3卷），许良英、赵中立、张宣三译，商务印书馆2010年版，第56页。

的他者文化、经济社会转型、熟人社会消亡和网络信息发展等的价值反叛、反动和反噬困扰，以及道德选择的模糊、弱化的困扰，还要经常受到多元社会价值准则冲击地域性道德选择价值准则的消极影响，以及受到数据权利削弱公民自由选择权从而给个体数据所有权带来的消极影响和让公民公共网络空间独大并给网络行为的有效治理带来的消极影响等，这些消极影响均阻碍了公民道德选择能力培养，还阻碍了公民已有的道德选择能力发挥。

一、多元社会价值准则冲击地域性道德选择价值准则

海量数据背后的价值信息，不仅能反映线上的属于网络空间内的道德选择的价值准则，还能反映线下的属于各个国家、地区、民族、家庭、个体的道德选择的价值准则。这些信息大数据汇聚在一起，并让公民从中作出既符合线上又符合线下，既符合国内又符合国际等多种复杂社会文化和社会环境的道德选择，是一件非常耗时耗力耗财和考验智慧的系统性工程。也可以说，如果没有人工智能和大数据技术等现代高科技的助力，公民个体是根本无法完成这项巨大又复杂的信息工程的翻译和计算的。即，面对如此多元的价值标准，价值规范、价值导向、价值诉求之间的冲突和差异，公民将难以从中实现价值认同并作出道德选择行为。因此，这种价值准则的多元性严重冲击了地域性道德选择价值准则，并使得公民道德选择能力培养和已有的道德选择能力的发挥都受到了消极影响。

（一）线上线下道德选择的价值导向存在分歧

受正在建构的数字社会还处于初级阶段的影响，公民在线上线下道德选择的价值导向存在诸多的困扰、分歧和冲突。线上，可以说是全体公民在时刻以“不缺席”的方式参与或等待着参与“地球村”的每一个公民的道德价值选择的讨论，并可以发表来自他们自己的道德选择认知水平和经验的建设性意见或道德评论；线下，个体公民的道德选择认知水平和经验

无法直接地以数据形式表现出来，且个体公民的或群体公民的道德认知水平、经验又需要纳入道德价值判断的全过程。线上道德选择与线下的道德选择在其社会评价上也存在表现生态差异和生活体验差异。为此，线上线下的道德选择价值导向，概括起来主要反映了人与人、人与社会、人与自然之间的价值导向困扰与分歧。

1. 社会性人的自由发展与个体性人的自由发展存在两极误区

人工智能时代，与以往任何时代一样，目的还是指向人的自由全面发展。特别是“数能”的确立与认同，已大大促进了人类的自由全面发展。但是，人们在网络空间与自然现实的频繁穿梭中，往往忘记了去构建“真正的共同体”，忘记了真正追求全人类的自由全面发展，而是选择或广义或狭义的视角去理解人的自由全面发展，导致一些公民陷入过重强调个体性的人类自由全面发展或过重强调社会性的人类自由全面发展的两极误区，从而无法真正地构建理性、道德、合理的真实集体或称为“真正共同体”以实现人类自由全面发展。过重强调个体性的人类自由全面发展的专家、学者和公众常常认为，没有个体的自由全面发展，就没有全人类的自由全面发展，个体的自由全面发展是全人类的自由全面发展的基础和组成单元，所以应当重视个体的自由全面发展。这些人常常将个体的自由全面发展放在首位，往往忽略了这个基础性建设中必要考虑全人类的自由全面发展的建设，他们荒唐和固执地认为全人类的自由全面发展就是个体的自由全面发展的简单叠加。同样，过重强调社会性的人类自由全面发展的专家、学者和公众也常常认为，只有全人类的自由全面发展，即集体的自由全面发展才能使个体的自由全面得到发展。他们把这种全人类的自由全面发展看成是一个神圣的集体，并强调“集体主义”“集体利益”是高于一切的，甚至认为在一些领域和实践中可以约束个体的自由全面发展以保障社会性的人类自由全面发展。这种观点会让个体自由全面发展遭到禁锢。

上述的两极认识误区，在数字社会里，经常性和普遍性地存在着，有时还会凸显出来并活跃于社会中。例如，过重强调个体性的人类自由全面发展的行为，常常在线上线下表现为宣传个人主义、享乐主义、奢靡主义；

过重强调社会性的人类自由全面发展的行为，常常在线上线下表现为小团体和小圈子主义、码头主义和帮派文化等。实际上，两种极端认识误区均不利于公民道德选择能力培养，还会严重制约公民道德选择能力的正常发挥。

2. 人与社会关系中人性、义利和理欲等价值观践行混乱

人工智能时代，在网络空间中和现实社会中，公民在作出道德选择时，往往会借助智能终端和网络平台等现代科技产品功能的辅助，而非单纯地依靠知识和大数据本身，这就要求公民道德选择过程中重视人性观、义利观和理欲观来助力道德选择。人性观方面，人性是善是恶，尽管无法考证和确证，以至于一些公民在进行道德选择活动中，选择的路径、方式和方法都不尽相同。但是，主张人性为善者，为了保持人性持续性而努力着；主张人性为恶者，克服人性而取向善。特别是在数智道德选择中，主张人性为善者，竭力主张公民的个性自由和张扬，从而拓展人工智能和大数据在社会层面融合发展，展现出了更多的价值选择可能和道德选择可能；主张人性为恶者，则不主张公民个体的个性张扬，因为人性是恶的，是不契合社会生存规则的，也是不靠谱的，必须杜绝个性的宣扬和主张，从而使得个性需求得不到满足而处于压制状态。由此可见，人性论在道德选择中的参考价值很重要，是引导公民道德选择的活动基石和基点，只有人性使然或人性希望使然，公民的道德选择才可能是自由、自主的活动，否则即使作出了道德选择，也是非情愿的选择，是因要求和规定而作为，选择意义和选择价值明显弱于因要道德而作出的道德选择行为。

义利观方面，先义后利、先利后义和义利同行都曾引发了消极性的理解与认识分歧。首先，在先义后利过度强调义和道德的作用。在先义后利主张者看来，义大于利，义在前，其义是必然道德的选择；反之，利在先，义在后，往往容易导致见利忘义，甚至是自私自利。尽管这两种认识在客观社会中有一定的积极意义，但其融入当下的数据智能化社会活动时，必然会出现新的极端现象，即不是将义或道德看成社会治理的万能手段以反对人工智能和大数据与经济的融合，指出人工智能和大数据融合社会发展的诸多弊端和问题，就是无限夸大人工智能和大数据，以经济价值和收益来衡量一切发展。其次，先利后义，形成了诸多不正之风。在先利后义者看来，利是个体个性的需求，只有保障个体的利，才能追求义，甚至只有利才是最真实，义是名头，没有价值。再次，义利同行，在一定意义上还引发了平均主义。在义利同行的主张者看来，义利都要重视，应当不分彼此、随影同行、平分秋色。

理欲观方面，同样也存在一些误解。有公民认为，理欲观就是强调理性的需求，反对感性的需求。或者认为，只认可公民身心最基本、有限的需求，反对公民有限和理性需求以外的任何无限需求，即强调苦行。甚至在人工智能和大数据融合发展的人工智能时代，他们非常反感过度开发个性商品，因为这样的商业行为背后，难以守住理欲的底线。通过以上分析，义利、理欲等价值观的正确树立会有益于公民道德选择能力的培养，而错误的价值观会给公民道德选择带来损害，并引发社会无序和生存不续的可能。

（二）线上线下道德选择的价值准则存在差异

道德选择的价值准则，对公民来说，就是作出选择的价值准绳。但是，由于线上的价值准则与线下的价值准则存在生成环境不同，实现路径不同等，从而引发了核心价值准则的统一性不高、时代价值准则的稳定性不够强和分歧性较大、常规价值准则的应用操作性不强等消极问题。这严重制约了公民道德选择能力的培养及其培养质量的提升。

1. 核心价值准则统一性不高

传统社会和人工智能时代的线下，均有一定数量的公民认为，线上线下的道德选择都应当遵循一定价值的核心价值准则，但是却始终没能形成这样的愿望。据调研获悉，即便是在人工智能时代有较为普遍的公民在客观实践中自觉地遵循“自我解放与自由全面发展”的最高的核心价值原则，但是，在他们的认知中却又始终不太认可这个道德选择中的最高价值原则具有实践性。这种偏离，是人工智能时代处于初级阶段且公民道德选择能力提升水平没有跟进时代发展的步伐所致，即没有从实践中将道德选择的可指导理论提炼、升华和丰富起来。同时，这种偏离现象也是源于公民对这个核心价值准则的可实践性理解有偏见。这种偏见侧重强调，自我解放与自由全面发展是属于理论层面的，是难以实践落实和自觉践行的，更是不可定量考核的准则，是没有具体抓手的准则。诚然，这可能是人工智能时代道德选择实践中的公民没有看到，自我解放与自由全面发展是全人类自由解放、全面发展的基础和前提，是重要的组成单元和实现人类自由全面发展的必经过程；更没有看到，没有公民个体的自我解放与自由全面发展，就没有全人类自由解放、全面发展这种辩证统一和辩证发展的关系。可见，核心价值准则在实践中统一性不高，还需要理论凝练和教育宣传，进一步阐述其机理以提高实践指导性。

2. 时代价值准则分歧性较大

由于人工智能时代是在传统社会的基础上发展而来的新时代，虽有一脉相承之共性，但更为突出的是质变后的差异。相比于传统社会，人工智能和大数据能深度融合万物而具有创新发展的特性，当然，这就迫切需要找到融合发展的契合点和可融合点。即，人工智能时代的这个契合点和融合点往往需要在融合大数据社会发展中找到这个痛点并融合发展。然而，那些没有在人工智能和大数据产业、人工智能和大数据社会治理、人工智能和大数据教育、健康大数据等领域看到真正场景应用和体验的人，很难理解这样的价值准则的作用。相反，他们可能会反对这样的可融合发展之“痛点”融合学，甚至也看不到可以融合发展的痛点，以至于他们将一些别的概念收容在时代价值准则之下，但最终还是将这些准则规范到了与具体的社会“痛点”融合发展应用之中。实际上，不管现实如何，社会可融合发展的“痛点”正在倒逼、引领和规范着诸多领域融合进人工智能和大数据发展的进程中，借人工智能和大数据实现转型和升级，并借融合人工智能和大数据发展之机会谋求守正与创新发展。

3. 常规价值准则应用操作性不强

传统道德理论的诸多知识体系，都被应用到常规价值准则之列，使得这一常规准则“不常规”且“体格”庞大，涵盖了一门道德学科，必然在实际应用中操作困难。即，在公民实际道德选择中，需要参考的常规道德准则太多且不够精练，加之数智道德选择难以将道德伦理数据化，以及常规价值准则在人工智能时代应用率和应用操作性均不高、不强，甚至常常被直观的经济价值所代替。例如，社会中的某产品或服务融合人工智能和大数据发展，若出现了经济大收益，就认为是道德的选择，这实际上是没有看到道德选择与价值选择、经济价值之间的本质区别。尽管有学者试图将道德伦理数据化，倡导将道德伦理数据化后植入智能终端的中央处理器，从而控制且保障数智道德选择的道德价值，以防止智能终端非道德现象发生，但这项研究尚停留在理论成果层面，尚未转化为可实践地应用实操和可执行的道德生产力。① 换言之，常规价值准则因内容丰富和内容不够精练，在一定程度上导致了其在公民道德选择能力培养中，出现了一些不利于提高实际应用操作的负面影响，并受到了人工智能时代公民道德选择方面的轻视。

（三）线上线下道德选择的价值认同存在难点

由于网络空间倡导一种个性的张扬，人工智能和大数据也青睐深度融合人民美好生活的“痛点”而寻求创新发展，这引起了地域性的民风民俗与脱域性的网络文化在价值认同上的分歧，由此造成公民道德选择中人与人之间相互价值认同难和价值达成共识难的问题。因为民风民俗是地方性的道德选择价值导向，具有地域性、民族性，而网络空间里的道德选择价值导向是绝大多数的网民通过在网络空间里高频互动而生成的网络时空中的道德选择价值准则，其内容必然具有普遍性、脱域性、去中心化，以及具有深厚的网络空间“命运共同体”的特性。当两种价值导向放入一起并发挥效应时，不仅存在一些对民族情感的抵触情绪，还存在一些可能的民族文化与网络文化的对立态势，这必然在公民道德选择中呈现出线上线下

① 参见潘军：《AI 理性价值的隐忧与消解》，《自然辩证法通讯》2018 年第 4 期。

的价值认同难的问题，严重制约了公民道德选择的作出和道德选择能力培养的提升。

首先，文化应用场景不同带来认同难。民族地区的公民在线下进行道德选择有自由、热情、奔放的个性，有民族文化信仰的力量驱动，到了线上表现出一定的畏惧心理。究其原因，民族地区的文化情感至少有一种信仰的力量和地域中心主义支撑，而网络空间是虚拟的空间，科技遮蔽着一定的公民思想、行为和情感（在民族地区的人看来，一般人也无法解读其数据痕迹，同时民族地区数据化进程相对落后），网络空间就是一个较为涣散、较为杂乱的地方，不像民族地区至少有客观的人和信仰力量在维持这种道德选择准则和道德价值导向，因此文化应用场景不同必然带来一些价值认同难。

其次，文化差异性在出彩中也有别扭。例如，民族文化本身是极具有民族特色的文化，其特殊的地域性与网络空间的公共性、大众性、普遍性相比，必然会因为两种文化诸如生成条件不同等因素决定了其两种文化在一些内容上的区别和差异，否则人类文化将没有民族特色而出现惊人的完全一致性，失去民族文化特色，也就失去文化多样性和多彩的可能性、合理性和正当性，也就违背了文化发生学原理。所以这种差异恰恰是符合人类生存的需要和生存价值导向的。当然，这种差异和区别，也是无法完全消解的且是“允许存在”的客观文化现象。因此，两种文化的融合本身就不需要百分之百和做不到百分之百，而是必要保留、保护一定的民族文化和文化差异性存在。

最后，网络空间形成多元文化新生态。民族文化与他民族文化，在人工智能时代，都会碰撞在一起，于是民族文化之间的差异就比任何时代更容易呈现出来，甚至在网络空间上形成相互包容也相互激战的景象。任何一个民族的文化都想更出彩一些、占据核心地位一些、对社会更具价值一些，这也就悄然地形成一定限度地阻碍公民道德选择能力培养的网络空间的多元文化新生态。各种民族文化彼此存在，又相互牵制，时而相互合作，时而相互抵触。

二、数据权利削弱公民自由选择权及个体数据所有权

从人类着手将大数据“聚、通、用”一体化建设以来，特别是一般大数据智能终端普适性地拥有搜集、处理数据的功能后，在新技术都能够智能化封闭式循环地进行数据搜集、分析、加工、决策等和数据驱动功能后，“大数据赋予其他人轻而易举归纳、聚合或关联我们身份种种侧面的能力，却未经我们知情或同意”①。这使得公民的自由选择权和个体数据所有权随同身份隐私权问题，一同被大数据智能终端削弱。从此，智能终端拥有了大数据权利，包括搜集、储存、分析等处理数据的权利，而个体被边缘化在仅顺应规律和利用规律来指导道德选择的领域中。即，公民道德选择能力培养实质上是对智能机器的道德选择能力培养。

（一）数据智能化暴露了公民身份隐私权

1993 年，《纽约客》杂志刊登了标题为“*On the Internet, nobody knows you're a dag*”的一幅漫画，画面上是一只狗在电脑前敲打着键盘上网，网络上没有人知道它是谁。时隔七年后，2011 年克里斯托弗·普尔在一场报告里仍然自信地指出，公民的身份，即他是谁，是一个涉及多个维度和多个方面的复杂问题，单个人或一般群体即便有功利的诱导，也难以全面性地概括、归纳和总结。那么，与我们身份相关的价值观、道德伦理，也就更难以在这种情况下被详尽地概括、归纳和总结出来了。话音未落，一个没有隐私的时代突如其来。如果说漫画寓意很符合当时的社会发展，克里斯托弗·普尔所说的话也是客观真实的话，那么，一定是在 2011 年后发生翻天覆地的巨变，迎来了一个意想不到的全新时代——人工智能时代。

毋庸置疑，正如《爆发》一文所指出的大数据具有巨大的爆发性功能，能让漫画中的狗连同它爱吃的狗粮一起被暴露，何况是生活在高频互

① ［美］科德·戴维斯、道格·帕特森：《大数据伦理：平衡风险与创新》，赵亮、王健译，东北大学出版社 2016 年版，第 15 页。

动且信息流向多元领域的活生生生活在信息社会中的公民。所以涂子沛先生说，2013 年是大数据发展的元年，大数据经过这几年来持续性爆发性的增长和发展，其功能与地位发生了颠覆性变化，由此也被称为“颠覆性技术”或“新能源”。在大数据“聚、通、用”一体化建设之后，特别是在大数据抽取技术能将散存于不同时空的数据秒级聚合为完整的被动加工层①后，数据智能化变成了现实，大数据成了一种新的“智能”，不仅能强势、轻松地搜集个体身份数据，连同个体身份的一系列隐性信息都能被大数据挖掘和“秒级处理”分析并能迅速网传开来。未来甚至可以这样说，公民个体几乎不存在隐私，公民个体的所有信息都能被挖掘且分析出来，哪怕只是一些碎片化的信息数据作为基础分析数据。由此可见，未来的数据智能化，将完全暴露公民身份隐私权，公民将完全生活在一个不需要坦白的完全裸奔年代。

（二）数据智能化限制了公民自由选择权

当数据智能化暴露了关于公民个体身份、价值观和道德伦理水平等较为全面的信息后，公民的思想、行为和情感也都随之被暴露出来。身份信息是公民网络上的唯一验证信息，价值观信息是公民在网络空间中的行动导向，道德伦理水平信息、思想信息和情感信息等都是公民在社会生存中的生活质量和精神状态的记录，当这些信息都被较为全面地暴露、曝光或被他人掌管和利用后，公民的自由生活水平也就受到严重的挑战和威胁。即，公民想什么别人能知道，做和欲做什么别人也能知道，那公民就像一个“透明人”，赤裸裸地生活着，甚至思想、行为和情感都被安排着或受支配着，即便没有实质性的肉体伤害，但整个灵魂都好像无所谓需要思考，别人都能知道且事无巨细，人活着的价值与意义也可能会被削弱。尽管，人工智能时代尚处于弱人工智能阶段，还没有完全达成这样的景象，但这种大数据挖掘、分析和预测功能已然出现且以惊人的发展速度往前推进。

① 参见潘建红、潘军：《大数据时代个体数据理性化悖论与消解》，《甘肃社会科学》2018 年第 2 期。

例如，人脸识别技术完全实现了生活化，在没有携带银行卡的情况下，它能依靠刷脸消费支付和在银行的自动取款机上提取已存的现金。公民个人信息在人工智能时代，实质上是一种新型信息资产、价值能源、精神指数和幸福指数等。这些个人信息，一方面被理性应用，大大方便了公民道德选择；另一方面若被非理性、非道德选择行为暴露、曝光或被他人掌管和利用的话，公民个体在一定程度上将陷入被动局面，失去部分自由选择的能力和权利。

（三）数据智能化弱化了公民大数据所有权

大数据智能化中，关于公民自己的思想、行为和情感等信息数据的数据权利不被公民自己独自掌握。然而，恰恰就是这些数据，大量被应用于诸如智慧城市建设、智慧交通建设等现代智慧项目建设之中。例如，“通过分析各个手机信号发射塔之间的移动设备信号流量，他们能够掌握穿过各城市区域的人流移动的深层规律”①。同样的工作原理，社会活动中，人们许多数据就这样被有关社会组织掌控并利用着，甚至他们从来没有提出过要征求数据所有权人的同意或是寻找网络空间的数据是谁的等问题，他们讨论的是如何让大家的数据直接性开放与共享，甚至是承诺人们不会滥用其数据，但却悄然进行着商业收益等。美国科德·戴维斯和道格·帕特森在《大数据伦理：平衡风险与创新》一书便有如是之说。② 在一定意义上可以说，数据智能化，实质上是以高科技强劲地占有了数据权利，侵占的往往是公民社会活动中的留痕信息、个人身份信息和个体身心信息等。

公民大数据所有权，往往包括大数据的拥有权、使用权、支配权和收益权等。在人工智能时代，这些数据权利统统被侵占。数据拥有权，一般来说就是掌管属于公民自己的信息数据的权利。受大数据搜集技术、挖掘

---

① ［美］科德·戴维斯、道格·帕特森：《大数据伦理：平衡风险与创新》，赵亮、王健译，东北大学出版社 2016 年版，第 33 页。

② ［美］科德·戴维斯、道格·帕特森：《大数据伦理：平衡风险与创新》，赵亮、王健译，东北大学出版社 2016 年版。

技术、储存技术和可复制技术等的引领和制约，公民掌管的数据拥有权恐怕只能是一些如著作的信息数据和一些不太涉及网络留痕的信息数据，而涉及网络留痕信息数据几乎都被网络商业平台、三大运营商、智能终端生产商、软件开发商和掌握现代核心高新技术的巨头企业及各级政府部门等掌握着。使用权，与拥有权一样，谁拥有数据，谁就在客观现实中使用、支配和收益着。因为即便公民自己知道或不知道其数据权被侵占，都没有实力保护这样的数据权。一方面，公民没有科技平台和技能支撑让数据留存在自己身边为己所用，若将关于公民自己的海量信息数据完全交给公民自己储存和管理，公民个体也不具备安全管理的能力，即公民没有人力、财力、物力和技术力来保障信息数据价值的安全与价值发挥。另一方面，对于拥有巨量数据的操控者来说，某一个体的信息数据也不影响他们操控的大数据价值，甚至他们能将操控的数据再生成或还原公民的个体信息。因此，人工智能时代，信息技术本身导致的信息主权分流和公民掌握科技的落后性，必然弱化公民大数据所有权及其价值。

三、公民公共网络空间独大且行为缺失有效治理体系

“网络空间治理与国家治理具有同构性，网络空间治理是国家治理的重要领域，推进国家治理现代化必然要求加强网络空间治理”①。但网络空间治理，在早些年间却遇到了没有明确的稳定的研究概念、内容和界线的难题和困境，如“网络空间治理”“互联网空间治理”“赛博空间治理”等概念就没有得到严谨的区分和厘清研究。为此，习近平总书记于 2016 年 4 月 19 日在网络安全和信息化工作座谈会上就明确指出：“网络空间是亿万民众共同的精神家园。网络空间天朗气清、生态良好，符合人民利益。网络空间乌烟瘴气、生态恶化，不符合人民利益”②。习近平总书记还于 2018 年 4 月 21 日再一次在全国网络安全和信息化工作会议上讲话，进一步明确

---

① 杨怀中、朱文华：《网络空间治理及其伦理秩序建构》，《自然辩证法研究》2018 年第 2 期。

② 习近平：《在网络安全和信息化工作座谈会上的讲话》，《人民日报》2016 年 4 月 26 日。

指示，“国际网络空间治理应该坚持多边参与、多方参与，发挥政府、国际组织、互联网企业、技术社群、民间机构、公民个人等各种主体作用”①。这些讲话旗帜鲜明地提出了“网络空间治理”的概念，并确立其为确定性的研究对象，于是一些学者致力于网络空间治理研究，并得到了一系列丰硕的研究成果，“包括网络空间基础设施、标准、法律、社会文化、经济、发展等多方面内容成果”②。这些成果值得充分肯定，是网络空间治理不可或缺的治理资源，起到网络空间秩序化、规范化和智能化等作用。但是，网络空间最突出的特点在于它的独大性、脱域性、全球化和去中心化，以及平等的国际性社会和新空间。③ 而针对这些突出特征还不可避免地引发了诸多社会问题，其治理效果还不尽如人意，存在较大的研究空间可供拓展，如网络空间治理还存在治理人员“缺位”、治理文化“缺智”、治理范围“缺线”、治理手段“缺力”等治理体系缺失和不足的问题。

网络空间的独大性、脱域性、全球化和去中心化，以及平等的国际性社会和新空间等特征，使得人们青睐于借助人工智能和大数据技术等现代科技助力人际交往。这样一来，公民在社会活动中的网络角色与现实身份之间受网络隐匿性影响而存在一定的分离，即身体可以“不在场”，但主体意识、意愿和精神思想却始终没有“离场”。囿于传统道德选择规范作用式微以及网络空间的虚拟赋权，式微的传统道德选择的道德伦理也就难以适应和有效指导网络空间伦理秩序治理，于是网络空间出现乌烟瘴气现象，即整个网络空间的生态出现恶化。一方面，人工智能和大数据技术等现代科技的副作用引发道德伦理恐慌。众所周知，但凡是科学技术均具有两面性，它带给公民欢快和便捷生产生活的同时，也带给公民焦虑和道德伦理困扰。即“还应该特别注意的是，网络技术本身的‘可行’并不直接

① 习近平：《习近平在全国网络安全和信息化工作会议上强调：敏锐抓住信息化发展历史机遇，自主创新推进网络强国建设》，《人民日报》2018 年 4 月 22 日。

② Panayotis A. Yannakogeorgos. *Internet Governance and National Security*, International Strategic Studies Quarterly, 2012 (3), pp. 103.

③ 参见杨怀中：《“网络社会”的伦理分析及对策》，《武汉理工大学学报》（社会科学版）2001 年第 2 期。

等同于网络道德之‘应该’”①。由于网络空间道德伦理建设与人工智能和大数据技术等现代高科技之间出现不平衡不充分不协调发展，新技术在没有与之配套的道德伦理平衡和调控下，被一些拥有科技能力的人和组织人为地控制和制约，新技术也因此出现失控和异化现象。例如，2017 年的两场大规模“勒索病毒事件”，就是具有科技能力的人员和组织实施的网络空间侵权案件，这严重扰乱了网络空间道德伦理秩序，致使公民的安全感削弱，焦虑、恐慌情绪的上升，以及在人工智能时代质疑和不信任人工智能和大数据技术等现代科技的心理渐渐滋生与壮大。另一方面，网络空间独大性、脱域性、全球化、去中心化和虚拟特性，造成人际交往的道德伦理关系紧张。网络空间是基于人工智能和大数据技术等现代科技而构建的电子空间或称数据空间，与公民的自然地域性空间不一样，没有活生生的人，即“物理身躯距离”往往是千里、万里，人际交流只有数据化的“思想”，根本不需要拖动昂贵的物理身体，即便是一些感情交流也往往通过数据来传递，以虚拟的网络视频、语音和数据符号以及数据驱动的智能终端来实现。这些看似能给公民带来便捷化生产生活的科技，却也给了部分公民利用其网络空间独大性、脱域性、全球化、去中心化和虚拟等特性而假扮身份交际的机会，并导致一些身份扭曲、角色混乱、行为越轨的事件发生。例如，网络商业欺诈、虚拟婚配情感、网络模拟杀人等，使得线上线下公民个体有两种生活，甚至迷恋于网络空间生活，诱使部分人做出将网络空间行为延伸到现实社会中的事情，从而引发道德伦理、违法违纪的重大、特大和稀奇事件。同时，网络空间的“过度热评”和“集体沉默”导致道德伦理共识价值削弱。网络空间的“过度热评”和“集体沉默”现象，实质上涉及某个体或某群体利益与情感的外在表征，是反映他们现实诉求的一种网络舆论。因此，一个看似不关联、平常和寻常的网络“公共议题”，往往却可能激起阶层矛盾、价值偏离和利益争执，导致道德伦理失范和社会秩序混乱，甚至出现偏激性、极端性言行传播，并形成非理性的

① 孙伟平、贾旭东：《关于“网络社会”的道德思考》，《哲学研究》1998 年第 8 期，第 12 页。

网络空间审判。或者以“集体沉默”的方式形成道德冷漠，让人们心寒并给网络空间贴上冰冷的信任危机标签。

（一）网络空间的治理人员“缺位”

纵观任何一种关于网络空间治理的所谓“最先进性”措施，最核心的治理要素，始终离不开“制造网络空间的人”本身。也就是说，离开了人，一切科技的、宗教的或者目前还不知道的治理办法终将失去效率。因为只有人在网络空间治理中才能起着至关重要的主体性和主导性作用，所以网络空间治理，将人这一“主体”纳入其治理范围能起根本性和决定性的作用，特别是对其主体进行不同的细分，包括公民个体、公民群体、由公民建立的社会组织和社会团体、由公民建立的政府和国际组织等不同主体均纳入其治理，必将有利于网络空间治理的主体性问题和根本性问题得以解决，从而带动整个网络空间若干问题的解决。其中具有代表性的研究成果有：通过博弈仿真分析、[①] 仿真实验分析、[②] 系统动力学分析提出了地方政府是网络空间治理主体的观点，[③] 在他们看来，“国家是保证虚拟空间中自由民主的最佳执行人”[④]；根据联合国互联网治理工作组的研究定义，有学者提出多利益攸关方治理模式，意思是让所有与互联网治理攸关的行为体，都参与网络空间治理，包括公民、社会、企业组织、各国政府、国际组织等；[⑤] 劳伦斯·莱斯格认为，“代码就像现实空间的架构，也是一种治理”[⑥]。为此，国际电信和互联网治理机构均比较排斥主权国家的干预，倡导网络空间进行自治。但是，到底什么样的人是网络空间治理的主要人

---

① 参见姚引良、刘波、郭雪松等：《地方政府网络治理形成与运行机制博弈仿真分析》，《中国软科学》2012 年第 10 期。

② 参见陈永国、邓倩妮：《网络舆情治理机制的仿真实验研究》，《上海交通大学学报》（社会科学版）2014 年第 5 期。

③ 参见高航：《政府舆情应对能力系统动力学建模与仿真研究》，《情报科学》2016 年第 2 期。

④ 李斌：《网络政治学导论》，中国社会科学出版社 2006 年版，第 401 页。

⑤ 参见 WGIG，Working Group on Internet Governance，“*Report of the Working Group on Internet Governance*”，Chateau de Bossey，Switzerland，June 2005。

⑥ ［美］劳伦斯·莱斯格：《代码：塑造网络空间的法律》，李旭译，中信出版社 2004 年版，第 125 页。

员呢？有学者提出是政府，也有学者提出是公民或者是网民，还有提出是多元主体。这些方案在一定意义上说明了网络空间应当由人来治理，阐释清楚了公民、网民、政府、企业以及一些相关社会组织、团体和企业的责任，但却始终没有明确哪些专门人群和由哪些人组成的专门组织对这一空间治理担当起主要职责和负起主要责任。“九龙治水”的局面出现了，即网络空间治理存在严重的治理人员缺位和网络空间治理乱象等问题。

（二）网络空间的治理文化“缺智”

网络空间在传播文化的同时，也生成了属于网络空间自己的文化。为此，网络空间治理要确立人（包括自然人和法人）进行治理外，还应当确立一定的价值文化引领，即对网络空间所传播的文化和属于它自己的文化进行有效的协同管理。否则，网络治理将在没有价值标准和没有价值指向的情况下失去治理的意义和目的。那么，什么样的价值文化才符合网络空间治理的价值之所在呢？正如梅塞纳所指出的，“技术为人类的选择与行为创造了新的可能性，但也使得对这些可能性的处置陷于一种不确定的状态。技术产生什么影响，服务于什么目的，都不是技术本身所固有的，而取决于人们用技术来做什么”①。大量学者投入网络空间用来做什么和达到什么目的的研究，并以其研究宗旨来强化网络空间治理的文化建设，这可能会带来一些能够引领网络空间发展的价值导向。

著名的思想政治教育学专家张耀灿先生认为，促进人在社会中的生存与发展是马克思主义人学视野中德育的本原目的。诚然，网络空间的一切运行价值和存在的必要性，就在于为了人而服务人和致力于人的自由全面发展。这样的目的和价值旨归不仅有利于人类文明与进步，还将有利于网络空间研究、应用和发展，并有利于将网络空间治理推向新的价值高度。不过，这样的价值目标至今仅取得了少数的研究成果，尚未形成体系化、规范化和理论化的网络空间价值文化、发展文化、治理文化等方面的理论

① Emmanul G Mesthene. *Technological Change*: *Its Ipact Man and Society*, New American Library, 1970, pp. 60.

体系。与之相反，一些假、大、空的价值目标趁机侵入且获得了一些应用机会，部分公民或由部分公民组成的小组织机构利用其网络空间特性，将网络空间的运行目标调整为个体性和团体性的利益服务，这使网络空间治理出现了价值文化漏洞，并酿成和带来了一些非理性非道德现象的产生。

（三）网络空间的治理范围“缺线”

面对网络空间治理，需先对相关治理作出一个清晰的范围和边界界定，然后才能够治理有方。其网络治理总不能超越自己“空间领土”范围或超越“国界范围”去搞治理。而现实中，受各种因素影响，恰恰就缺失网络治理的范围界定研究。一方面，网络空间的结构性核心技术和资源较为集中地被个别人员、个别群体、个别地区和个别国家紧紧地掌控着，导致网络空间治理对大多数公民来说只是“空头支票”，因为如网民等参与治理主体都需要没有“领地”的零边界才是其治理范围，以及对一些“实权派”的人员和组织机构来说，没有边界才是他们的治理范围。例如，网络空间最为核心的“域名根服务器”，全球共有 13 台，而美国地域内有 10 台，欧洲 2 台，亚洲仅有 1 台，这就意味着对全球网络域名的最大解析权在美国。美国可以随时随地免费共享网络空间资源，还让公民感恩于他们。另一方面，公民自觉对其网络空间进行治理，其治理的目标没有具体和细化的治理标准。由于治理范围和目标不明确，治理界线和结构不清晰，形成了人人都要管而人人都管不了的“虚幻管理公地”格局，出现无人问津的尴尬局面。由此可见，网络空间治理范围严重“缺线”，导致一些公民、地区、组织和国家丧失了维护网络空间平等发展的主动权、参与权和治理权，也导致了一些强势的个体、群体和组织的话语权等的垄断化和集权化。例如，包括话语权和规则制定权以及掌握前沿科技和资源的支配、收益等权利，就被掌握在某些强势和垄断组织手中，这些“有权派”以权欺压，以权剥削，致使公民生活在非平等、非正义、非和谐的网络空间内。

（四）网络空间的治理手段“缺力”

网络空间构建，始于 20 世纪 60 年代初互联网创建，由万维网的鼻祖蒂姆·伯纳斯·李，经历精心构想（1989年），终于1991年隆重推出，1993年至1994年获得普及推广使用。同时，网络空间治理的手段研究也随之兴起，截至目前研究硕果颇多，夯实了网络空间治理基础，丰富了经验。从治理的手段来看，网络空间治理实现了从单一政府治理走向了网络空间的综合治理，即从过去主要依靠行政命令为主的治理方式，逐渐走向了依靠法律规范、科学技术和道德伦理共同治理的三元治理结构，形成了综合性的“他律+自律”的治理模式。从成效来看，尽管在上述的治理手段上取得诸多成绩，但网络空间治理问题依然任重而道远，一些急需高效治理的急症和无法治理的顽疾依然顽固地存在着。

随着人工智能和大数据技术、网络技术等现代科技的进一步创新升级发展和深度融合发展，网络公共空间的生成、稳定和繁荣也进一步得到了资源性、技术性保障。但也不可否认，科技特性依然存在缺陷：依靠技术对抗技术，而技术与技术的对抗中我们要等待下一个更为先进的技术诞生和技术本身的新突破①，甚至固执地鼓励公民坚信，科技的胜利“是人类具有最大幸福和崇高道德的保证”②。从长远来看，“互联网也要遵守国家的法律，互联网上也要有秩序，没有秩序不行，那会阻碍互联网的发展。我们的法律规定并没有去控制网络，它们实际上是维持秩序的”③ 安·德鲁·查德威克也曾认为，“研究发现，认真构建和严格实施网络规则，可以使讨论围绕着主题展开，并促使参与者证实其结论而不是简单地发表意见”④。正因为如此，我国出台了一系列法规政策。例如，作为中国大数据中心基地的贵州贵阳，紧紧围绕大数据发展，率先制定了许多实用性的地方规章制度，为网络空间治理，积累了法律治理的经验。但网络空间治理发展历程毕竟较短，立法质量和执行效率方面仍存在一些问题。其突出的

---

① 潘军、罗用能：《勒索病毒事件的科技伦理隐忧与消解》，《长沙理工大学学报》（社会科学版）2018年第3期。

② 张之沧：《论科学的道德属性》，《光明日报》2004年6月22日。

③ ［美］罗伯斯·罗伦斯·库恩：《中国三十年：人类社会的一次伟大变迁》，吕鹏、李荣山等译，上海人民出版社2008年版，第370页。

④ ［英］安德鲁·查德威克：《互联网政治学：国家、公民与新传播技术》，任孟山译，华夏出版社2010年版，第146页。

表现有：覆盖率不高，数权保护、隐私权保护、知识产权保护、虚拟财物保护具有不确定性和不稳定性；规则细化程度不高，实践可操作性和应用性困难；立法倾向上实体法与程序法配套率不高，过于重视权利与义务的确立，一定意义上忽视了权利和义务的实践方式、路径。① 如果说法律制度、技术控制是相对刚性的治理手段尚不太适合网络空间治理的话，那么道德伦理规范则带有更鲜明的柔性治理色彩。②为此，科技道德伦理治理一时被提高到一定高度，并被全社会所关注、重视与应用。但道德决定论也不完全正确，它为网络空间治理带来引领的同时也带来了困扰，使得人类好像生活在某种文明的火山上。综上所述，网络空间治理的手段依旧“乏力”，亟待深入研究。

第三节 人工智能时代公民道德选择能力培养的问题

结合前面对人工智能时代公民道德选择能力培养的积极影响与消极影响之事实分析，我们不难看出，人工智能时代公民道德选择能力培养取得了前所未有的突破性发展，同时也凸显出诸多重难点和痛热点问题。这些重难点、痛热点问题涉及人类社会生产生活的方方面面，有网络空间方面的问题，有选择融合应用方面的问题，有传播和传承方面的问题，有社会思潮方面的问题，有科学技术方面的问题，有公民身心方面的问题，也有社会环境方面的问题，还有价值导向和文化建设等方面的问题。既包括人工智能时代公民道德选择能力培养的载体、路径、方式、方法、理论基础、理论依据、实践经验等方面的问题，又涉及人文建设以及身心健康等事关公民道德选择能力培养生态圈建设与发展方面的问题。因此，厘清问题并追问问题的根本原因，不仅有益于问题的解决，还有益于人工智能时代公民道德选择能力培养的提升和体系化、规范化建设与发展。

---

①② 时影、罗亮：《网络公共空间的有效治理：目标、主体与手段》，《中共天津市委党校学报》2016 年第 6 期。

一、人工智能时代网络时空的问题

数据显示，2022 年年底“全国电话用户净增 3933 万户，总数达到 18.63 亿户。其中，移动电话用户总数 16.83 亿户，全年净增 4062 万户，普及率为 119.2 部/百人，比上一年年末提高 2.9 部/百人”①。同时，“2022 年电信业务收入累计完成 1.58 万亿元，比上年增长 8%”②。其中，“完成固定互联网宽带接入业务收入 2402 亿元，比上年增长 7.1%”，“完成移动数据流量业务收入 6397 亿元，比上一年增长 0.3%”③，特别是“数据中心、云计算、大数据、物联网等新兴业务快速发展，2022 年共完成业务收入 3072 亿元，比上一年增长 32.4%”④。如此巨大的网络使用率和普及率表明，说明现实社会已然被大数据、互联网、云计算及人工智能包围，社会生产生活各个方面被大数据的脱域性、去中心化、共时性、超实性、便捷性、主体个性、开放性、虚拟性、高频互动性和个性自由等特征所充斥，整个社会走进了“数字经济”“数字政府”和“数字社会”的人工智能时代。公众的社会活动网络时空由“现实时空 + 网络时空”融合而成，是由各个单位的原子和比特高度融合而成的且是不可分割的世界。换言之，人工智能时代的公民社会活动网络时空是一个以大数据资源、人工智能和大数据技术等现代科技为驱动力的，由节点纽带和流量组成的流动性空间。⑤ 其中，“节点”包括庞大和分散的网络用户——各国公民，以及大型网络服务供应商。连接节点的是“纽带”⑥，如种类繁多的软件、电缆、交换器、TCP/IP 网络连接协议和穿梭在网络时空中的神秘精灵“流量”，以及各国个体公民的个人信息等软件、硬件设备和资源。⑦为此，网络时空是

①②③④ 运行监测协调局：《2022 年通信业统计公报》，中华人民共和国工业和信息化部 2023 年 1 月 19 日，网址 https：//www. miit. gov. cn/gxsj/tjfx/txy/art/2023/art_77b586a554e64763ab2c2888dcf0b9e3. html。

⑤ Darin barney：《网络社会的概念：科技、经济、政治与认同》，黄守义译，韦伯文化国际出版有限公司 2012 年版，第 31 页。

⑥⑦ 张新宝、许可：《网络空间主权的治理模式及其制度构建》，《中国社会科学》2016 年第 8 期。

虚拟和现实世界间的“跨越式联结”，是一种“数字化生存”状态，又称为“网络空间”或者“赛博空间”，具有较强的互动性和脱域性。它有别于现实社会，又时刻起到联系和连接现实社会的作用；它脱胎于现实社会，又是独立的时空，是一个依赖于物理场所和国家领地的一个福柯意义上的“异托邦”。公民处在这样的网络社会中，经常要受到其结构功能等的影响和制约，引起意识、精神方面发生变化，进而导致一些道德选择困难和问题的出现，必然会削弱公民道德选择能力的培养与发挥。

（一）网络时空主权争议对公民道德选择能力培养的削弱问题

人工智能时代，大数据资源、人工智能和大数据技术等现代科技共同建立起来的网络时空具有交融性和独立性，既有融通现实社会这个广阔的地域时空的一面，又有区分现实社会的物理时空的一面。在现实社会中，受国家主权的价值诉求和时代发展的影响，世界各国既会捍卫其物理时空、地域时空的主权，同时也会积极主动地与网络时空“互联、互通、互动”以适应网络时空，主张网络空间的国家主权和反对消解国家主权的“网络自身主权论”且试图弱化国家主权的“多利益攸关方治理模式”。世界各国尤其是西方大国强国集团便会组织和创设相关机构，行使管辖权和主张新秩序。这些举动可能会引发网络时空主权的争议，进而对公民的道德选择能力培养产生一定的削弱作用。

（1）国家主权论对公民道德选择能力培养的削弱。若网络时空的主权是国家主权在网络空间的自然延伸，那么虚拟的网络时空与物理的现实时空之间的差异如何厘清，公民个体信息和网络痕迹或者隐私信息和跨国留痕数据信息到底有无可能性获得所有权，以及网络时空的所有权与国家主权之间如何平衡发展与交融发展等，这些问题皆引起了社会的高度关注。因为这些问题关系到公民的切身利益与道德追求，特别是在公民道德选择中，当个体数据所有权与国家主权之间产生利益不一致时，甚至是与网络时空中多个主权国家利益不一致时，公民信息数据的使用权、支配权、收益权、处置权和安全权，会在一定程度上引起公民自身担忧，从而弱化公民道德选择的信心和动力。此外，国家主权还在一定程度上引起了网络时空建立的社会组织及其内部公民道德选择能力的弱化。因为这些组织和公民害怕网络空间搭建中的资源与技术排他性，主要缘于一些重要资源和核心技术是由特殊人员和特殊组织机构提供和占有的，是他们为之付出了辛劳、智慧和资本，必然一般主体是难以享有相关权益。从制造者的视角来看，他们应当有一定的"权利"，这些权利往往是跨越国度的，即便与国家主权或多个国家主权之间存在一定的合作性和双赢性，但是，更存在着差异性和排他性。如何平衡所有权归属是他们心里的疑虑，甚至成为他们掌控网络时空资源与技术价值选择的痛点，也影响了整个网络时空发展的价值导向。

（2）网络自身主权论对公民道德选择能力培养的削弱。网络自身主权论认为，网络时空是助力人类个性自由和个性解放的科技集合体，是个性需求的"满足工具"，也是言论自由的工具。这种论调进一步认为，为了保障公民的个性自由、个体需求和言论自由等，就应该放弃和拒绝国家干预，就应当由网络自身行使主权和引领网络时空治理。①然而，网络时空并非自在自为之物，也并非法外之地，而是由一定地域性的主权国家参与主导构建、保障治理，才得以塑造起来的"人为之物"和"秩序空间"。没有国家强有力的秩序保障，一切时空内谈论自由便是不现实的。为此，网络自身主权论最大的不足和问题不是国家主权的反应过度，而是怕国家主体根本没反应，② 或者反应过慢，错失了事前监管而导致网络安全危机事件。鉴于此，网络自身主权论，在一定意义上过度宣扬个性，容易导致个性的需求膨胀，最终出现非理性、非道德现象，如黄赌毒，一些网络暴力、欺诈、热评等，以及一些危及国家安全的事件，这些都能直接地影响公民道德选择能力培养的信心。

（3）多利益攸关方治理模式对公民道德选择能力培养的削弱。多利益

① Larry Diamond, *Liberation Technology*, Journal of Democracy, vol. 21, no. 3, 2010, pp. 70。

② Jack Goldsmith and Tim WU, *Who Controls the Internet*? Illusion of World, Oxford: Oxford University Press, 2006, pp. 145。

攸关方治理模式首次提出于2005年，由联合国在信息社会世界高峰会上以通过的《突尼斯议程》呈现。这种治理模式旨在协调多利益攸关方通力合作、各尽所能，共建共享共治网络时空。运行模式的主要特征为：去中心化，没有中心权威；采取包容性和平等性原则来处理各利益攸关方之间的权利和义务问题；所有的决策都来自利益攸关方的同意与合作。① 这个治理方案看似公平、民主、平稳和平和，甚至被一些人称为是较为完美的运行模式，实际上却存在着重大的缺陷与问题。首先，利益攸关方的对象边界在确定性上是模糊的，没有公民和组织来专门界定哪些公民和组织是利益攸关对象。特别是广义的利益攸关，更是普及每一位网民，形成了人人都是利益攸关的假象。同时，攸关方利益的确定应当根据利益攸关的大小和多少来确定并分配相应的话语权，可是，这方面没有具体、精准和确定性的体制机制来保障，特别是其代表权往往被操纵或滥用。② 其次，即便是确定性的利益攸关方，也会表现出履职积极与消极的差异。例如，专业化的技术团体和商业组织，他们从中获益又大又多，往往表现得很积极，而一般网民则可能消极履职，甚至参政议事缺席。这就给网络时空的治理留下了安全隐患和难题，使得一些事关网络时空发展的决定由大利益集团把控。再次，有削弱国家主权事实，公民在网络时空中的行为将得不到及时的保护和控制。最后，“包容性”得不到落实，在一定程度上会陷入社群主义泥潭，形成一些隐蔽力量，歧视、隐私信息黑市、资源抢占、夺占和强占事件会时有发生。③

（4）网络时空中个体身份对公民道德选择能力培养的削弱问题。网络时空中个体身份，是一组独一无二地描述网络时空中虚拟公民个人信息的数据，亦称“数字身份”或“在线身份”。当公民经常穿梭于线上线下时，

---

① 张新宝、许可：《网络空间主权的治理模式及其制度构建》，《中国社会科学》2016年第8期。

② ［美］弥尔顿·L. 穆勒：《网络与国家：互联网治理的全球政治学》，周程译，上海交通大学出版社2015年版，第318页。

③ Neil Weinstock Netanel，*Cyberspace Self – Governance：A Sceptical View from Liberal Democratic Theory*，California Law Review，vol. 88，no. 2，2000，pp. 395 – 498。

身份就会产生如下问题：一个人不止一个有效的数据身份或在线身份；数字身份或在线身份可随时间流逝而变化。为此，数字身份或在线身份的不确定性、不唯一性和不排他性，会引发有人使用假身份、冒名和匿名等行为发生。一方面，由于互联网上具有私人信息的可获得性，身份盗用事件迅速上升；另一方面，由于海量数据可搜集与可分析，数字身份越来越容易被挖掘和解析出来。

（二）网络时空应用对公民道德选择能力培养的削弱问题

早在2005年，美国率先将网络时空归类于“全球公域”，然而在实际的应用中，网络时空应用的普遍性、开放性，给人类带来的“公域”就是“自由地”、就是“科技遮蔽地”的错觉。这造成很大的负面影响，并引发了许多社会问题。有关数据显示，近九成的网络时空为私人拥有。[①] 可见，网络时空的应用，处在“公私混合”格局中而难以厘清其应用规则和秩序，当然，这也就不利于公民道德选择能力的培养和提升。

（1）公民的身体退隐的问题。人工智能时代的一个显著的特征是能将公民的物理身体退隐，从而以虚拟的身份在网络空间有意识地展开评论等活动；同时，受长期将现实的个体隐退于网络时空之中的影响，公民个体在实践中的道德体验感减弱，可能酿成道德选择能力随之减弱的问题。因为网络空间是一个数据的世界，也是一个“匿名”的世界，尽管现实的线下公民个体与线上的虚拟公民个体有映射关系，但这种映射关系不是绝对的对应关系，甚至有些公民个体为了避免数据隐私泄露，往往对自身身份加以修饰或粉饰，形成现实与虚拟对峙、“前台”与“后台”颠倒、“在场”与“不在场”错位等状态。于是一些道德信仰不稳定者和不坚定的公民，假借身体退隐的状态，行走在道德边缘，甚至忘记和放弃道德的边界和约束，一味地追求网络空间的个性与自由，一些道德失范行为、道德冷漠等非理性、非道德选择行为时有发生，这必然要减弱公民道德选择能力，

---

① Scott J. Shackelford, Toward Cyberpeace: *Managing Cyberattacks Through Polycentric Governance*, American University Law Review, vol. 62, no. 5, 2013, pp. 1288。

更谈不上培养和提高的问题了。

（2）道德经验疏离问题。在人工智能时代，公民道德选择不再完全依靠道德知识、道德信仰、道德情感等，而是基于智能化的人工智能和大数据技术对海量数据的关联性分析而做出相应的道德选择。故从一定意义上讲，道德经验式微现象将随着数据化进程的深度化发展而严重起来。道德经验，是指人们在义与利的关系境遇中能够做到利弊权衡和兼顾义利而做“道德人”的经验。恩格斯指出：“人们自觉地或不自觉地，归根结底总是从他们阶级地位所依据的实际关系中——从他们进行生产和交换的经济关系中，获得自己的伦理观念。”① 这里的“伦理观念”包含道德经验。因此，公民道德经验的疏离，也在一定程度上不利于培养和提升公民道德选择能力。

（3）道德自由放逐问题。由于数字社会中公民身体退隐、熟人社会消亡、人际交往虚拟化、线上规范与禁忌的不确定、责任主体的“虚、空、飘”等问题的出现，公民主体行为将会出现异变。不仅消极自由情况下的道德选择底线可能会被突破，而且积极自由情况下的道德选择也面临着削弱的生态。正如哈耶克指出的，“一个人不受其他人或某些人武断意志的强制，这种状态常常被看作‘个人的’或‘人身的’自由”②，且会走向非理性和非道德的边缘，必然削弱其已有的道德选择能力。

（三）网络时空治理对公民道德选择能力培养的削弱问题

（1）网络时空治理体制机制效率较低。由于网络时空是一个新的空间，人们对其研究有限，因此通过研究而建立起来的体制机制具有宏观性，还不够具体和不够精准，以至于常常引发一些争端且无法找到相应的制度规范加以治理。例如，网络空间中存在的过度宣扬网络自由的观点，便推动了欧盟相关法规规定和政策的出台。这些法规要保护用户自由访问网络

---

① 《马克思恩格斯选集》第3卷，人民出版社2012年版，第470页。

② ［英］弗里德时希·哈耶克：《自由宪章》，杨玉生、冯元兴译，中国社会科学出版社1999年版，第28页。

的权利，要保护公民的个人隐私和尊严，要维护公民言论自由和人权，但是，在“自由”和“秩序”之间，他们常常偏向于维护网络自由。而一些发展中国家，尽管制度建设上也有类似要求，但是在“自由”和“秩序”之间，他们往往选择“秩序”治理。这就让公民生活在同一网络时空，感受到多种处理标准，严重影响了公民道德选择能力的培养，因为公民难以选择遵循哪一个道德选择标准来处理国际事务。

（2）公民个人网络信息安全隐患骤增。随着大数据资源的剧增，以及云计算、人工智能、万物互联、5G 和 6G 移动网络开发与应用等新事物、新资源和新技术的蓬勃发展，网络安全隐患以各种新的形式迅速涌现。“据斯诺登宣称，包括微软、雅虎、谷歌、脸书、苹果等互联网巨头在内的美国网络科技公司都加入了‘棱镜计划’，任何使用以上公司服务的境外客户及与国外人士通信的美国公民都成了该计划允许监听的对象”①②；“另据德国《明镜周刊》报道，美国国家安全局（NSA）在 2009 年针对 100 多名他国政要进行暗中监视，并为此设置了专门数据库，其中包含数百份关于德国前总理默克尔、马来西亚前总理巴达维和乌克兰前总理季莫申科的报告”③④。诚然，数据泄露在中国也有发生，截至 2022 年 6 月，网民个人信息遭遇泄露约 21.8%；2022 年 7 月境内被篡改网站数量 3713 个，境内被植入后门的网站数量 1960 个。⑤由此可见，泄露数据事件的发生，充分暴露了公民个人网络信息安全隐患的骤增。即这种安全感，必然会带给公民道德选择能力培养一定的负面效应，且不利于人工智能时代公民道德选择能力的培养和提升。

（3）新型网络侵犯与犯罪手段层出不穷。网络侵犯与犯罪越来越多，甚至出现了有组织有计划的精准的网络侵犯集团和犯罪行动。他们有时伪装成“虚拟服务”进行诈骗，有时操控新型的免触智能病毒软件偷偷盗

①③⑤ 王倩、刘杨钺等：《欧美跨境数据流动规制模式对比及博弈分析》，《情报杂志》2023 年第 3 期，第 175 页。

② 张莉：《数据治理与数据安全》，人民邮电出版社 2020 年版，第 5 页。

④ 苗绘：《GDPR 跨境数据流动规则研究》，郑州大学硕士学位论文，郑州大学法学院，2020 年。

窃，有时用人工智能和大数据技术分析进行精准电信诈骗等。总之，网络侵权与犯罪手段层出不穷、千变万化。例如，2017 年的两次“勒索病毒事件”就是例证。由此可见，网络侵犯和犯罪行为不利于公民保护自己的线上与线下私有财产，还给人工智能时代公民的生产生活带来了恐惧和威胁。当然，这必然为公民道德选择能力培养带来负面影响。

二、人工智能时代社会思潮的问题

伴随着数字社会的到来和快速发展，数据多样性也呈现出了多元文化和社会思潮，这对公民个体道德文化、道德观念、道德能力的培养起着不可估量的削弱作用。因为这些多元文化和社会思潮，主要有相对论主义、神命论、伦理利己主义、康德主义、功利主义、社会契约论等。即，由于这些社会思潮随着数字社会建设、社会的数据化、网络化和智能化建设来到了网络空间，且以网络空间为依托发展自己的思想，传播自己的主张。甚至是无孔不入的传播与教化，使得公民在网络空间中开展道德选择社会活动，容易受到干扰影响和传播渲染，从而弱化人工智能时代公民道德选择能力的培养和提升。

（一）相对论对公民道德选择能力培养的削弱问题

相对论的核心主张，是坚持认为不存在普遍适用、稳定有效和必不可少的道德价值和道德准则。较为典型的学派有“主观相对主义”和“文化相对主义”，亦称“伦理相对主义”或“道德相对主义”。但是，伦理相对主义是随着“相对论”、量子力学、信息技术、遗传工程等新学科与技术的发展而产生的一种思维方式或价值观念。特别是人工智能时代，相对主义比较盛行，坚信者认为“一切不再享有某种永恒的经典权威的相对性意义开始弥漫于各种科学、文艺和道德生活领域。观念的更迭、价值的变换以及人们思维方式和生活方式的革新以前所未有的频率和态势进行着，这一状况无疑影响到西方社会的价值观和道德理想。道德相对主义取代传统的道德绝对主义而成为现代伦理思潮的一种普遍趋势"①。可见，相对主义已经把道德伦理的相对性绝对化了，使得道德伦理具有了不确定性，成为人们难以把握的知识体系，脱离属于人且服务人的本质特征，甚至成为关于人之外和被人边缘化了的东西。

相对主义削弱了人工智能时代公民道德选择能力的培养。在相对主义坚信者的眼里，没有了善与恶、好与坏、是与非，以及大善与小善的差异，使得道德伦理的最底线都模糊甚至消失。这实质上是对道德伦理共性与个性的混同，是一种歪曲解读。若道德伦理没有绝对性、普遍性和稳定性的内容，那么个性、特殊性中的共识部分又作什么样的阐释呢？若道德伦理只有个性、特殊性，不存在道德认同、道德共识，那么人类社会又依靠什么维系平衡关系呢？可见，不管是在什么样的时代，极致的相对主义主张与理论逻辑都是有问题的，是经不起逻辑推敲的。这个问题已经反映在了公民道德认知能力和道德信仰能力的相关方面。在人工智能时代，若公民过度坚信相对论，那么道德知识就是不确定、不稳定的，这样的道德知识不具备遵循的必要性，也就不值得人们认知、学习、践行和信仰。特别是在数字社会的高频互动活动中，若失去道德认知能力与道德信仰能力，公民就等于放弃了道德选择的原则性，并失去了道德选择的标准性、可能性、合理性、正当性。甚至可以说，人们的社会活动是没有价值导向的，那么人的社会活动就有可能停留在原始的野蛮阶段，人与动物没有本质区别，甚至人性彰显的会完全是动物属性，而不是“人是社会关系的总和”这一人与动物的本质属性。

（二）神命论对公民道德选择能力培养的削弱问题

犹太教、基督教、伊斯兰教以及一些民族宗教等在一定程度上认为，神是宇宙和人的创造者，他们还认为善的行为是与神的意旨相符的行为，恶的和不好的行为是与神的愿意相悖的行为。这实质上是要求坚信者绝对

① 万俊人：《现代西方伦理学史》上卷，北京大学出版社1990年版，第22页。

地“顺从创造者”：创造者说什么就是什么，要求怎么做就怎么做；神是极善的先知，追随者不需要发挥主观能动性，只要信奉和追随就是道德的人；神是最高的道德权威，坚决地信奉和执行神的召唤才是道德的人。然而，早在2400多年前，苏格拉底就反对神命论，他指出人虔敬就能被神喜爱，被神喜爱是因为人有先在的虔敬行为和行为动机，拿虔敬这个结果来界定虔敬，显然是不可取的。因为从某种视角来看，神代表的是大众的道德心理和共同追求，是一种共同的核心价值观。善才是神的本质，是客观存在的、关于神之外的价值导向，来源于人的社会活动，与神的智慧和能力无关。若坚信神命论，不管是在数字社会的今天，还是在传统社会的昨天，以及未来超人工智能时代的明天，人类社会将无法通过主观能动性去认识世界和改造世界，也无法因为认识世界、改造世界而推动人类文明进步和进化，人类将永远定格在原始野蛮的动物世界中。这不仅沉淀不了道德伦理，更难成就当今科技以造福人类的客观事实。

神命论削弱了人工智能时代公民个体道德选择能力的培养。在人工智能时代，网络空间虽然没有神灵存在，但神命论的思想和信息数据却充斥着网络空间。同时，又由于网络空间与现实中的公民身份没有完全从法律视角、人文视角、科学技术视角等做到完全协同治理，网络空间中的线上就很可能成为线下公民自我掩护的理想场所。如此网络生态，公民道德修养和道德选择能力培养必然受影响的可能性增加，公民选择社会活动就有很大可能会失去主观能动性和理性价值目标，而追逐和执迷于神灵的意旨，直至丧失道德选择能力。为此，这样的网络环境和受网络环境影响的现实环境会严重制约人工智能时代公民道德选择能力的培养；相反，却有利于神命论式的社会选择活动方式得以传教。

（三）伦理利己主义对公民道德选择能力培养的削弱问题

伦理利己主义，是一个重视自身利益的学派。在他们看来，一个人是否需要作出道德行为，取决于是否能够给行为者带来利益，取决于是否有收益的可能性或者带来的利益是否长久和最大化。尽管伦理利己主义不排斥帮助别人的道德行为发生，但在一定程度上是以得到一定利益为前提。可见，伦理利己主义把人的生命作为价值标准，把自己的生命作为每个个体的伦理目标。[①] 兰德指出：从个人与社会的关系，到公私关系，再到精神与物质的关系，交易原则是符合所有人际关系的唯一合理的伦理准则。[②] 正是伦理利己主义把利益作为选择机理，在自由的数字社会中，人们面对这种社会思潮而无法置身其外时，甚至容易被他们引入并盲目随从。如果认为道德选择与利益收益之间是一种平衡关系，是一种正义的等价的交易，从而仅注重自己和把握好自己仅有的一次生命是道德的行为，坚信者终将把自己深陷于我要把最美好的都给自己的泥潭里，认为他人都应当为自己服务，彻底地暴露个人中心主义和道德价值利己主义。

伦理利己主义削弱了人工智能时代公民个体道德选择能力的培养。由于伦理利己主义宣扬的是一种可交易的道德价值导向，在传播快、受众多的网络世界中，对人的吸引力很强。即数字社会，若每一个公民都以实现个人利益最大化为前提进行利益交易来实现社会活动中若干选择的话，人类世界与网络世界就会陷入道德冷漠、“集体沉默”及赤裸裸的交易状态，甚至会出现因利食人的现象（因为涉及利益的斗争往往是你死我活的斗争）。到那时，纯粹的艺术欣赏、婴幼儿的抚养和对生命垂危者的关爱，都将不复存在。质言之，公民若要是在利益的交易驱动中进行道德平衡与选择，整个人类社会都将陷入一种可怕的利益交易混乱。当然，到那时公民必然要失去追求真善美的道德选择价值与信心，更谈不上要培养和提升道德选择能力了。

（四）康德主义对公民道德选择能力培养有削弱问题

康德主义，一般指康德道德理论。康德认为，为了使所有人有理性行为，就应当遵循普遍存在的道德法则，而道德的最高原则是基于理性。他还认为，“很好的意愿”是世界上唯一可以称得上是无条件的好的东西，

① ［美］安·兰德（Ayn Rand）：《自私的德性》，焦晓菊译，华夏出版社2018年版，第14页。
② ［美］安·兰德（Ayn Rand）：《自私的德性》，焦晓菊译，华夏出版社2018年版，第21页。

人有了好的意愿，就能产生好的结果，即便出现差错和意外，但其努力也会获得好的社会评价。同时，这种“很好的意愿”是一种“应该”使然，当人们觉得“应该”时，就是守本分，守了本分，就尽了职责，尽了职责也就是落实了“很好的意愿”。当然，在康德看来，这种“应该”背后有道德规则使然，有了应该，才能将这种道德规则内化为道德意识和观念，才能支配我们的选择行为。于是康德进一步指出，是什么让道德规则是合适的，进而提出“绝对命令”的第一、第二公式：“只从道德规则行动，同时将成为普遍的道德法律”；“你总是以自己和他人作为目的的本身来行动，绝不只是达到目的的一种手段”。换句话说，第一公式的运用，是看所遵循的道德规则是否主流，相似场景里他人也是否作出一样的选择，若是一样的选择结果，那么就满足普遍的道德法则，其选择就是道德的行为；第二公式认为不能改变目的，不能为了目的而将目的改为手段。例如，在人工智能时代，我们通过智能终端管理我们的身体健康，医生就能方便地使用属于病人自己的健康大数据来精准地为病人抓药治病。若所有医生都能选择这样的方式，那健康大数据就是一种好的选择，符合第一公式，若医生们都不愿意这样选择，那这个健康大数据就不是好的选择，也不符合第一公式的条件。同时，医生使用病人个性健康大数据是为了更准确地判断病情，若改变这一目的，通过查看病人健康大数据，发现了病人隐私，并借此谋取、获得收益，那么这种把健康大数据当作获取病人隐私信息并从中获利的手段，就不符合第二公式，其选择行为也不是道德选择行为。在人工智能时代，万物互联，智化万物，线上线下都紧密地联合为一个命运共同体，数据成为社会活动中常见的社会活动要素，若坚信这样的公式进行社会活动的话，公民当然能取得一定的好的选择结果，但这种好的选择结果是有限定性的。例如，“集体沉默”有时就是好的选择，有时也未必是好的选择，2018 年重庆公交车上的集体沉默，其结果是集体选择沉默葬送了集体的性命。因此，康德道德理论也在一定程度上是不利于公民道德选择能力培养和提升的理论体系。

（五）功利主义对公民道德选择能力培养的削弱问题

功利主义学派有两个支系，一个是行为功利主义，另一个是规则功利主义。前者遵循效用原则（最大幸福原则），他们认为，若一种行为所带来的好处超过了坏处，这个行为就是好的；若带来的坏处超过好处，这个行为就是不好的。后者与康德主义一样重视道德规则，但他们的区别在于构建道德规则的方式不同，康德主义侧重行为背后的行为动机，规则功利主义更侧重行为的结果。行为功利主义，尽管在追求幸福感的计算中能助力公民实现道德选择，特别是通过计算出小善与大善的区别，从而锁定大善进行选择，这本身就是一件道德选择的不错方法，但现实中义与利是不允许善恶相抵的，在很多时候是难以计算价值的。同样，规则功利主义也存在一定缺陷，若走向极端，规则功利主义就变成了教条主义。

功利主义削弱了人工智能时代公民道德选择能力的培养。数字社会，人们的生产生活到处充满着可计算的数据。若坚持行为功利主义对幸福感的计算方式来助力道德选择，道德可能遭遇短视利益数据的压制，致使人们忽略一些鲜活的生命性信息数据，而作出恶的选择或者说是非道德的选择。若坚持规则功利主义，则可能出现因难以逃脱普遍规则的绝对命令，而忽视人工智能时代新事物的新情况。这样一来，人工智能时代公民的道德选择能力就无法适应信息社会的瞬息万变，难以形成与信息社会快速发展相适应的现代道德选择机制，也难以使公民在快速的信息社会中建立稳定的、健康的心理和情感等，必然也就难以培养和提升人工智能时代公民的道德选择能力。

（六）社会契约论对公民道德选择能力培养有削弱问题

霍布斯眼中的社会契约，是人们为了在大自然的战乱状态中持续获取社会生活的权利和利益，有效避免战乱而必须遵从的法则，这是他生活在英国内战时期，看到社会无政府的糟糕景象时提出的认识和观点。他认为，文明社会的人们应当同意两件事，一是形成道德规范来协调人与人的关系，二是建立政府保障道德规范的执行生效。后来，卢梭从人性的“同情心”

和“自爱”出发，发展了社会契约论。卢梭指出，因为人性的同情心和自爱的存在，自然状态下的人类可以不相互冲突和不相互伤害，但是私有制出现后，每个人本身都不具有超越同类的自然权力，而某种权力自身并没有效力，因此存在于公民间的任何一种合法权威都必须基于契约。詹姆斯·雷切尔发展了社会契约论，认为道德存在于规则之中，决定了人们对待他人的方式。在大家都遵从这些规则的情况下，理性的人为了达到互惠互利的目的，也会接受这些规则。此外，约翰·罗尔斯还以公平原则扩充了社会契约的定义，亦称为“罗尔斯正义论”。其中包括两种公平原则：第一原则为每个人都想享受充足的权利与自由，如思想自由、言论自由、结社自由、人身安全与个人财产不受侵害等，每个人都追求同等的权利与自由；另一原则为任何社会和经济不平等都必须满足两个条件，即每个人都有能够追求平等、公平的权利，同时社会底层人群应成为相对的最受益者。由此可见，不管是追求先在的自由平等契约，还是追求后天的社会契约，都强调契约治理的功能性。但并不是所有的问题都能以契约的方式来解决。如海量数据聚集后爆发的数据信息，就没有办法以契约的方式来解决其归属问题。这不仅缘于数据所有权归属的不明确性，还因为数据涉及人、社会和自然等无法独立分割且事关若干生物生命周期等的原因。

契约论在一定程度上削弱了人工智能时代公民道德选择能力的培养。在人工智能时代，有人工智能和大数据技术，特别是大数据挖掘技术和关联数据分析技术等，广泛地和深度地应用于社会活动之中，从而构建了数字社会，并成为政治、经济、文化、民生和生态等领域的创新战略资源和创新引擎。而社会契约论要求权利与义务的平等，任何人和组织对任何数据的挖掘、分析，都得事先有订立或是普遍社会的认同，或是公平原则下临时性、合法性的合作协议。但在人工智能时代，数据使用权、所有权和收益权的分离，使得一些关联数据分析后的加工数据无法确定归属权，从而致使数智道德选择数据驱动的缺陷性和不全面性。在此种情形下，社会契约论就会失范，公民在信息不对称前提下开展道德选择，会影响选择结果的道德属性，这也就削弱了公民道德选择能力的培养和提升。

三、人工智能时代科学技术的问题

科学技术发展，取得了本身的纵深发展，也取得横向融合发展，成就了社会价值，也取得了相应的社会地位。纵深发展方面，科学技术不仅是"科学"与"技术"的叠加，科学技术全过程包括科学、技术、工程和道德伦理价值等。其中，科学是人工智能时代的新概念、新定律和新规律；技术是人工智能时代的新方法、新专利和新技能；工程是人工智能时代的新的产品、样式、样品或新的事物；道德伦理价值，是指导人工智能时代的价值标准、价值导向和价值诉求。横向融合发展方面，科学技术的第一生产力作用越来越突出，特别是人工智能时代以来，科学技术的社会地位发生了质的飞跃，功能也日益触及了政治、经济、文化、社会和自然生态各个领域，价值也从单一的物质方面拓展到物质层面和精神层面并存的局面，全面彻底地诠释了"知识就是力量"，特别是信息社会的繁荣，更是印证了伽利略数字化的世界图景到来！但是，众所周知，科学技术具有"两面性"，特别是人工智能时代的科学技术，一方面能供给公民美好生活需求服务；另一方面也能破坏人们的生产生活，置公民的生存质量与价值意义而不顾。一味"彰显科技魔力"，既会伤害人工智能时代公民价值选择的动力和信心，又会引起公民价值选择标准、趋向、信念和情感的巨变，甚至是价值观的严重扭曲。

（一）科学技术资源和技术的排他性削弱了公民道德选择能力的培养

人工智能时代的科学技术，种类繁多，但按存在的功能来看，至少具备认证、兼容、互联等最低限度的科学技术，这些科学技术的运用及运行价值导向却进一步证明了网络空间规制的可行性和技术排他性。①其中，认

① Robert Baldwin, Martin Cave and Martin Lodge, eds., The Oxford Handbook of Regulation, Oxford: Oxford University Press, 2010, pp. 527 - 533.

证，是公民申请进入网络时空的资格获得过程，是取得应用大数据资源、人工智能和大数据技术的前提性关卡，往往需要通过向权威机构申请，获得“入网资格”后才认证成功。认证技术，由域名注册享有绝对权利的互联网资源垄断性行业组织，如互联网名称与数字地址分配机构 ICANN①，通过对每一个用户或计算机递交的申请验证和认定后，以一种技能的形式分配独一无二的网络地址给公民，并许可公民入网的行为。由此可见，这些科学技术支撑下的资源和技术是排他性的，尽管公民一提交申请，就能快速获得有关资源与技术的应用，但这些资源和技术的应用是有偿供给的，具有强烈的非竞争性特征（即便是无偿使用也是被强占个体性数据资源的“虚幻型无偿使用”）。同时，这种有偿性、非竞争性和排他性，割裂的不仅是科学技术的普及可能性，还包括公民的自由、自主、自强的现实性、操作性和可靠性。兼容技术，是交互操作中实现标准统一的技能。“目前，互联网工程任务小组 IETF 和万维网联盟 W3C 负责互联网标准的开发和推动，以解决不同平台、技术和开发者带来的不兼容问题”②。虽然，这些杂乱、零散的不兼容问题是动态性的信息，但只要经过一定量的积累和一定时间的反复磨合后，会形成兼容共识、价值规则，甚至会逐渐形成统一、明确的价值导向。只是等到那时，这种兼容共识、价值规则和价值导向，不仅会成为价值选择和道德选择的标准、原则和导向，还会成为人们不得不遵守的强制性规范。当然，这种共识、标准和价值导向，不仅会在科学技术领域适用，还将会有意无意地锁定在政治、经济和精神道德领域之中。③ 最后，互联技术要求网络时空有效解决现实中各种人、事、物的相互联系、连接、交互，达到信息传递、信息开放与信息共享之目的。即，

① ICANN（The Internet Corporation for Assigned Names and Numbers）互联网名称与数字地址分配机构是一个非营利性的国际组织，成立于 1998 年 10 月，是一个集合了全球网络界商业、技术及学术各领域专家的非营利性国际组织，负责在全球范围内对互联网唯一标识符系统及其安全稳定的运营进行协调，包括互联网协议（IP）地址的空间分配、协议标识符的指派、通用顶级域名（gTLD）以及国家和地区顶级域名（ccTLD）系统的管理，以及根服务器系统的管理。

② 张新宝、许可：《网络空间主权的治理模式及其制度构建》，《中国社会科学》2016 年第 8 期。

③ Raymund Werle and Eric J. Iversen, *Promoting Legitimacy in Technical Standardization*, Science, Technology and Innovation Studies, vol. 2, no. 1, 2006, pp. 19 – 39。

当万物互联互通后，公民在网络时空中的时间、空间就有了新的认知和发展，与现实世界的时间、空间之间，存在一定的差异性，使得公民线上线下的生活不一样。线上可以24小时在线娱乐或工作，而线下可以休闲，以及做一些创构事务；线上公民的交际机会会增加，会导致线下公民之间的感情淡化和交际机会的减少；线上交了五湖四海的朋友，线下成了“宅男”“宅女”等线上线下的“双重身份”“双重生活”，引发了一些因互联互通造成的两极化生活现象发生。

此外，科学技术资源和技术的排他性，还引起了数字鸿沟，削弱了公民道德选择能力培养的可能性。“数字鸿沟是一种‘技术鸿沟’（technological divide），即先进技术的成果不能为人公正分享，于是造成‘富者越富，穷者越穷’的情况”[①]。尽管，人工智能时代的到来给公民的生产生活带来了深刻性、肯定性改观与机遇，但是，数字鸿沟的问题并没有随之解决。即，人工智能和大数据技术变革依然不可避免地创造了穷与富的两极群体，获得利益和失去利益的群体，成功的和失败的群体。[②] 例如，改革开放以来，我国社会经济得到了空前发展，同样贫富分化也导致一定程度的“两极化”发展。即便是处在信息社会的今天，昂贵的计算机拥有成本和性能维护费用，始终呈现出一定的经济、技术鸿沟。财富不均、地位差异使得处于数字鸿沟两端的群体，很少有机会和谐地产生价值认同和道德伦理认同以及道德价值的认同。正如尼葛庞谛罗指出的人们的这一顾虑，“数字鸿沟把整个社会划分成信息的富有者和信息的贫困者，信息的所有者与非所有者，以及第一和第三世界”[③]。可见，数字鸿沟客观、可怕的存在，有可能进一步加剧社会的分层，且通过阻隔个体公民或公民群体参与科技教育、科技培训、科技应用等社会活动机会，从而使这些公民始终处在原来或贫困的生活水平之中，也就间接性削弱了他们做社会公民的获得感、幸

① 邱仁宗、黄雯、翟晓梅：《大数据技术的伦理问题》，《科学与社会》2014年第1期。

② Helen V. Milner. *The Digital Divide: The Role of Political Institutions in Technology Diffusion*, Comparative Political Studies, 2006 (2), pp. 176 – 199.

③ 李惠斌：《全球化与公民社会》，广西师范大学出版社2003年，第201页。

福感和主人翁感，也随之削弱了他们树立公正、平等等伦理价值观的信心和意志，甚至有可能导致他们对社会怨恨，形成道德冷漠和无道德价值观。

（二）科学技术价值和地位的非理性削弱了公民道德选择能力的培养

诚然，随着科学技术的纵横交错发展，科学技术已经让人类世界有了较大的进步与文明。但随之而来，也引发了一种偏执认识，认为科学技术或科学主义是一种无所不能的万能性社会活动方法和范式。同时，这种偏信、偏见、偏执和偏爱严重地阻碍了人类社会发展。正因为如此，《牛津英语词典》将科学主义界定为："对科学知识和技术万能的一种信念"。可见，"科学主义是一种信仰，它认为科学，特别是自然科学，是人类知识中最有价值的部分——之所以最有价值，是因为科学最具有权威性、最严密、最有益"①。但是，只要能经过一点理性思考就能发现，人类社会中除科学技术之外，追问和探索世界还有多重向度的价值诉求和范式，科学技术只是提供了一种比较合理的为人类服务的路径、景象和样式罢了。特别是在人工智能时代，海量数据间的"无因果"的爆发性价值存在，对科学主义思维带来了巨大冲击，这时科学主义对人工智能时代的公民道德选择能力培养也必然带来了巨大的阻碍力。

（1）道德主知主义对公民道德选择能力培养的削弱问题。道德主知主义是科学主义在道德伦理领域不断渗透后的一种思维模式，强调逻辑知识的建构和因果关系的发展。甚至把德育视为对知识和认知能力的学习结果，抽空了公民个体的情感，忽视了公民内在的动机、情感和行为的体认，割裂了公民的知、情、意，否定了人的感性经验，夸大了公民认知能力和逻辑判断。例如，科尔伯格（2000）认为："推理和行为是相互联系的，因为成熟的道德行为要求以成熟的道德思维形式为前提"②。实际上，科尔伯

① Tom Sorell: *Scientism – Philosophy and the infatuation with science*, London and New York, 1991, pp. 1.

② ［美］科尔伯格：《道德教育的哲学》，魏贤超、柯森译，浙江教育出版社2000年版，第83页。

格只看到了问题的一方面，除此之外，道德习得还要依靠体悟、体认、体会，以及直觉、想象、移情等，“如果将道德学习的方式仅限于认知性学习，就是约化了人类道德学习的方式。这是问题的一个方面。另一个方面是，如果片面强调道德学习的认知方式，将其等同于知识和技能的学习方式，那就背离了道德学习的本性，是对道德学习的异化”①。“用非常浅显的话来说，我们所要开发的是感情，而不是感情的知识；所要拓展的是意志和意愿，而不是意志和意愿的知识”②。这进一步论证说明了科学主义影响下的道德主知主义对公民主体存在的感知有一定的削弱作用，必然也削弱了公民道德选择能力有培养和提升的机会和空间。

（2）德育的技治主义偏好对公民道德选择能力培养的削弱问题。随着科学技术的深度研发和广泛应用，特别是科学技术价值观僭越道德教育领域后，产生了道德教育的技治主义偏好。他们认为，科学技术在道德教育领域的整合发展，就是要以科学主义的研究范式进行研究、教学、实践，去解释、说明、确证德育规律及机理，他们甚至认为只有运用科学主义精神，才是认识世界和改造世界正确的方法论和实践论。科学技术价值观注重技术及应用，而忽视德育本身，这种观点和做法使公民对科学技术这一工具手段过分依赖，将公民个体放在了从属地位，是典型的将工具当目的的本末倒置现象，甚至引发了科技与人文的对峙。即，“在科学主义的视域中，人更多地表现为理性的主体和逻辑的化身，人的情感、意志、愿望等经过理性与逻辑的过滤，被净化，而人自身在某种意义上则成为一架科学的机器。与这一科学视野中的人相对应，人生过程也告别了丰富的情意世界，走向由神经生理系统及各种因果法则制约的科学天地：科学的公式代替了诗意的光辉，机器的操作压倒了生命的涌动。不难看到，随着科学向生活的渗入，人生观似乎变得漠视人本身”③。这就必然阻隔公民的智慧与知识之间的互动发展可能性。单纯依靠知识，必然切断公民个体道德能力培养的多样化路径，且与人工智能时代的多样化信息中进行更优更道德的

①② 高德胜：《道德教育中的主知主义》，《现代教育论丛》1999 年第 4 期，第 17 页。
③ 杨国荣：《科学的形而上之维》，上海人民出版社 1999 年版，第 17 页。

数据驱动带来的可能性相背离，也必然削弱公民道德选择能力及其培养可能性。总之，科学主义疏离具体的日常生活，主张单一的知识观，割裂了社会的丰富性、知识的多样性以及人的主观能动性，实质是否定了公民道德选择能力的现实基础。正如马克思所认为的，“说生活还有别的什么基础，科学还有别的什么基础——这根本就是谎言”①。可见，马克思也反对科学与生活相分离的立场、观点，主张两者的辩证有机统一。

四、人工智能时代公民身心的问题

在人工智能时代，现实的世界与“类似人类世界的机器世界”呈现出“现实”与“虚拟”的巨大反差，使公民身心发生了一些较大变化，这必然在一定程度上影响和制约公民道德选择能力的发挥与培养再提升。

首先，网络时空的“虚拟实在性”在一定程度上强化了人性对现实逃避的倾向，导致公民道德选择能力培养和提升的效度大大降低。因为人们长期生活在现实世界，对于一些人来说，现实世界是一个过于坚固实在、过于呆板的世界，具有时间和空间的唯一性，即，“现实事物始终‘是其所是’，虚拟事物往往‘是其所不是’”②。而虚拟的网络世界能给予人们现实世界缺乏的可能性和多样性，充满了无限的可能性，正能满足一些人们的好奇心与现实逃避取向。对于现实社会中的大多数人来说，网络时空牵动着他们的自觉思考——似乎现实生活不该是人们唯一的存在方式，倾向于虚拟世界的体验，尽管这种体验只是模仿人类的现实世界和不具有坚实的内在性的世界，且这个虚拟世界只是脆弱地感知表象，但是虚拟世界亲近于公民个体的知觉与意识，人们愿意被其虚幻和被其体验。为此问题也随之而来，一些人们在盲目取向和体验中，迷失了方向并乐此不疲地喜欢沉醉于虚拟的网络时空中，形成线上线下两种心理和两种人格，甚至出现了两份情感，如线下的婚姻家庭、线上的网恋穿越，导致一些公民道德

① 《马克思恩格斯全集》第3卷，人民出版社2002年版，第307页。
② 周午鹏：《虚拟现实的现象本质及其身心问题》，《科学技术哲学研究》2017年第3期，第76页。

选择价值降低，甚至出现了非道德、负价值的选择情形和选择价值导向问题。

其次，网络时空既强化了人们的知觉系统体验感又导致了知觉混乱，严重地阻碍了公民道德选择能力的培养和提升。因为一些人们不满足于一种客观现实活动方式，所以选择了多样性与可能性的虚拟世界来满足知觉感。但是这种体验在为人们的知觉系统带来前所未有的强化和满足体验的同时，却能够导致公民的身体视觉、听觉和触觉等被人为分离，大脑和心理均无法及时处理和吸收，于是出现错觉。例如，VR 旅游大数据，在满足人们的视觉需求中，触觉只能作为视觉背后的想象，是达不到体验需求的；再如，留守儿童与打工父母的远程视频通话中，父母与孩子的视觉、听觉总是期待着触觉的反馈，但这一反馈不仅滞后，而且经常无效和无奈。由此可见，触觉与视觉、听觉没能在人工智能时代得到同频共振式体验，却更进一步地引发了触觉的心理渴望，如例中的“去旅游”和留守儿童“希望父母回家”，当这些渴望长期得不到满足，而又一次次在这种不均衡和不充分体验中得到频繁刺激时，公民很有可能对身体受到的知觉产生质疑，甚至混淆人们对真实事物的知觉。即，“在知觉和错觉之间，应该有一种结构差异。真正的知觉应该完全是一种真实的知觉。错觉应该不是一种真实的知觉……”① 知觉与错觉之间最为核心的差异是身心的体验，而错觉有体验感，但是没有完全的体验感，所以发生这种差异可能让公民身心出现混乱，于是可能在作出选择中充满着一些风险。即，“如果体验者对原初的知觉结构有着持续的客观要求，他就会在不断被给予虚拟感时对虚拟和实在做出区分。但若体验者有意沉浸于被重构的知觉场，虚拟现实则会在心智上助其实现对实在肉身的离弃”②。由此可见，人工智能时代的网络时空既强化了人们的知觉系统体验感又导致了知觉混乱，严重地阻碍了公民道德选择能力的培养和提升。

最后，虚拟体验存在的知觉性差距，导致了工具理性与目标理性的错

① Merleau – Pontym. *Phenomenology of perception*, London and New York: Routledge, 2012, pp. 308.

② 周午鹏：《虚拟现实的现象本质及其身心问题》，《科学技术哲学研究》2017 年第 3 期，第 76 页。

位，也不利于公民道德选择能力的培养和提升。人工智能时代所创造的虚拟网络体验，容易使公民的身心处于亚健康状态。例如，公民与人工智能的互动，尽管人工智能在某些方面超越了人的本领，如可以实现语言上、图像上的仿真，但始终无法得到与自然人一样的互动知觉感。毕竟虚拟时空是由抽象的数据和机器按照一定工程知识构建的空间和器物，人无法与冰冷的机器发生情感，更不可能让机器发挥“主观能动性”。为此，有好奇心的公民，往往就从心理上希望人工智能弥补这种不足和缩小与人的知觉差，这将使原本人工智能的工具价值颠倒成目标价值。此外，即便是超人工智能到来，人们也会在体验过程中，感到失落，担心人工智能终将取代人的存在或抢占人的利益。

五、人工智能时代社会环境的问题

人工智能时代，数字社会的建构必然引起社会环境的巨变，社会环境的变迁又必然引发公民道德选择的价值变迁。例如，传统社会里的一家人围炉而坐谈心的情形将一去不复返，人工智能时代的团聚情形往往是各自拿着手机玩而面对面，缺乏相互之间的语言交流。可见，直面交流成了“难得”，网络交流成了“常态”，甚至连陪伴也需要用网络形式代替。由此可见，人类的整个社会环境在人工智能时代发生了巨大的变化，这必然冲击公民道德选择能力培养。

（一）家庭环境的变化使公民道德选择能力削弱

首先，正如前面阐述的表 1－1 所示，人们的吃、穿、住、行、游、乐、医和教育等都融合人工智能和大数据发展了，特别是智能家居、智能厨房，以及智能伴侣等的出现，“家庭”不能简单地定义为一幢房子，房子里有父母、妻儿、丈夫和一些日常的家具、衣物、食品、玩具等组成的独立空间了。相反，家庭与家庭空间之外形成了复杂联系的开放性空间。因此，这样的开放在方便一些家庭生活之余，也给家庭成员带来了诸多消极问题：一是隐私安全；二是情感危机。前者前面有述不再复述，而后者最为严重的是亲情危机。例如，亲子情感危机，包括向上与父母之间，向下与儿女之间，平行与同辈群体之间的亲情关系情感都因人工智能时代“数据智能化”导致了情感分离危机，如一家人吃、住一起，但交流少、互动少，一起劳动少，导致了情感巩固力不够，情感体验感和获得感减弱；还有两性危机、亲子危机、自我意识危机，以及智能物痴迷者玩物丧志等危机，都严重地伤害了家庭感情。

其次，家庭大数据，能让家庭成员的身心数据全部曝光出来，既有利于预测和防治家庭成员身心健康，又会因过度预测，在一定程度上制约家庭成员之间的信任与和谐关系。特别是海量数据的爆发功能，可能会将家庭成员的情感微妙变化都显现出来，在一定程度上削减家庭情感，包括会失去了神秘感和美感。如需要被思考和酝酿的情感表达早早就被家人预测到了，家庭会因此没了活力和风趣。同时，家庭成员成长的大数据也削弱了陪同中的那份期盼的情感和期盼中的成熟历练。因此，当人们发展数智道德选择能力时，这些情感就会被削弱而得不到传承和培养。

最后，家庭大数据还不利于家庭文化建设，必然也就不利于道德选择能力培养。家规家风是家庭成员长期生活实践中形成的家庭文化积淀，但家庭大数据通过智能化指令，早早就能将可能违反家规家风的行为、思想和情感通过有价值导向的数据模型扼杀于萌芽状态，这可能使家庭成员间在完全没有感觉到家庭家规家风的存在中就消失了，即便是一些禁忌类的家规家风便将得不到实践检验和践行就随着智能化而消失了，包括习俗性家规家风，也会因数据驱动和智能选择得不到实践锤炼和传承，所以家庭大数据在不利于家庭文化建设之中也不利于道德选择能力培养。

（二）学校环境的变化使公民道德选择能力削弱

学校本是文明的净地，但人工智能和大数据的“春雨”似乎没有放过对每一寸土地的“浸润”，即在绽放“绿色”和“暖色”之余，也排放出强烈的“灰色”和“冷色”。学生利用人工智能和大数据加强学习，教师利用人工智能和大数据提高教学效果，学校利用人工智能和大数据强化管理，校园利用人工智能和大数据将学校、教师和学生三元主体连同学校的一切设施牢牢地锁在了人工智能和大数据的数据空间里，致使校园的青春多姿多彩，全部变成了一个格调。特别是教育大数据，学生通过智能终端学习，智能终端可以根据学生的学习时间、网页停留时间、学习进度、考试成绩、学习行为、生活规律等，找到学生“学不好”的原因和短板，助其提高学习效率。这原本是件好事，可是这种教育方式是整齐划一的标准，培养出来的学生是像企业生产线上的“商品”一样的“合格”，学习的知识、掌握的技能和树立的价值观惊人的一致。这样的过度应用或者不相均衡的应用，一定会严重影响学生身心健康，造成逆反心理或者机械思维，更遑论道德选择能力的培养。

人工智能和大数据能够融合教育产生革命性的发展，主要原因在于，能对所有学生的学习行为时刻作出全面、细致记录，并收集、辨析这些高密度、高频度的教育大数据，并对学生的未来学业态势作出较为精准的预测与纠错。而这样的预测与纠错结果，对于学校而言是非常的重要，因为学校为了不影响学校声誉和利益，会依据预测与纠错结果，选择性地针对学生个性而作出培养方式的调整，保住学校名利的同时，也促进了学生的学习和成长，因此美曰“个性化定制教育”。这是人工智能时代的新产物，是传统社会抽样方法无法做到的“概全”。当然，随着数据规模化、多源化的搜集，大数据预测功能越来越精确，学校也会越来越信赖和依赖这样的预测和纠错结果，从“用数据来说话”跃升到“用数据来决策”的智能化阶段。从此，学生们拥有了看似科学的“宿命”，却悄然被教育大数据定格在宿命中。即，当教育大数据预测显示某学生在某领域某学科不可能有合格成绩或者没有学习潜力时，校方为了名利目的，就会针对学生的这一情况作出更换专业等调整学生人生规划的行为，正如当下的分轨制教育，即教育大数据将为“学生个体指定了一条为之度身定做的、需要学生在未来遵循的学习轨道”①。为此，学生又一次迎来机遇与挑战，拥有了学习的

① 张燕南、赵中建：《大数据教育应用的伦理思考》，《全球教育展望》2016 年第 1 期。

新定位、新领域和学习好的新的可能性，但往往难以契合社会对人才的真正需求；挑战是从此某某学生成了被定性为学不了某某学科之外的学生，成了永久的“硬伤”，不仅得不到学习的机会，甚至还被贴上了某种无法删除的标签。“即使决策的制定秉承着因材施教的原则、具备极高的针对性，学生仍然被要求在既定的范围内接受教育”①。

此外，教育大数据还往往会通过预测结果，为学生贴上群体等级划分明确的标签。而这大大不利于教育机会平等、和谐校园建设，以及学生之间的纯真友谊建设。可见，若一味不加区别地把教育大数据的预测功能应用于分轨制教育，实质上是形成“精英和高科技封建主义的古怪联姻”②，使得学生难以从预定的学习路线中超脱和超越，甚至被冰冷地强制在被否定或被肯定的不自由的人生中，压制了人的主观能动性，并伤害学生的身心健康，当然也就不利于在学校环境中培养和提升道德选择能力。

（三）社区环境的变化使公民道德选择能力削弱

社区的组成成员主要是家庭，家庭的变化也必然引起社区的精神风貌的变化。原来小区树荫下谈笑、追逐，被匆忙的快递声代替了；原来小区的民主大会，现在成了微信上的“通知”和“冒泡”；原来邻里的互帮互助，现在成了摄像监控中的“互视眈眈”，等等。社区人际关系变化让邻里关系变得更为微妙，让邻居成为住得最近的陌生人和提防者。于是社区不再热闹，大家每天都生活在“互静”的小区里，形成独立的个体。当人与人靠近交流时，立马警觉起来，想象是想骗什么，或是想推销什么，达到了处处设防的地步。而人的交际需求与交易需求，统统搬迁到了网上，渐渐使得一些居民在现实中不会、不懂和不必交往。为此，公民与家庭分离中，又一次与社区分离，从而公民个体走上一条“孤独的生活”，严重缺失真人真情。由此可见，智能社会的社区也成为不利于公民道德选择能

① 张燕南、赵中建：《大数据教育应用的伦理思考》，《全球教育展望》2016 年第 1 期。

② ［英］维克托·迈尔—舍恩伯格、肯尼思·库克耶：《与大数据同行——学习和教育的未来》，赵中建、张燕南译，华东师范大学出版社 2015 年版，第 90 页。

力培养的场所。

同时，社区大数据也让社区内每一个家庭的信息被他人搜集、利用，引发隐私安全和一定程度的数据权利，大大削弱了道德选择能力培养之社区建设。例如，社区居民每天上下班时间、水电表运行时间、运行的数据变化、家庭成员出入时间等通过对社区“块数据”的掌控与应用，居民的职业、习惯以及消费需求都被曝光，可被他人利用，严重危及居民的幸福指数、生活质量、生活安全和生活隐私。在这样的环境中，社区自然也成为不利于公民道德选择能力培养和提升的环境。

（四）社会组织的变化使公民道德选择能力削弱

社会组织利用人工智能和大数据进行生产、经营和管理，使得公民在工作或劳动中，习惯于借助一些现代信息传递的先进工具，如无线电、微信、QQ、钉钉、邮箱、视频等，进行交际、交流和交易。甚至就连工作任务的领取、交接和完成，也习惯性依靠利用智能终端等现代科技来代替完成。特别是人工智能和大数据的广泛应用后，公民在工作或劳动中，往往与之交际或合作的是机械，而不再是单一的活生生的工友或同事。更为可怕的是一些社会组织，完全是一些智能终端组成，只有机器的轰鸣声，没有自然人的呼吸声。随着智能化的深度融合发展，社会组织对人的影响越来越少，渐渐由智能机器完全取代。所以在这样的高度智能化的社会组织里，数智道德选择完全取代公民道德选择，这样的环境中需要培养和提高的是数智道德选择能力，而非人的道德选择能力。

（五）同辈群体的变化使公民道德选择能力削弱

数据智能化，同样也将同辈群体从聚集嬉戏的快乐中，拉到了网络世界的电子游戏和交往软件之中。经常用一些“呵呵”“嗯”等中性的情感符号进行交流和稳定友谊。整个社会环境的变化引起了诸多消极问题，也正在削弱公民道德选择能力的培养。

第三章

人工智能时代公民道德选择能力培养的理论向度与实践向度

“大数据是信息化发展的新阶段”①，这个新阶段最突出的发展主题是“万物数化和数化万物”。即“数据”特别是“大数据”成为政治、经济、文化、生态、民生等领域互联互通的信息连接体、传输体和“较为万能的介质”，以至于具有鲜明脱域性、去中心化和个性化特征的网络时空得以构建。于是，无论是在线上层面还是在线下层面，公民的社会活动方式都发生了颠覆性变化，且客观真实地形成网络化的社会；同时，公民更加依赖也不得不依赖大数据进行社会交往、交际、交流和交易。为此，公民的道德选择及道德选择能力培养，随之出现了发展新路径、新载体、新导向和新范式；且具体实践中还出现了新瓶颈、新制约、新机制和新模型。以至于整个社会需要从理论向度与实践向度去找到适合新阶段公民道德选择价值最大化和道德选择能力培养智能化、精准化的理论根据和实践经验来加以消解。也只有这样，才既可以通过确立和发展人工智能时代公民道德选择能力的培养理论体系，培养提升新时代公民道德选择能力，又可以通过最先进、最便捷的方式、载体、路径，进一步总结公民道德选择实践经验，解决人工智能时代公民道德选择能力培养的滞后性等系列问题。

诚然，要通过培养实现公民在人工智能时代具有智能性、精准性和便

① 大数据战略重点实验室：《中国数谷》，机械工业出版社 2018 年版，第 V 页。

捷性的道德选择能力，势必要从理论向度与实践向度消解公民道德选择能力培养的不利因素和制约障碍。一方面不能断裂传统社会的道德选择能力培养理论基础、理论根据和实践经验，即理论范式；另一方面还要借鉴并结合人工智能时代已有的实际社会生产力和生产方式进行创新应用，包括对已有的公民道德选择能力培养理论范式与实践范式进行总结与借鉴。即应从传统社会和人工智能时代已有的公民道德选择能力培养体系中进行创新拓展理论范式和创新发展实践范式，以及从人工智能时代最为先进的科技生产力出发寻求深度融合应用且突破传统社会和人工智能时代已有公民道德选择的理论体系指导和创新实践应用。由此可见，尽管人工智能时代公民道德选择能力培养与传统社会的培养方式、路径有所差异，包括公民道德选择能力的培养理论范式与实践范式都出现了一定的新变化和新发展，其核心的培养价值、目的、旨归和意义是有确定性没有变化的重要因素（当然也有确定性变化的重要因素与非重要因素及其他因素）。即一定意义上还是可以借鉴一些权威性的传统社会和人工智能时代已有的可指导公民道德选择能力培养提升的理论体系和实践指南加以创新应用，以及参考一些学术界创新理论知识与实践要领和一定的理论定律和理论依据，一些高效的实际深度融合发展应用实践经验，来全力加强公民道德选择理论建设与实践指导、理论教育与实践教育，进而培养和提升人工智能时代公民道德选择能力。

第一节 人工智能时代公民道德选择能力培养的理论向度

研究如何有效提升公民的道德选择能力的问题，有必要对中、西方道德选择和道德选择能力培养理论的演进过程进行全面梳理和精准把握，以至于在弄清楚影响及其发展的核心要素和发展脉络、规律，找到、找准有关权威性和核心性的理论基础，使其更有实效地为培养公民道德选择能力服务。然而，在中、西方道德选择的理论依据中，因各个时代的生产方式和历史形态不同，道德选择的理论基础或理论依据等都存在一定的差异性，诸多学派和各种主张之间呈现既有联系又各有独特学术价值见解的关系。为此，本书从道德选择的必要性、可能性和道德选择能力三个方面入手，结构式、系统化梳理有关道德选择能力培养的理论体系和理论范式。第一，从道德选择的必要性出发，察看公民为什么要进行道德选择，探究其出发点、原动力是什么；第二，从公民道德选择的可能性出发，察看公民道德选择的价值旨归是什么，以及解决公民选择性地进行社会活动之目的是什么的问题；第三，从公民道德选择能力的可培养性出发，解决道德选择的价值原则和价值导向等标准是什么的问题。

一、道德选择的理论基点：希望性善是人性之根本

正如休谟所言："一切科学都或多或少与人性有着某种联系，不管看起来与人性相隔多远，每门科学都会通过这种或那种途径返回到人性之中"①。即无论是中国语境下的道德情理思想，还是西方语境下的道德理性主义，对道德选择来说，皆有深厚的人学依据，皆是道德选择的可借鉴理论依据。一方面，中国道德伦理之人性论的诸多成果，为后世探索人性是什么奠定了丰厚的理论基础。特别是其中对人性是什么的阐述，通过深入学习并结合人工智能时代特征进行深入研究，有利于公民在人工智能时代确立道德选择的价值原则、价值导向和价值诉求，从而指导公民进行道德研判，包括比较、分析和取舍，以及作好承担自觉道德选择责任的心理等；同时，对人性是什么的进一步全面认识和把握，还有利于摸清公民道德选择及其能力培养中的阻力和障碍，以及针对阻力和障碍开准"处方"、对症下药。另一方面，西方道德理性主义成果也很丰硕，对人工智能时代公民道德选择能力培养也有一定的指导意义和借鉴价值。正如西方心理学认为，心中有美的公民才能在社会实践中认知和践行美，心中有善才能在社

① ［英］大卫·休谟：《人性论》，石碧球译，中国社会科学出版社2009年版，第2页。

会实践中认知和践行善，心中有德才能在社会实践中认知和践行德。此外，从人性与道德的关系来看，人性是道德的基础，道德是推动人性提升的力量，两者相互依赖、相互制约。公民道德选择也是这个道理，如果某个人的本性是不希望为善，甚至是希望为恶的话，那么这个人的行为就不可能有善的韵味，更不可能有善的举动。

（一）中华文化中的人性善恶之争，旨在希望人性为善

首先，孔子最早从“性相近也，习相远也”论及人性之奥秘，特别是其关于“君子”和“小人”的论述为后人探索“何为道德”提供了非常之重要的评判标准，尽管这一理论阐释并未直接阐明“人性是什么”，但是给后人探索“人性”之奥秘留下了无限的可研究空间和遐想。其中，孟子主张人性善论，他将“仁、义、礼、智”视为“四端”，认为“四端”是人固有的且是人区别于一切低等动物的关键品质，即秉持“四端”比保全生命还重要，“凡有四端于我者，知皆扩而充之矣，若火之始然，泉之始达。苟能充之，足以保四海；苟不充之，不足以事父母”①。由此可见，孟子的人性善论对社会有极大的道德教化作用，受其道德教化的人能逐渐养成良好的道德品质，以及能作出自觉的道德选择；而人人受其道德教化，先天的善性就能在中华大地上得以弘扬光大，实现社会和谐。其次，以荀子为代表的一些先贤主张“人性恶论”。他们认为“好利”与“多欲”是人的天性，但是，人之所以为人者是因为人能知礼义和辨知礼义，所以人务必“化性起伪”、广积善德，作出善的行为选择，做有德之人，才能称得上是区别于低等动物的人或君子。最后，战国的世硕、告子，汉代的董仲舒，唐代的李翱和宋明理学朱熹等分别对“人性是什么”也作出了他们的见解和论断：世硕认为人性有善有恶；告子认为人性无善无恶；董仲舒认为人性兼具善恶；李翱认为人性包括性和情，主张“性善情恶”；朱熹认为“性即理”，等等。这些理论依据都成为一定历史时期人们道德选择

① 孟子：《孟子·公孙丑章句上》，任大援、刘丰译，安徽人民出版社 2002 年版，第 53 页。

的基本理论基点，为人们作出道德选择发挥了规范性、积极性的道德指导作用，也为人类道德伦理理论的丰富与发展作出了卓越贡献。但是，关于人性是什么的争论至今没有停息，也没有定论，给当下及未来的人们继续探索人性之本质留下了无限可研究空间和遐想，也为人工智能时代道德选择建设新的理论范式和实践范式留下了可拓展空间和可研性新课题。

（1）孔子人性论中的“性”与“习”，开启了探讨道德选择的思想源头。人性论的开端者孔子，从多个视角向度对人性作出了独到、系统的阐述：从“性相近，习相远”为公民如何协调“性”与“行”、“行”与“习”的辩证关系，进行了系统性的精辟阐释，特别是“以生论性”阐述了人的自然性——“性相近”，以仁学思想阐述了人的道德性——“习而言性”和“为仁之方”，以天命观进一步阐述了人的超越性——“不一不异”和“下学上达”。总之，人的自然性、道德性和超越性的有机统一，全面地诠释了孔子人性论思想，也为探索道德选择开启了智慧的实践法门——以“下学上达”阐释了“习”的重要性。首先，人的自然性方面，孔子认为人是由“血气”构成的，天生具有先验的性。也就是说，所有人的性都是相同的，“性”与“习”相对应，经验性的习所作用的对象往往是性，“习”能引起“性”的变化，人们通过以习化为“文”作用于“性”。其次，人的道德性方面，人要超越自然性，往往要选择“习”，以习为仁；而仁之根本是孝悌，为仁之道是爱人。孔子通过仁学的建构，开启了人的道德研究之路，阐述了道德的先验性、经验性、广泛性、自由性、主体性，以及道德选择的可能性。最后，人的超越性方面，孔子认为人与天命之间，既存在“不一不异”的遵天命和敬天命事务，也存在“下学上达”的合天命和事天命事务，所以“孔子的仁学赋予了人以切己自反的内在动力，也打开了人性向上超越的无限空间与可能。只要人切己自反，推己及人，就能在不断的‘下学上达’中证知天命”①。由此可见，“在孔子看来，人不仅是一种自然性的存在，也是一种道德性的存在和超越性的存

① 赵法生：《孔子人性论的三个向度》，《哲学研究》2010年第8期，第61页。

在；人的本质在于其德性的自由，人的使命在于居仁由义，在无限的‘下学上达’中成就其德性人格，臻于天人合一之境。”①

（2）孟子主张即心言性、良知言性，认为心思良知可以助力道德选择。《孟子·公孙丑上》说：“人皆有不忍人之心，先王有不忍人之心，斯有不忍人之政矣。以不忍人之心，行不忍人之政，治天下可运之掌上。所以谓人皆有不忍人之心者，今人乍见孺子将入于井，皆有怵惕恻隐之心——非所以内交于孺子之父母也，非所以要誉于乡党朋友也，非恶其声而然也。由是观之，无恻隐之心，非人也；无羞恶之心，非人也；无辞让之心，非人也；无是非之心，非人也。恻隐之心，仁之端也；羞恶之心，义之端也；辞让之心，礼之端也；是非之心，智之端也”②。由此可见，恻隐之心、羞恶之心、恭敬之心、是非之心就是仁、义、礼、智“四性”（亦称“四端”），这种肯定完全可以从原文本中的“乍见”“皆有”等词汇的使用和从“无……之心，非人也”的连词妙用中可以推理得知。③同时，也可见“不忍之心”与仁义礼智四性同为即心言性的内容，具有达仁的一致性。此外，孟子还认为，仁义礼智四性对应声名欲恶，其中声名欲恶往往来源于耳目之知，以耳目之知指导行为处世的人是“小人”；而仁义礼智四性来源于心思良知，心思良知不学而能、不虑而知，所以仁、义、礼、智学而后能，虑而后知，以心思良知来指导行为处世的人是“大人”。有鉴于此，欲培养人工智能时代公民道德选择能力，使公民能时时处处作出道德选择，必须厘清心思良知和耳目之知的差异，做到不为耳目之知的表象所迷惑，尊重和重视心思良知。因此，在人工智能时代，特别是人们在依赖智能终端进行数智道德选择时，智能机器中“必须加入”“人的心思良知系统”，才能使得智能机器做到“心思良知”，帮助人们行“大人”之事。

（3）荀子分辨“性”与“伪”，主张避免顺性而为。荀子受孔子的影响，进一步发展了对人性的认识：一方面，认为人性是自然生成的，具有

① 赵法生：《孔子人性论的三个向度》，《哲学研究》2010年第8期，第61页。
② 孟子《孟子·公孙丑章句上》，任大援、刘丰译，安徽人民出版社2002年版，第53页。
③ 杨少涵：《孟子性善论的思想进路与义理架构》，《中国哲学》2015年第2期。

先天性、稳定性和不可更改性等自然特征；另一方面，荀子曰："不可学、不可事而在人者谓之性；可学而能，可事而成之在人者谓之伪；是性、伪之分也"[①]。所以他以"性"与"伪"论述人性之本质，认为"性者，本始材朴也。"人性的本质是人之本、人之始、人之材和人之朴。[②] 其"性者，天之就也；情者，性之质也；欲者，情之应也"[③]。在荀子看来，解决"人性之内容到底是什么"的问题，就得认定情与欲是性之本质，即"情"源于"性"，是"性"的本质显现；"欲"是"情"的对外反应。正如他所认为的"今人之性，饥而欲饱，寒而欲暖，劳而欲休，此人之情性也"[④]。可见情与欲是感官欲望、生理欲求，故人们进行道德选择时，要避免以性为选择依据。此外，荀子扩展了孔子"知"的内涵，认为"人生而有知"，"凡以知，人之性也；可以知，物之理也。"[⑤] 主张人性的内容不仅包括情与欲，还包括人的认知能力。人的耳、目、鼻、口等感官的感性认知能力是先验性的、与生俱有的。尽管，人的情、欲和认知能力本身不具备道德属性，没有善恶可言，但是若人们在实践中，一味顺情、顺欲和顺人的认知能力，会导致纵情、纵欲，甚至伤害他人和社会。为此，荀子认为人性为恶。总而言之，"荀子的人性论从人性本质的层面看可以说是性朴论，从人性内涵的层面看则是情、欲论，从人性的价值指向、从道德层面看才是性恶论"[⑥]。有鉴于此，人工智能时代人们在进行道德选择和培养公民道德选择能力时，不能顺情、顺欲和顺人。特别是在整个社会都在倡导满足个性需求的人工智能时代和未来的超人工智能时代，人们自身必须加强对情与欲的控制，只能保留和保障个体必要和理性的个性需求。

除孔孟和荀子之外，中、西方古代的诸多先贤，以及近现代的"大家"们都对人性论作出了与时俱进地丰富发展和精辟阐释（部分梳理于表3－1）。受文章篇幅影响和研究主题制约，不再阐释，但是，纵观所有人

①④ 荀子：《荀子·性恶篇》，安继民 注译，中州古籍出版社2006年版，第379页。
②⑥ 陆建华：《性朴、情欲与性恶：荀子人性论的三个层面》，《学术界》2017年第10期。
③ 荀子：《荀子·正名篇》，安继民 注译，中州古籍出版社2006年版，第371页。
⑤ 荀子：《荀子·解蔽篇》，安继民 注译，中州古籍出版社2006年版，第357页。

性论的理论价值，均指向“希望人性为善，或人是善的，或人追求善性”。这样的百家争鸣之势，恰恰说明绝大多数古代先贤与近现代“大家”们的人性理论之社会价值是“希望性善”的。从小的方面来说，希望人性为善与个体自己的幸福追求具有一致性，即公民人生观的正确、有意义有价值是符合人之本性的发展，这才是最大的文明，也才是最大的真正意义上的善和道德；往大的方面来讲，“希望人性为善”，旨在倡导社会的和谐与安宁，使人类始终处在有序、民主、文明的社会发展进程中。因此，人工智能时代公民道德选择和公民道德选择能力培养，必须参照人性论进行理论建设与实践指导，以提升公民的生活幸福指数和生命意义，促使社会有序发展、文明发展、全人类和谐相处，即在保障人的生存的同时，保证人的存在质量。

表 3－1　　部分思想家对人及其人的本质阐述一览表

序号	思想家	关于人及人的本质认识与观点
1	柏拉图	人是长着腿的没有羽毛的动物
2	弗洛伊德	人的本质：“本我”“自我”“超我”
3	弗莱克林	人是能制造工具的动物
4	高清海	人有双重生命：种生命和类生命
5	韩民青	人的本质是“动物＋文化”
6	卡西尔	人是符号的动物
7	孟子	有仁义礼智四端者，方为人
8	萨特	人就是自由

资料来源：作者整理自汇。

注：以姓氏的声母排序。

（二）西方理性主义变迁，寻求工具理性保障道德选择

（1）亚里士多德把理性认知、需求、社会关系与人的本质相结合，一并放到哲学语境下来考察理解，进而从三个层面阐述了人的本质。第一，求知是人的本性。亚里士多德把求知、作出理智行为选择视为人的基本生活内容，把进行哲学思辨定义为人生最幸福、最完美的归宿，即他为“爱智慧”的古希腊人找到了最珍贵的精神财富。第二，亚里士多德还认为，理性

是人所独有的且区别于动物的特性。理解“人是理性的动物”的命题，首先要以厘清手与人类智慧、语言与人类智慧这两个基础关系为前提才能来进行更深入地探讨人性本质。于是有人认为，人类因手促使其成为最智慧的动物，也有人与亚里士多德一样，认为正因人类的智慧，使得人类之手从一般动物中得以超脱。由此可见，这两种论点争论的焦点实际在于“劳动创造了人本身”还是“人的本质就是要劳动”，其答案不言而喻。此外，亚里士多德从语言的角度进一步论证了把人与动物区分开来的价值和意义。他认为，所有的动物都可以通过发音来表达情感，而人远不仅于此。即人类为了更准确更持久地传情达意，所以创造了语言。而人之所以区别于动物，还在于人在传达情谊的过程中，能够传递、传播是非、善恶、美丑等价值观，并以此趋利避害。也就是说，“自然，就像我们常说的那样，不会作徒劳无益之事，人是唯一具有语言的动物。声音可以表达苦乐，其他动物也有声音（因为动物的本性就是感觉苦乐并相互表达苦乐），而语言则能表达利和弊以及诸如公正或不公正等；和其他动物比较起来，人的独特之处就在于，他具有善与恶，公正与不公正以及诸如此类的感觉；家庭和城邦乃是这类生物的结合体”①。最后，人是天生的高级政治性动物。这一命题的视角是特定的城邦国家和社会共同体，从社会政治的视角得出的结论，是对人这一客观自然事物所进行的社会学研究。当然，“每一个事物是什么，只有当其完全生成时，我们才能说出它们每一个的本性，比如人的、马的以及家庭的本性”②。“由此可见，城邦显然是自然的产物，人天生是一种政治动物，在本性上而非偶然地脱离城邦的人，他要么是一位超人，要么是一个鄙夫；就像荷马所指责的那种人：无族、无法、无家之人，这种人是卑贱的，具有这种本性的人是好战之人，这种人就仿佛棋盘中的孤子”③。所以人从来没有也不可能有作为单独的个体存在，只有结合具体的城邦国家、具体的

① ［古希腊］亚里士多德：《亚里士多德全集》第九卷，苗力田编，中国人民大学出版社 1994 年版，第 6－7 页。

②③ ［古希腊］亚里士多德：《亚里士多德全集》第九卷，苗力田编，中国人民大学出版社 1994 年版，第 6 页。

社会结构（也许这种结构是氏族、国家，也可能是特定集体），人才能满足自己的需要。所以亚里士多德正是从这个视角，充分阐释了人的生存本质，以及道德选择的具体性和社会性。由此可见，不管是什么时代，公民进行道德选择，首先必须考虑人性的理性认知、需求和社会关系，并要与人性本质相结合，否则作出的道德选择可能是伪道德选择或非道德选择，至少是不全面、不客观的道德选择，其选择的道德价值或大或小，与人工智能时代的精准性道德选择诉求必然存在一定的差距。

（2）普罗泰戈拉认为，人是世界万物的标准，是主宰一切事物的天使，“人是万物的尺度，是存在者存在的尺度，也是不存在者不存在的尺度”①。可见，他的思想以人为中心，并使用古希腊惯用的神话形式来说明了“人禽之别”。正如普罗泰戈拉说，最初神用土和水，以及这两种元素的一定比例混合物造出了各种生物，并命令普罗米修斯和艾比米修斯给各种生物赋予特殊性质，于是普罗米修斯偷了赫斐斯特和雅典娜的法术，还偷了火，送给了人类。如此一来，人就多出了区别于其他动物的维持生命的手段，发明语言，造出房屋、衣服、鞋子和床，学会耕作和畜牧等，开启了“智慧”，也开启了“人禽之别”的先河。特别是早期先民四处散居，他们经常遭受强壮野兽的侵害，于是他们便群居（聚居）了，但由于缺乏在“城市”（指群居、聚居）中共同生活的管理经验，内部战乱不停，使得群居（聚居）又分分合合。为此，为了人类不遭毁灭，宙斯又派赫尔墨斯来到人间，带来尊敬和正义，并分配给所有的人。这时人就获得了区别和优胜于一切别的动物最本质的东西，并从此人成了万物的尺度。由此可见，普罗泰戈拉的以人为中心的人性论对人工智能时代公民道德选择能力培养有非常重要的借鉴意义。具体来说，公民要始终坚持以人为本践行道德选择，既不能追求选择价值最大化而牺牲一些公民的正当利益、破坏自然生态、浪费自然资源，又不能为了道德价值而忽视人是万物尺度的客观事实，造成人在自然生态中的主体地位缺失，否则人的每一次不正义、不

① 叶秀山：《前苏格拉底哲学研究》，人民出版社1983年版，第309页。

文明和不本分等行为都将遭受灾难，甚至是毁灭性的灾难。

（3）奥古斯丁认为，人的本质不是灵魂、不是肉体，而是由这两个有主从关系的实体组合而成的不相混合的、以“灵魂”比“肉体”更重要为前提的联合实体，即“灵魂”+“肉体”=“不混合又联合的实体”。这就是在说，个体人是有血有肉有灵魂的实体，不能割裂人的灵魂，也不存在割裂灵魂的人。奥古斯丁的人学思想在基督教哲学史乃至整个西方哲学史上都有非常大的影响力，这使得他的学说成了基督教神学思想的理论基础。奥古斯丁认为正是由于上帝赋予了由尘土制造的人“生气”，人才有了生命，成为既有灵魂又具有生物性、物质性的存在物。奥古斯丁哲学的人的本质思想认为，肉体与灵魂是人成为人的基础条件，只有兼具了灵魂与肉体，人才能称其为人。两者之中，肉体为灵魂所寄，灵魂控制着肉体，灵魂是人保持自身独立性的根源。① 奥古斯丁的人学思想，旨在启示人工智能时代公民道德选择的培养，既要重在灵魂教育，又要重视和正视人的生理需求。

（4）黑格尔在《小逻辑》一文中指出，“理性是世界的灵魂，理性居住在世界中，理性构成世界的内在的、固有的、深邃的本性，或者说，理性是世界的共性”②。即黑格尔很崇尚“理性”的“绝对精神”，并把“绝对精神”当作人的本质，认为“精神—人之所以为人的本质—是自由的”③，把人的自我意识等同于人的本质，还认为自我意识的实现（精神劳动）就是人的本质的实现。可见，在人工智能时代，尽管理性具有一定的局限性，但理性精神是道德选择必须具备的基本素质。因为理性精神能让感性偏执削弱，从而增强公民道德选择的正当性、合法性和可能性。因此，公民道德选择能力的培养，更应当注重理性精神培养，使得公民在人工智能时代的线上线下行为都能保持理性的一致性。

（5）费尔巴哈认为，神是人的异化，神或上帝的产生是因为人把本质

① Aurelius Augustine. *De Trinitate. in The Early Christian Fathers*. ed. by H. Bettenson, London – Toronto, 1956, pp. 20。

② ［德］黑格尔：《小逻辑》，贺麟译，商务印书馆 1980 年版，第 80 页。

③ ［德］黑格尔：《历史哲学》，王造时译，上海书店出版社 2001 年版，第 56 – 58 页。

集中起来寄托到了想象的物身上了，即神或上帝。他还认为宗教、上帝是人的本质的异化，人的本质在于“类”，“个人是无力的、软弱的，只有人类才是强大的、完美的；上帝的强大与完善正是人类的强大与完善的象征”①。即，人的本质一旦异化成神或上帝，人就与其本身、与他的“类”相割裂了，丧失人的本质的人自然成了神或上帝的奴仆，成了“非人”。为此，只有从宗教里脱离出来，且摆脱人的本质的异化的人，才能找回真正的自己。此外，费尔巴哈立足于自然主义，直观地指出了人也具有社会性。人的第一个对象应该是除自己以外的人，只有置身于社会中的人才是真正的人，离开了人与人的社会关系，人的本质就成为没有内容的虚构。综上所述，费尔巴哈的人性学说要求人在道德选择中注重社会性，反对宗教性。

（三）马克思主义人性本质，劳动是人最基础属性且也是道德选择的基础

从马克思经典著作的文本视角来看，马克思主义从三个方面阐述人的本质。具体内容见表 3－2。

表 3－2　经典著作中马克思关于“人的本质”阐释一览表

文本篇目	文本内容	人的本质内涵	文献来源
《关于费尔巴哈的提纲》	但是，人的本质不是单个人所固有的抽象物，在其现实性上，它是一切社会关系的总和	人的本质是一切社会关系的总和	《马克思恩格斯选集》第 1 卷，2012 年版，第 135 页
《德意志意识形态》	在任何情况下，个人总是“从自己出发的”，但由于从他们彼此不需要发生任何联系这个意义上来说他们不是唯一的，由于他们的需要即他们的本性，以及他们求得满足的方式，把他们联系起来（两性关系、交换、分工），所以他们必然要发生相互关系	需要是人的本质	《马克思恩格斯全集》第 3 卷，1960 年版，第 514 页

① 宋定国：《人的本质的揭示和唯物史观的创立》，广西人民出版社 1985 年版，第 94 页。

续表

文本篇目	文本内容	人的本质内涵	文献来源
《1844 年经济学哲学手稿》	首先，劳动这种生命活动、这种生产生活本身对人来说不过是满足一种需要即维持肉体生存的需要的一种手段。而生产生活就是类生活。这是产生生命的生活。一个种的整体特性、种的类特性就在于生命活动的性质，而自由的有意识的活动恰恰就是人的类特性	人的本质是自由自觉的劳动	《马克思恩格斯选集》第 1 卷，2012 年版，第 56 页

资料来源：《马克思恩格斯全集》《马克思恩格斯选集》。

（1）人的需要是人的本质，选择劳动是满足人需要的道德性前提。首先，人的生存需要使人与现实生存环境之间产生着依存与被依存的关系，且使人有了自我意识和可能作用于意识的对象。正如马克思主义认为，“全部人类历史的第一个前提无疑是有生命的个人的存在。因此，第一个需要确认的事实就是这些个人的肉体组织以及由此产生的个人对其他自然的关系”①。即人类只有从现实的生存环境中获取必需的物质资料，维系正常的新陈代谢，才能保证主体人自身生命的存在。也就是说，人的存在以一定的需要为前提。其次，人需要哪些物质资料、需要多少，受特定时期特定社会生产方式等发展情况的制约和影响，其答案也会有差异。即，作为特定社会中现实的人，不管他是否意识、接收和认可，必然有需要与现实社会发生联系，且必然因这种联系而形成一些使命与担当。例如，生产力发展水平、人们在生产关系中所处地位、生产资料的分配方式、经济运行形式，人们交往方式及交际中的地位、社会分工及分工中的地位，等等都是因有适应社会的需要而与特定社会发生联系的产物。最后，“没有需要，也就没有生产”②。需要是劳动确立的最根本原因，是人的生命活动得以维持的客观要求。人为了维持生命，必须开展一系列基本活动，通过劳动满足自身所需，并在劳动的过程中认识世界和改造世界。因此，选择劳

① 《马克思恩格斯选集》第 1 卷，人民出版社 2012 年版，第 146 页。

② 《马克思恩格斯选集》第 2 卷，人民出版社 1995 年版，第 691 页。

动满足人的需要是人得以存续的基础，是人类历史得以发展的动力，更是公民道德选择的基础性前提。

（2）自由自觉的劳动是人的本质，是人本质力量在道德选择中的现实诉求使然。首先，整个世界史实质上也就是人的劳动创造自然的过程史①。正因为如此，一般情况下人的存在有两个前提，一是通过劳动进行物质生产，二是进行人本身的生产——人口生产。也正是人类是基于这样的利益诉求与生存诉求，马克思、恩格斯视劳动为人的自我确认的本质②。其次，开展劳动是人有别于动物的里程碑。尽管动物也能从事一些劳动，但那种劳动是没有意识的劳动。而人能够有意识地从事劳动、参与劳动，能够为了更好地推进劳动、满足自身更好的发展需求而制造工具、使用工具进行劳动。再次，人们从事劳动活动，必然要在人与社会之间建立一种互相依存的社会关系。社会关系主要指许多个人的共同活动。整个社会存在着或大或小的无数个群体，群体间因划分的标准不同不可避免地产生交叉，以至于错综复杂的社会关系不仅存在于某一群体内部，也存在于群体之间。这些社会关系，全都是在劳动关系的基础上建立起来的。最后，“一句话，动物仅仅利用外部自然界，简单地通过自身的存在在自然界中引起变化；而人则通过他所作出的改变来使自然界为自己的目的服务，来支配自然界。这便是人同其他动物的最终的本质的差别，而造成这一差别的又是劳动”③。因此，自由自觉的劳动是人的本质，也是人本质力量在道德选择中的现实诉求使然。

（3）人的本质是一切社会关系的总和，道德选择也具有社会性。马克思认为，在其现实性上，人的本质是一切社会关系的总和。④ 这一定论，主要是强调人与人之间之所以有区别，是因为人们出自不同的时代、地位、背景、团体组织，甚至有不同的成长经历。正因为如此，人的社会关系是

① 《马克思恩格斯全集》第3卷，人民出版社2002年版，第310页。
② 《马克思恩格斯全集》第3卷，人民出版社2002年版，第320页。
③ 《马克思恩格斯选集》第3卷，人民出版社2012年版，第997－998页。
④ 《马克思恩格斯选集》第1卷，人民出版社2012年版，第135页。

后天的、动态的、变化的，人的本质随之亦然。首先，全部社会关系的基础是生产关系。理解了这点，才能在历史唯物主义的立场上认识人的本质。其次，“一个人的发展取决于和他直接进行交往的其他一切人的发展；彼此发生关系的个人的世世代代是相互联系的，后代的肉体的存在是由他们的前代决定的，后代继承着前代积累起来的生产力和交往形式，这就决定了他们这一代的相互关系。总之，我们可以看到，发展不断地进行着，单个人的历史决不能脱离他以前的或同时代的个人的历史而是由这种历史决定的”①。简而言之，马克思主义从历史、现实、动态、静态多方向、多视角论述了社会关系对人的本质的决定作用，意在提示人们在道德选择中也应当重视人性本质的社会性。

二、道德选择的价值旨归：每一个人自由全面发展

受社会生产力变化影响，人工智能时代公民的道德选择，与过去传统社会中的道德选择相比较是有所差异的，但是，这种差异是正常的传承与发展关系，是一脉相承的新发展、新形态，不存在全盘的对立与否定。为此，梳理自古以来中、西方优秀传统道德文化中道德选择之价值旨归，有益于在传承发展中找到人工智能时代公民道德选择能力培养的理论依据和资源，进而增强公民道德选择能力培养的理论指导性和规范性。

（一）中国优秀传统道德文化中道德选择之价值旨归：“修身齐家治国平天下”

《礼记·大学》有云：“古之欲明明德于天下者，先治其国。欲治其国者，先齐其家。欲齐其家者，先修其身；欲修其身者，先正其心。欲正其心者，先诚其意。欲诚其意者，先致其知。致知在格物。物格而后知至，知至而后意诚，意诚而后心正，心正而后身修，身修而后家齐，家齐而后

① 《马克思恩格斯全集》第3卷，人民出版社1960年版，第515页。

国治，国治而后天下平。自天子以至于庶人，壹是皆以修身为本”①。由是观之，儒家倡导“修身齐家治国平天下”的务本之道，是以天道性命贯通为根本，是以仁爱情理为核心，是以“天人合一”为精神追求，是在建立了儒家道德价值理论体系之上，彰显“赞天地之化育”的道德价值与信念。即其天道、世道、人道之理念与促进人的自由全面发展的现代德育思想在实质性目的上是一致的。② 因为“格物致知”规定了“中国哲人的最高的道德理想是人、社会、自然的和谐。在道德价值的最终目标上，中国哲学追求一种‘天人合一’的境界，追求一种人与自然、人与人、人与自身之间的和谐交融的境界。”③ 正如儒家所认为，社会内部的自然和谐是天人和谐的核心，而仁与礼是确立社会和谐的关键性因素，个体生命价值必须与人类生存的核心价值和终极价值保持一致，并将个体在社会实践中，是否能自觉地遵循天道、人道，自觉地努力达成天人和谐，作为评判一个人是否是君子、是否是道德的人的重要标准。因此，儒家道德文化之道德选择价值旨归是修身齐家治国平天下。此外，尽管与儒家有一些不同主张的道家，其道德文化价值旨归也是指向个体化公民修身而平天下的，也是一定意义上的指向人的自由全面发展。即道家的价值信念指向自然，把天与人统一于“天道”，强调天道的自然性，虽然在一定程度上否定了儒学仁与礼的主张，但其思想价值指向却始终没有改变以自然性强化的人的道德性人格。即便是后来的宋明理学主张博采众家之长，传承绝学、救世济危，其价值旨归也始终没有改变这一思想精髓。正如宋明理学认为，宇宙自然是人伦纲常的来源，进而将义理、心性、修养融为一体，确立了“修身为本，内圣外王”的人格理想。有鉴于此，公民道德选择能力的培养，应当重视人人修身，促其人格信仰至圣至诚，人格功能致力于治国平天下，最终实现“大同”。正如《论语今读》所认为：“儒学不重奇迹、神秘，却不排斥宗教信仰；在‘三教合一’中，它不动声色地渗入其他宗教，化为

① 严华英：《中华传世名著文库：大学·中庸》，中国戏剧出版社 2003 年版，第 19－21 页。

② 李忠红、王贺：《儒学道德终极价值对现代德育的启示》，《求索》2009 年第 4 期。

③ 王敬华：《道德选择研究：以价值论为视角》，中国社会科学出版社 2008 年版，第 21 页。

它们的重要内容和实质成分。而儒学之所以能如此，其原因又在于它本身原来就远不止是‘处世格言’‘普通常识’，而具有‘终极关怀’的宗教品格。它执着地追求人生的意义，有对超道德、伦理的‘天地境界’的体认、追求和启悟。从而在现实生活中，儒学的这种品德和功能，可以成为人们（个体）安身立命、精神皈依的归宿”①。即道德修养具有外推和内求的功能：外推在古代是治平与大同，可以趋向为圣，是社会价值目标实现的最高归宿，在人工智能时代表现为人人自由全面发展和出彩，也表现为人类命运共同体的构建；内求是要明明德，是亲民，是止于至善。由此可见，在人工智能时代，应当加强公民个体修养的培养和提升，助力其树立正确的人生观和价值观，在共建共享人类命运共同体的道德选择和道德行动中，实现人人自由全面发展。

（二）西方理性主义中道德选择之价值旨归：理性至善

纵观西方道德终极价值发展历程，经历了神的外在权威向近代启蒙道德哲学人的内在权威的转变，经历了近代有权威的绝对主义向现代无权威的相对主义的转变，经历了克服道德相对主义向规范伦理学的转变。然而，透过现象看本质，无论在哪个阶段，最核心的价值旨归始终是理性至善。理性的最高本质是善，善是秩序、和谐和理性的有机统一体。正因为如此，苏格拉底认为，知识是美德的基础和前提，有美德的人必然是有知识的人，人的善恶不取决于本性，而取决于人的知识，“不论什么东西，如果有理性地学和做，就是有益的。如若没有理性地学和做，它们就是有害的”②。所以后世的人们始终把“认识自己”作为践行道德选择的第一要务，认为“最高的善”缘于人本性的内在的权威。即便是柏拉图，也认同此论点，并进一步拓展了道德选择之价值旨归理论，把善当作最高和最终的内在理念。当然，中世纪的神学也没能走出把善当作最高和最终目的的范畴圈子，而是更为极致地将理想之善赋予了最为理性的神，以外在的权威之神肯定

① 李泽厚：《论语今读》，安徽文艺出版社 1998 年版，第 5 页。
② 戴本博：《外国教育史》上，人民教育出版社 1989 年版，第 102 页。

人的善，引导人崇拜最高善的神而求善、行善和得善。而西方启蒙运动，通过否认神，来追求道德选择之价值旨归。一方面是从理性主义视角，把理性确立为人的本质、人的道德价值旨归，认为人性在于理性；另一方面，是从经验主义视角，反对理性主义的先在性，将事实、经验和感觉确立为道德选择之价值基础和选择依据。在这一点上，道德相对主义、情感主义也注重主观感受的道德选择驱动力，把人的利益诉求和幸福追求作为价值选择标准。如此一来，道德价值选择就具有了非稳定性，引起了西方道德终极价值的研究，并由此产生了旨在追求生命的体验与感悟的传统规范伦理学与应用伦理学。综上所述，西方道德终极价值的演变与发展，最为核心的理念是以各种理论影响在引领公民道德选择从而实现理性至善。

（三）马克思主义中的道德选择之价值旨归："每一个个人的全面而自由的发展"

一方面，从马克思主义经典著作的文本来看，马克思、恩格斯的理想社会形态是共产主义社会，他们主张用最实际的手段——共产主义运动来实现伟大的理想追求。而因共产主义运动追求的最高目的或终极价值是"每一个个人的全面而自由的发展"①，故又被称为最实际的目的。马克思认为，"共产主义是私有财产即人的自我异化的积极的扬弃，因而是通过人并且为了人而对人的本质的真正占有；因此，它是向自身、向社会的即合乎人性的人的复归，这种复归是完全的，自觉的和在以往发展的全部财富的范围内生成的。这种共产主义，作为完成了的自然主义 = 人道主义，而作为完成了的人道主义 = 自然主义，它是人和自然之间、人和人之间的矛盾的真正解决，是存在和本质、对象化和自我确证、自由和必然、个体和类之间的斗争的真正解决"②。所以共产主义社会是"个人的独特的和自由的发展不再是一句空话的唯一社会"③，是消除了资本主义剥削制度的未

① 《马克思恩格斯选集》第2卷，人民出版社2012年版，第267页。
② 《马克思恩格斯全集》第3卷，人民出版社2002年版，第297页。
③ 《马克思恩格斯全集》第3卷，人民出版社1960年版，第516页。

来社会，是一个人人得以自由而全面发展的社会[①]。由此可见，马克思、恩格斯的一系列阐释，旨在回答共产主义运动的内涵问题，即“每个人的全面而自由的发展”是最高目的或终极价值旨归。正如恩格斯曾在1847年回答“共产主义者的目的是什么”时所指出，“把社会组织成这样：使社会的每一个成员都能完全自由地发展和发挥他的全部才能和力量”[②]，而且要尽快“结束牺牲一些人的利益来满足另一些人的需要的状况”[③]，从而建立“所有人共同享受大家创造出来的福利”[④]的社会，以及“使社会全体成员的才能得到全面发展”的社会。[⑤]

另一方面，从中国革命、建设和改革实践来看，实现“每个人的全面而自由的发展”是社会发展与文明进步的基础和保障。在中国革命时期，毛泽东同志提出：“伦理学是规定人生目的及达到人生目的的方法之科学”[⑥]，并把“全心全意为人民服务”确定为共产党员的道德终极价值，在具有强烈阶级性的半殖民地半封建社会里找到了属于无产阶级和广大人民大众的文化与道德价值。正如他所认为的，党领导的革命队伍，全部工作都是为人民的全面自由解放服务的，[⑦] 只有坚守广大人民群众的利益，拥有为民谋利益的革命自觉和纪律自觉，才是真正强大的军队。[⑧] 即为人民服务的道德选择，实质上是追求人人当家作主，个个自由解放的革命与斗争运动。在中国建设与改革时期，“三个有利于”“以人为本”“构建人类命运共同体”“以人民为中心”“五大新发展理念”和“精准扶贫”及“中国式现代化”等理念和思想，深入人心并得到普遍赞同，成为中国建设与改革路上的永恒不变的终极价值追求和亮丽风景。其中，“以人为本”，是要以每一个人的全面发展为本；“三个有利于”，即看是否有利于发展生产力，有利于增强综合国力，有利于提高人民的生活水平；“人类命

---

① 《马克思恩格斯选集》第2卷，人民出版社2012年版，第267页。
② 《马克思恩格斯全集》第42卷，人民出版社1979年版，第373页。
③④ 《马克思恩格斯选集》第1卷，人民出版社2012年版，第308页。
⑤ 《马克思恩格斯选集》第1卷，人民出版社2012年版，第308－309页。
⑥ 毛泽东：《毛泽东选集》第3卷，人民出版社1991年版，第864页。
⑦ 毛泽东：《毛泽东选集》第3卷，人民出版社1991年版，第1004页。
⑧ 毛泽东：《毛泽东选集》第3卷，人民出版社1991年版，第1039页。

运共同体”，是涵盖了每一个人、尊重每一个人的共建共享组织；“以人民为中心”的发展思想，强调人民主体地位；“五大新发展理念”，适时地要求实现创新、协调、绿色、开放和共享的发展；“精准扶贫”，就是让每一个个体都有均等的机会获得自由全面发展，体现自由全面发展的平等性、整体性和非排他性；“中国式现代化”，必然要有中国人口质素的现代化，才能实现伟大民族复兴和人民幸福的强国之梦。总之，以上发展方式虽立足于具体的不同的发展阶段，但其终极道德价值目标始终没有改变，却始终是为了实现“每个人的全面而自由的发展”而在各个历史时期树立的阶段性奋斗目标与智慧。

概述之，马克思主义道德选择之终极价值旨归有四点内容不可忽视。首先，道德选择之终极价值旨归是建立在唯物史观基础上的产物。人类社会以物质资料的生产为根本和基础，“物质生活的生产方式制约着整个社会生活、政治生活和精神生活的过程”①。实质上是揭示生产力决定生产关系、经济基础决定上层建筑的矛盾运动过程，即旨在阐明人类社会发展的一般规律，从而为公民道德选择活动奠定历史唯物主义的基础。其次，道德选择之终极价值旨归与共产主义远大目标紧密相连。通过不断地认识和改造世界，人类社会的历史形态正在不断走向更高级形式。一方面，社会主要矛盾的不断转换和更新推动着社会形态的发展；另一方面，纵观社会形态，从“人的依赖关系”形态，经过“以物的依赖性为基础的人的独立性”形态，再到“建立在个人全面发展和他们共同的、社会的生产能力成为从属于他们的社会财富这一基础上的自由个性”② 的社会形态，人们均是在不断地追求每个个体自由全面发展美好愿望的实现。而没有任何特殊利益、始终代表着最广大人民利益的无产阶级取得执政，有利于“集体财富的一切源泉都充分涌流”，有利于“个人的自由全面发展”得以实现。③再次，道德选择之终极价值旨归的核心关切是人类的解放和自由全面发展。

---

① 《马克思恩格斯选集》第2卷，人民出版社2012年版，第2页。

② 《马克思恩格斯全集》第30卷，人民出版社1995年版，第107－108页。

③ 《马克思恩格斯选集》第3卷，人民出版社2012年版，第365页。

“解放”，就是合理地摆脱各种不合理的束缚和压迫，“共产主义是私有财产即人的自我异化的积极的扬弃，因而是通过人并且为了人而对人的本质的真正占有；因此，它是向自身、向社会的即合乎人性的人的复归，这种复归是完全的，自觉的和在以往发展的全部财富的范围内生成的。这种共产主义，作为完成了的自然主义＝人道主义，而作为完成了的人道主义＝自然主义，它是人和自然之间、人和人之间的矛盾的真正解决，是存在和本质、对象化和自我确证、自由和必然、个体和类之间的斗争的真正解决”①。这里指出了人从自然和社会获得解放的向度。对此，恩格斯也认为，无产阶级革命取得胜利后，“人终于成为自己的社会结合的主人，从而也就成为自然界的主人，成为自身的主人——自由的人”②。而人的自由解放，当然包括人的能力的自由的全面发展，“而在共产主义社会里，任何人都没有特殊的活动范围，而是都可以在任何部门内发展，社会调节着整个生产，因而使我有可能随自己的兴趣今天干这事，明天干那事，上午打猎，下午捕鱼，傍晚从事畜牧，晚饭后从事批判，这样就不会使我老是一个猎人、渔夫、牧人或批判者”③。其目的是“用那种把不同社会职能当做互相交替的活动方式的全面发展的个人，来代替只是承担一种社会局部职能的局部个人”④。最后，道德选择之终极价值旨归不仅是为了所有人的自由全面发展，更是为了每一个人都能得到自由全面的发展，这是对人的全面本质的复归。而这一历史使命是由无产阶级来完成的。因为以往革命的结果归根结底依然属于阶级对抗，只有没有特殊利益的阶级，始终代表的是广大人民大众利益的无产阶级，才能解救和解放“每个人”，“不言而喻，要不是每一个人都得到解放，社会也不能得到解放”⑤。

综上所述，道德选择的价值旨归，也称公民道德选择的终极关怀、终极价值，是个体公民以及整个社会的公民选择什么样方式生存、发展、延

① 《马克思恩格斯全集》第3卷，人民出版社2002年版，第297页。
② 《马克思恩格斯选集》第3卷，人民出版社2012年版，第817页。
③ 《马克思恩格斯选集》第1卷，人民出版社2012年版，第165页。
④ 《马克思恩格斯选集》第2卷，人民出版社2012年版，第232页。
⑤ 《马克思恩格斯选集》第3卷，人民出版社2012年版，第681页。

续的理想追求、精神寄托和价值意义，具有其鲜明的理想性、超越性、敬畏性和精神性，起着陶冶情操、安身立业，以及齐家治国平天下的规范秩序和惩恶扬善等作用。在人工智能时代，公民欲在数据万物化的新时代立足，在频繁的线上线下交往与交流中实现美好生存和生活，实现可持续发展，更需要有正确的道德终极价值信仰和规范来加以引导。正如《人论》一文所说："而人类的真正存在只是作为指向终极目的的存在而存在，而且如果它确实能实现，也只有通过哲学——通过我们，如果我们真正是哲学家——才能实现"①。人的存在是应当的存在，也是目的论的存在，并支配着人的一切行为。为此，在人工智能时代，不管秉持"为天地立心，为生民立命，为往圣继绝学，为万世开太平"的神圣历史使命和责任，还是秉持"人人自由全面发展"的道德选择价值，都需要进一步厘清马克思主义理论基础，进一步理解中、西方传统人性论和道德终极价值关怀，进一步探索并构建马克思主义与世界人民的终极关怀之间的内在关联，从而建立以儒家为核心的现代道德教育理念、西方德育理念和马克思主义哲学理念相融合的精神基点和旨归，对于培养人工智能时代公民的道德选择能力、牢固道德选择价值信仰、实现中华民族伟大复兴和实现全世界人民的自由全面发展，具有重大的学术文化价值和深远的现实意义、历史意义。

三、道德选择原则和标准：义利、理欲等价值观

通过梳理中、西方道德选择中的义与利、理与欲等价值观的理论体系，特别是马克思主义和中国化时代化马克思主义的义与利、理与欲等价值观，进而建立起规范的且符合人工智能时代的道德选择价值原则、价值导向和价值诉求，有利于指导公民在复杂的选择环境中，坚持正确的义利、理欲等价值观从而作出符合人工智能时代现实诉求和社会发展需求的道德选择。

---

① ［德］胡赛尔：《欧洲科学的危机与超越论的现象学》，王炳文译，商务馆 2001 年版，第 28 页。

（一）古代中国文明中的义利观和理欲观，是公民道德选择中必要的取舍之道

中国古代在道德选择中，讨论较为频繁、集中的问题是义利关系问题。义利关系，并不仅仅是择义舍利，更多情况下，关系到谁先谁后、谁有选择优先权和谁没有选择优先权等问题。儒家较为主张重义轻利，视仁、义为一切行为的出发点。孔子认为“君子喻于义，小人喻于利”① “君子爱财，取之有道”；主张个人在利与仁、义产生冲突时，自觉牺牲利，甚至舍身成全仁义，即“志士仁人，无求生以害仁，有杀身以成仁”②。孟子认为“大人者，言不必信，行不必果，唯义所在”③。荀子视义为求取公利和个体合法私利的唯一手段，主张“以义制利”“先义而后利”。然而，墨子认为“兼相爱，交相利”，义利是统一的，义即利。道家崇尚自然无为、义利皆轻。后来，人们对各学派的义利观进行了深入研究，汉代的董仲舒认为“义利两有，义重于利”和“义利对立，言义不言利”；颜元在宋明理学主张禁欲的基础上，提出义利统一，肯定人欲，主张谋利、计功是人的本性。总之，古代义利观是千年中国社会的道德选择的价值原则、价值标准和价值导向，占据了道德选择活动中的主导地位，影响深远。

此外，中国自古以来的道德选择之价值原则、价值标准和价值导向中，理欲之辩也是一个重要的参考要素。“理欲”，在中国人的语境中至少有两个层次的内涵需要辨别，一是有限的必要的生活需求欲，二是无限的贪婪的奢求欲。通常认为，生活需求欲，是可以满足的，也是理性的和符合道德选择原则的需要。而贪婪之奢求欲，则是要反对的，是道德选择不维护的需求。在古代中国，大多数思想家都主张清心寡欲、以理节欲，以道德修养来克服欲和引导合理的欲的满足。其中，孔子认为“富与贵，是人之所欲也；不以其道得之，不处也”④ “不义而富且贵，于我于浮云”，主张

① （春秋）孔丘：《论语·里仁》，纪琴译，中国纺织出版社 2007 年版，第 84 页。
② （春秋）孔丘：《论语·卫灵公》，纪琴译，中国纺织出版社 2007 年版，第 350 页。
③ 《孟子》王常则译，山西古籍出版社 1998 年版，第 124 页。
④ （春秋）孔丘：《论语·里仁》，纪琴译，中国纺织出版社 2007 年版，第 74 页。

义引导之下的欲。孟子认为“养心莫善于寡欲。其为人也寡欲，虽有不存焉者，寡矣；其为人也多欲，虽有存焉者，寡矣”①。即人都有欲，但必须加以节制，节制的参考标准就是“仁义”。荀子认为，人欲只要节制就能合理，但节制需要依照常理和礼义。所以荀子反对一味地禁欲和寡欲，主张用礼义丰富“节欲观”。墨子也是推崇节欲之人，在他看来，欲危害人生，极力主张清心寡欲。庄子认为欲深和善于欲的人都是“天机浅”的人，只有无欲，才能自正。崇尚自然无为的道家也主张“无欲”，认为“罪莫大于可欲，祸莫大于不知足，咎莫大于欲得。故知足之足，常足矣”。以二程和朱熹为代表的宋明理学提出：“存天理，灭人性”的理欲观，认为世界最高的本体是“天理”，内涵为仁、义、忠、信等道德内容，而人欲完全是恶的东西；他们认为，天理与人欲是对立的东西，不可转换和不可调和，此涨则彼消，彼涨则此消，所以他们要求人们灭人性、存天理。

综上所述，古代中国文明中的义利观和理欲观，至今指导着中国公民的道德选择。特别是在面临义与利、理与欲价值观的“两难”选择、“两难”取舍时，个体性的道德选择与社会性的道德选择、生理性的需求欲选择与心理性贪欲选择之间的差异性和优先权问题就呈现了出来。在传统社会出现过强调“集体利益高于一切”“需求有限而贪婪无限”的价值观，而人工智能时代的公民要想因事因时地灵活掌握和应用这些义利观、理欲观，必须掌握丰富的理论知识基础，解放思想，抓住主要矛盾，具体问题具体分析，避免陷入教条主义和经验主义，以实现善的道德价值最大化和最普遍化。当然，人工智能时代的道德选择，仅仅掌握这些知识与实践方法是不够的，更要掌握涉及选择范围的巨量数据信息的搜集与计算，在行为预测、综合分析后在实践中作出具体道德选择。综上所述，中华文明中的义利观和理欲观是人工智能时代数智道德选择的重要参考原理，是人与机器共同需要掌握的重要理论基础，是公民道德选择的重要理论依据和重

① 《孟子》，王常则译，山西古籍出版社 1998 年版，第 246 页。

要法宝。

（二）西方文明中的理性主义和非理性主义，道德选择中实用的遵循法则

理性主义认为，道德、德性与知识具有一致性。一般来说，人需要理性才能保证道德选择，而理性往往又源自人所获取和拥有的知识，所以在古希腊的苏格拉底看来，“德性即知识”。若一个人没能作出道德选择，往往是因为这个人没有掌握足够多的知识或没有能力应用好已经掌握的知识，即不具备选择能力的理性化。无独有偶，柏拉图也视“理性”为道德选择的智慧源泉，且认为拥有真理的人必定会依真理行事，必然能作出理性的选择。即人的恶行或者恶的选择，往往是因人的无知造成的。同样，亚里士多德也视理性为道德选择的根本，还认为理性能节制各种欲望，所以他将美德划分为智德和行德。智德包括知识、真理，行德包括节欲的德行，且智德高于行德，是最高的善。此外，近现代的西方理性主义更青睐于关注如何为个体制定理性行为准则以保障主体的行德。正如托马斯·霍布斯认为，人们必定有一些自我保存和利己快乐的需求欲，所以当人们生活中有暴力、死亡、孤独、贫困、恐惧和危险等降临时，理性使人们意识到必须达成协议以保障大家免受其害的理性契约，即理性的自觉联合必然助推法和道德的加速生成。正如斯宾诺莎认为，人所选择的生活应该是一种合理性、合人性的生活。合理性的工具就是善，善的人性使人不被情欲所支配，拥有自由的生活。但是，卢梭在《论科学与艺术》一文中旗帜鲜明地认为，科学进步与道德风尚之间是负相关关系。① 在他看来，历史经验证明科学的作用是伤风败俗，科学的本性与美德之间形成悖论。他痛恨在科学名义下利用虚假的知识满足私欲，甚至去损害较大多数文化程度不高的大众，主张科学的确立应当惠及每一个人。诚然，卢梭的理欲观率先对盲目认可科学与道德、理性与价值之间合一性、同一性的观点提出了质疑，有深远的深刻影响。正如康德说：“卢梭是指引我的第一人，对我思想的基

---

① ［法］卢梭：《论科学与艺术》，何兆武译，商务印书馆出版 1997 年版。

本倾向有着决定性的影响”①。在康德看来，“一切人本身就是目的，一切人都具有道德——理性——自决的能力”。为此，康德把道德法则从自然法则中独立出来，道德与意志同一性的建立使伦理学成为一门新的学科。

非理性主义认为，人除拥有理性外，还拥有非理性、无意识性。其中，叔本华认为，意志是最基本的道德伦理问题，指出美德通常在意志冲动中形成，所以只是直观的感觉，不是真正地从理性中获取。这种出于非理性的自我生存维护，不容易避免利己需求。所以尼采则认为支配人类一切行为的动力是强力意志，并在强力意志的追求过程中诠释了道德基础和实质。他认为，传统宗教的仁爱、善良观是不道德的道德，无助于生命个体强力意志的实现。此外，存在主义思潮派也对理欲有不同阐释和主张。海德格尔认为，“存在”是世界的本源，人也是一种特殊的“存在”。但“存在”只对当下人有意义，人是唯一关心其他存在的存在物，是能提出问题的存在物，存在决定了人的本质。萨特也认为存在是根本的东西，存在的实质是自由选择，认为人是“存在先于本质”的生物，应当以“自我”为中心。

综上所述，“理性，包括价值理性和工具理性，当两者辩证统一时，实现理性，也称为‘理性化’”②。同时，“构成行动的理性化的一个根本要素就是用有计划地按照利益格局来调适的做法代替对某种久已习惯的习俗的内在适应”③。因此，西方文明中蕴含着实用性和参考意义较强的道德选择原则。公民在道德选择和道德选择能力培养中，应参考智德思想，掌握一定理性知识，从认知上消解非理性，培养和树立价值理性；同样也要参考行德思想，规范和引领工具理性的助力，作出理性的道德选择。人工智能时代，机器智能可以运用广博的知识在智德方面助力公民的道德选择，但是公民不可过于依赖智能终端，毕竟机器往往不能够认知或者不能够准确认知陌生事物。为此，吸纳西方理性主义与非理性主义一些好的思想和做

---

① 庞滔：《从康德的道德哲学看卢梭的理性主义》，《学理论》2012 年第 23 期，第 44 页。

② 潘建红、潘军：《大数据时代个体数据理性化悖论与消解》，《甘肃社会科学》2018 年第 2 期。

③ Weber，Max. 1956，*Wirtschaft und Gesellschaft*. Tübingen：J. C. B. Mohr，pp. 21 – 22.

法，有利于为公民道德选择、道德选择能力培养适时地作出调整和优化。

（三）马克思主义的道德选择价值原则，是公民道德选择中可靠的参考依据

马克思关于生产力与生产关系、社会存在与社会意识，以及经济基础与上层建筑等的互动理论，早已精辟地论证了“物质生活的生产方式制约着整个社会生活、政治生活和精神生活的过程”①。并且人们在进行社会选择活动中出现的任何社会阶级总是生产关系与交换关系或者说是经济关系的产物②。这为人们正确认识义利关系和理欲关系等价值观来指导社会道德选择活动，规定了正确的选择方向和选择价值取向——坚持辩证唯物主义的立场、观点。詹世友（2015）认为：“马克思的道德理论致力于揭示社会上道德现象背后的本质……马克思要追溯社会上人们有着不同的道德情感、持不同的道德价值观背后的真实原因是什么。而对此问题的追问，在马克思那里，是以他和恩格斯共同确立的历史唯物主义为基础的”③。马克思自己也认为，“意识在任何时候都只能是被意识到了的存在，而人们的存在就是他们的实际生活过程”④。因为道德作为众多意识形态之一，反映的是社会存在中的物质利益诉求，所以他进一步指出，思想意识没有利益根基就会出丑⑤。由此可见，马克思的道德选择价值原则，是基于现实存在条件的、利于共同利益的、促使人们本性回归的、互尊互谅共同进步的一种特殊性力量，是道德选择重要的参考依据。

基于马克思主义与中国革命具体实践，毛泽东同志创立了新民主主义革命理论，把生产力作为最基本的逻辑根据来探索中国革命道路，实现了对社会主义的一次认识飞跃，特别是其中的无产阶级革命义利观和“全心全意为人民服务”理念，成功地克服了中国古代传统义利观之重义轻利的

---

① 《马克思恩格斯选集》第 2 卷，人民出版社 2012 年版，第 2 页。
② 《马克思恩格斯选集》第 3 卷，人民出版社 2012 年版，第 796 页。
③ 詹世友：《马克思的道德观知识图景与价值坐标》，《道德与文明》2015 年第 1 期。
④ 《马克思恩格斯选集》第 1 卷，人民出版社 2012 年版，第 152 页。
⑤ 《马克思恩格斯文集》第 1 卷，人民出版社 2009 年版，第 286 页。

单向度。例如，毛泽东在《必须注意经济工作》（1933 年）一文中指出，必须重视根据地经济建设，改善群众生活，保障革命物资供应。① 他还认为，说到不如做到，得有看得见的物质福利才是有用的和有效的②，为此他批评不懂得经济工作重要性且对生产活动不闻不问的机关干部，说他们是“中了董仲舒们所谓‘正其谊不谋其利，明其道不计其功’这些唯心的骗人的腐话之毒”“我们不能饿着肚子去‘正谊明道’，我们必须弄饭吃，我们必须注意经济工作。离开经济工作而谈教育或学习，不过是多余的空话”③。质言之，毛泽东的义利观，还对新中国道德选择原则作出了进一步的关系阐释：“国家和工厂、合作社的关系，工厂、合作社和生产者个人的关系，这两种关系都要处理好。为此，就不能只顾一头，必须兼顾国家、集体和个人三个方面，也就是我们过去常说的‘军民兼顾’‘公私兼顾’。鉴于苏联和我们自己的经验，今后务必更好地解决这个问题”④。

改革开放的总设计师邓小平既重视个人利益，又强调全体人民的共同利益。他肯定中国国家、集体和个人利益的根本一致性，坚持集体利益优先，主张个人利益让位于国家和集体利益，要求“形成把国家和人民利益放在首位而又充分尊重公民个人合法利益的社会主义义利观”⑤。江泽民和胡锦涛等党和国家领导人，也结合国情阐释了符合他们所处时代的义利观。江泽民同志主张“以德治国”，通过“三个代表”重要思想阐释义利观；胡锦涛同志提出了“社会主义荣辱观”，以知荣辱来彰显社会中的义利关系。

新时代以来，习近平总书记更加注重世情、国情、党情的研究，并在此基础上丰富和发展了马克思主义义利、理欲等价值观，形成了中国化时代化马克思主义义利、理欲等价值观成果——习近平新时代中国特色社会主义思想。2013 年 3 月，习近平主席在访问非洲时，首次提出要坚持正确的义利观。首先，他强调中国义字在前，主张维护全球人民共同的利益。

① 毛泽东：《毛泽东选集》第 1 卷，人民出版社 1991 年版，第 119 – 126 页。
② 毛泽东：《毛泽东文集》第 2 卷，人民出版社 1993 年版，第 467 页。
③《毛泽东著作选读》下册，人民出版社 1986 年版，第 563 – 566 页。
④ 毛泽东：《毛泽东文集》第七 7 卷，人民出版社 1999 年版，第 28 页。
⑤《中共中央关于加强社会主义精神文明建设若干重要问题的决议》，《求是》1996 年第 21 期。

即“要找到利益的共同点和交汇点，坚持正确义利观，有原则、讲情谊、讲道义，多向发展中国家提供力所能及的帮助”①。其中之义，阐释的就是共产党人的理想：部分人过得好不算好，要世界人民都过得好才是好；真正的快乐、幸福和发展不是局部的人，而是属于整个世界人民的。其中之利，阐释的就是互惠共利、多方多赢，是和平与发展，是分工与合作，不是你输我赢，也不是你死我生；强调救济、扶贫与帮助，以及重义轻利、舍利取义，而不是趁虚而入、唯利是图、称王称霸。② 正如中国在外交中所强调的——“中国坚持独立自主的和平外交政策，坚持走和平发展道路，坚持互利共赢的开放战略，坚持和积极践行正确义利观，讲信义、重情义、扬正义、树道义，愿将中国发展同广大发展中国家共同发展紧密结合起来，共同致力于建立以合作共赢为核心的新型国际关系”③。其次，关键的利、核心的利、正当的利是维护义的前提和基础，中国绝不能放弃。2013 年 1 月，习近平总书记在中央政治局第三次集体学习时指出：“我们要坚持走和平发展道路，但决不能放弃我们的正当权益，决不能牺牲国家核心利益。任何外国不要指望我们会拿自己的核心利益做交易，不要指望我们会吞下损害我国主权、安全、发展利益的苦果”④。同时，“中国不觊觎他国权益，不嫉妒他国发展，但决不放弃我们的正当权益。中国人民不信邪也不怕邪，不惹事也不怕事”⑤，当然，中国也始终不会去做牺牲他国利益来谋取发展的打算和事情，即中国自己决不会以失义促使自己处于不利的国际地位或导致自己的国家结下苦果。⑥ 由此可见，具有正确义利观

① 习近平：《习近平在周边外交工作座谈会上发表重要讲话强调：为我国发展争取良好周边环境》，《人民日报》2013 年 10 月 26 日。

② 王毅：《坚持正确义利观：积极发挥负责任大国作用——深刻领会习近平同志关于外交工作的重要讲话精神》，《人民日报》2013 年 9 月 10 日。

③ 习近平：《共同谱写中拉全面合作伙伴关系新篇章——在中国拉共体论坛首届部长级会议开幕式上的致辞》，《人民日报》2015 年 1 月 9 日。

④ 中共中央宣传部编：《习近平总书记系列重要讲话读本》，学习出版社、人民出版社 2016 年版，第 272 页。

⑤ 习近平：《在庆祝中国共产党成立 95 周年大会上的讲话》，《人民日报》2016 年 7 月 2 日。

⑥ 习近平：《决胜全面建成小康社会，夺取新时代中国特色社会主义伟大胜利——在中国共产党第十九次全国代表大会上的报告》，《人民日报》2017 年 10 月 28 日。

的“中国将始终做世界和平的建设者，坚定走和平发展道路，无论国际形势如何变化，无论自身如何发展，中国永不称霸、永不扩张、永不谋求势力范围”①。再次，中国以义利辩证统一关系推动人类命运共同体的构建。一方面主张“义利相兼，义重于利”；另一方面强调“把中国发展与世界发展联系起来，把中国人民利益同各国人民共同利益结合起来”②。也就是说，中国坚持共赢的理念与世界交流与合作，并以协商的方式来推动和推进对内改革和对外开放，特别是以平等对话的方式来解决国际国内的义利关系和纷争。③最后，中国还“要在国际和区域层面建设全球伙伴关系，走出一条‘对话而不对抗，结伴而不结盟’的国与国交往新路。大国之间相处，要不冲突、不对抗、相互尊重、合作共赢。大国与小国相处，要平等相待，践行正确义利观，义利相兼，义重于利”④。

此外，习近平新时代中国特色社会主义思想，特别是习近平总书记关于“人工智能和大数据”深度融合发展的重要指示、批示和讲话精神，为创新发展“人工智能和大数据+德育”和人工智能时代公民道德选择能力培养，指明了前进方向，提供了重要遵循。其中，最为主要的思想精髓有以下四点内容：第一，促进人工智能和大数据与实体经济深度融合发展助力道德选择，“加快建设制造强国，加快发展先进制造业，推动互联网、大数据、人工智能和实体经济深度融合，在中高端消费、创新引领、绿色低碳、共享经济、现代供应链、人力资本服务等领域培育新增长点、形成新动能。”⑤ 同时，习近平总书记多次在重要场合进一步指出：“加强应用基础研究，拓展实施国家重大科技项目，突出关键共性技术、前沿引领技术、现代工程技术、颠覆性技术创新，为建设科技强国、质量强国、航天强国、网络强国、交通强国、数字中国、智慧社会提供有力支撑”⑥。第二，建设21世纪的数字丝绸之路助力道德选择。具体来说，“我们要坚持创新驱动

①③④ 习近平：《携手构建合作共赢新伙伴，同心打造人类命运共同体——习近平在第七下届联合国大会一般性辩论时的讲话》，《人民日报》2015年9月29日。

② 中央文献局：《习近平关于全面深化改革论述摘编》，中央文献出版社2014年版，第129页。

⑤⑥ 习近平：《决胜全面建成小康社会，夺取新时代中国特色社会主义伟大胜利——在中国共产党第十九次全国代表大会上的报告》，《人民日报》2017年10月28日。

发展，加强在数字经济、人工智能、纳米技术、量子计算机等前沿领域合作，推动大数据、云计算、智慧城市建设，连接成21世纪的数字丝绸之路”①。也就是说，“我们将设立生态环保大数据服务平台，倡议建立‘一带一路’绿色发展国际联盟，并为相关国家应对气候变化提供援助”②。第三，加强数据开放共享、人工智能和大数据道德价值管理。正如研究发现，人工智能和大数据的开放与共享滋生了一些单位、行业利益本位思想的发展，迫切需要国家层面融合资源、统管统揽发展，做好网络安全与数据资源安全的防范工作，以及做好发挥大数据“1 + 1 > 2”的社会效应等工作。③ 第四，借助人工智能和大数据推动道德教育革新。即“当今世界，科技进步日新月异，互联网、云计算、大数据等现代信息技术深刻改变着人类的思维、生产、生活、学习方式，深刻展示了世界发展的前景。适应信息技术的发展，推动教育变革和创新，构建网络化、数字化、个性化、终身化的教育体系，建设‘人人皆学、处处能学、时时可学’的学习型社会，培养大批创新人才，是人类共同面临的重大课题”④。

综上所述，马克思主义的道德选择价值原则，以及中国化时代化的马克思主义最新成果，是人工智能时代公民道德选择能力培养的重要参考理论。一方面，只有培养所有公民都具备道德选择的能力和素养，使每一名公民都能坚持马克思主义唯物主义立场、观点，促进人的自由全面发展，走出一条不忘初心和本心的多赢之路、一条全球性的打造人类命运共同体的共建共享之路，才能保证新时代公民不走老路、邪路和歪路。另一方面，公民道德选择需要借助先进的科技和先进的社会生产力实现。因为在人工智能时代，大数据是囊括一切人事物的创新资源和引擎，要加强和提升对公民道德选择能力的培养，就势必学习好、应用好和用活人工智能和大数据有关理论，特别是习近平总书记关于人工智能和大数据国家战略的系列

---

①② 习近平：《携手推进“一带一路”建设——在“一带一路”国际合作高峰论坛开幕式上的演讲》，《人民日报》2017年5月15日。

③ 习近平：《在网络安全和信息化工作座谈会上的讲话》，《人民日报》2016年4月26日。

④ 习近平：《习近平致国际教育信息化大会的贺信》，《人民日报》2015年5月24日。

重要讲话精神实质和指示精神实质，才能坚持和吸收有权威且丰富的理论和进步且伟大的思想并更好地为人工智能时代公民的道德选择能力培养服务。

第二节　人工智能时代公民道德选择能力培养的实践向度

实践向度对公民道德选择能力的锤炼、试验、检验和经验，是人工智能时代培养公民道德选择能力不可或缺的重要内容和环节。“锤炼”，主要是指公民在人工智能时代的道德选择具体实践中，对其自我的道德选择认知能力、风险评估能力和心智等进行实践培育的教育过程；“试验”，旨在将新的公民道德选择理论范式，通过在部分公民中“先行先试”的体验和尝试活动，以便更进一步找到科学的培养规律、培养路径、培养方式、培养方法和培养价值理念等新的公民道德选择实践范式，并加以推广应用的全过程之总和；“检验”，则是指新的公民道德选择范式在具体实践中，通过察看其所获取知识的真实性、科学性和合理性，以便找到更完善、更合理的培养路径、方式和方法的总和；“经验”，一般是指公民在实践中获取到的技能、方法和路径等自觉意识和自觉行为，以及将这些自觉意识和自觉行为再通过实践自觉经历并呈现的过程。即，经验可以通过现实实践实现公民道德选择能力的转化。鉴于此，从实践向度培养和提高人工智能时代公民的道德选择能力，首先，要教会人工智能时代的公民道德选择，解决人工智能时代公民道德选择实践教育等方面的认知能力、辨别能力和操作能力等瓶颈性问题；其次，要让人工智能时代的公民学会自觉、自主地进行道德选择，提高道德选择对比能力、研判能力、决策和执行能力，特别是数智道德选择的实践融合应用的能力，即解决实践践行能力；再次，重点对道德选择培养中的“教”与“学”等实践能力进行梳理、重构，特别是在实践中整理、阐述道德选择能力的范围、内容、载体、路径和实操，以及如何培养、培养标准是什么等问题，旨在研究提升公民实际道德选择能力的问题；最后，在实践中，坚持培养知识性能力素养、拓展培养技术性能力素养，提高人工智能时代公民自觉养成道德选择的综合能力。

一、提高认知能力：教会公民数智道德选择

“数智道德选择”，核心要义是利用人工智能和大数据助力公民的道德选择。即，将人单一依靠人的主观能动性去判断、取舍善恶、美丑、好坏等的全过程，拓展至人机互智模式，包括有硅基智能机器的“问题⟷数据⟷问题”智能模式和人的“问题⟷知识⟷问题”思维模式的有机结合。这样的综合模式，表面是人工智能和大数据的助力，实质上是“数智道德选择”的形成。不管如何，其公民道德选择能力有了大大提升。诚然，人工智能时代公民的道德选择能力与传统社会中的公民道德选择能力相比，最大的特点和不同是：个体选择结果更优、更好，更贴近道德选择公民的本意，但道德选择能力、选择过程与选择原理，公民却感受不到、察觉不到，甚至检验不到，几乎完全被人工智能时代的智能性器械“暗箱”遮蔽，代替了公民的感受力、思考力和执行力，还包括其道德选择主体性也被代替了。因此，人工智能时代消除认知障碍，教会公民道德选择，特别是教会“数智道德选择”，有利于公民在实践中认识、学会、传承和发展道德选择理论范式和实践范式，从而提高公民道德选择能力，也保全人的自由全面发展的可能性、合理性、正当性和超越性。

（一）教会数智道德选择：基础是在实践活动中遵循和检验道德价值规范

人工智能时代，公民时刻需要频繁地进行有选择的社会活动。但是，要想实现其选择是道德的选择，则需要向公民施以道德选择的实践教育，特别是要组织开展宣传和弘扬公民践行道德价值规范的实践教育活动。一方面实践示范引领，另一方面实践参与体验。同时，也可以借助学校、企业和社区等平台深入开展实践教育活动。

（1）实践示范引领。前提条件是，需要有成功的道德选择标准行为或

有相当可行性的数智道德选择案例或道德选择方案。然后，通过这个人工智能和大数据选择成功案例的信息分享和行为过程以一定形式还原，包括实际如何融合人工智能和大数据实现道德选择应用，以及凝练其共享路径、方法和价值规范是什么，特别是典型案例的主体进行现身说法，共享其典型案例的道德选择成功的全过程，给公民示范如何融合实际进行道德选择，引领公民效仿其选择路径、方法和价值规范，达成道德选择之目的，是正面的实践教育必要内容和做法。其引领示范效用比理论教育还具有教育效用的直接性和感受力。例如，在人工智能时代中已然存在这样的事例，人工智能和大数据检测老龄人的血糖信息变化规律。传统社会的实现路径、实现方法和实现规则是需要被检测的人员留守在医院由医护人员来操作完成，或公民自己学会医护常识和购买或租用有关器械自己检测或家人助力检测。此外，很难有更好的选择路径、方法和社会规范支持这一生活需求达成现实。然而在人工智能时代，智能监测血糖终端会伴随着人们生活需要而出现，其应用只是像贴膏药一样贴入人的手臂即可，15 天内的人的血糖信息情况就会以 24 小时不间断的方式悄悄流入数据库储存且随时随地可视化给有关主体，其社会价值规范也由这项专利机构向有关权威机构申请而让渡给了公民自己自由、自主地实施合理化和合法化的选择应用。这样的价值选择，节省了反复往返医院的劳顿，为人们的生活提供了便利，无他方利益受损，其监测结果被社会认可，这就是一项道德选择活动。若生活中，人们的一些需求也能受此启发，实现满足公民生活需要的便捷性，这样的示范引领比单纯的同一需求人群的满足还要有价值和现实意义，不仅同样的病人得到需求满足，同类的社会需求也得以启发性创新融合人工智能和大数据应用。由此可见，示范引领，旨在教会公民选择什么样的方式和选择什么样的路径达成什么样价值性质的价值选择。同样也可见，人工智能时代的道德选择其路径是融合人工智能和大数据发展，方式与方法是找到社会需求的“痛点”，结果是实现融合发展，载体往往是开发一些智能终端，社会价值规则也因产品有专利而得以调整并获得社会确立和确证。当然，这种示范引领不是硬性地要公民自己去创新研发，也可以通过别人的研发产品和提供的服务而实现，即去主动接受应用也算示范引领的工作职责。例如，公民使用支付宝进行支付交易，公民没有必要非要制定选择去银行大厅提款、存款等方式实现支付交易之规定。

（2）实践参与体验。示范引领，有时候是直接性的且有较强感受力的教会应用，有时也是启发式引导公民实践思维；而实践体验，则是使公民亲自参与其融合人工智能和大数据选择应用活动的自为行为，公民在其活动过程中一定能感受到选择过程的特殊价值和现实意义。即公民实践参与体验受主体选择路径的不同与满足感的不同，体验主体一定会发出属于他自己的心情、体认、思维和做法。也就是说，实践参与体验的公民体悟选择的心理、心情和往后的打算都会有一定的思考性调整，特别是受实践中道德价值规范的影响与引领，体验主体会自觉审视自己作出道德选择时应当遵循和可改进的道德价值规范。由此可见，这种实践体验活动是以实践的方式，给体验者心灵的震撼，行为的催促和未来选择的思考，旨在鞭策体验者迅速找到且作出道德选择的动机和价值导向目标，以及迅速找到可实现选择的路径和方式方法。例如，笔者 2018 年 5 月 28 日首次在中国大数据博览会上有幸体验一回“无人驾驶汽车”，感受到作为现代人未来出行方式的方便和轻松，但也由此引发了一些思考与忧虑。一方面，是驾驶劳动被代替后，出行的行程时间缩短，公民可用于工作和休息的时间更加充裕，即人得以更进一步向全面自由解放；另一方面，“无人驾驶汽车”的普遍化或普及化还需一定时间：一是“无人驾驶汽车”的运动必然要搜集周围环境的运动大数据进行控制计算运动，而与“无人驾驶汽车”相关的社会环境数据化建设，包括人事物都还没有完全数据化和网络化，以及还没有完全具备像“无人驾驶汽车”一样可计算、预测和智能发送周围环境的能力，所以它的普及性应用还需要一定条件。二是“无人驾驶汽车”的应用普遍性就必须调整人与“无人驾驶汽车”的共同尊重和遵守的“乘车规则”，而不是当下的“交规”，即有可能人不能触摸运动中的“无人驾驶汽车”的核心零部件，这就会被列入是“无人驾驶汽车”的乘车规则下的道德选择行为。三是“无人驾驶汽车”的使用，万一出现人为操控性破坏事件，那“无人驾驶汽车”应该如何应对？即“无人驾驶汽车”的核心芯片中的各种系统，应当有比芯片还坚实的且只有它正常运行时“无人驾驶汽车”才能正常运行的“道德伦理系统”，也就是一定意义上赋予“无人驾驶汽车”拥有类似于人类智慧，并能应用这种智慧防止任何的人为操控性事件发生。质言之，实践体验在教会公民数智道德选择的同时，也教会公民在实践活动中遵循和检验道德价值准则。

（3）实践教育活动。一般来说，在实践层面的教育活动形式、路径是非常丰富和多样的，如调研、参观、模仿、宣讲和座谈等形式的教育均是实践教育活动，但各种形式，其目的只有一个，就是通过实践的教育活动，教会公民选择且是道德价值的选择。当然，这样实践教会活动不仅是追求结果上的道德选择，还包括其过程中要教会被教会主体能通过其教育活动知道道德选择的原理，特别是道德选择的价值原则、价值导向和现实意义，否则教育活动没有达到预期目标，被教会的对象也是表面的学会，而非知其所教内容的“所以然”。例如，以调研方式教会公民利用大数据溯源技术，若参与调研的人员，通过调研只是知道大数据具有溯源功能，那调研就没有意义。调研应当获得怎样的预期效果，才是教育活动应有的价值和意义？一是知道大数据溯源技术的工作原理，运行条件；二是了解大数据溯源技术与调研中的什么实体进行了融合发展，消解了实体发展中的什么难题和痛点；三是这样的技术应用于公民个体、行业内部、社会和国家有什么好处和价值，引起了哪些社会关系变化与发展；四是这项技术还有哪些领域可以应用。这些都是调研教育活动应该了解和思考甚至是应该掌握的教育内容范畴。由此可见，教育实践活动，目的还是教会公民作出有价值的选择，特别对其选择的价值导向和选择意义有所涉及。

（二）教会数智道德选择：核心是阐释清楚技术性和智能性道德选择原理

传统社会中公民若能认识和把握道德选择的理论，实践中基本上就可以作出一些道德选择行为，而在人工智能时代，只掌握道德选择理论，虽然也能进行一些道德选择，但道德选择的速度、精度、信度和效度等都不一定契合人工智能时代的客观现实诉求，甚至使得公民在选择中错失良机、无法估算和出现利弊权衡无术等现象，导致道德选择成为是次等级的道德选择行为或者是无道德价值的选择行为，甚至是恶的选择行为。为此，数智道德选择最为核心的事是要教会公民对大数据资源、人工智能和大数据技术的认知、把握和运用，即教会公民树立人工智能和大数据思维、应用人工智能和大数据技术，以及学会能识别数据化、网络化、智能化和智慧化的社会实践活动形式和实践活动能力。

（1）人工智能和大数据思维。在道德选择中，指利用人工智能和大数据分析、人工智能和大数据预测、人工智能和大数据驱动等人工智能和大数据思维来实现道德选择的智能化全过程之总和，即以人工智能和大数据思维来助力道德选择实践的总和。这是基于信息技术的整体演进，既推动了海量数据的产生、保存和应用，又推动人们思考社会活动的方式，于是渐渐形成利用人工智能和大数据实现社会活动的人类习惯，即掌握了这种应用的规律性、操作性而产生的人类思维习惯。张维明、唐九阳（2015）认为："大数据思维是基于多源异构和跨域关联的海量数据分析产生的数据价值挖掘思维，进而引发人类对生产和生活方式乃至社会运行的重新审视。"① 为此，教会公民道德选择中应用人工智能和大数据思维的实践能力，就是教会公民应用人工智能和大数据现代科技融合应用于实际社会活动中的实践能力。人工智能和大数据分析思维，主要是区别于传统的抽样分析，即以整体性考虑、动态性考虑和科技助力考虑来解决道德选择过程、结果的思维范式。在人工智能时代的道德选择中，不仅要将所有涉及道德选择的人事物的信息数据都纳入数据分析的范围，还要及时地将所有涉及的人事物信息"数聚搜集分析"。人工智能和大数据预测思维，主要是利用道德选择所有涉及的人事物信息数据及信息数据特征来预测人事物的运动规律和轨迹，以及关联性信息数据加工分析和预测；人工智能和大数据驱动思维，主要是将人工智能和大数据分析的结果和预测的结果形成一个

① 张维明、唐九阳：《大数据思维》，《指挥信息系统与技术》2015 年第 2 期。

信息数据，再以智能终端反馈在实际生活中的思维过程，这种反馈往往是以信息数据驱动智能终端的反馈，不是单纯意义上的信息反馈，而是通过信息数据反馈驱动实体物运行，实现其道德选择方案。综上所述，人工智能和大数据思维，实质上是阐释人工智能和大数据技术性和道德选择之间的智能性融合运行原理，培养公民实践应用大数据资源、人工智能和大数据技术等现代科技来实现精准化、智能化的道德选择现实诉求。

（2）应用人工智能和大数据。一般来说，应用人工智能和大数据是指教会公民道德选择依托大数据资源、人工智能和大数据技术作出道德选择的实践能力。应用大数据资源，一方面是教会公民应用现代智能传感器、网络平台等如何搜集到海量大数据资源；另一方面是如何开发利用已有的海量大数据资源，包括数据聚集、分析、加工。应用人工智能和大数据技术，包括大数据搜集、储存、管理、清洗、分析、安全、流通等技术和数据建模以及利用智能化的识别技术、语音语义技术等。由此可见，教会公民在道德选择中应用人工智能和大数据，是教会公民包括搜集大数据、分析大数据、加工大数据、人工智能和大数据预测，以及人工智能和大数据驱动助力道德选择的能力。当然，在实际中最为简单的是掌握一些智能终端或网络平台或 App 软件的应用，并以应用搜集大数据来助力公民道德选择精准化、智能化的实现。

（3）识别人工智能和大数据，是指由大数据 4V 特征，以及结合大数据资源特殊功能，来研判其道德选择是否融合应用了人工智能和大数据思维。例如，道德选择中只是对部分信息的掌握而作出的选择，那就不一定是人工智能和大数据助力道德选择，也不可能实现数智道德选择。这一方面的识别标准是看数据量的大小，通常是以涉事的区块数据来衡量，不是以条数据来衡量。另一方面的识别标准当然也是看数据的质：一是查看是否忽略了所应当包含的信息数据，包括其中的信息价值不太大的信息数据；二是看信息数据的关联度，即价值密度；三是看数据的完整性和可画像的可能性；四是可分析和可预测情况。同时，也包括如何融合人工智能和大数据助力道德选择的识别。

（三）教会数智道德选择：关键是弄懂人工智能和大数据与生活融合点发现

尽管这是个重难点和热点问题，但可以用实践中的成功案例启发公民创新应用，即可从让公民在道德选择的成功案例中，借鉴先进性的道德选择方式方法和经验进行实践运用。

（1）教会公民寻找社会活动痛点。这是一项既非常容易又非常困难的寻找任务和工作，否则道德选择实践活动就不会那么难以达成，需要精心地培养公民道德选择能力。在人工智能时代，各行各业的问题特别是痛点问题很多，但要搜集整理出来可以让社会生产力消解掉的痛点就不是那么容易。例如，在宏观上可以总结为“拥堵的城市交通”这一社会痛点，在没有人工智能和大数据技术与其他可别的技术进行融合应用并消解问题之前，人们可以说是深恶痛绝这样的交通现状，可见这一问题在传统社会的可消解难度到底有多大和这一问题有多大的力量消磨了一批批治理者汗水、青春与智慧。但当人们看到这一痛点，且更进一步认识到这不是交通问题，而是交通信息开放与共享不对称的痛点问题时，他们及整个社会才恍然大悟，迅速将人工智能和大数据与之融合应用，即将其城市各个路段的交通现状以数据的形式呈现给每一位驾驶员，这时痛点的痛级才很快就得以缓解。由此可见，发现道德选择中痛点容易，但要发现比较精准的可实现道德选择瞬间消解的痛点非常难。正因为如此，吉德林法则认为，“认识到问题就等于解决了问题的一半”。为此，教会公民找准社会活动中至关重要的痛点，融合人工智能和大数据发展，助力道德选择，需要教会公民在社会活动的实践中去体验、体认和思考道德选择的重难点问题所在。一是要熟知社会活动规则；二是要掌握道德选择的价值导向和方法；三是掌握道德选择的主要冲突点和主要矛盾点。

（2）教会公民寻找可能性融合点。如果说寻找痛点就是找准靶心的话，那寻找可能性融合点，就是寻找到可以射向靶心的弓、箭、人和射箭秘诀。可见教会公民寻找可能性融合点比教会公民找准痛点还难。当然，这正是创新所在，是人工智能和大数据＋实体融合发展的商业秘密所在，也是人类文明进步及先进性的智慧所在，更是道德选择在方方面面与人工智能和大数据融合发展实现方方面面精准、数智道德选择的重难点所在。即，我们可以在一些方面融合人工智能和大数据发展实现精准、数智道德选择，但还是有相当量的社会实践活动是无法与人工智能和大数据融合发展实现精准、数智道德选择的。这就需要人在道德选择中，一方面，坚持道德选择的价值导向，在道德选择中多思考，多发挥主观能动性；另一方面，要在实践中，以人工智能和大数据思维的方式寻找人工智能和大数据与生活生产融合的契合点，以解放思想的方式在实践中求思想创新、求路径创新、求方法创新。这既需要公民懂得发挥人的主观能动性去实现道德选择，又需要公民懂得人工智能和大数据思维，结合人的主观能动性在完成道德选择的过程中去思考人工智能和大数据与道德选择的完美融合。

二、培养践行能力：公民学会数智道德选择

公民道德选择能力的实践培养主体，除国家、学校、企业、社区、家庭等组织外，还应包括公民自己，即公民应自觉、自主地学会数智道德选择。

（一）学会正确把握和践行道德选择的时代价值

相对于经受过长期的实践积淀并获得代代传承的道德选择最高价值原则、最低价值原则和常用价值原则来说，时代价值原则往往不容易被公民知晓、认可、接收、掌握和应用，所以人工智能时代道德选择能力培养的实践向度，应当把重点放在让公民学会正确把握和践行道德选择的时代价值上。道德选择时代价值，受道德选择最高价值引导，是服务于最高价值的价值；受最低价值和常规价值鞭策，其价值引领指数介于最低价值和最高价值之间；在不同时代，会因时代特征和发展状况不同，呈现出一定意义的内容上的动态性。人工智能时代，公民正确把握和践行道德选择时代价值，必须让公民学习、把握和践行最核心的时代价值内容——新时代的

义利观、理性观等社会主义核心价值观。

在义利观方面，受人工智能时代特征的引领与影响，一方面，公民要学会理性张扬个性，以追求人人自由全面发展的理念引领自我解放与自我自由发展；另一方面，公民要在大是大非面前，注重大局意识、集体利益。这就要求人工智能时代的公民，不能将义与利呆板地规定为谁先谁后，而应坚持具体问题具体分析地实现和践行道德选择。但是，具体问题具体分析不是无规律可循的主观臆断，而是在一定的可遵循的选择原则导向下进行。正如前面阐述道德选择价值原则时所论述，义与利的优先权，依赖和遵循的核心根据是所做的选择的价值性质无恶，不能为了善的价值目标而出现哪怕一丁点的恶的或手段或目标，也就是说，一切有恶性质的价值选择都不能存在。当然，在道德价值选择范围内，人工智能时代依然倡导先公后私、先义后利的选择优先权。

在理性观方面，理性体现在两点上：一是认识和满足公民维持个体存续所需的“刚性需求”；二是辨识和一定程度抑制公民的非理性个性需求。这里的一定程度抑制需求和欲望，不是不倡导“美好生活需求”，恰恰主张的是公民通过学会和具备真理、知识等理性素养，以追求真善美的价值导向，在道德选择实践中对人的需求进行分类、依次满足。首先，公民要学会辨识最优先、最基础的生理性需求，即要厘清人的基本的理性需求是什么、满足条件及急需程度如何；其次，公民要辨识和追求美好生活需求（即“美需”），但在满足之前要厘清这些美好生活需求的合理性、合法性和无害性；再次，公民要学会鉴别贪婪之需求（亦称“贪欲”），学会抑制、抵制贪欲，并铲除贪欲的滋生土壤；最后，道德选择实践中，公民还应树立正确理性需求观与其现实满足的实践观，包括学会利用理性工具、理性手段来满足理性需求全过程。

（二）学会实践体验、培育和践行道德选择情感

人工智能时代，培养和提升公民的道德选择实践能力必须在实践层面结合大数据资源、人工智能和大数据技术，培育形成相应的道德选择情感，

为实现美好生活的道德体验服务。道德情感是公民在特定时空背景下和某种生活情境中，对道德关系的内心体验和主观态度。道德情感来源于公民的道德实践活动，是公民在现代科技背景下选择的社会活动方式、选择结果与公民道德需求反复交互而逐渐生成的契合度。故包括肯定性的契合体验和非肯定性的契合体验。前者有利于内化道德价值和规范，促进道德选择情感积累与积极发展；后者削弱道德认知和道德价值，削弱道德选择情感体验。在实践中，肯定性的契合体验越多，公民道德情感越强，公民实现道德选择的可能性就越大，公民选择的结果也越有益于贴近理性和道德的范畴；反之，非肯定性的契合体验越多，道德情感越弱，公民实现道德选择可能性越小，公民进行选择行为的理性成分和道德成分也越弱。质言之，公民个体道德情感现状如何、质量高低如何，关系到公民行为选择的善恶、好坏、信任、同情、痛苦、爱恨等表现。正因为如此，中、西方哲学家、思想家均重视道德情感的实践锤炼。在中国语境下，历来讲究道德“情理”，通过对“孝、仁、义、礼、智、信”的诠释，指出“情”是人之为人的根本，引起了诸多中国思想家和哲学家从公民的“七情六欲”等情感中讨论义利、正义、良心、荣辱、禁欲等带有浓厚道德选择性质的核心词汇和关键词汇。例如，孟子在《孟子·公孙丑上》一文中指出：“无恻隐之心，非人也；无羞恶之心，非人也；无辞让之心，非人也；无是非之心，非人也。”在西方语境下，哲人大卫·休谟认为，人的本性有理性与情感两个部分，“理性是并且也应该是情感的奴隶，除了服务和服从情感之外，再不能有任何其他任务”①。

但是，综述中外道德选择情感的主要理论，道德情感源于道德需求，具有加速催化和权衡调节公民道德选择的作用。一方面，公民道德选择情感对公民选择什么样的社会活动方式有积极激励和催化作用。在传统社会，公民的道德选择呈现非程序化、非形式化的特征，若公民对选择的事物有道德认知情感，就可能激起道德选择；若公民本身无道德情感，则可能导

① ［英］大卫·休谟：《人性论》上下卷，关之运译，商务印书馆1980年版，第453页。

致无法选择，或者做出无奈选择，甚至是胡乱选择。在人工智能时代，网络上虚拟公民的选择，是仿照现实的人进行的，其道德选择情感源于现实中公民的选择行为大数据。另一方面，其有权衡调节的作用。公民在进行选择时，道德情感能驱使追求道德的公民对照特定时代背景下的道德选择原则、道德价值规范等进行比对，对选择的行为与结果进行动态平衡和调节，以及在自觉将负面影响降到最低的同时，实现公民与他者之间的利益均衡。在人工智能时代，这种道德情感的权衡调节作用更加凸显，因为人工智能时代受信息数据对公民影响的全息性引领，道德情感权衡和调节的内容更精准，涉及的人群更广泛，完全有能力做到面面俱到、细致入微。

不仅如此，人工智能时代也为公民道德选择情感的加速培养和锤炼提供了一个智能性的新平台。人工智能时代最核心、最活跃的社会生产要素是“大数据”，它具有的4V特征，其数据区块链技术、数据挖掘和分析技术等，为人工智能时代公民需要的正义、良心、荣辱、理欲等道德需求，搭建起了智能化的、可实现的平台。由于一般情况下普通公民无法拒绝也无法修改数据痕迹，故此平台也算是安全的、有迹可循、有迹可查的智能平台。人工智能和大数据的应用实践锤炼转变了传统社会中公民依赖经验和主观能动性去锤炼并获得道德选择情感的方式，实现了“数智道德选择”。

（三）学会正确体验、识别和运用道德选择图式

公民道德选择实践中，往往没有时间去理性地、精准地推理和计算，就要迅速地做出选择决断。针对此类情况，心理学主张从个体道德选择的内部心理制约机制着手，进行实践心理的培养研究。例如，《列子·说符第八》一书，以对“疑邻盗斧”的心理内部制约选择记述，阐释了我国古代哲学家对道德选择的“道德心理机理”的研究，亦称为“道德图式”。道德图式，是指公民在满足道德需要的实践中，以抽象的方式总结出来的道德实践活动结构性、系统性、模式性和规律性的内容，即让主体意识中必须拥有的道德观念结构、道德信念系统、道德选择模式。当公民进行道德

选择时，公民依据道德图式对道德客体的一切信息进行研读，并结合道德观念、道德信念等整合研判，最后做出能满足自己道德需求的选择。所以道德图式的获得与稳定发展，必然是在实践中培养的。当然，随着道德图式的获得与稳定发展频率的增强，公民的道德选择能力也就能得到了一些强化，道德主客体之间的道德价值关系也就能得以一定程度加速内化。当然，实践中的道德图式还与人的年龄、社会阅历和经历正相关。年龄小，社会阅历和经历少，道德图式稳定性相对较差，甚至可能是零碎、片面、简单和肤浅的。因此，若想道德图式强劲且稳定，那必须在大量的实践中予以实践锤炼。为此，人工智能时代万物智能化背景下，必须用大量的社会实践去训练智能终端代替人获取道德选择图式并加以运用。

由此可见，道德图式是人与科技的道德价值关系更优级的机理图式，人机一旦形成稳定的道德图式，就能为公民道德选择的快速反应提供智力支持。当然，道德图式的建构、丰富和稳定发展，必然经历由低级向高级的发展历程。首先，是他律时期。这个时期，自然公民践行道德选择的主动性、能动性都处于较低的水平。其次，是自律时期。受公民道德选择的主动性、能动性引领，公民自己不再喜欢接受执行他律，而是在执行他律后，有了自己的自觉实践道德选择机理和图式，只是这个时期还不具备辩证地认识一些不合时宜的权威的道德图式，不敢自己作主建立可能符合道德选择价值规范和价值导向的新的尝试性道德图式。最后，是自由时期。这个时期，“外在的社会要求，不再成为一种异己的力量，而是融合进主体的心理状态，化为信念和符合自身需要的原则。主体的自我意识也不再是盲目的、纯主观的东西，而是立足于客观规律性和自身与外部关系的理性审视之中”①。

此外，从空间上看，道德图式还具有一定的结构范式，由道德意识等诸多要素有机结合而成。第一，选择主体的潜意识领域。道德潜意识，指公民在满足道德需求活动中，自主自觉地产生的、尚未被自己察觉和意识

① 曾钊新、李建华：《道德心理学》，中南大学出版社2002年版，第129页。

到的、不受自己控制的心理状态和意识状态。道德潜意识一般包含道德潜意识、道德无意识和道德下意识三个子系统。道德潜意识在公民道德满足活动中，表现在只要有道德情境刺激公民主体，唤醒积淀在公民意识领域的道德意识，公民主体甚至能够不经历逻辑思考和证明，就作出道德选择。第二，选择主体的个性。公民的个性反映的是公民比较稳定的个体性行为、思想及情感等身心系统的特殊信息集合，是在实践中获得逐渐发展并确立的道德选择图式。公民个性，常常流露出公民的心理道德价值倾向和心理状态特征，当然，也外露了公民个体的独特的道德图式。当公民个性与社会道德价值导向相同和较为契合时，公民的个性具有社会性，能加速公民道德选择，反之则制约公民道德选择。第三，选择主体的知识系统。知识来源于人类实践，也指向人类实践。公民通过社会实践能够学习和掌握知识，为道德选择找准实现路径、载体、方式和方法。即，公民主体在实践锤炼中获得的知识，实质上是一种源于实践的道德选择能力的发挥，并在实践中通过锤炼形成的属于公民个体的道德图式，不仅能改造和指导公民道德选择，也能满足公民道德需求。第四，选择主体的道德规范意识。道德规范意识是公民主体在长期的实践中，遵循一定的价值导向和规范而生成的，具有制约道德选择的公民个体主观能动性的意向力和凝聚客观道德价值导向的导向力。由此可见，道德规范意识源于实践，决定了公民主体的道德选择意向，制约公民主体道德需求的内容及性质。若公民道德规范意识强，其道德选择的道德图式就得以逐渐确立和巩固；反之，公民道德图式就不容易确立。第五，选择主体的价值观念体系。价值观往往是比较稳定的道德选择价值观念和信念，是公民个体对世界、人生、社会、自然和公民主体自己的根本看法和观点，是公民个体长期实践中获得肯定性契合体验的产物。价值观念体系，是价值观结构化的理念形态，是公民主体道德图式的核心要素之一。总之，道德图式是公民主体在道德实践中的个体内部心理机制，其培养和提升是一个长期的道德实践过程。公民正确认识、把握和运用好个体内部心理机制，有利于道德选择的实现和个体道德需求的满足。

总体而言，道德图式具有过滤与排他、研判与解释、定向与评价三大功能。过滤与排他功能，指公民主体的道德图式对于外来道德信息具有对抗性和排斥性；研判与解释功能，是指公民主体能够依据自己的道德图式，分析判断和解释说明契合自己的道德选择活动，否定不契合的外部道德信息；定向与评价功能，是指公民主体内在的道德图式一经确立，主体外在行为的方向就能够得以一定程度的确定。

（四）学会灵活辨析、运用和处置道德选择情境

情境，指个体社会活动空间中的各种主、客观条件的总和，包括线上线下与公民个体对应的虚拟信息条件。把握道德选择情境，有利于认清和把握公民个体的生存空间内的各类结构化、非结构化的现实条件，使得公民作出符合情境的道德选择。当然，“生活在没有确定道德的时代的人们，往往使他们自己陷于进退两难的窘境，这通常并不是他们的责任。道德的不确定多半是由于生活条件方面的变化，以使那些过去指导人们行动的原则不再适合于目前的情境”①。由此可见，情境是动态性的，流变性的情境启示人工智能时代的公民必须在实践中学会识别与把握运用。但是，情境的把握是困难的，因为情境能给公民个体提供人物、事件、场景等诸多事关个体的道德实践客观条件，所以情境广泛地涉及道德体验、道德认知、道德判断、道德推理、道德需求、道德思维、道德情感、道德图式等道德实践要素。但是，由于公民个体具有主体性和能动性，公民个体最终将在特定道德价值导向中消解干扰选择项作出正确的道德选择。与传统社会不同的是，人工智能时代的情境信息综合反应，往往可以通过数据化、网络化、智能化和可视化现代科技终端来快速呈现并及时助力公民抉择。因此，公民也必须在这样的情境中，监督和确证最后的道德选择意向和结果。

此外，公民还应学会营造道德选择情境和搜集道德选择情境信息数据，以保证能够在完全掌握的道德情境中作出道德选择。受人工智能时代万物

---

① ［美］霍尔、戴维斯：《道德教育的理论与实践》，陆有铨、魏贤超译，浙江教育出版社2003年版，第6页。

数据化的影响，利用现代智能终端助力道德选择情境信息数据的收集工作，正在变得越来越容易，以至于营造道德选择情境和搜集道德选择情境信息数据成为人工智能时代公民道德选择能力中的基础能力。公民不但要学会应用智能终端、App 软件和一些网络平台，还要学会辨别哪些信息数据与道德选择事项相关，排除海量的无用数据对道德选择的干扰。也就是说，大多数情况没必要用一个国家所有信息数据来分析、预测和解决一个城市的交通治理问题。如何把握好这个度，往往就需要公民在实践中体验后才能界定清楚。

（五）学会用人工智能和大数据思维及技术助力道德选择

在传统社会，公民作出道德选择，往往是单纯地根据问题查找对应的知识（问题—知识—问题），在理论知识的指导下，根据问题作出社会信度高的道德选择，从而解决问题。然而，在人工智能时代，人们不再满足于完全依靠人的主观能动性搜集理论知识解决问题，而是追求更为精准的数智道德选择。面对需求，他们通过智能化搜集类似需求数据，进行参考借鉴，从而解决需求问题，即拓展“问题—数据—问题”的思维方式助力解决道德选择问题。这样的思维范式和实践范式与过去有些区别，但其结果更为精准有效。因此，被人工智能时代的人们广泛采用，这就是人工智能和大数据思维的魅力。即人工智能时代的公民必须学会和掌握这样的思维范式和实践路径。

人工智能和大数据技术，是人们运用人工智能和大数据思维进行数据搜集、分析、储存、管理、清洗、计算和驱动等能力，呈现出满足公民道德选择需要的信息的全过程中所有工具、手段和技能。由此可见，学会人工智能和大数据技术，就是要学会用什么科技、工具、手段和技能来理性处理海量大数据为道德选择服务，这是人工智能时代道德选择的核心能力所在，也是现实道德选择精准化、智能化的关键所在。一方面，人工智能和大数据技术能助力公民在道德选择实践中，搜集道德选择情境中的所有信息数据并进行运算、预算；另一方面，人工智能和大数据技术能助力公民在解放体力的情况下，以数据驱动机器实现道德选择方案的执行，从而作出道德选择行为。

三、提升实践能力：全面应用数智道德选择

公民道德选择能力的培养，需要结合道德选择的原理、实现路径、个体心理等多方面协同进行。人工智能时代公民道德选择能力的培养，要把传统社会培养模式与人工智能时代先进生产力充分结合起来，以人工智能和大数据思维促进公民道德选择能力的实践培养，促使公民道德选择向精准化、智能化转型升级。即，根据思想与行为之间的逻辑关系，实践能力培养有道德认知能力、道德情感力、道德意志力、道德信念力、道德行动力；根据道德选择的实践过程，要在实践中培养公民的道德认识能力、道德判断能力、道德对比能力、道德评价能力和道德行动能力。在人工智能时代，还需要培养公民的人工智能和大数据融合应用能力。综上所述，结合新时代特征，我们应从知识性道德选择能力、智能技术性道德选择能力两个方面培养公民的“数智道德选择能力”。

（一）知识性道德选择能力

（1）培养道德认知力和智能道德认知力。认知是行动的先导，没有正确的认知，行动也就成了无稽之谈。“道德认知的对象是社会道德现象及其本质，其实质是道德主体对社会道德现象的认识、知觉、体会、理解和把握”①。它强调知识的储备和信息的运用，其核心是人的身体器官关于信息输入与输出之间的人的心理变化与反映。正确的道德认知必定是基于一定的社会阅历和知识储备基础之上的行为，又因为个体生活环境和自身选择能力在一定程度上来说具有非一致性，于是人的选择很容易出现好心做坏事、知行难统一的道德选择局面，甚至是道德悖论的情境，因此，培养

---

① 窦炎国：《论道德认知》，《西北师范大学学报》2004 年第 6 期。

适合中国现实情况和当前新时代语境的道德认知能力就显得尤为必要。质言之，加强道德认知能力建设，一方面需要道德主体及时关注社会动态，准确把握自身道德诉求变化和国家关于道德建设的大政方针，在道德评价中引入认知知识和技能，将正确的认知作为道德行为和评价的必要手段，以便在价值选择发生选择危急情况时，能够及时果断地做出道德判断；另一方面，需要道德主体加强自身的知识储备，寓情景演练于社会现实，学以致用，在亲身参与实践体验中发挥自己的应急应变能力，在维护自身合法权利的基础上做出利人利己的道德抉择；同时，人工智能时代的道德主体，还需要借助智能终端来实现道德选择，而在使用智能终端过程中，智能终端也得有对信息数据的感受力和信息反馈力等“认知能力”。智能终端得按照仿人原则将一些人的智慧赋予机器智能，得按信源与信宿的信息互动机制传递道德选择所涉及的人事物信息数据。当下，人工智能眼、耳、记忆、智等方面的建设都取得了一定技术性突破，具有了一定的智能，甚至在一些方面超越了人的能力，为此，它们正是智能选择应当考虑融合应用的有力的支撑技术①。

（2）强化道德判断力和智能道德判断力。道德判断是依据一定的道德原则甚至是道德标准来对是非、善恶、好坏等二元对立统一结构的道德性质作出有效区分的活动；同时，这种区分活动，与传统社会相比，不仅要对道德性质进行区别，还要求人工智能时代的可能性道德选择尽可兼备有精准性和智能性。即，精准、智能地判断出其道德价值性质的价值大小，如大善与小善。但现实的道德选择中，公民经常会在新旧道德价值原则、价值导向等道德体系方面造成选择的左右为难、举棋不定，还会在判断上难以厘清其选择行为的影响范围和影响程度。因为随着整个经济社会的渐进式向前发展，传统社会的一些道德伦理标准、道德原则、价值导向等道德体系已难以适应人工智能时代背景下的道德实际和实践。特别是由于各区域性的经济社会发展需要进一步对内改革发展和对外开放发展，使得整

① 潘军：《AI 理性价值智能的隐忧与消解》，《自然辩证法通讯》2018 年第 4 期。

个社会的政治、经济、文化和生态等都迅速与世界接轨，呈现全球化、国际化的大发展趋势，为此，各区域性和全球性的社会意识形态也需要在更广泛空间获得实践认可与进一步践行。而这时，而整个社会的道德建设尚处在跟进发展期，新旧道德体系嬗变中必然缺乏统一的价值体系，或者说在后现代时期难以快速建立一种有主导性和普遍性的道德标准、道德原则和价值导向等来调整人们的思想观念，这就会导致一些人的价值观念的紊乱和思想意识的迷茫。此外，人工智能时代的选择有精准度和智能度实现诉求，也会导致道德选择的判断范围与判断效度、维度、精度、速度和信度都永远高出传统社会的诉求，即人工智能时代的道德判断必然要选择结合一些智能终端来助力实现这一诉求。正因为如此，一方面，党的十八大以来，党和国家领导人将社会主义道德建设提高到了一个战略高度，提出了中国语境下的社会主义核心价值观，分别从个人、社会和国家三个维度进行了系统阐述，这为我国道德建设和道德判断的发展指明了方向；另一方面，随着党和国家领导人高度重视人工智能和大数据发展，特别是重视融合人工智能和大数据发展，将人工智能和大数据发展战略提升为“国家战略”的高度来发展，从而解决了人的主观能动性去单一式地判断道德价值性质，拓展为人与机器共同判断道德选择价值性质，以及共同判断道德价值的大小、影响范围等。综上所述，作为人工智能时代公民在进行道德选择，特别是道德判断时，要以社会主义核心价值观为指导，弘扬中华优秀传统文化，加强社会公德、职业道德、家庭美德和个人品德建设，遵循道德选择的弱势先行、比较取舍、德行幸福和利益兼顾的原则，并结合人工智能时代具体的道德情境，增强权变意识和灵活策略，做出恰如其分的道德判断和道德价值性质最大化的价值选择；更要利用好大数据资源、人工智能和大数据技术，学会人工智能和大数据思维，助力道德选择向数智道德选择升级改造。

（3）优化道德行动力和智能道德驱动力。人工智能时代，精准化、智能化的道德选择现实诉求，在一定程度上迫使社会道德建设转型升级。一方面，归根结底取决于新时代的公民如何做，做成什么样，而能否避免非道德选择现象发生等，即取决于公民道德行动的正确率和执行力；另一方面，取决于公民能否运用大数据资源、人工智能和大数据技术、人工智能和大数据思维等来融合、助力和提升道德选择过程中的道德行动力，即取决于智能道德驱动力来助力实现升级。由此可见，道德行动作为对道德认知和道德判断过程的延续，不仅是意识上的承诺，更体现在道德践履和认知外化上。与其说道德行动是对道德认知和道德判断在思想观念上的认同从而表现在行动上的一致，还不如说道德行动是观照人在道德行动中的手段、工具、载体等功能性特征和效度，即为提升道德选择精准化、智能化，而以智能终端升级人的道德选择的行动力。同时，如果说人的道德行动力不足的核心原因是集体关系上的道德趋实性、他人关系上的道德冷漠性和自我关系上的言行不一性的话，那么智能道德驱动力就要克服集体主义理念对一些个体的利益忽视、克服一些道德冷漠和一些过度网评现象，以及坚持数据说话改善一定的道德选择的精度、信度、效度和速度。综上所述，这也就决定了公民在进行道德选择时，特别是进行数智道德选择时，要准确计算好、预测好和处理好个人、他人和集体三者的利益关系，以及同性质道德选择中的道德价值大小排序；同时，坚持人人平等、人人全面发展和以人为本的原则，尊重一切的合法权利和合理诉求，坚守道德信念、道德原则和道德价值导向，自觉将道德认知和道德判断的信息，交付智能终端运算后助力作出外化行动。即，要结合大数据资源、人工智能和大数据技术，以及运用人工智能和大数据思维，对公民和智能终端的道德认知、道德判断，以数据化的形式激活智能机器来执行选择方案。

（4）提升道德意志力和智能选择道德力。苏轼曾指出："古之成大事者，不惟有超世之才，亦必有坚忍不拔之志"，作为人的道德选择，特别是以智能终端助力数智道德选择，同样也受这样的"理"制约与引领。当公民形成正确的道德认知和道德判断后，人的道德意志力和智能机器的智能选择道德力就要经受考验。一方面，能否经得起实践和时间的考验；另一方面，是否经得起实践的诱惑和新时代文化的冲击。于是道德意志力和智能选择道德力，不仅取决于道德行为价值状态，还取决于主体及主体的智能理性工具道德信念、立场和价值观如何，是否能经受一切的考验和检验。所谓的道德意志力是指道德主体公民在道德实践中，自觉抵制社会诱惑，坚持道德信念、立场和价值观，并有长期保持下去的决心和睿智，当然，也包括工具价值的确立与维护；智能选择道德力，指公民借助智能终端进行道德选择中，其智能终端是否具有道德认知和道德判断等功能，其这些功能能否像人一样给智能终端坚定的道德立场和价值观。为此，培养公民道德意志力和智能选择道德力，需要以道德培育、大数据资源、人工智能和大数据技术，运用人工智能和大数据思维等为依托，以社会责任为落脚点，让人与智能终端接受“道德教育”。其中，智能终端的道德教育为：“第一，要将一些经典的伦理道德文本、行为、故事数据化，让智能终端学习、训练直至成为较为稳定性模型；第二，要利用现代先进技术对其伦理道德在生活中的细节、轨迹记录成数据化的资源，供给 AI 学习、训练并形成较为稳定性模型”①；第三，所有智能终端要有一定意义上的“道德伦理运行系统”，且它不运行其他功能就不能运行。

（二）智能技术性道德选择能力

（1）数据搜集能力。针对选择的实际需要，运用一定高效途径、方式和方法去获取相关大数据的能力和素养。在人工智能时代，大数据的搜集往往是大型企业和国家在垄断，公民个体要具备大数据搜集能力素养，往往需要具备一定信息技术知识和技能，当然绝不是主张黑客式的侵占，主要是指在国家现有法律框架中去应用现代智能终端搜集数据，包括在知识智库、网络平台以及去数据交易中心购买等。但受道德选择实际需要影响，公民的数据搜集能力，往往是利用一些 App、网络社交平台和一些智能终端来实现采集一些因选择需要的信息数据。例如，公民使用网上购物平台实现购买行为，往往需要采集的是欲购产品与服务在众多网店中，其各个网店的网评信息数据、交易量数据，通过 100% 好的网评和巨大交易量，

① 潘军：《AI 理性价值智能的隐忧与消解》，《自然辩证法通讯》2018 年第 4 期。

就可以为公民购买某一网店产品与服务提供肯定性选择参考，反之，提供不了可予依赖的信息参考也就没办法助力价值选择。由此可见，查看每一个网店的网评信息数据和交易量数据，就是一种简单的数据搜集能力。当然，社会活动中也经常需要培养公民具有复杂的大数据搜集能力，如招商引资过程中，分辨拟招商引资企业的生产能力、资金实力等信息，仅凭人为的调研、参观和查看宣传资料，往往是难以甄别和实现价值选择的。为此，就需要实现与银行信息数据对接、与工商行政管理部门实现信息数据对接、与生产和销售等方面的行业主管部门实现信息数据对接等，搜集数据进行甄别、验证从而指导选择且作出价值选择或道德选择。

（2）数据储存能力。为了实现善的价值最大化道德选择，公民不仅需要搜集数据，还需要保存数据。传统的保存数据就是以纸质文档、磁盘等结构化的形式保管、储存起来，但由于纸质文档是有“生命期”的、磁盘的空间是有限的，所以以结构化、非结构化、半结构化等多种形态将信息数据储存起来也成为人工智能时代公民应当培养的能力之一。一方面，储存不是静态的放置，而是要保障安全，包括不被侵害、不被毁损，不被复制、不被泄漏隐私和泄密；另一方面，要保障储存运行成本低、应用方便，如以磁盘存放，费用当然只是磁盘的购买成本，但这里的储存往往是海量数据，是磁盘难以储存的大数据，所以大数据储存一般选择“云储存”，即交由专业的机构来储存。由此可见，数据储存能力，既包括储存工具与方式的选择能力，还要有防止安全发生的保障能力、安全应对能力和数据加密能力，以及还需要“存在一套系统，它不属于任何人或公司，由多数人共同维护和控制，可以免费地帮我们记录资产和交易，而且从来不会犯错，也无法被攻击”①，这种技术与应用能力的核心是区块链技术，“区块链是在用价值互联网彰显信息互联网的内涵，进而提升数据理性化程度：一方面，所有数据嵌入区块链技术，即数据以‘块状’结构加上时间戳（Timestamp）链接起来且块数据均渗入密码学对其哈希（Hash）设置保

① 2017中国国际大数据产业博览会：《区块链将如何改变世界》，《数博会前沿》2017年4月5日。

护，可见数据来源可追溯不可篡改且还是分布式存储，这就大大消解了个体数据隐私等非理性化现象风险；另一方面，区块链去中心化特性切断了错误验证中多个节点同时达成哈希共识的可能，从而最大程度以监视、管理、记录数据流通、交易全过程来保障个体数据的理性价值实现”①。

（3）关联数据分析能力。这主要是对已经搜集的数据进行清洗、分类、建模、运算和可视化等操作，以达到指导公民道德选择之目的。一般来说，这些操作不是普通公民所具备的能力，但公民可以通过掌握其常用软件的应用来实现这种能力即可。常用的“数据加工＋数据运算”的工具及功能为：“快速采矿者”软件（Rapid Miner），是一个开源的数据挖掘软件，具有数据处理与可视化、预测分析和统计建模、评估和部署等功能；“数据挖掘系统”软件（SAS Data Mining），具有从数据处理、集群到最终环节的自动化工具，包含自动化、密集像算法、建模、数据可视等功能；“智能分析环境”软件（WEKA），支持多种标准数据挖掘任务，包括数据预处理、收集、分类、回归分析、可视化和特征选取；“开源数据挖掘”软件（Software－R），具有数据挖掘和分析，统计和制图技术，包括线性和非线性建模，经典的统计测试，时间序列分析、分类、收集等功能；“开源数据挖掘和机器学习”软件（Orange），具有数据账目，过渡、建模，模式评估和勘探，以及机器学习功能；“自然语言处理”软件（NLTK），具有语言处理、数据挖掘、机器学习、数据抓取、情感分析等功能；“开源数据分析”软件（J Hep Work），具有二维和三维制图和数据挖掘功能。②

（4）数据激活能力。传统社会，公民习惯性将数据储存在磁盘上或私有云上，而只有少数人愿意将信息数据储存在公有云上，但其储存往往就是静态的放置，没有让数据爆发出其显性和隐性价值。就像存零钱，天天存，但却从来没有花费和增值过一样，这可能算是一种资源浪费行为，可能算不上是财富积累和增值行为。同理，这种数据的静态放置行为，不仅会让大数据储存带来成本，还会让大数据资源被人为地“压制”而变成为

① 潘建红、潘军：《大数据时代个体数据理性化悖论与消解》，《甘肃社会科学》2018 年第 2 期。

② 《分析大数据最需要的 Top10 数据挖掘工具》，中国大数据网 2017 年 4 月 10 日。

"大数据垃圾"。为此，公民应当学会让数据"活"动起来，"会说话""会交际""会交流""会交易""会赚钱"和"会生活"等，一句话，能让数据爆发出价值为公民道德选择服务。当然这就需要，一是培养公民具有索引数据的本领，即建立可以检索和访问这些储存起来的数据的可能性渠道；二是培养公民能分析这些数据的本领，使得公民将这些数据背后的价值，特别是潜在价值、关联价值挖掘出来用于公民的社会活动，当然这种能力一般普通公民是不可能具备的，同样需要借鉴软件和智能终端来完成，个体公民只要具有这种消解问题的思维和学会应用这些软件、智能终端等即可；三是培养公民以大数据来驱动物能的本领，即将大数据用于如智能终端进行深度学习，从而实现大数据驱动实物代替公民自己进行社会选择活动，同样，这种能力也是培养其公民掌握一些软件与智能产品的应用能力即可。

（5）数据预测能力。这主要是要求公民具备以大数据为基础，将大数据里的人事物的发展规律提炼出来，从而预测人事物的未来行为方向、轨迹和发展态势，为公众社会选择活动服务。由此可见，在这整个大数据预测活动过程中，最为核心的本领是公民要掌握分析大数据和加工大数据的能力。分析大数据是从大数据找到人事物的发展规律；加工大数据是从已经找到的人事物发展规律，来预测其未来行为方向、轨迹和发展态势。但现实中，公民都难以掌握这种真正的本领，而是选择如智能终端等类似的产品来助力完成。例如，健康大数据，医生给一些特殊病症的病人看病，一方面，用传统手段观察病情表征、发展态势和询问病人情况来初步诊断而采取一些治疗措施；另一方面，借助健康大数据的智能产品，中、长期跟踪病人，进一步确诊病情，从而得出其病症和发展态势，保障治疗手段达到精准和有效。即，后面的智能终端监测，不仅是通过大数据验证病症，更为重要的是预测其病症的发展规律、态势后，能为医生给病人治病提供参考，还能为医院的药物储备、医疗经验及生态环境建设等提供智能参考。

四、养成数据素养：实践锤炼数智道德选择

素质，有学者定义为："人生来具有的某些生理解剖特点，特别是神经系统、脑、感觉器官和运动器官的解剖生理特点"①。所以"素质"是后天难以培养出来的内容。"素养"与"素质"词义相近，常常被不加区别地混用。据联合国教科文组织、欧洲联盟、经济合作与发展组织等的研究，素养包含以下四个方面：第一，素养是公民个体在特定情境中生成的。第二，素养与知识、能力、态度等有区别，但更强调对知识、能力、态度的统整性作用。甚至有学者认为素养等于知识加上能力的态度次方，可用数学式表示为"素养 = (知识 + 能力)^{态度}"。态度若是正整数，知识和能力共同作用能产生正素养；态度若是负数或分数，知识与能力会共同产生负素养。第三，素养是"可教、可学"的东西，能通过学习获得和培养。第四，素养是基本生活之所需，而核心素养则为优质生活之所需。为此，经济合作组织进一步指出核心素养包括"能互动地使用工具""能在异质社群中进行互动"和"能自律自主地行动"等方面。那么素质与素养能不能是一回事呢？我们需要从概念上来厘清两者的联系与区别。一方面，素质关键义是在"质"，通常指"质量"或人的"品质"；"素"有要素，领域之意。合意，在道德选择中常指人具有本源性、根基性、潜在性、综合性等特征的品质、品性。可见，素质有与生俱来的成分和意境，也有逐步实践生成的成分和可能。另一方面，如海德格尔曾说道，事物的质是"在"或"是"的过程中"生成"，是面向未来开放的。可见，素质是先验与经验的"融合体"；素质包含生理、心理、文化、思想等层面内容。

在人工智能时代，道德选择素质与素养，既包括对公民道德选择的先天素质的坚守、传承和一定缺陷的弥补，又包括对公民对道德知识、道德能力和道德态度等素养的巩固和再提升，但同样也需要把素质、素养放入

① 柳夕浪：《从"素质"到"核心素养"：关于"培养什么样的人"的进一步追问》，《教育科学研究》2014 年第 8 期。

人工智能这个时代结合人工智能和大数据来加以实践培养。公民在实践中既要掌握道德选择理论、人工智能和大数据技术等，并由相关社会组织教会公民道德选择，又需要公民自觉、主动地去学会运用道德选择理论、人工智能和大数据技术等；同时，还需要在他律和自觉中掌握一定的道德选择技巧，即人工智能和大数据助力道德选择能力提升。质言之，教与学等全程要始终遵循“问题⟷知识⟷问题”的传统科学解决实际问题的思维范式，即知识性能力素养（当然也是后天习得的思维方式）；同时，更要拓展习得“问题⟷数据⟷问题”的数智技术性能力素养的思维范式，以适应快速发展的信息社会活动方式。只有当这两种素养互动性应用时，公民才能在人工智能时代较好地甚至是较为精准地作出道德选择并培养公民知识性和数智技术性道德选择素养。

（一）传统知识性道德选择素养

在传统社会，由于没有充足的大数据且也没有充分认识和利用好大数据资源价值，公民进行道德选择时，以“传统知识性道德选择素养”这样的思维方式称其为科学思维方式并进行道德选择。即面临选择问题，就以问题为导向搜索相关知识体系，并习得知识体系中的原理、技能、路径和方法等来消解面临问题作出选择和处理。可见，整个过程始终遵循“问题⟷知识⟷问题”的传统科学思维习惯。其道德选择实践的知识体系，往往就是道德选择理论，包括人性论，义利观和理欲观等价值观，道德准则，以及道德情感、道德图式和道德情境等理论体系。但是，这样的道德选择过程，往往表现出不及时、不精准和需要消耗大量时间等社会选择等问题，因为公民个体依靠的知识体系，往往是不具备及时性、稳定性和精准性，即因为公民个体学习接受知识有程度级差异问题且学习贯彻的执行力也是有层级差异问题，所以传统知识性道德选择素养必然受到了人工智能时代精准诉求、智能诉求的发展冲击与刺激。但是，知识性道德选择素养是讲究因果的，是可以找到为什么和是什么的现实答案的，是最能说服人的道德选择方式，也是必不可少的习得方式。

（二）数智技术性道德选择素养

与传统社会相比，人工智能时代的数智技术性道德选择素养，不讲究“问题”与“问题消解”之间的因果关系，但它却依然是以“问题”为导向来思考和解决问题的，只是其中过程选择运用了“大数据资源”和“人工智能和大数据技术”来融合发展分析、消解“问题”，而往往“问题”与“问题消解”之间是关联性关系，没有直接和直观的因果关系呈现。当然，有人会质疑这种方式的成效或相信人工智能和大数据是关于人的数据应当有其因果关系，但事实上，尽管“大数据”绝大多数是来源于实践的“关于公民活动痕迹性数据”，但这种客观的公民社会活动中的因果关系，很难在数据中直观体现，因为数智技术性能力素养在助力道德选择时，公民“活动痕迹性数据”变成机械语言或者说变成机械系统行动力，是以大数据训练成了数据驱动模型，是相关性的模型，不是因果关系的模型，更不是公民个体主体性的习得过程。于是人工智能时代数智技术性道德选择素养，是一种以“问题⟷数据⟷问题”为思维模式的数据驱动型决策，不太依赖进行知识和理论分析，甚至直接是以海量数据关联性在驱动答案的配对，科技遮蔽了“数据”与“知识”的转换过程。由此可见，赋予数智技术性道德选择素养，必须结合人工智能时代特征，特别是培养找大数据、用大数据的素养。即，至少具备最基本的五大能力素养：大数据搜集能力素养、大数据储存能力素养、关联大数据分析能力素养、大数据激活能力素养和大数据预测能力素养。目前，重视数智技术性道德选择素养的培养，是世界性的新课题、新战略。欧盟已经实施数字素养工程，普及公民数字经济基础；日本也将把编程课纳入小学以及中学和高校的必修课，中国公民的数智技术性道德选择素养如何提升是一个亟待深入思考和规划的大课题。

第四章

人工智能时代公民道德选择能力培养的路径与策略

针对第三章阐述的人工智能时代公民道德选择能力的现实支撑理论与实践经验，以及人类社会道德教育及道德选择能力培养必要一些理论与实践维度的策略、方法及路径，人工智能时代中国公民道德选择能力培养路径与策略至少应当有三个方面的基本思路：第一条是守正“问题⟷知识⟷问题”的传统指导公民道德选择能力培养的范式；第二条是与时俱进创新拓展应用“问题⟷数据⟷问题”的人工智能时代公民道德选择能力培养新范式；第三条是进一步拓展“问题⟷人脑＋电脑⟷问题”的超人工智能时代公民道德选择能力培养的“道德范式”。第一条、第二条，本书已经在前面阐述较清楚，而第三条是基于人工智能和大数据智能深度融合后的一些频繁非道德事件、安全事件后的深入思考而提出的。基于此，观其当下中国迈向现代化的新征程的习近平新时代中国特色社会主义思想的内涵，其中，习近平总书记在其一系列重要讲话中也充分包含了以上三个方面的指导意见。

首先，针对公民道德选择能力培养的路径问题，习近平总书记在“3·18讲话”① 等涉及思政课和思政教师素养方面都反复强调了道德建设与道

① 习近平：《用新时代中国特色社会主义思想铸魂育人 贯彻党的教育方针落实立德树人根本任务》，《人民日报》2019年3月19日。

德教育，倡导和践行社会主义核心价值观，这些实质上是在强调第一条的“知识”，即道德知识本身的建设与中国公民在实践中落实“问题⟷知识⟷问题”的实践范式之重要关系。当然，习近平总书记还强调要重视抓好网络安全，让大数据安全、稳定、实惠地服务人民，“要适应人民期待和需求，加快信息化服务普及，降低应用成本，为百姓提供用得上、用得起、用得好的信息服务，让亿万人民在共享互联网发展成果上有更多获得感”①，以及“没有网络安全就没有国家安全，就没有经济社会稳定运行，广大人民群众利益也难以得到保障”②。这些论断的核心要义，实质就是强调第二条和第三条的内容，只是较为宏观，是抛砖引玉式地给思政领域的学者以任务。即，旨在强调用好“大数据”这个资源与平台，强化线上与线下道德建设与道德教育的实效性和安全性。实效性方面要求结合先进的现代科技，即指向是包含了人工智能和大数据；安全性方面，必然包括创新应用“硅基的电脑”与守正应用“碳基的人脑”要相结合③。

其次，针对公民道德选择能力培养的价值取向问题，习近平总书记指出，人民是人工智能时代公民道德选择能力培养的中心，要坚持以人民为中心，坚持创新、协调、绿色、开放、共享的新发展理念，让科技进步和社会发展的成果惠及全体人民，满足人民的物质需求和精神需求。因为，“江山就是人民，人民就是江山。中国共产党领导人民打江山、守江山，守的是人民的心。治国有常，利民为本”④。即，中国公民道德选择能力培养的价值取向必然是全社会中的每一个公民，这是由思想政治教育之立德树人的根本任务所决定的，也是教育的目标之为党育人、为国育才所决定的。

再次，针对公民道德选择能力培养的背景和环境，习近平总书记也指出人工智能和大数据的发展为公民道德选择能力的培养、为人类命运共同

---

① 习近平：《在网络安全和信息化工作座谈会上的讲话》，《人民日报》2016 年 4 月 26 日。

② 习近平：《习近平在全国网络安全和信息化工作会议上强调：敏锐抓住信息化发展历史机遇，自主创新推进网络强国建设》，《人民日报》2018 年 4 月 22 日。

③ 潘军：《AI 理性价值智能的隐忧与消解》，《自然辩证法通讯》2018 年第 4 期。

④ 习近平：《高举中国特色社会主义伟大旗帜　为全面建设社会主义现代化国家而团结奋斗——在中国共产党第二十次全国代表大会上的报告》，《人民日报》2022 年 10 月 26 日。

体的建设带来了良好机遇。即，“当前，以互联网、大数据、人工智能为代表的新一代信息技术日新月异，给各国经济社会发展、国家管理、社会治理、人民生活带来重大而深远的影响。把握好大数据发展的重要机遇，促进大数据产业健康发展，处理好数据安全、网络空间治理等方面的挑战，需要各国加强交流互鉴、深化沟通合作”①。“我们要本着对社会负责、对人民负责的态度，依法加强网络空间治理，加强网络内容建设，做强网上正面宣传，培育积极健康、向上向善的网络文化，用社会主义核心价值观和人类优秀文明成果滋养人心、滋养社会，做到正能量充沛、主旋律高昂，为广大网民特别是青少年营造一个风清气正的网络空间”②。同时，就公民道德选择能力培养环境——网络空间的治理和净化问题，区分层次和区分责任分别给出了“治标”又“治本”的“药方”，即明确责任主体及责任机制，“要提高网络综合治理能力，形成党委领导、政府管理、企业履责、社会监督、网民自律等多主体参与，经济、法律、技术等多种手段相结合的综合治网格局”③。以及要求全社会要积极作为，为公民道德选择能力的培养提供一个天朗气清、生态良好的网络空间，因为“互联网不是法外之地”“网络空间是亿万民众共同的精神家园。网络空间天朗气清、生态良好，符合人民利益。网络空间乌烟瘴气、生态恶化，不符合人民利益。谁都不愿意生活在一个充斥着虚假、诈骗、攻击、谩骂、恐怖、色情、暴力的空间”④。

最后，针对公民道德选择能力培养的国家策略问题，习近平总书记站在国家和人类的制高点，提出了殷切希望。他指出“中国高度重视大数据发展。我们秉持创新、协调、绿色、开放、共享的新发展理念，围绕建设网络强国、数字中国、智慧社会，全面实施国家大数据战略，助力中国经济从高速增长转向高质量发展。希望各位代表和嘉宾围绕‘数化万物·智

① 习近平：《习近平向2018年中国国际大数据产业博览会致贺信》，《人民日报》2018年5月27日。

②④ 习近平：《在网络安全和信息化工作座谈会上的讲话》，《人民日报》2016年4月26日。

③ 习近平：《习近平在全国网络安全和信息化工作会议上强调：敏锐抓住信息化发展历史机遇，自主创新推进网络强国建设》，《人民日报》2018年4月22日。

在融合’的博览会主题，深入交流，集思广益，共同推动大数据产业创新发展，共创智慧生活，造福世界各国人民，共同推动构建人类命运共同体”①。

综上所述，人工智能时代公民道德选择能力的培养，需要在习近平新时代中国特色社会主义思想的指导下，紧密结合网络强国战略、人工智能和大数据发展战略，面对人工智能时代公民道德选择能力培养的现状、存在的突出问题，结合好“问题⟷知识⟷问题”“问题⟷数据⟷问题”和“问题⟷人脑+电脑⟷问题”的公民道德选择能力培养综合模式。因此，应树立知行合一的指导理念，锤炼和强化实践中的人工智能和大数据思维，建立健全公平共享的人、事、物联动机制等，从而营造开放和谐有序的政治、经济、文化、社会和自然生态来保障公民道德选择能力培养提升。

第一节　树立知行合一理念引领公民道德选择能力培养

“知行合一”是中国传统的文化内涵和精髓之一，也是人类文化伟大成果之一，更是新时代必须遵循的先进文化理念。“知”是理论、是良知，是行之源、行之因、行之归宿和行之升华；“行”是实践、执行，是良知之行，也称“实践了的知”，是知之果，更是知之成。知行合一的理念要求人工智能时代的任何时代一样要辩证地认识“行”与“知”，要让知和行不能分离，不能对抗，并形成习惯与人生价值观。即知行合一观，对现实社会中的科学技术、社会思潮、社会环境、网络时空、公民身心等方面负面问题的消解，特别是对公民道德选择能力培养中消极影响问题的消除，具有十分重要的理论和实践指导作用。知行合一在人工智能时代社会的各层面不仅要全面树立，而且更要长期坚持。为此，牢固树立知行合一观，

① 习近平：《习近平向2018年中国国际大数据产业博览会致贺信》，《人民日报》2018年5月27日。

有利于指导公民在人工智能时代摒除忽视数据安全和数据隐私、依靠数据专门利己、为达目的不择手段，为集体主义完全忽视个体正当利益等不道德行为，从而形成正确的人性品格、义利观和理欲观等价值观，以及树立和坚持正确的科学发展观、大数据观和科技文化观，建立理论与实践始终相统一的“人工智能和大数据+道德伦理”治理模式，使智能社会的核心元素“大数据”在其产生、共享、搜集、加工、应用的全过程中能拥有安全保障、收益保障和道德价值保障，避免一个国家乃至人类社会陷入以物和利为核心的“技术社会”“含金量社会”“冷漠的规则社会”之中，形成多元发展的、真正以人为主体的“含文量”社会、“良知社会”、“生态人文社会”、“知行统一”和“言行统一”的诚信社会。而树立知行合一的大数据法治观和德治观，则是树立人工智能时代公民知行合一道德选择能力培养理念的完整的一体之两翼，即犹如鸟之双翼，缺一不可：人工智能时代的公民道德培养之一翼——法治观旨在树立公民底线意识和红线意识，人工智能时代的公民道德培养之另一翼——德治观旨在倡导公民有向上、向善的价值追求。当两翼合而治之时，公民在道德选择活动中就能知道哪些是不能做，哪些是可以做、倡导做的内容。其分明的道德选择界线，公民道德选择能力自然也就提升到了一个新台阶。

一、树立知行合一的大数据法治观

法治历来属于任何社会都不可缺失的硬性约束机制，由法制要件体系严密组成。树立和坚持大数据法治观，牢固坚持全社会底线意识和底线思维，规范公民行为，有效防止和打击“破线”和踩“红线”行为，是人工智能时代培养公民道德选择能力的另一项重要内容。知行合一的大数据法治观是数字文明的新坐标、新范式和新起点，是保障大数据民用、政用、商用、军用规范有序进行的关键所在。大数据法治观的构建，需要结合人工智能时代公民道德选择的实际，以人工智能和大数据技术平台为科技支撑，不断建立健全国家立法匡正、政府司法和主动引领、行业自律参与、个人行为规范的依法治理模型。

（一）重构法律规范守住人工智能时代公民道德选择的底线

人工智能时代，“大数据有价”已然成为社会普遍认可的共识。大数据是资源、资产和资本，在促进社会、政治、经济、文化、生态健康发展进程中发挥了巨大作用。但大数据的所有权、采集权、知情权、使用权、隐私权和收益权的良性运行与权益保障面临急迫的现实性困难。随着人工智能和大数据与现代社会的深度融合发展，相关立法已取得了一些进步，就我国的国家层面而言，《中华人民共和国民法总则》已经作了专业领域成文法的立法空间的让渡，政府颁布了《通信短信息服务管理规定》《促进大数据发展行动纲要》（已于2015年发布并施行）等法律法规、规章和文件；在地方层面，从政府层面相继出台了如贵州省范围中的《贵州省大数据发展应用促进条例》《贵阳市政府数据共享开放条例》《贵阳市大数据安全管理条例》《贵阳市大数据健康医疗应用与服务条例》等地方性法规与规章。但是，推进步伐仍显滞后，还不尽如人意，就全国范围而言也是发展参差不齐，差别和不平衡情况比较突出，人工智能时代的国家和地方法律建设尚未能与大数据资源、人工智能和大数据技术应用发展的速度完全相适应相匹配。由于数据搜集、存储、流通、加工等环节相关法律性文本规定条款的缺失，使得数据的非道德、非理性应用现象更加突出，人工智能和大数据不能完全实现与现代科学技术、道德规范之间的相融和联动发展。为此，亟须重新定义有关法律概念、颁布人工智能和大数据领域的系列法律规范，规制大数据资源、人工智能和大数据技术的融合应用行为，明确人工智能时代公民选择社会活动内容和形式的道德和法律底线。

第一，与人权、物权等量齐观，依法确立“数权”的合法地位。人类法制建立和社会法治史实质上就是一部人类文明发展史。人类社会从“物权”发展到“人权”，再到当下普遍呼吁建立的“数权”，发展的每一步都是人类文明的进步与发展的物化具象的显现。人工智能时代，大数据从非生产因素演变为重要生产要素，人工智能和大数据技术成为生产力，大数据资源、人工智能和大数据技术以类似货币的覆盖力把一切人和物都囊括起来了①。但是，“数权”却没有因为大数据具有客观存在性、独立的社会功能和社会价值而从法律保障的角度和位置被真正重视起来。前面说过，长此以往，大数据技术作为生产力还有可能在一时一域蜕变成破坏力。这并非耸人听闻！大数据当下，亟须按照《立法法》对“数权”的法律地位进行立法性确认或作出规范性规定，这是全社会的共识和共同选择。首先，数权是数字社会文明的新坐标，数权立法将有利于调整数据权属、解决数据的开发利用和保护难题；其次，数权范式是对数字社会进行法治的新范式，有利于在数据时间和数据空间、数据社会中展开良序建设；最后，数权的产生也是数字社会新征程中的自然和社会物权，数权能够在数据平等、数据共享、数据开放、数据交易、数据安全、数据利用、数据流通等领域起到深刻的规范作用，数据法律共识共循的形成有利于每一个公民充分、公平、规范地享受数字实惠和数据福利。“数权”合法地位的确立，必须要厘清数权的内涵、外延与界线等问题。如数权的公权与私权问题，由于数据主体的多样性，拥有数权的可以是政府、公司企业、社会组织、民间团体，也可以是公民个体。从这个意义上讲，数权既可是国家公权，也可是个人私权；既包括数据管理权、数据控制权，又包括数据人格权（数据人格权的核心价值是维护主体人的人格尊严）、数据财产权（包括使用、收益和所有权等）、数据交易权和数据流动权。

第二，重新定义线上线下犯罪主体，设置合理的跨地区、跨国际远程判罚机制。人工智能时代的信息犯罪、数据犯罪活动不同于以往的传统社会，一有“破窗”情况发生，可能产生“多米诺骨牌”效应，不仅危害大、受众广、损失大而且整治难，由于犯罪人的作案手段的科技化、隐性化和远程化，犯罪主体隐蔽性还很强，以致线上作案与线下主体难以进行信息采集和确认。这样一来，必然出现地域限制与网络空间犯罪的抓获难、判罚难等问题，进而彰显重新定义线上线下犯罪主体、合理设置跨国远程

① 蓝江：《一般数据、虚体、数字资本：数字资本主义的三重逻辑》，《哲学研究》2018 年第3 期。

判罚机制的必要性和紧迫性。而要做到这些，一方面要让道德选择主体与数智道德选择主体有机联结，使现实公民、法人的道德行为，不分线上线下，都能够受到确定清楚、精准无缝的法律监督；另一方面，要有科学明确的评价体系、判罚层级与判罚措施，使得国内国外、线上线下都能克服双重价值和双重标准，克服法律缺失和司法权滥用，从而实现对违反道德、违反法律选择的行为主体进行及时精准的判罚和制裁。例如，对当下的失信人员联合惩戒制度，失信人员一旦进入司法系统的“黑名单”，来自各行政单位、金融机构和社区等的联合惩戒和监督几乎使他们在人工智能和大数据的现代社会阳光下“寸步难行”，这不失为一种判罚、制裁机制和矫正机制的创新之举。

第三，重新定义敏感信息，建立道德选择的“禁区”。在传统社会，受价值观影响，采集公民个体信息的技术比较朴素，且公民习惯于自觉地“去个人化隐私信息”等方式模糊公民个体敏感信息后再进行模糊数据的模糊流通。而人工智能时代，公民个体信息表现形式出现了横向纵向交叉、立体平面均居的新结构和新运行范式，哪怕是公民个体网络空间上的一丁点信息，也可以通过关联信息数据加工后，将其全部隐私分析并呈现出来，使得公民个体很难通过个体及个体活动的力量与人工智能时代的巨量数据相较量。所以人工智能时代迫切需要深入研究并重新定义公民个体敏感信息，建立起敏感信息智库，以区块链技术、语法和语义隐私保护技术等现代科技手段，与法律、道德伦理等人文制度建设体系相结合，共同建立起道德选择禁区，切实维护公民和全社会的敏感信息安全。

（二）借助政府权力引领人工智能时代公民作出道德选择

鼓励与引导公民作出道德选择，在客观上一方面是需要加强政府部门行政服务。政府的职能及其重要性是众所周知的，也是不言而喻的。例如，在行政上引导网络舆论，树立榜样示范，开放共享政府数据，打造诚信政府、数字政府，将政府权力锁在“数据铁笼”中，使政府权力时刻在阳光下运行，这些均是大可作为的领域，既能提升政府形象与行政效率，又能引领公民作出道德选择。引导网络舆论，就是政府作为社会道德选择的标准维护者，要做到对线上线下道德选择的风向进行有效监督、引导和解惑；树立榜样示范，塑造正面典型的道德选择行为，予以肯定和宣传，使其成为社会公民学习和模仿的典范；开放共享政府数据，打造数字政府，并将政府权力关在制度的“数据铁笼”里，就是要实现行政权力的数据化、透明化、智能化，实现“人在干，数在转，云在算”“让百姓少跑腿，数据多跑路”，不断促进政府公权力的使用阳光化、服务均等化、运行留痕化、效应向善化和便民化，成为新时代全心全意为人民服务的政府。

另一方面，政府要强化依法进行数据行政监管，切实保障公民道德选择。第一，政府作为社会公平与正义的倡导者和拥护者、社会秩序的制定者和执行者、社会稳定的推动者，在应对数智道德选择的危机中，应组建精干有力的常态化监管机构、制定科学合理的监管标准，从严、全面加强监督和管理，并以“智能化科技手段＋人文建设宣传”的方式予以加强。第二，由于公民个体、群体的理性选择行为和道德选择行为在人工智能时代背景下客观上仍然存有一定程度的隐蔽性，存在死角甚至是“灯下黑”问题，所以有必要依法借助社会积极和正义力量，设立大数据违法犯罪举报制度和监督制度，拓展监管路径，避免监管“盲区”。政府在建立健全公民举报机制过程中，不仅要树立服务理念和拓展举报渠道，还要在举报制度中创建符合人工智能时代发展需求、个体心理需求的良好激励机制和保护机制，对举报人的见义勇为行为依法实施人身安全保护和物质与精神兼具的激励机制，切实保护好举报人，畅通举报渠道，以及尊重举报人的意愿。①

（三）健全实现道德选择主体间相互依赖和相互监督的行业规约

依法确立大数据搜集的行规。人工智能时代，大数据的生产与搜集常常是分离的，不管是行业、产业大数据，还是种类繁多的高频互动平台和

---

① 潘建红、潘军：《大数据时代个体数据理性化悖论与消解》，《甘肃社会科学》2018 年第 2 期。

智能终端的数据，其数据生产者与搜集者往往是分开的。把控好这些大数据的生产与搜集的第一端口，是人工智能时代培养公民道德选择能力基础中的基础。所以需要以行业为单元来进行契约，让大数据生产者与数据搜集者之间建立“告知请求”，形成道德价值标准主控风险，特别是以此来减少由科技引发的“内在容易滑倒的斜坡”① 现象，促使行业道德选择标准化，建立数据搜集行为价值原则和价值规范，以职业道德、公共美德指导技术研判，以人文理念引领技术应用，以服务人类确立数据价值，树立以人为本、以人为贵的数智道德选择应用观。②

此外，还应完善人工智能和大数据应用领域的技术规范机制。针对人工智能和大数据技术能对信息数据进行二次开发利用的可能性，着重加强数据的二次开发、利用和保护工作。加强数据复制、流失、加工等环节的惩处机制建设和块数据监管机制，对数据流进行脱敏监控；在二次开发中要区别对待非道德选择获取的数据加工方式和通过道德选择获得的数据加工方式。对非道德选择获取的数据加工方式要通过块数据技术加强网络供给链的侦测，精准识别和判定网络供给工具理性与价值理性的有机统一性，避免数据流失、数据风险。③对通过道德选择获得的数据加工方式，要采取去个人化隐私信息技术，通过脱敏技术过滤或“零知识验证”（zero - knowledge proof）技术的实施，注重分析数据的一般特征，避免使用数据非理性和非法定位公民个体或为公民个体画像。

二、树立知行合一的大数据德治观

德治历来都是社会治理中的软约束机制，由核心价值观要素组成。大数据德治观，是传统德治思想在人工智能时代背景下的实际应用和创新发展，它既指传统道德治理理念在人工智能时代的调适性、择优性和超越性

---

① Taylor C. *The Ethics of Authenticity*, Cambridge: Harvard University Press, 1991, pp. 101.

②③ 潘建红、潘军：《大数据时代个体数据理性化悖论与消解》，《甘肃社会科学》2018 年第 2 期。

应用，又指运用人工智能和大数据手段和方法，让更多、更好的传统道德高效发挥社会治理作用之新意。

（一）构建、宣传和笃行新时代大数据道德观

首先，构建人工智能时代大数据道德观。近年来，随着网络信息和大数据的快速发展，公民在社会实践活动中不断形成、凝聚并自觉遵循着一些属于人工智能时代的价值导向、道德原则及道德规范。尽管这些价值导向、价值原则和价值规范略显粗犷，理论性、规范性、具体性、可操作性和整体性较弱，却不影响其发挥道德价值作用，为人工智能时代公民画下大数据道德伦理的轮廓和骨架。第一，核心和最高价值原则是人的自我解放与自由全面发展。这实质上确立了位居中心的、宏观的大数据道德价值原则。需要注意的是，人工智能时代公民核心的、最高的道德价值观，并不是倡导自私的道德选择中心主义，而是强调每一名公民的参与、每一名公民个性的理性释放和解放，在倡导公民正确认识个体的重要性及劳动本性，以对个性需求的满足倒逼“真实的集体”“真正的共同体”的构建与发展，从而全面建成富强、民主、文明、和谐、美丽的现代化社会。第二，时代价值原则是消解社会活动“痛点”。这实质上确立了人工智能时代位居中观层面的道德治理内容，即如何践行大数据道德观，如何结合个体及群体的社会实践来引领公民道德选择，进而实现每一个公民的美好生活和生产需求。第三，常规价值原则是仁、义、礼、智、信等中华优秀传统文化精髓。其实质上在公民道德选择中，建立一种人文情怀和精神追求，当然，也是对中华优秀传统文化的继承和发展。第四，最低价值原则，不允许出现一丁点恶的价值选择出现。这也在实践层面树立了红线意识和行为准则。总之，以上四个层面的道德价值原则，以界线的形式构建起了大数据道德观的边界、轮廓与精神风骨。

其次，宣传人工智能时代大数据道德观。宣传就是灌输，就是多层面、多角度传递和辐射。加强宣传工作是贯彻落实好大数据道德观精神实质和主要内容的重要前提。宣传，不是打广告，而是要在坚持认知与实践相统

一的基础上，围绕公民思想认知规律，正确地宣传大数据道德观，做到有解读、有传播、有教育、有答疑，让每一个公民个体都能够实实在在了解、认识和深刻认同人工智能时代大数据道德观并付诸实践。其中，解读，主要指对大数据道德观的内涵作以解释、说明，使宣传对象知晓和认可大数据道德观；传播，指大数据道德观的宣传者和认可者，在正确解读大数据道德观的基础上，将其理解的内容内涵和体会再向他人解读的行为活动；教育，是指以理论与实践相结合的方式，针对不同的受众，有计划、有目的、有组织、有步骤地进行有序性、适应性解读；答疑，是针对出现的新问题，在把握好大数据道德观发展规律的前提下，对难点问题、前沿问题、热点问题所作的阐释与解答。由此可见，宣传是一项系统性工程，也是大数据道德观由“知”至“行”的重要环节。因此，必须高度重视、统筹安排，分清对象、区别环境，讲效率、讲层次、讲方法，综合运用、合理安排课堂教学、项目实践、互动交流等活动，把握好质、量和度，控制好时与空，既不能吹捧夸大，也不能避重就轻。要尤其注意坚持做好大数据道德观宣传的长期性、动态性和可持续性，因为，如果“科学只是关心技术的应用，而不是再去追问内蕴其中的人文意义，由此所形成的发达工业社会只能是一个病态社会”①。只有建立终身式的教育模式，引导和教育人们以动态的、可持续的、长远的眼光来看待科学技术，才有可能使人们在大数据道德观的价值引领下，始终作出有理性的道德的选择。

最后，笃行人工智能时代大数据道德观。尽管目前的大数据道德观只是以边界、轮廓与精神风骨的形式呈现的，但其已然是人工智能时代人们自觉遵循的道德价值原则与价值规范。这种自觉遵循表现在人们从认知到实践、再从实践到认知的循环往复的整体趋势上，在不懈努力地争取更真更善更美的实践结果上，在努力凝练出更佳的道德选择价值原则和规范上。笃行，一方面要求公民个体认知、认可大数据道德观，培养其建立和牢固理性的道德意识、道德认可、道德信仰，以及感性的道德情感、道德心理；

① H Marcuse. *Industrialization and Capitalism in the Work of Max Weber*, J. Negations. Essays in Critical Theory, Boston: Beacon Press, 1968, pp. 156.

另一方面，要求公民个体坚持在实践中践行大数据道德观，做到知行合一，既能够培养、锤炼自己，又能够对他人形成“1+1>2”的正能量源和相互传递道德正能量。

（二）以人工智能和大数据为载体提升道德治理社会效用

具体来讲，就是要以人工智能和大数据为载体，全面实现包括道德原则、道德规范、道德知识、道德选择标准，以及道德行为等的数据化、网络化，并将产生的巨量数据导入数据分析系统，将“问题”—“选择”呈现和预测性勾勒出来，以人工智能和大数据驱动智能控制、提示和帮助公民作出符合大数据道德观价值规则的选择和决策。由于这一全过程涉及云储存、云计算等人工智能和大数据技术的突破与应用、道德治理的数据化向智能化转向，以及机器学习技术和数据安全技术等复杂技术保障，有学者认为，以大数据为载体提升道德治理社会效用，“一方面是重构人类及智能终端的伦理道德系统，另一方面是让真善美数据训练机器深度学习”①。

第一，构建人类及智能终端的大数据道德伦理系统。人工智能时代，无处不在的智能终端是助力公民道德选择的常用工具，它们是人类在适应人与人、人与社会、人与自然关系的实践中，创造开发出来的、服务于人的，以大数据道德观为标准和模型来控制智能终端价值运行和运行价值导向的科技工具。“重构人类及智能终端的伦理道德系统，实质上是解决人与智能终端的理性标准一致性问题，然后才是解决人与智能终端的共同理性标准如何表现的问题”②。质言之，就是要通过实现大数据道德观的数据化、可操作化，赋予智能终端理性价值智能，把公民在社会实践中产生的道德选择数据和人工智能时代道德伦理文本信息提供给智能终端深度学习，锤炼成道德选择的运行模型。

第二，让真善美数据训练机器深度学习形成数智道德选择。在智能终

①② 潘军：《AI理性价值智能的隐忧与消解》，《自然辩证法通讯》2018年第4期。

端中植入并运行大数据道德伦理系统后，只能代表智能终端具备一定的理性和道德选择能力。若要使智能终端真正成为数智道德选择终端，还需要赋予它们一定程度的真善美认知与追求能力，让智能终端在运行过程中，特别是数智道德选择过程中，能够区别善与恶、大善与小善，能够正确认识义与利的辩证关系，做到公民个性解放与自由全面发展的有机统一，消解公民社会经济活动的“痛点”与满足公民生产生活美好需求之间的辩证统一。例如，国际象棋大战中的 AI，在面对有不同能力级水平的象棋专业人员时，不是选择以最高能力级秒杀之，而是选择差距不大的能力级保障在娱乐中取胜，即在娱乐中实现了科学技术与人文关怀的有机融合发展，此亦为追求道德价值观和真善美的表现。“由此可见，让真善美数据训练机器深度学习已经不是遥远的梦想，随着这种融合技术的再升级、再突破及广泛应用，这一模型就会从技术层面得以更好解决，实现更真更善更美的飞跃”①。

第三，让大数据道德伦理系统成为所有智能终端的必备系统。人工智能时代的智能终端非常普遍和丰富，为了使每一个智能终端都能发挥德治功能，有必要在所有智能终端的核心芯片中都植入大数据道德伦理系统。为此，为了“确保‘所有’和‘必备’，就得‘强制’或‘强硬’推广应用。除了政策、制度方面的强制外，还得有技术上的强制与强硬”②。一方面，需要政府牵头，以法律手段、行政手段和经济手段，保障大数据道德伦理系统植入智能终端的核心芯片之中；另一方面，还需要从智能终端的核心芯片技术上下功夫，把大数据道德伦理系统像硬件一样融入中央处理器，不给任何主体有选择是否应用的权利，不能移除，始终伴随智能终端应用生命期。③不仅如此，还要做到一旦大数据道德伦理系统出现问题，整个智能终端绝对不能继续运行。也许有学者会怀疑这项技术的设计无法实现问题，但事实上，这个设想是完全有技术支撑的，因为现实生活中，随着中央处理器 CPU、GPU、TPU 的研发与应用，随着算法、算速的提升，

---

①②③　潘军：《AI 理性价值智能的隐忧与消解》，《自然辩证法通讯》2018 年第 4 期。

以及储存能力的拓展，将大数据道德伦理系统植入智能终端的核心运行处理器，并使其成为处理器核心系统的一部分，早已不再存在技术困难。

第二节　培养人工智能思维强化公民道德选择四大实践能力

数据思维，也称大数据思维或人工智能和大数据思维，“需要说明的是，大数据思维包含两个意思：一个是在思想上对大数据的认识和重视，这是一种思维态度；另一个是大数据思维范畴，这是一种思维方式”①。即“大数据思维是基于多源异构和跨域关联的海量数据分析产生的数据价值挖掘思维，进而引发人类对生产和生活方式乃至社会运行的重新审视”②。质言之，把人工智能和大数据思维应用到公民道德选择能力的培养中，有助于公民在实践中养成道德选择预测能力、合作能力（包含验证能力）、抗变能力和智慧能力。其中，预测能力，指利用人工智能和大数据技术，将涉公民道德选择的海量数据搜集起来，实现“数据⟷信息⟷知识”的聚合，让数据在“信源⟷信道⟷信宿”传递中形成“数据智能体”，形成爆发性道德选择之数据价值，且依据一定的“数聚智能体”的规律而彰显出爆发性价值背后的一些一定阶段未来可能发生、一定发生、不确定性发生等的可视化信息；合作能力（包含验证能力），指在人工智能和大数据技术下，数据聚集后的数据驱动实现数据节点间的价值加减算法，从而显示公民道德选择的价值大小排列比值，以及弥合数据节点间公平正义和调节数据节点间的价值均衡发展的数据驱动活动；抗变能力，在人工智能和大数据技术下，实现数据驱动让公民道德选择避恶向上向善的能力总和；智慧能力，在人工智能和大数据技术下，实现公民道德选择的过程与结果是向上向善，且伴随公民道德选择过程与结果，还能产生一些无恶且

① 张弛：《大数据思维范畴探究》，《华中科技大学学报》（社会科学版）2015 年第 2 期。

② 张维明、唐九阳：《大数据思维》，《指挥信息系统与技术》2015 年第 2 期。

向上向善的价值供给人类共享的能力。

一、实践养成公民道德选择的预测能力

《礼记·中庸》中载明："凡事豫则立，不豫则废。言前定则不跲，事前定则不困，行前定则不疚，道前定则不穷"①。"豫"者"预"也，人们在进行社会实践活动之前，有所准备才能胸有成竹、胜利在望，否则很可能失败。毛泽东在《论持久战》中也曾讲过："没有事先的计划和准备，就不能获得战争的胜利"。不打无准备之仗，正说明了人拥有计划能力、洞察预见力并有针对性地预先谋划和准备的重要性。同样，人工智能时代的公民要想作出正确选择、谋取成功或实现理想抱负，也需要甚至更需要事前有计划的周密准备，需要具备洞察预见力，即预测能力。具体来讲，要从公民个人面临的若干价值选择中迅速地作出道德的选择，从公民若干道德选择中作出更善的选择，离不开洞察预见素养与能力的培养。人工智能时代公民应具备的预测能力与以往时代相比有着细微差异，"传统意义上的预测（forecasting）是指基于已有数据信息集，依照一定的方法和规律，对未来或未曾观测到的事情做出定性或定量的描述，主要包括样本外预测和样本内预测"②。"大数据预测将传统意义中'预测'拓展到'现测'"，"而所谓现测（now casting）是指对极近过去的描述和极近将来的预测，简单说就是用当下预测当下"③。此外，与传统预测不同的是，公民作出传统预测是通过运用逻辑思维作出能动的理性的预测，而人工智能和大数据预测表面客观上有可能是不符合传统逻辑思维和因果关系的预测，而实质上却是具有多重、经历多层逻辑规律推理演绎形成成果的大数据预测结果的预测运用。倪光南院士早年明确指出，实验型、理论型和计算型等科学研究范式，皆是以掌握了的事物发展定律去研究探寻新事物的新发展，而人工智能和大数据"则是在未知规律的情况下，运用计算能力从大数据中发

---

① 《中庸》，杨洪、王刚译，甘肃民族出版社1997年版，第46页。

②③ 何强：《大数据预测》，《中国统计》2016年第3期。

现规律并发挥规律的作用”①。正是因为人工智能和大数据是从“未知”中“数聚”成规律，图灵奖获得者吉姆·格雷（Jim Gray）才提出将大数据列为“the fourth paradigm”（科学研究的第四范式）。网络领军人物、“无尺度网络”创立者艾伯特—拉斯洛·巴拉巴西将大数据的这种特性说成是“爆发”。由此可见，这个研究范式的特点是：虽然不太在意数据的杂乱，但非常在意数据的数量；不强调数据价值精准，却看重数据的典型性与代表性；不一味追求因果关系，而是很重视对数据运动规律进行归纳和总结。

（一）应用人工智能和大数据预测助力道德选择

目前，人工智能和大数据的预测功能似乎只是在经济领域展示了惊人的经济价值和经济效应。但是，“人是一切财富的首要的和最终的源泉，选择经济形式和经济目标机制必须以人的发展作为主要的参考依据”②。为此，经济的发展和目标的实现归根结底是人的选择的结果，人作出的任何选择都必然是经过道德选择后的行为，也必然影响经济效应。经济与道德实质上统一于主体人。人工智能和大数据预测思维模式，能够帮助每一个公民在政治、经济、文化、生态等各领域的社会活动中，找准道德选择的契合点，作出道德的行为选择。例如，在著名的“电车困境”事故中，人们陷入是选择让失控的电车撞向 5 个人，还是选择拉动拉杆让电车换道撞向 1 个人的“两难选择”困境中，因为无论作出怎样的选择，都不可避免地要侵害和牺牲人的生命，都不是道德的选择。然而，在人工智能时代，这类道德选择困境是完全可避免的，人们可以不必作出类似的痛苦的抉择。其原因就在于，人工智能时代“万物互联”“数化万物”，人、车以及更多的人事物之间有一种神秘的精灵——数据，数据在生成、传递、连接着所有必要的各类动态信息，这些动态信息可以即时生成分析数据、预测数据，并通过人工智能和大数据驱动形成一定算法，提前就避免了难题和困境的出现。这样一来，完全可以打破传统社会信息不对称造成的司机被动地进

① 倪光南：《关于大数据》，《高科技与产业化》2013 年第 5 期。

② 王泽应：《论市场经济与道德的关系》，《湖南师范大学社会科学学报》1996 年第 6 期。

行选择的局面和困境，使此类道德“两难”选择问题得以消解。因此，在人工智能时代，“电车困境”的关键是技术问题，且是人将道德选择问题以数据、网络、算法让渡给了智能机器来作出选择。当然，有人会问，这样数智道德选择，在当今社会应用普及了吗？首先，“数化万物”在新时代已然得到了技术性突破，如当前人们青睐的智能终端和穿戴设备，就是在实现人与万物之间的联动数据的融合聚合；“万物互联”数据通过云储存、云计算等现代科技链接起来，使信息传递与信息计算的速度和效率得到了质的飞跃；数据驱动的经典应用前景，如“无人驾驶车”等正逐步走向生活化。可见，人工智能和大数据思维助力数智道德选择，特别是人工智能和大数据预测助力数智道德选择，正变得越来越可行，其规模化和普遍化的实现只是需要一定的时间罢了（人工智能和大数据思维与各行各业的融合发展实例，见表4－1①）。

表4－1　人工智能和大数据思维与各行各业融合发展的部分实例一览表

融合应用行业	人工智能和大数据思维对相关数据分析的典型案例	预测信息和内容	准确率及效度
宏观经济管理	IBM公司通过互联网新闻中心，搜索出影响制造业的480项经济数据分析	测算出了PMI值	—
	印第安纳大学学者对用户短信、微博留言数据分析	预测到琼斯工业指数	87%
	淘宝网对网购相关数据分析	预测CPI	比国家统计局早半个月
制造业	通过大数据分析	预测试制样车	避免了80%的缺陷
	美国通用电力公司分析了所生产2万台喷气引擎数据	预测维护需求	提前一个月，其准确率达70%
农业	Climate公司，利用美国30年的气候数据、60年农作物收成和土壤14TB的历史数据，以及利用250万个地域气候预测数据和1500亿例土壤观察数据进行分析	预测农场产量并向农户提供信息咨询和有偿服务	—

① 邬贺铨：《大数据思维》，《科学与社会》2014年第1期。

续表

融合应用行业	人工智能和大数据思维对相关数据分析的典型案例	预测信息和内容	准确率及效度
商业	沃尔玛对4500万/月的网购网评数据分析	预测购物习惯，搭配售卖商品，优化商场布局	开发了“北极星”网购服务机器人，增加在线人数10%~15%
金融业	德温特资本公司分析全球3.4亿微博留言	预测民众情绪和股市	获得较好收益
	阿里公司对淘宝上中小企业交易状况数据分析	预测货款需求和信用指数	坏账率0.3%
	京东商城对平台数据分析	预测放贷需要	3分钟放贷
交通业	美国UPS对163万件包裹/天和4.6万辆运输车跟踪等数据分析	—	少跑8500万英里路，节约840万加仑燃料
外贸业	美国Panjiva公司（磐聚网）分析政府数据和货运记录数据	预测买卖需求	搭建起了供应链
影视业	新影数讯公司对2万部电影、6万名艺人、4000位导演和社会关注娱乐的1.2亿人偏好等数据进行分析	预测电影市场	开发了iFilm+且准确率80%
医疗卫生领域	谷歌对5000万条搜索词和2003—2008年美国流感传播期相关数据进行分析	预测流感	97%
机器翻译服务	谷歌以大数据思维，将少量数据用于机器学习	进行机器翻译	相当高
体育训练	美国NBA对球员赛场表现数据进行分析	预测球员弱点	针对性战术训练
网络舆情	通过对网络上热点事件数据和挖掘到的舆情信息，以及网络平台数据分析	预测交通出行选择	—
治安管理	美国加州大学对洛杉矶市过去1300多万起案件分析	预测治安管理盲点	犯罪和盗窃案件数分别下降12%、26%
政治领域	2012年奥巴马竞选利用大数据思维	预测选民意愿	竞选捐赠者增加50万人，筹款增加20%，广告投放效率提升15%
军事领域	美国国防利用大数据思维分析	提取需求信息	提取信息能力增100倍

资料来源：作者整理自汇。

正如表4-1所示，人工智能和大数据思维在实践的应用不仅有效地论证了人工智能和大数据预测的高效性、精准性和可操作性，论证了它的经济价值和道德价值；同时，也论证了它在客观层面培养公民道德选择能力的功能、可能性路径和策略。

（二）坚决禁止人工智能和大数据预测助长非道德选择

如表4-1所示，人工智能和大数据思维引领的人工智能和大数据预测，正在渗透各行各业，挖掘了丰富的经济选择价值、政治选择价值、文化选择价值、民生福利价值和生态文明价值，引起了道德选择的转型与升级。但是，这并不意味着人工智能和大数据思维、人工智能和大数据预测是万能的，是在任何地方都可以融合应用的。恰恰相反，人工智能和大数据思维、人工智能和大数据预测的应用是有条件和界线的，若一味地泛用、滥用，将“严重威胁自由、尊严、公平、正义等人本固有的终极价值属性”①，也可能走向技术决定论和科学主义偏执。因为在技术决定论和科学主义眼里，只要数据挖掘范围足够大，挖掘到的信息足够多，世间的一切都是可以预测、可以把控的。例如，巴拉巴西认为，有了人工智能和大数据以后，人们社会实践95%的内容都能纳入人工智能和大数据的预测把握之中，其中自然包括非道德行为的预测能力。正因为如此，人工智能时代，应当为人工智能和大数据预测助力数智道德选择设置条件和界线，禁止人工智能和大数据预测助力非道德选择。

1. 尊重原则

尊重原则是禁止人工智能和大数据预测助力非道德选择的首要原则。在人工智能时代，有这样一种说法，“在33个比特数据就足以辨识个人身份的零隐私”，刚买了楼房就有装修公司推销装修、酒会应酬一结束就有电讯打来是否需要代驾等“关心、体贴”的电话，几乎只要有心，个人的一切信息在人工智能时代都是被透明公开的。因此，在应用人工智能和大数据思

① 蒋洁、陈芳、何亮亮：《大数据预测的伦理困境与出路》，《图书与情报》2014年第5期。

维对他人的行为和需求进行预测时，一定要遵守尊重原则，不仅要去个体隐私信息化，还要一丝不苟地执行匿名规则，在保障公民个人意志自由的同时，限制一定的非道德选择行为发生。为确保公民敏感数据的安全保障性，有必要在人工智能和大数据预测系统中加入隐私预警系统，使得个人的隐私和敏感信息一旦被违规触及，系统就能够智能地立即停止数据挖掘分析，并向数据权利人发送有关情况信息；甚至是已经取得数据权利人允许使用的数据，在结果显示上也必须是智能地去个体隐私信息的呈现或者由区块链技术签名、加密后呈现，以便于追溯和追究数据使用人的有关责任，并以此保障公民接收和享用的数据信息是符合道德选择的价值导向、价值原则的。当然，作为使用者，一旦涉及他人敏感信息，也应当自觉放弃应用或者经咨询同意后谨慎使用。这种尊重原则的倡导和践行，虽然是一种条件限制，却是对公民道德自由选择权的尊重，从长远看，是有益无害的必要条件。

2. 屏蔽原则

随着大数据资源、人工智能和大数据技术、云计算和云储存等现代科技的快速发展、成本降低及广泛普及，数字记忆的功能在全球范围内得以普遍应用，公民再也无须担心记忆力不够好。但与此同时，新的问题也涌现出来。智能化交叉访问、分析包括匿名数据在内的海量数据，使得公民的诚信等级、身体健康指数、婚姻家庭状况、职业、收入和生活轨迹等个人信息被纳入分析和预测范围，面临被暴露的烦恼和危机。鉴于此，有学者在实践研究中指出，数据社会应当具有对一些敏感信息设置“失忆过往”的功能和义务，或者赋予公民个体有选择性地“擦除过往数据”的权利。这就是屏蔽原则，亦称为“橡皮原则”。但要想在人工智能时代如擦橡皮一样将数据信息痕迹完全抹去，是一件很难的事情，因为通过人工智能和大数据处理技术可以低成本轻松实现数据恢复。所以更可行的办法是将涉及每一个公民的敏感信息，哪怕是用于人工智能和大数据思维与预测的个体隐私数据，都通过屏蔽保护技术将其屏蔽，只让敏感信息参与数据分析，但呈现出来的数据结果必须不包括个人敏感信息。例如，医院可以搜集隐私性身体健康指数进行智能终端的预测分析，但在整个数据分析和结果可视化过程中，都不能向任何非数据权利人提供信息，包括有可能探寻出病人隐私情况的医嘱和处方等智能分析结果，都只能由智能终端掌握，就连医生也只能获取加密性数据。

3. 无害原则

人工智能和大数据思维下的数据预测，与传统社会的信息获取方式、存储管理方式和分析计算方式相比，有较大不同。在人工智能和大数据技术支撑下，往往可以在数据权利人不知晓的情况下采集、关联分析到个人隐私数据信息，因此很容易引发公平、正义、平等的权利问题，造成侵权伤害。这样的行为结果，不仅违反平等与公允等必要的道德伦理要求，拉低整个社会的幸福指数，甚至还违反法律法规，形成公害。为此，必须建立无害原则，让公民在生产数据、开放数据、共享数据、利用数据的过程中，经济利益不受损、数据权利不受害、道德名誉不受挫。具体来说，就是运用人工智能和大数据思维进行数据预测的活动中，思维者、预测方不得直接或间接侵害数据权利人生命财产安全、自由发展需求、个体隐私和敏感利益，且有必要以通俗易懂的方式向数据权利人说明预测目的、方法、过程、风险及收益，在获得许可的情况下合法地采集和利用涉及他人的敏感数据信息。

4. 可持续发展原则

人工智能和大数据思维与预测，应在规避负面效应的同时，积极地发挥正效应、正能量，正确界定公民个体个性需求与市场供给改革之间的正当选择，让符合和有利于培养公民道德选择能力的人工智能和大数据思维与预测得以存在和发展。例如，在人工智能和大数据预测功能可持续发展需要下，数据采集、存储、流转、分析等各环节中的多方参与者，要自觉避免话语权不平等、不公平待遇等问题，所有服务商都必须不断完善身份验证、增加追踪障碍、拓展密钥技术等方式，建立有效阻止未经授权之再识别的安全屏障，确保人工智能和大数据预测的透明化、专业化和有序化。

二、实践养成公民道德选择的合作能力

合作，简单地理解，就是合起来工作的意思。合作包含人合、智合，

以及物合、资源合，把包括工具、能源、财力、物资、材料等在内的众多要素聚合起来统一调配使用。根据阶段不同，合作可分为合作考察、合作机遇、合作意向、合作谈判、合作可能、合作协调、合作分工、合作成效；根据内容不同，合作可分为资本合作、人才合作、工程合作和技术合作等。可见合作是人类生存和发展的一种基本方式方法，不管是原始社会的采集、渔猎，还是农耕时代的畜牧种植，抑或是工业社会的分工合作，人类社会发展进程中一直充斥着“合作”的痕迹。随着人类文明进步，合作的需求越来越多，领域和内容也越来越微观和广泛，越来越呈现出跨地域、跨民族、跨行业的特征。“据统计，从 1901 年到 1972 年，诺贝尔奖获得者共有 286 人，其中有 185 人的研究都是合作的成果，占获奖者人数的 2/3 左右”①。在我国，《学记》是目前追溯到的记载合作思想的最早文献，其中“独学而无友，则孤陋而寡闻”说明了互相切磋共同进步的重要性。在国外，20 世纪初，格式塔学派的创始人之一考卡夫曾说：“群体是成员之间的互赖性可以变化的动力整体”，成员间互赖是形成“动力整体”的本质，成员之间内在的规定性状态能激励群体达成共同预期目标。② 马克思从人的本质属性来看待人与人之间的交往关系，认为人之所以为人，之所以区别于动物，源于人是共同生产生活的，拥有社会交往关系；脱离了社会交往，人就难以生存，也不能称之为完整意义上的人。从某种意义上来讲，合作是推动人类文明进步的有力“杠杆”。在人工智能时代亦是如此。就数据而言，只有得到应用的大数据才是有价值的数据。而数据往往需要通过各方的协同创新，方能实现聚、通、用。因此，必须先在“合作”内进行有序分工，实现数据开放和数据共享。而要做到数据的合作，不仅需要公民个体克服数据封闭和保守思想，还需要全社会的组织和个人都打开数据开放的大门，让数据全面共享，并在共享中寻求合作。当然，开放与共享的数据不应包括商业秘密和个人隐私等敏感数据。

---

① 李斐斐：《大学生合作能力培养研究》，硕士学位论文，南京航空航天大学，2009 年，第 1 页。

② Johnson D W，Johnson R W，Holubec E J. *Circles of Learning*：*Cooperation in the Classroom*，MN：Interaction Book Company，1993，pp. 5 – 8。

（一）在应用人工智能和大数据思维的实践中养成数据开放与数据共享的合作习惯

合作的前提是有价值的，有价值是合作的基础。人工智能时代，合作的可能价值往往就是数据资源，数据资源能够把理性化个性需求融入社会生产中，进而生产出能够满足人民美好生活需求的产品和服务。人工智能时代，人工智能和大数据思维有助于公民实践养成数据开放和数据共享的合作习惯。就个体而言，数据开放指把个体数据向他人开放，供他人共享；数据共享指个体合法使用他人和自己的数据。总之，实践中要做到数据的开放与共享，就是对大数据资源加以整合。

1. 人工智能和大数据思维支持数据汇聚

发展、利用人工智能和大数据，以人工智能和大数据思维助力公民道德选择，首要的任务就是要让数据串起来，形成数据湖、数据海等大数据集合，才能再谈数据“通”与“用”的问题。面对如此浩瀚、分散、碎片化的点数据、条数据和其他更为复杂的数据汇聚（也称“数聚”），需要在遵循“集聚是必需，不集聚是例外”的原则下，通过从严把控互联网主入口、建立块上数据汇聚、安全管控、共享、开放与服务的城市块数据公共服务平台，将点数据和条数据汇聚到平台，从而实现块数据的汇聚管理。其中的块数据，“就是一个物理空间或者行政区域内形成的涉及人、事、物的各类数据的总和。具体来讲，可以从三个层次理解：在前端，围绕人、事、物的各类活动产生数据；在中端，通过数据的开放和共享，聚集数据；在末端，以解构、交叉、融合等多种方式，依靠数据抓取、比对、封装等多种科技手段分析数据，寻找更高更多的实践价值”①。由此可见，“块数据的平台化、关联度、聚合力，决定了块数据可以挖掘出数据更高、更多的价值，推动计算、应用和数据资源从‘条’到‘块’的多维融合和集聚”②。例如，目前在大数据发展领域做得不错的贵州省，就是通过“全域

① 陈刚：《块数据的理论创新与实践探索》，《中国科技论坛》2015 年第 4 期。

② 大数据战略重点实验室：《中国数谷》，机械工业出版社 2018 年版，第 143 页。

公共免费 Wi - Fi 城市与贵阳城市云计算中心和大数据总线项目，建立一张统一完整的城市全域互动网络”①，将城市互联网主入口从严把控，并将把控的数据流引入已经建立的数据平台中实现数据汇聚。

2. 人工智能和大数据思维强调数据融通

数据汇聚只是物理层面的集聚。数据融通则强调通过数据聚合，突破块数据的认知与时空边界，让数据流动起来、活跃起来、使用起来，解决数据汇聚后的价值生成和价值效应问题。做好数据融通，就必须“建立数据共享开放标准和机制，解决数据共享开放的体制和技术难题”②，要突出解决数据的安全保障问题，坚持人工智能和大数据思维中的“屏蔽原则”。在这方面，贵州省贵阳市率先于 2017 年 5 月 1 日颁布实施《贵阳市政府数据共享开放条例》，开创了政府数据开放、共享的先河。

3. 人工智能和大数据思维促使公民在数据应用中养成开放与共享的习惯

大数据不管有多“大”，其核心价值是“有用”和“要用”。数据之“用”，是检验数据价值的唯一标准。“用”主要是指数据背后隐藏的经济价值、文化价值、道德价值等，但其“用”一定要找到应用场景，才能彰显数据的价值潜力和价值爆发力。现实中，数据之“用”，主要有商用、民用、政用和军用。公民正是在人工智能和大数据思维、人工智能和大数据技术，以及智能终端、网络平台和 App 软件等在各个领域各个行业的广泛应用中，实现了大数据的经济社会价值，养成了数据开放和数据共享的合作习惯。

（二）在应用人工智能和大数据思维的实践中增强融合应用技术、数据、场景的能力

公民运用人工智能和大数据思维助力实现道德选择，必须围绕人工智能和大数据思维，在实践中养成融合应用技术、数据、场景的能力，以助力合作实践，让合作目标顺畅、高效地得以实现。

1. 应用技术驱动的能力

技术驱动指通过新科技不断推陈出新，推动社会科技生产力的进步与升

① 陈刚：《块数据的理论创新与实践探索》，《中国科技论坛》2015 年第 4 期。
② 《念好政府数据“聚、通、用”三字经》，《领导决策信息》2017 年第 4 期。

级。以往，人们也青睐以技术驱动合作目标的达成和道德选择的实现。但是，在人工智能时代，“人脑不能消化大规模数据，必须先从中提取信息（或者说是数据挖掘，即浓缩数据或可视化），组织成便于人们理解的形式，人脑理解了的东西才是信息，才能够用于决策”①。这就需要以技术为驱动，在海量数据中提取有价值的数据信息。当然，技术和机器不具备价值信息的概念认知，但可以通过“内部语言”进行数据操作，这个操作的过程就是技术驱动的过程。“工业时代最宝贵的东西不是煤，是蒸汽机这样的技术革命；人工智能时代最宝贵的不是数据，是数据带来的技术创新”②。狭义地看，大数据技术驱动指公民应用大数据挖掘技术、大数据分析技术等驱动经济合作。广义地看，大数据技术也驱动道德合作。技术驱动能培养人们对世界的新的感知和认知能力，使每一个公民有更多的认知、选择、体验，以及更多的获得感和幸福感。因此，从某种意义上看，技术驱动决定着未来社会的精神状况，推动着时代的文明进步，是创新的核心驱动力，也是道德选择的引导力。

2. 应用数据驱动的能力

大数据之父舍恩伯格曾说：“有时候不一定是理念驱动世界的变化，可能是实实在在的数据，在数据的基础上产生理念，新的理念是创造性破坏的核心，而数据则是创新的驱动力”③。大数据驱动力或者人工智能和大数据驱动力是指以大数据为基本要素，应用人工智能和大数据技术分析与目的相关的数据信息，把握发展规律，预测发展动向，达成合作目标等全过程的运行力。大数据中不仅仅蕴含丰富的商业价值，还蕴含巨大的公民行为、思想、情感、社会管理和公共服务价值，以及支撑科学决策的道德选择价值。只要抓获一定量的大数据，并使用人工智能和大数据技术进行信息清洗、分类、分析和可视化，或者对社会数据直接进行搜集、加工、决策，数据驱动就能满足人们一定的生产生活需要或者合作需要，最终达

① 胡小明：《大数据思维形成的两种视角：信息技术驱动及应用拓展》，《电子政务》2015 年第 12 期。

② 大数据战略重点实验室：《中国数谷》，机械工业出版社 2018 年版，第 139 页。

③ 大数据战略重点实验室：《中国数谷》，机械工业出版社 2018 年版，第 140 页。

成道德选择价值之目的。在万物互联、数化万物的人工智能时代，数据成了新能源，成为新一轮技术革命的核心资源，数据驱动能力也自然成为一种基本生存方式、一种助力道德选择的技能。

3. 应用场景驱动的能力

在普适计算研究中，很早就提及过“场景”的概念，只是当时没有引起人们的高度重视。随着研究的深入，场景的重要性才被逐渐发现，场景渐渐成了一种高级情境，一种感知设备不能直接获取数据的创新性融合性情境①。为此，一些人视“场景”为用户诉求而采取的一系列工作事务，包括相关服务和系统开发②；或视“场景”为环境氛围和情境。③ 在人工智能时代，“场景是智能空间在某一状态下所包含的情境信息及其所需执行动作的集合。用形式化的方式描述为｛C，f，A｝，其中，C 表示该场景下相关情境信息的集合；A 表示系统在该场景下所做的动作集合；f 表示集合 C 与集合 A 之间的映射关系”④。在人工智能时代，场景为人工智能和大数据融合应用提供了情境，缺乏场景就很难把握经济先机和道德选择的先机，所以未来社会中，更为重要的数智融合应用要素之一就是“场景”。没有“场景”，数据只能沉睡，唯有解决了数据应用的场景，数据才会展现价值魅力。目前，诸如现实的滴滴、美团等人工智能和大数据融合发展企业，都设置了应用场景，在数据从商品变为价值（货币）的“惊险的一跃”中，实现了道德选择、道德合作和道德价值。

（三）在应用人工智能和大数据思维的实践中培养合作意识、技能、品质等能力素养

在运用人工智能和大数据思维培养公民道德选择合作能力的实践过程中，公民的合作意识首先得到培养，其次是合作技能，最终是合作品质。

---

①④ 徐步刊、周兴社、梁韵基、王海鹏、於志文：《一种场景驱动的情境感知计算框架》，《计算机科学》2012 年第 3 期。

② Marti P，Gabrielli F，Petroni L，et al. *Situated Interactions in Art Settings*，Proc. Workshop on Situated Interaction in Ubiquitous Computing. April 2000。

③ Schiele B，Starner T，Rhodes B，et al. *Situation Aware Computing with Wearable Computers*，1999。

三者之中，合作意识是先导，合作技能是基础，合作品质是保障。

1. 强化公民的合作意识

何为“意识”，是心理学界一个争论较久的问题。简单来说，“意识”就是“感知到了”的意思，是主体大脑中对客体生成的反映，是一种自觉整合前的感觉、认知、知觉、体验、思维和表象。合作意识，是参与人积极地调整自己的思想、情感和行为，为实现合作目标自觉主动地调控个人行为的心理知觉、觉悟和感觉。是否具有合作意识，代表了一个公民是否具有良好的团结协作精神和意识，是否能够主动亲和他人、参与合作。

团结协作精神。人工智能时代的公民看似更加独立，但事实上更加依赖他人。大数据的广泛性告诉我们，每一个公民都是数据源。只有重视每一个公民的行为数据，才能真正实现数据汇聚和聚合，才是大数据。否则就只能是“点数据”或“条数据”。正因为如此，团结协作精神才显得更为珍贵。团结协作是指有共同理想的人或有共同任务的人，聚集在一起，为共同理想的实现和共同任务完成，有组织地协调性地做好各自分工的全过程。这是合作的实质，也是合作的基础。俗语“一人难敌四手”，说的就是寡不敌众的意思，亦在启示人们要集中一切可以联合的力量，互相学习，互相借力，才能更好地完成共同的价值任务、达到共同的价值目的、实现共同的价值理想。

积极主动参与意识。在高频互动的网络社会中，培养公民积极主动地参与大数据实践活动，是保障公民在数据社会中共享数据红利的前提和基础。“据世界银行发布的《2016 年世界发展报告：数字红利》，中国对农村互联互通的大规模投资开始显示成效，截至 2014 年年底，仅 200 个淘宝村就聚集了 7 万多家商户；大部分商户规模不大，平均雇用 2.5 个员工；大约 1/3 的店主是女性，1/5 的店主以前失业；约 1% 的店主身体残疾”①。到 2022 年，据阿里研究院和南京大学空间规划研究中心报道信息，中国淘宝村达 7780 个，凝聚人口更是规模巨大。由此可见，积极主动的参与意识

① 连玉明：《中国大数据发展报告》No. 2，社会科学文献出版社 2018 年版，第 18 页。

是公民个体自觉自省参与人工智能和大数据发展的心理状态，是实现道德行为的先导，可以使公民在这个意识中培养形成行动的目的、行动动机、行动价值趋向和行动的方式方法准备，当然也就培养了道德选择能力。

亲和他人。人工智能和大数据思维的社会实践中，出现了“共享经济”。“共享经济”将社会的闲散资源整合起来，以临时租赁的形式，在提高闲散资源所有权者收益的同时，实现资源共享，带动自己和其他公民幸福感的提升。其实质是在人工智能和大数据的支撑下，引领闲散资源以共享的形式“亲和他人”。整个共享过程中，社会收益是“多赢”的，没有伤害和侵权，始终在积小善为大善。现实社会中存在的非聚集闲散资源的共享经济模式，使得资源共享成了资源泛滥，积累的是闲散资源的“数巨”，也让亲和他人成了局部群体创收的手段。当然这样的异化，在人工智能和大数据发展实践中，是难以培养出更好更善更道德的选择能力的。

2. 提高公民的合作技能

技能，往往是指公民运用一定的科学、技术和工程来完成某项具体工作的能力，包括学习认知能力、协调沟通能力、组织管理能力、应变适应能力等。知识在合作技能里面发挥着基础性作用，能够为客观的社会实践提供理论依据、价值导向和实践指南。然而，在人工智能时代，各种人工智能和大数据应用场景得到的结果往往不是因果关系范畴内的知识性结果，而是关联性的预测和经验。因此，生活常识和非结构性、非系统性的社会活动共识、经验、习惯和禁忌的掌握也很重要。公民的道德选择能力的培养，不仅要必须重视知识的学习和积累，还要重视非知识性社会活动共识、经验、习惯、禁忌等的适度习得和养成。

（1）学习认知能力，主要是指领会新知识、把握新事物新规律，并从中获取和探究新本领的能力。在人工智能时代，面对纷繁的新知识、新信息、新事物、新业态、新发展、新问题和新机遇，每个公民只有不断去主动接触、反复领会、跟踪探究，从中有所认知、发现规律，为我所用，才能紧跟时代步伐迈向新生活。人工智能时代，数据社会、数字经济已见端倪，数字经济依靠数据驱动创新，深度融合各种业态创新发展，成为主导未来社会的基础战略资源和创新引擎，带来了许多新事物、新业态，如数字货币。若人们不提高学习认知能力，不敢触碰新事物，最终会被社会淘汰。而学习认知是消解人们面临新事物恐慌感的“灵丹妙药”。但学习认知必须受到约束，即所要认知、接触的必须是不违反法律底线的，符合道德伦理倡导的向上向善范畴的东西。

（2）协调沟通能力，是指公民立足于自己的价值观、道德观，把自己的想法与他人进行沟通、协商，争取他人理解和支持的能力。协调沟通能力培养和习得是一个重要且长期的过程。著名演讲家、职业规划专家戴尔·卡耐基认为，一个人的成功，15%是依靠其专业知识，85%则依赖于与他人协调沟通的人际交往能力。从这个角度看，协调沟通能力是比人工智能和大数据专业技术还重要的能力。在数据驱动发展进程中，高频互动的网络交际平台需要更好、更强、更出彩地协调沟通能力，数据的开放与共享也需要更有技巧、更富道德价值的协调沟通能力，否则，数智时代的网络空间将比现实世界更容易培养孤立的公民个体。

（3）组织管理能力，是指公民围绕活动目标，对各种资源的横纵向配置进行统一安排、调度，保障各个环节、各个层面得以有序、连续、高效进行的能力。从结构上看，组织管理能力包括观察判断能力、综合运筹能力、选人用人能力、质量监督能力和组织协调能力等。观察判断能力要求通过调研分析，掌握人事物的发展趋势和发展规律，及时作出准确的计划、安排和决定，把握住事物发展主动权；综合运筹能力指组织管理者在全局中统筹调度各类资源、服务活动目标的能力；选人用人能力则是指根据每个人的特点特长，结合活动目标需要，把合适的人用到合适岗位上的能力，简单来说就是用人和分工；质量监督能力，指根据任务分解进度控制工作进展情况、工作完成质量和数量的能力；组织引导能力是组织管理者在计划执行过程中凝心聚气，引导活动参与人员以昂扬的精神状态、较强的执行力完成目标任务的能力。

（4）应变适应能力，是指应对突如其来的变故，能“泰山崩于前而不变色，麋鹿兴于左而目不瞬，然后可以制利害，可以待敌”的能力。应变适应能力通常用心理指数、时间指数、方式指数量化测评。心理指数是指面对突如其来的变故，临危不惊、理性、乐观处世的能力；时间指数是指面对危机和变故的反应速度和适应性调整时间指数；方式指数是公民面对突发事件的主动应对、有效应对指数。使用人工智能和大数据技术综合分析的结果，往往是不合乎日常逻辑的、看似非理性的，如沃尔玛曾有一个数据分析预测结果："啤酒与尿不湿摆放一起有利于增加销售额"。面对突发性的、意料之外的结果，公民需要提高应变适应能力，一方面通过实际验证数据结果的正确性；另一方面积极及时地采取调整适应性措施，作出道德的、无损他人的、更向善的选择。

3. 优化公民的合作品质

随着社会的发展，分工越来越精细。合作能力，特别是合作品质的重要性越来越突出。在以共享性和开放性为特征的网络信息时代，合作品质出现疑问和质疑，影响非常大。例如，如果网购被评"差评"，其他公民会因差评产生能否合作的质疑，不仅会影响被差评单位或个人以后的网络购销，还可能带来网络道德的虐视或者网络"热评"，甚至进入"数字社会"的黑名单；合作品质有严重问题的，在整个社会活动中都可能"寸步难行"。这种难以生存的困惑比传统社会严重得多，因为人工智能时代的公民一旦有失信行为，会被施以联合惩戒，往往会引发连锁反应，不仅限制从事某些单项事务，还可能涉及线上线下的行为限制。例如，一旦因失信被法院纳入"老赖"名单予以公布，失信人要受到种种限制，出行不能乘坐高铁、飞机，金融系统等也会给予联合惩戒，各种隐藏财产被分析出来后也要归还债务。据贵州省人民政府官网数据，截至 2018 年 9 月 14 日，贵州全省各级法院运行两个多月大数据"雷霆风暴"，将 11153 人纳入失信"黑名单"，开展穷尽各种措施查控一批、隐匿转移财产搜查一批等"六个一批"活动，冻结银行存款 20.55 亿元，采取以物抵债等方式执行到位资金高达 51.2 亿余元，执行案件 30283 件。① "数网"恢恢必然促使公民在

① 贵州省高级人民法院：《贵州：两个月万人上了失信"黑名单"》，贵州省电子政务网 2018 年 9 月 16 日，http://www.gzgov.gov.cn/gzgov/。

实践中养成诚实守信、仁爱他人、理解包容和尽职尽责的实践合作品质。

（1）诚实守信。“千两银子是句话”和“人无信而不立”等民间谚语道出了诚信的重要性。中华民族的传统美德，以及社会主义核心价值观，都将诚信认同为人们实践规范要求。由此可见，诚实守信是为人之道，是立身处世之本，是人与人相互交往的基础。只有诚实守信，才能促进人与人之间和睦相处，才能求得共同的生存基石。“诚信不牢，地动山摇”，在人工智能时代，不诚信数据记录很可能被留痕技术追踪出来，在网络上传播，造成极为严重的负面影响。而公民个体很难删除这些记录，即使有可能删除，使用数据恢复技术或大数据关联信息分析技术，也很容易还原真相，使不诚信行为无处藏身。因此，即便只是从避免留下不良记录的角度来说，诚实守信品质也应是人工智能时代公民道德选择能力的重要培养内容之一。

（2）仁爱他人。仁，有宅心仁厚之意。仁者，即是“有良知”、善于“致良知”的善良之人。此外，仁爱他人还包括对他人的关爱和尊重。正如古有“老吾老以及人之老，幼吾幼以及人之幼”之道，在此基础上发展到今有“人吾人以及人之人”① 之新说。因为爱和尊重，既是公民个体道德素养的外在表现，也是改善人际关系和促进思想沟通不可缺失的道德途径。不管是在现实社会还是网络社会中，人与人之间相处，最重要的是平等相处、友善相交、肝胆相照、荣辱与共，只有大家同呼吸共命运、精诚团结，结成“命运共同体”，才能高质高效完成活动目标任务。而尊重对方可以拉近双方的情感距离，提高办事效率，增加信任和信心。人工智能时代数据的广泛性、开放性和共享性能够以最短的时间、最快的速度、最大的覆盖面，扩散仁爱与善良之举，在网络上引起强烈、广泛的响应，引导其他公民效而仿之，纷纷作出仁爱的、道德的行为选择，从而构建了一个“时时处处充满爱的世界”。

（3）理解宽容。理解，是要站在他人的立场去思考问题，以“将心比心”的态度对待、宽容和接纳他人；宽容，指承认公民个体之间的差异，

① 罗用能：《水利水电工程中的伦理问题探究》，《自然辩证法通讯》2014 年第 2 期。

并尊重这种差异性。理解与宽容的背面是嫉妒，嫉妒是破坏人际关系和社会合作的“毒药”。古人云：“木秀于林，风必摧之；堆出于岸，流必湍之；行高于人，众必非之”。我们要接纳优秀的、文明的、道德的、有利于公民个体和社会组织发展的行为，认清楚嫉妒是既伤他人又不利己的心理状态，客观公正地评价他人和自己，正确衡量自我，选准选好自己的位置和努力方向，将心比心、宽以待人，在人工智能时代高频互动的数据交互中，发现、悦纳、吸取他人长处，补齐自己的短板，在不断完善自己，树立自己人格魅力、道德品质和道德修养的同时，赢得网络空间和现实的畅游权，以及个人、他人与社会的多赢局面。

（4）尽职尽责。人工智能时代同样需要公民勤勤恳恳、兢兢业业、恪尽职守、尽心尽力，否则就可能游离于网络空间终日无所事事，甚至可能陷入网络非理性现象的深渊、无法自拔。树立强烈的责任感和使命感，通过自己的尽职尽责的努力，实现梦想，收获幸福感和成就感，在实践层面养成道德选择的习惯，并提升这种能力水平。

三、实践养成公民道德选择的抗变能力

艾伯特—拉斯洛·巴拉巴西在著作《爆发》一书中提出大数据具有爆发性。何为“爆发”？人们习惯性认为，爆发是类似火山突然喷发的突如其来的重大变化，如流感暴发、战争爆发等。而人工智能时代的数据爆发，主要指通过大数据向政治、经济、人文、教育等社会各领域的渗透，采取大数据挖掘和分析技术的应用支持，人们可以洞察到平日难以知晓或观察到的事情，如人的心理动态的跟踪、分析和把握，甚至可能深入人的潜意识领域挖掘出公民自己都难以接受和认可的信息。这个研究方法和研究手段与传统的完全不同。传统研究中，人们习惯于用既形象又精确的数学模型，研究、描述和预测事物的质变过程与质变规律，对各种临界点附近的非连续现象的研究，以便对突发事件、爆发时间、特点等作出及时正确的适应性调整；而人工智能和大数据研究方法和手段，就结果呈现结果，并不探究

逻辑关系与因果关系，但对其结果的验证往往又是正确的，看似结果突然爆了出来，这就是大数据爆发特性。在人工智能时代，公民践行人工智能和大数据思维，还应当养成应变爆发式数据的能力，及时作出有效道德选择。

（一）养成遇事冷静品质

冷静是面对大数据爆发特性引发的客观事实突变的首要品质。冷静不是“无所事事”，而是不惧怕、不退缩，“冷静思考”“冷静判断”“冷静处理”。冷静要求公民在遇事时，理性地审时度势、顺势而为、智慧应变。调适好自己的心绪，做到既乐观、积极、主动，又理性、可靠、睿智、有序。其中，乐观、积极、主动是处事态度，需要公民在长期的实践中，不断地扩大和积累认知的知识面来渐渐培养；理性、可靠、睿智、有序是一种能力，其培养除需要通过学习不断拓展知识面外，还需要强化典型案例分析教育、加强人工智能和大数据领域突变事件的参与式应对实践来锤炼提升。

（二）培养超强的忍耐力

在人工智能时代，数据领域引发的突变事件，不仅能够约束人的行为，往往还能摧毁人的意志力。例如，人工智能和大数据与疾病预防相融合后形成的健康大数据，原本是件好事，可以通过对人健康指数的跟踪分析，预测出公民可能会患得疾病。但是，“良药苦口利于病，忠言逆耳利于行”，人们潜意识的鸵鸟心理，使人在面对预测结果时，往往并不轻松。“不治之症”的预测结果对某些人来说，可能反而是种负担。面对类似的爆发式数据，尤其是如此善意的预测式分析提醒，人们除需要压制内心的焦躁不安外，还需要培养较强的忍耐力，针对数据分析和数据预测，迅速调整不良的生活习惯、控制自己的性情，结合自身身体状况，制订锻炼计划并长期坚持，以期改善自己的健康数据乃至预测结果。然而，言出容易行动难，无论是改变长期以来的生活习惯、控制自己的情绪，还是长期坚持锻炼，都需要极强的忍耐力和控制力。因此，忍耐是应对数据爆发事件的难能可贵的品质，需要大力培养。

（三）养成善抓本质的能力

面对大数据领域突变式数据结果，“兵来将挡水来土掩”的应对方式固然有效，然却是下策、是无奈之举。古训有言：“解铃还须系铃人”，只有抓住了问题的核心、问题的源头，有针对性地制订应对方案，才能以最快的速度、最小的消耗、最低的成本杜绝问题产生的源头。培养善抓本质的能力，一是要培养善抓核心、善抓源头的能力，二是要培养善抓事件发展运动规律的能力，抓住了这两点，才是抓住了问题的关键。

（四）培养探穴制胜能力

无论大数据领域突发事件有多么严重和急迫，都不能盲目应对，而是要迅速去探查整个事件发展的弱点、漏洞或疏忽所在，找准“穴位”，然后以精准的措施发射“重磅炸弹”，出奇制胜。例如，在人工智能时代，当公民面对网络诈骗事件时，诈骗方往往是通过数据分析，对受害人施以家庭、住址、职业、喜好等信息进行验证式诱骗。面对类似事件，公民千万不可因对方有信息验证程序就给予信任态度，而应当在对方诱骗的互动环节迅速发现弱点、漏洞或疏忽，甚至采取一些反数据驱动的智能手段，如到大数据搜索智库中查询对方的宣传方式、宣传内容等，与之对抗。探穴制胜能力是提高公民抗变能力的法宝。

（五）培养灵活应变能力

当突发性事件发生时，不能犯“本本主义”错误，不能生搬硬套应对方式和方法，要根据突变事件的发展动态地调整应对方式方法以适应新变化、新进展。同时，无论突发事件如何变化，都要做到既不能一味逃避和退让，更不能一味强攻和硬拼，要根据实际情况，灵活、迅速地做出新的判断和新的反应。

四、实践养成公民道德选择的智慧能力

智慧是高级生命先天存在的属性，智慧能力是人类有别于其他动物、

谋取更好生存发展的、让生命更有价值意义的独有的能力。在人工智能时代培养公民道德选择的智慧能力，首先，让人工智能时代的道德选择价值导向和价值原则引领公民应用数据驱动，使数据驱动有一定的价值导向；其次，要在实践中培养公民的心理契约力、情感连接力、价值判断力、要素配置力、平台协同力、价值转化力；最后，还要培养好人工智能时代的智能感知、智能聚合、智能决策、智能筛选、智能碰撞等能力。

（一）养成智慧管理的能力

公民生存于数据社会这样一个高频互动的社会，个体的道德选择场景往往处于群体之中，很难有一个纯粹的只属于公民个体的道德选择场景。因此，公民必须在实践中养成智慧管理的能力，让自己养成良好的心理契约力、情感连接力、价值明断力、要素优配力、平台协同力、价值转化力。

1. 心理契约力

一个心智健全的公民，绝不能仅仅依靠外在的道德价值导向选择，其自身应当有良好的个体心理和心智来引领道德选择。因为有心智就会产生理性、向上、向善的思考，有思考就会出现或共鸣，或抵触，或困惑的三元选择模式。只要心智是明的，公民就会自觉践行道德选择的契约，就有利于迅速从诸多价值选择可能性中筛选出道德的选择。同时，个体与群体在共同社会活动中，也能主动运用其成熟心智，找到群体中各种矛盾的平衡点，使得群体内部个体之间、个体和群体之间建立起互认的心理契约，将个体愿景转化为共同愿景。现实实践中，群体智能往往比个体更精准，为此，把握好这一规律，也有利于公民调整个体心理契约力，作出更为道德的选择。

2. 情感连接力

连接，在社会网络分析理论中，有强连接和弱连接之分。弱连接是基于情感的连接，情感因素在隐性知识共享实践中起着非常核心的作用。智慧管理理论认为，隐性知识转移与扩散的有效路径正是弱连接。尽管智慧管理不苛刻地要求所有群体成员都能知识共享，但是坚持要求公民个体能够接受、认可、理解并坚决地落实高层战略与策略，要求群体成员在群体内部建立起一个高效的信息流转网络通道，形成高效沟通。群体组织与知识网络构建显得尤其重要，而能够凝聚公民个体心智、升级个体智慧为群体智慧的情感连接力正是打造高效社会网络的基础。提高情感连接力，有利于提高群体的智能水平，保障群体智慧资源生成与增长。

3. 价值明断力

面对信息社会中复杂的环境和剧增的数据信息，公民必须具备价值明断力，以坚定的道德选择立场，及时、精准地判断出能更快地实现更高道德价值和道德选择目标的道德价值选择路径。

4. 要素优配力

公民欲作出道德选择的前提，不仅要具备利用知识、数据资源助力作出有效选择、价值选择的能力，还要重视发挥知识资源和数据资源的能动性。实现知识资源和数据资源的相关要素资源的协同配置，提升道德选择效率，是科技驱动、数据驱动已经揭示了的规律。智慧要素优配不仅要求利用智慧资源，更要求把群体智能与个体智能有机结合起来，利用公民个体智慧促进大数据道德选择的全要素的优化配置与协同共治共享。

5. 平台协同力

以人工智能和大数据思维建立数智道德选择系统，既需要智慧资源、技能资源，还需要建立道德选择的沟通与协调机制，打造一个资源性与技术性相结合的共享共治交互平台。在道德选择中，技术平台的构建、利用也是道德选择的关键因素和重要方式。智慧道德选择不仅要求具有能秒处理信息交互的能力，更需要具有秒驱动智能终端的执行能力和具有一套智慧数据驱动系统。所以智慧道德选择不是简单的工具、媒介等载体叠加或应用场景布置，而是一套智能和智慧集成的道德价值秒处理体，能支持一切道德资源的智能和智慧辨析、整合、集成、创生和驱动执行的多功能综合系统。

6. 价值转化力

当公民在人工智能时代利用人工智能和大数据思维，特别是利用大数据资源、人工智能和大数据技术，在众多道德选择可能性当中，分清了善与恶、小善与大善后，若不将道德选择转化为“数据红利”，不在实践中实现道德选择的价值，人民最多只能算是理论上完成了道德选择分析，而没有催发道德选择的实际效用。因此，公民在作出道德选择后，应当让这个道德选择行为，发挥出道德的价值。例如，在精准扶贫实践中，我们认为研发和建立一个精准扶贫的对象识别智能系统，可以有效地解决个别人玩弄数据脱贫的问题，这无疑是一个道德选择。然而此想法必须付诸行动，真正地去研发，并将研发出的系统应用到具体的应用场景中解决实际问题，真正帮助“精准识贫”。只有应用了、取得了实效的道德选择才是实现了价值转化力的选择，才是对现实实践有用的道德选择。

（二）利用好智能数据系统

新时代机器智能与人的智慧相比，虽然具有强大的数据储存能力、计算能力和关联能力，但其总体设计思路和方向，都是在不断地模仿人类的综合智慧，模仿人的感知能力、分析能力、筛选能力、决策能力，以及公民群体的智慧能力，进而生成对应的智能感知系统、智能聚合系统、智能决策系统、智能筛选系统，以及生成群体智能系统。

1. 智能感知系统

智能感知能力，就是赋予智能系统类似人的视觉、听觉、嗅觉、触觉、味觉等感知功能，使其能够从海量的数据中精确感知目标数据信息。目前，随着储存能力、计算能力和数据积累能力的飞跃发展，机器智能感知系统取得了突破性进步。视觉感知方面，智能机器的视觉能力比正常人识别错误率5%还低1.53个百分点，其机器准确识别率达到了95%；语音识别感知方面，从谷歌公司2012年的单词错误率12.3%的水平，迈向了2017年微软词错率低至5.9的目标。[①] 特别是ChatGPT有着强大的掌握语言意义以及举一反三的学习能力，有望带来新一轮的知识革命。[②] 从长远看，机器智能必将凭借其显著优势，发展出比人类更加精准、更加敏锐的感觉器官，服务于公民的道德选择实践。

① 潘军：《AI理性价值智能的隐忧与消解》，《自然辩证法通讯》2018年第4期。
② 张铖、李正风、潜伟：《从ChatGPT到人机协作的知识共建》，《科学学研究》2023年第8期。

2. 智能聚合系统

智能聚合能力，是通过激活数据学中的“数据跨界关联融合”方法，采用融合重构的方式，降维去噪、关联识别，实现海量、异构、多源、动态和跨界的多源异构数据之间的关联表达，最终完成数据的跨界重构和价值数据集的形成。即“在获取数据源后，通过有效筛选，把它在时空上互补和冗余的数据按照某种组合规则进行优化处理，多方位、多层次的数据化处理后获得对监测目标的理解、认知及更多有价值的信息，并且获得比它的各个部分所构成的系统更高质量的性能，作为最后协同作用的结果”①。当前，大数据智能聚合技术也称多源数据融合技术，“按照数据抽象程度，可分为数据级融合、特征级融合和决策级融合三种模式”②。虽然三种模式（见图4－1）都有一定不足，但也都具有一定优势。只要扬长避短，就能帮助公民大大提高道德选择智慧能力。

<table>
<tr><td rowspan="5">数据源 1
数据源 2
数据源 3
……
数据源 n</td><td>数据级融合→</td><td>关联→</td><td>数据层融合→</td><td colspan="2">特征提取→</td><td rowspan="5">身份识别→
融合的
身份识别</td></tr>
<tr><td>特征级融合→</td><td>特征提取→</td><td>关联→</td><td colspan="2">特征融合→</td></tr>
<tr><td rowspan="3">决策级融合→</td><td rowspan="3">特征提取→</td><td>身份判决→</td><td rowspan="3">关联
→</td><td rowspan="3">决策
融合
→</td></tr>
<tr><td>身份判决→</td></tr>
<tr><td>身份判决→</td></tr>
</table>

图4－1　数据级、特征级和决策级融合

注：信息来源于作者整理。

资料来源：大数据战略重点实验室：《块数据4.0：人工智能时代的激活数据学》，中信出版社2018年版，第125－127页。

3. 利用好智能决策系统

智能决策能力是把数据转化为知识和决策，是实现数据价值的关键性技术。目前，机器智能的决策主要依赖“激活数据学”实现。“激活数据学利用多智能体技术构建复杂系统来模拟人脑智能产生的过程，对复杂性

① 大数据战略重点实验室：《块数据4.0：人工智能时代的激活数据学》，中信出版社2018年版，第124页。

② 大数据战略重点实验室：《块数据4.0：人工智能时代的激活数据学》，中信出版社2018年版，第125页。

问题进行建模。自激活是激活数据学的核心环节，具有自主性的智能体采用深度神经网络学习的方法将数据转换为知识和决策，这是激活数据学从‘数据’到‘知识’的跃迁”①。其中，每一个独立的智能体就类似一个人的大脑，用“激活”来形象地跟踪智能体的学习过程，并通过学习培养和提升解决某一问题的能力；同时，智能体还能根据环境变化作出适应性调整，提升自我管理能力。近些年来，智能决策系统得到了飞速发展，特别是 2016 年和 2017 年，智能机器阿尔法狗、阿尔法元分别战胜了世界级围棋大师李世石和柯洁，象征着智能决策系统已经达到了相当高的水平。这也说明，只要公民应用智能决策系统，提高智能决策能力，就能为培养和提高公民道德选择能力增添助力。

4. 利用好智能筛选系统

智能筛选能力，通过模仿人脑的信息筛选遗忘机制，激活数据学中的热点减量化技术，多层次筛选无价值、低价值信息后，将数据中最有价值的数据呈现并保存下来的能力。目前的实际筛选，采用的是保存与删除的二元论模式，包括数字化节制、信息隐私权保护、数据隐私权基础设施建设、人类现有认知调整、信息生态和完全语境化生成等六种具体方法，并在简约原则、算力优化配置、最优算法选择的保障下筛选和选择最优决策。② 可以说，虽尚不尽如人意，但总体来说，智能筛选技术已经达到了一定水平，只要合理利用，就是有利于提升和培养公民道德选择的智慧和能力的。

5. 利用好群体智能系统

俗话讲“三个臭皮匠，顶个诸葛亮”。群体碰撞后的智慧足以与专业人士的智慧相媲美。2007 年哥伦比亚大学商学院猜糖果数据实验，73 人参与活动，所猜测数据的平均数 1115 颗，与实际数 1116 颗只有 1 颗之差，但与个体的猜测数相比，群体数据的精准率不知高出了多少倍。③ 应当充

---

① 大数据战略重点实验室：《块数据 4.0：人工智能时代的激活数据学》，中信出版社 2018 年版，第 75 页。

② 大数据战略重点实验室：《块数据 4.0：人工智能时代的激活数据学》，中信出版社 2018 年版，第 207－221 页。

③ 九州：《如何在互联网时代激发群体智能》，《中外管理》2016 年第 4 期。

分利用碰撞机理，把公民在人工智能时代遇到的选择难题，放入操作性强的高频互动的若干数据平台与若干不同层次的人员来充分讨论，形成群体智能，争取最大化、最优化和最趋善地实现道德选择。

第三节　构建公平共享的培养公民道德选择能力的保障机制

保障机制，主要是指根据特定目标导向而设定的，能够保障人工智能时代公民道德选择能力培养多方联动机制正常运行、发挥预期作用的制度或体制。从结构性功能上来看，有人才保障、技术保障、资源保障和价值保障等。人才保障，是为了确保主体（人）始终处于核心地位，发挥关键作用、引领作用、示范作用和榜样作用；技术保障，保障的是处于支配地位的工具和方法（物），确保其发挥先进性、稳定性和驱动性作用；资源保障，保障的是居于基本要素和条件的能源与材料（物），确保其发挥要素作用和引擎作用；价值保障，是要确保价值导向的牵引作用和规范作用。

一、人才保障：培养引领公民道德选择的领头雁

“人才是第一资源”，历来是一国定国安邦、富国兴邦、强国强邦的重要因素之一，是良好社会风气的引领者、开拓者和维护者。正如习近平总书记强调“‘得人者兴，失人者崩。’网络空间的竞争，归根结底是人才竞争。建设网络强国，没有一支优秀的人才队伍，没有人才创造力迸发、活力涌流，是难以成功的。念好了人才经，才能事半功倍。对我国来说，改革开放初期，资本比较稀缺，所以我们出台了很多鼓励引进资本的政策，比如‘两免三减半’。现在，资本已经不那么稀缺了，但人才特别是高端人才依然稀缺。我们的脑子要转过弯来，既要重视资本，更要重视人才，引进人才力度要进一步加大，人才体制机制改革步子要进一步迈开。网信

领域可以先行先试，抓紧调研，制定吸引人才、培养人才、留住人才的办法”①。他还强调，“我国网信事业发展，必须充分调动企业家、专家学者、科技人员积极性、主动性、创造性”②，并要求“企业家、专家学者、科技人员要有国家担当、社会责任，为促进国家网信事业发展多贡献自己的智慧和力量。各级党委和政府要从心底里尊重知识、尊重人才，为人才发挥聪明才智创造良好条件，营造宽松环境，提供广阔平台”③。具体来说，“要解放思想，慧眼识才，爱才惜才。培养网信人才，要下大工夫、下大本钱，请优秀的老师，编优秀的教材，招优秀的学生，建一流的网络空间安全学院。互联网领域的人才，不少是怪才、奇才，他们往往不走一般套路，有很多奇思妙想。对待特殊人才要有特殊政策，不要求全责备，不要论资排辈，不要都用一把尺子衡量”④。要打破体制界限，建立适应网信事业发展的人才流动机制、人才激励机制、人事薪酬制度、人才评价机制，以及科研成果、知识产权归属、利益分配机制，吸引优秀人才、凝聚优秀人才、留住优秀人才。⑤结合人工智能时代公民道德选择能力培养实际，就是要重视人才，充分发挥人才价值，通过“人工智能和大数据＋道德伦理”，全面构建“人类命运共同体”，构建全面和谐、共同富裕、民族复兴的现代化社会。

（一）引进人才：吸纳大数据道德素养的领军人

“人才问题既是‘动力’和‘主体’问题，同时也是‘资源’问题”⑥。资源有自然和人力之划分。过去，大多数人们习惯性认为自然资源是无限的，直到1972年，《增长的极限》首次提出资源是有限和稀缺的，人们才警醒地看到自然资源再生的有限性；关于人力资源，我国并不因是人口大国而拥有“人才红利”，恰恰相反，各类人才一直处于稀缺状态。

人才，是有知识、有文化或者有专门技能的人的总称，人才的范畴有

①②③④⑤　习近平：《在网络安全和信息化工作座谈会上的讲话》，《人民日报》2016年4月26日。

⑥　李伯聪：《工程创新和工程人才》，《工程研究—跨学科视野中的工程》2006年第2期。

专业技术类、管理类、技能类等，无论哪类人才，都强调知识性。知识的学习、丰富和深化是伴随主体整个生命期存在的，主体生命不息，知识量就会不断增加。但是，关于知识人才的培养是非常不易的，不仅要耗去大量的精力、财力和时间，还要量体裁衣、有针对性地设置人才培养规划，困难的是由于个体差异，对于人才成长过程中的诸多影响因素，人们很难掌控和把握，故人才的培养不仅需要时间，而且是有难度的。从动力来看，知识性人才之所以是人才，并不是因为他们掌握了人人都会的知识，而是因为他们往往对某一新事物具有认知的先在性和独特性，相比其他人更早地发现和掌握新知识、新技能。“在知识刚‘创造’出来时，必定只有很少数的人（极端情况下是只有一个人）‘掌握’（即‘知道’）‘新知识’，而其他国家、地区的人则需要通过传播或共享的过程来掌握那个‘新知识’”①。人工智能时代，占据主动权、制高点的，都是一些少数掌握了先进知识和技能的科技公司、国际组织和政府机构。传媒界有一种说法是2013 年奥巴马之所以能连任美国总统，是因为其背后的人工智能和大数据挖掘团队、人工智能和大数据分析团队发挥了重大作用；再如 2022 年俄乌冲突中，美国给乌克兰提供了人工智能和大数据技术信息，定位了一些俄军高级官员活动轨迹大数据，致使一定阶段俄罗斯军方受损一些军事将领等。虽然说辞略显夸张，但其人工智能和大数据技术的重要性在此可见一斑。所以，大力引进和培养人才，成了必要的“硬件”条件和前提，党的二十大报告阐明，“实施科教兴国战略，强化现代化建设人才支撑”②。即“教育、科技、人才是全面建设社会主义现代化国家的基础性、战略性支撑。必须坚持科技是第一生产力、人才是第一资源、创新是第一动力，深入实施科教兴国战略、人才强国战略、创新驱动发展战略，开辟发展新领域新赛道，不断塑造发展新动能新优势”③。以及要“深入实施人才强国战略，坚持尊重劳动、尊重知识、尊重人才、尊重创造，完善人才战略布局，

① 李伯聪：《工程创新和工程人才》，《工程研究—跨学科视野中的工程》2006 年第 2 期。

②③ 习近平：《高举中国特色社会主义伟大旗帜　为全面建设社会主义现代化国家而团结奋斗——在中国共产党第二十次全国代表大会上的报告》，《人民日报》2022 年 10 月 26 日。

加快建设世界重要人才中心和创新高地，着力形成人才国际竞争的比较优势，把各方面优秀人才集聚到党和人民事业中来”①。

人工智能时代，“大数据人才主要包括：能够用数据解决业务领域的问题的人和解决数据自身的问题的人这两大类，可细分为：领域大数据应用人才、大数据工程师、大数据分析师和数据科学家等”②，人才涉及面广，包括计算机技术、数学、数据分析、商业分析、统计学、自然语言处理和科技哲学等领域。人才引进工作系统又复杂，既要做好前期的人才寻找、人才甄选、人才沟通工作，还要做好中期和后期的学科建设、科研保障、专利保护、人事管理、家属及住房安置等跟踪服务工作。总体来说，一要从战略性、全局性着眼，刚性与柔性引进相结合，拓宽人才引进渠道，改进引进方式，增强人才引进的开放性和交互性，精心规划人才引进工作，建立招才引智绿色通道，在全社会营造尊重人才、重视人才的氛围；二要建立睿智的选才机制和公平客观的人才选拔测评体系，建立健全人才工作机制、薪酬激励与考评并重的管理机制、科学合理的考核考评机制，实现考评与薪酬激励紧密结合、权利与义务相结合。

（二）重用人才：锤炼大数据道德素养的示范者

引进人才，是为了将其一些人培养成领域中、行业里的带头人、领军人、先行者，以便带来更大的社会效用。从大数据道德素质培养的视角来看，就是要将引进的人才锤炼成大数据道德素养的构建者、维护者、示范者、带动者和教育者。引进是方式、是手段，但不是目的，是开始而不是结束。人才实现价值的关键在于用才。即，“要在全社会大力营造勇于创新、鼓励成功、宽容失败的良好氛围，为人才发挥作用、施展才华提供更加广阔的天地”③，因而要充分地尊重人才、信任人才，坚持“用人不疑、

---

① 习近平：《高举中国特色社会主义伟大旗帜　为全面建设社会主义现代化国家而团结奋斗——在中国共产党第二十次全国代表大会上的报告》，《人民日报》2022年10月26日。

② 朱扬勇、熊赟：《大数据人才培养的基础条件初探》，《大数据》2016年第5期。

③ 中共中央文献研究室：《习近平关于科技创新论述摘编》，中央文献出版社2016年版，第109页。

疑人不用”的传统用人原则，把优秀的人才都集聚到有需要的领域、地方和专业中，实现人才辈出、人尽其才、才尽其用，促使人才掌握的先在性知识普及化、大众化、本土化、价值化。

（三）培养人才：培养大数据道德素养的本土化

据《2021 人工智能人才报告》，2021 年全球人工智能行业人才需求紧缺达 170 万，比 2020 年增长 103%，平均薪酬为 20000 元，比 2020 年增长 12.4%，其中，算法工程师校招的平均薪酬高达 21700 元，是该职位社招平均薪酬的 80%，较 2020 年校招增长 7700 元，增幅高达 56%。正因为如此，以至于世界各国争先恐后启动了人工智能和大数据专业人才培养计划，其中有国际知名高校哈佛大学、芝加哥大学、斯坦福大学等，以及国内的清华大学、复旦大学、南京大学和贵州省的一些高等院校。尽管如此，当前，人工智能和大数据人才培养条件仍然不够理想，处于缺师资、缺资源、缺应用场景的“三缺”状态。结合当前社会实践情况，人才的培养机制应当主要是：一是要做出专项规划并实施规划，努力培养人工智能和大数据人才，使其能够在有限的时间内挖掘、开发、应用数据资源助力人们作出决策①；二是要培养超学科综合性实用人才，使他们能够在跨学科、多视角、深层次认识、把握、应用人工智能和大数据；② 三是要大力推进人工智能和大数据人才教育的普及化和多层次化。通过相关课程设置（如当前我国一些高校成立的大数据学院、大数据发展中心、人工智能学院及研究中心）、学术交流（如中国大数据产业峰会暨中国电子商务创新发展峰会，简称“数博会”）、社会实践（如贵州的“万企融化”和“千企改造”项目实践，以及“国家大数据工程实验室”“大数据双创中心”等大数据“产、学、研、用”实践）等方式，逐步打破人工智能和大数据在群体公民中的神秘感，在人工智能和大数据应用的深度融合中逐渐提升公民对人工智能和大数据的认知、理解和把握能力，培养人工智能和大数据

① ZHU Y Y, XIONG Y. *Defining big data*, Big Data Research, 2015, (1), pp. 71 – 81。

② BASARABN. *Trans discip linarity theory and practice*, Cresskill: Hampton Press, 2008。

人才的本土化。

二、技术保障：培养驱动公民道德选择的新动能

构建公平、共享的公民道德选择能力培养保障机制，离不开工具理性保障。在当前社会生产力发展现状下，工具理性非人工智能和大数据技术莫属。即使用人工智能和大数据技术培养公民道德选择能力，离不开人工智能技术、区块链技术和量子技术的创新支持。

（一）人工智能：数智道德选择的最强脑

人工智能，是人类为了解放自己的双手、满足自身需要、更好地生存和生活下去，以机器设备模仿人类价值智慧而建造的智能机器。人工智能时代最大的特点就是数据，万物数化、数据物化，数能通过具有可感受性的信源与具有接受能力的信宿之间建立的专门信息通道传递和交换信息，人的一切都依赖数能表达、记录、储存、应用。数能基于物能的感受性关系和信源与信宿之间的感受性关系，虽不是物质但需要依附于物质，虽不是能量但需要能量来传播。这种感受性关系，使得人们为了寻求更有意义的生存，必然从单一的实体性依靠向既依靠实体性又依靠感受性转化，这种转化不仅促使数据信息化，引发了信息自身的进化，还使得信源与信宿通过信息反馈机制实现了一体化，产生了信息体，也称数能体。数能体既有对数据信息的感受能力，又有数据信息的加工能力，如此不断进化，数能体必将走向意识化，甚至有一天能对自身拥有感受力，拥有自我意识，兼具了自身感受力与加工力，届时数能体将拥有超我意识。人工智能模仿人类价值智慧主要是通过对人的体力劳动和脑力劳动信息数据实现从搜集到学习、感知的一体化发展，其建模则依靠数据驱动力完成智能反应。数能与数能体理论符合人工智能的诞生初衷和分类情境，一方面，在仿人原则指导下的数据驱动机器实现单一数能，并通过数能反馈机制形成数能一体化；另一方面，人工智能分为弱 AI（WAI：Weak Artificial Intelligence）、

强 AI（SAI：Strong Artificial Intelligence，也称 AGI：Artificial General Intelligence）和超强 AI（ASI：Artificial Superintelligence）。正因为如此，机器智能与人最大的差异在于其记忆力强、运行速度快、计算周密精准、能按照程序执行、拥有执行理性，尽管有时也出现爆发性行为，但终究是被人创造，在人的创造活动控制范围内发生变化；人类是自然界中唯一拥有最高级创造能力的主体，是机器智能创造所不及之处。故现实中，人工智能只能模仿人的部分功能，只能是无限接近人的功能，而不能完整地模仿人类智慧。当然，我们并不否认人工智能的部分功能已经超越了人，但与人的综合智慧相比，人工智能还相差甚远。目前，人工智能的研发与创新机遇主要集中于弱 AI 领域，强 AI 的原始创新和超强 AI 可能性原始创新均处于弱势阶段或者理想规划阶段。值得注意的是，市场上出现了 Bot（聊天机器人），它是一种最简洁形式的人工智能科技，具有“公众号 + Bot + 内容”的运行特征。

结合横向社会应用纵观人工智能的功能性研究，总体来说，人工智能是现代科技中模仿人最成功的成果，能够在公民道德建设领域中发挥重要的数智道德选择作用。弱 AI 主要模仿人的局部器官功能，如视觉、听觉、机器翻译等，能帮助公民看得更清、听得更明、摸得更细；强 AI 主要是模仿人的综合智慧，能够帮助公民把与道德选择相关的数据信息全方位地海量搜集、分析计算出来，并将结果以可视化的形式呈现给公民使用，甚至以数能体替代公民道德选择。如无人驾驶就是通过封闭性搜集数据、分析数据、数据决策和数据驱动，将整个应用场景的数据都囊括于人工智能运行系统之中，这个阶段的人工智能是数能体进化了的产物；超 AI 的综合性智能无限接近人脑，是完全意义上的数智道德选择机器，能分清真伪、善恶、美丑，有情感、有德性、有知识、有技术，智能程度在相当多的领域甚至超越了人脑智慧，作出的道德选择能力整体水平比较高，甚至在一些隐性较高的领域表现出的道德选择计算要优于人脑。

随着人工智能仿人研究的不断深化，人类完全可以借助机器智能提升人的智慧。例如，人的记忆是动态的，容易遗忘一些事情；而人工智能时代，机器不存在遗忘隐患，可以将诸多人脑无法记住的信息始终都存储、关联、分析应用，使人在作出道德选择时不遗漏任何一个细节，借助人工智能作出更强、更善的数智道德选择。同时，研究和赋予人工智能模仿人的情商和德性的过程，也在客观上倒逼人类更深更细地研究人自身的器官及功能，促使人工智能向着更人性化、更符合人类社会发展需要发展，真正将人类追求的生命意义时刻考虑进数智道德选择价值的计算过程。此外，为了防止人机世界失控，人工智能必须有“人机伦理”，正如潘军（2018）在《理性价值智能的隐忧与消解》一文中指出的所有智能终端均要强行植入伦理道德系统①，“即将这样的系统像硬件一样融入中央处理器，不能选择应用，不能删除，始终伴随智能终端应用生命期”②。简言之，为了实现自由全面解放发展，人类将需要人工智能代替自己做大量工作，可持续性地赋予人工智能数智道德选择能力，使其更加稳定、更加普遍地助力公民实现道德选择。

（二）区块链：数智道德选择可靠的安全技术

区块链，核心的技术是一种全民参与的记账技术，其中每一个数据区块（block）都与上一个数据区块有一定的联系，这些区块通过分布式储存来记账以保障安全，为此人们称其为区块链技术，或称其为分布式账本技术。“区块链是数据以‘块状’结构加上时间戳（times tamp）和签名技术链接起来且块数据均渗入密码学对其哈希（Hash）设置保护的数据链条”③。区块链技术把用户的私密和敏感信息元数据放置在区块包安全区，把可以公开的信息用于合约，当合约撮合元数据时，业务区块链才能与安全区同步，同时，使用“零知识验证”技术保护每一个用户的隐私。

从本质上看，区块链技术是一种通过分布式节点实现去中心化且不依赖第三方的网络数据存储、验证、流通技术。使用区块链技术将有利于公

①② 潘军：《AI 理性价值智能的隐忧与消解》，《自然辩证法通讯》2018 年第 4 期。

③ 潘军、罗用能：《勒索病毒事件的科技伦理隐忧与消解》，《长沙理工大学学报》（社会科学版）2018 年第 3 期。

民在作出道德选择时放心地使用大数据资源、规避与平衡各种风险。因为区块链技术一旦应用在所有数据源和数据宿的有机连接全过程，都会清楚地且不可删除地记录每条数据或每一块数据的流动信息，通过溯源技术还原事情真相，提供给公民真实可靠可信的网络数据信息资源。从特性来看，区块链技术具有去中心化、开放性、独立性、安全性、匿名性等特征。去中心化，是指不依赖第三方的中心管制，仅仅依靠自成一体的数据区块本身，进行分布式存储和核算，即可实现各个节点信息验证、流通和管理；开放性，是指数据区块对所有人开放，除了交易中的敏感信息被加密外，任何人都可以按照一定的流程实现数据区块的查询和开发应用；独立性，是指所有节点可以安全实现验证、交换数据，不受人为干预；安全性，是指只要51%数据节点不被他人绝对侵占，网络数据就不会被肆意操控；匿名性，是指除法律要求的内容外，所有数据节点的隐私信息不需要公开。

从理论上来说，区块链技术的融合应用，不仅能创造更加便捷、更加安全的金融支付产品和服务，还将赢得人类无地域限制、去中心化的信任。正如梅兰妮·斯万（2020）在《区块链：新经济的蓝图》① 一书中所认为的，如果说区块链1.0的加密数字技术应用在金融方面，实现了货币交易和货币往来的虚拟化，区块链2.0中的合约技术则把应用范围拓展到了股票、债券、期货、贷款、智能资产和智能合约等范畴，那么将来的区块链3.0很可能实现在政府、科学、文化、军事、艺术、健康等多个领域多维度的深度融合应用。在麻省理工学院发布的2018年全球十大突破性技术中，其中一项就是“零知识验证”（zero – knowledge proof）的新密码协议，使用这种技术，可以在不透露非必要信息的前提下完成上网和上网验证，大大降低隐私泄漏或身份被盗用的风险。概述之，区块链最可能应用到以下六个领域：第一，金融领域。金融领域选择区块链应用的核心价值在于，区块链具有促进反洗钱和顾客身份审查的技术含量，因为区块链不可篡改

① ［美］梅兰妮·斯万：《区块链：新经济蓝图》精编版，韩锋等译，新星出版社2020年版。

的时间戳和去中心化的全网公开特性，可以追踪、理清金融数据的生成和转移过程，将其真实情况完整地呈现出来，实现智能管理和确权。第二，社交领域。社交领域选择区块链应用的核心价值在于，用户能够借助“零知识验证”的区块链技术，在不透露非必要信息的前提下完成上网和上网验证活动，在保障用户隐私安全的基础上，还可以利用标签代币化和个性化定价，帮助人们重塑社交网络形象、改善人与人之间关系，把社交网络的控制权从中心化公司转移到个人手中。第三，版权领域。版权领域选择区块链应用的核心价值在于，区块链技术能将各个时期每一个交易过程都准确无误地、去中心化且不可被篡改地记录在区块中，从而有效地避免一些知识产权侵权案件发生，重塑对知识产权的保护。第四，计算领域。选择应用的核心价值在于，区块链与计算领域的融合应用，特别是云计算的深度融合应用，大大推动了计算方式的革新和计算应用领域的拓展，从而推动公共信任基础设施建设进程。第五，共享和信用领域。区块链技术分布式、去中心化的储存方式，以及可加密但不可篡改的特性，能够在应用场景中提高应用事实透明性、真实性，为所有用户和公民提供共享和信用的价值体系。第六，广告领域。选择应用的核心价值在于，能实现广告投放精准化，保障用户隐私不受侵犯，使区块链的“智能合同”可以自动检测各种环境，通过自动处理符合预先设定程序的合同，在不依赖任何中介组织、不受竞价排名困扰的情况下，自动实现打击数字广告欺诈、避免虚假投放、提升广告交易效率的目的。总之，区块链技术的广泛、深度应用将开启价值选择诸多可能性，如优化各行各业透明化、公正化的业务与流程，开启业务和业务运行新范式，催生新的商业模式、促进文化发展，带来更多的价值选择与道德选择。

（三）量子技术：数智道德选择的前景性技术

从物理学视角看，最小的不可连续分割的单元，就是量子。“量子技术可分为两类：第一类量子技术，它是通常意义上的量子理论对量子技术的应用或启示，它们之间的关系既有直接的，也有间接的，还有在经典科学的框架内利用量子力学的理论来理解和改善经典技术的性能"①；"第二类量子技术，它是量子力学与信息科学相结合产生的量子信息技术，它属于真正的量子技术"②。可见，"量子隐形传态、量子算法、量子计算、量子密码、量子通信等都是一些常见的量子技术"③。了解量子技术，首先需要知道传统二进制计算是怎样来编码的。每个比特可以且只能取0或者1值来代表两种状态，同时每一个取值0或者1的元件就是晶体管，晶体管集成形成集成电路，晶体管的极限集成迫使量子技术的诞生。量子技术，采用量子比特（Qubit）不但可以独立取值表示0或者1，而且可以同时取值0的成分和1的成分。当量子比特状态同时取值为0和1时，这种取值具有内在的并行特性，能迅速提升运算速度：n个量子比特同时运行任务，表现出2^n个复数，明显区别于传统运行的2^n个整数之一。而这种指数增长规律正是量子技术威力的来源。

在量子算法之前，人们可以说是处于RSA④密码算法的时代，RSA密码算法就是要把某一具有两个素因子的长整数的素因子找出来，当长整数很大时，运算代价也很大；因此，当1994年彼得·秀尔（Peter Shor）发现了可以快速分解大整数素数因子的量子算法，破解RSA、椭圆曲线的公钥密码后，RSA密码算法就不再使用，因为秀尔算法（Shor）破解RSA—1024需要一台可以同时处理2048个量子比特的量子计算机。由此可见，量子算法是一个多项式复杂度的算法，能够处理足够大的量子比特，相对而言，RSA密码算法安全性就显得逊色，同时也意味着网络时空中的数据处于未保护状态（当然，现实中还存在一种后量子密码算法，也称抗量子攻击密码算法，即消解Shor算法威胁，欲将RSA密码算法发展升级为可以同时抵抗经典算法和量子算法攻击的新的密码算法）。

---

①②③ 吴国林：《量子技术的哲学意蕴》，《哲学动态》2013年第8期。

④ RSA算法是第一个能同时用于加密和数字签名的算法，也易于理解和操作。RSA是被研究得最广泛的公钥算法，从提出到现今的三十多年里，经历了各种攻击的考验，逐渐为人们接受，普遍认为是目前最优秀的公钥方案之一。RSA的算法涉及三个参数，n、e1、e2。其中，n是两个大质数p、q的积，n的二进制表示时所占用的位数，就是所谓的密钥长度。e1和e2是一对相关的值，e1可以任意取。

量子通信是当下最为安全的通信方式。“在用量子加密和密钥分配过程中，发送方和接收方都通过为每个光子分配 0 或 1 来测量他们接收到的纠缠光子的极化。更重要的是，当信息以量子作为载体时，根据量子力学，微观世界中的粒子位置是不可能被确定的，它们总是以不同的概率出现在不同的地方”①。可见，量子通信技术是利用量子比特的特性，实现比特信息交换，得到的比特串作为分组密码算法来保障通信安全。

量子技术在公民道德选择能力培养方面的应用前景。量子辅助优化和推断技术可以增强机器学习，提升人工智能水平，进而提高可再生能源发电、遥感和预警系统的运行能力，也可用于在线商品定价、仓库自动化和无人驾驶汽车动态管理。最早应用量子技术的领域可能是那些需要处理大量数据信息的行业，如金融服务、医疗保健、物流和数据分析等。

三、资源保障：培养公民道德选择能力的新引擎

人工智能时代，培养公民道德选择能力除了靠人和技术外，还得有大数据基础设施建设（生态环境章节有论述）、弥合科技鸿沟的方式方法（技术保障和文化环境章节有论述），以及数据、信息、知识等资源保障。“从人类思维逻辑的进程看，数据、信息、知识是螺旋上升的循环周期”②。数据、信息、知识三元关系为：数据是原始的、未解释的基础资源，是记录客观世界信息的原材料；信息是对原始数据进行加工处理后产生的有价值有意义的数据，是知识的来源；知识是含有观点、能够发挥作用的信息，是可以认知、掌握、利用的理解，是对信息进行本质化、规律化、系统化剖析和实践验证后提炼而成的价值信息。“从人类思维范式的演进看，知

① 魏琴、欧阳智、袁华：《数融未来：图解大数据 + 产业融合》，贵州人民出版社 2018 年版，第 261 页。

② 大数据战略重点实验室：《块数据 2.0：大数据时代的范式革命》，中信出版社 2016 年版，第 8 页。

识、信息、数据呈现出一种螺旋上升的循环周期”①。思维范式是具有范例特点的思维规范、模型或模式，有独立且坚定的价值导向理念，是人类文明进步的主要动力。“纵观人类思维范式的发展历程，可以分为人脑时代、电脑时代和云脑时代三个阶段，与之相对应的就是知识、信息和数据不断演进的过程”②。

（一）知识：道德选择的力量源泉

知识是力量和智慧的源泉，它是人类在认识世界和改造世界的活动中，以文字、数字和符号等便于理解、记忆、传播和延续的方式，记录的规范化、系统化的实践或经验。受人脑思维限制，传统社会的知识是人脑的思维产物，是人依靠已有的相关性知识，通过对实践中的实体性数据加工形成价值信息后，在一定量的价值信息基础上，进行本质化、规律化、系统化剖析、提炼后形成的新成果。人工智能时代人们对实体数据的加工，还进一步拓展为对实体数据与实体之间关系的加工，以及由人制造机器模仿和代替人类加工这些数据。但纵观知识的产生过程，其表现形式是多元的，其中，文字是稳定性较强的知识表现形态，数字是人类最初的知识形态，符号是人类早期原始的表意方式。知识是人类文明的重要力量，一切人类文明都基于知识，没有知识的指引力、转化力，人类的智慧和文明就难以出现、传承和发展；同时，知识又是信息文明的核心引力和驱动力，人们为了提高生存和生活质量，必然要积淀从事社会活动的知识，而获得知识必须进一步认识世界，特别是对涉及实践需要的内容进行数据化、信息化加工处理，形成规范、统一的知识和知识体系。同理，人工智能时代公民道德选择，若没有知识，也就意味着没有可以参考的价值信息导向，选择的结果在很大程度上是盲目和随意的，甚至是本能的。

①② 大数据战略重点实验室：《块数据 2.0：大数据时代的范式革命》，中信出版社 2016 年版，第 9 页。

（二）信息：道德选择的驱动能量

信息是指实体数据和实体间的关系数据，在通过信息通道将信源与信宿有效联通、发送信息并反馈信息的循环往复全过程中，产生的有价值有意义的价值数据。信息论大师克劳德·艾尔伍德·香农（1948）认为，信息主要用于减少不确定性的要素，是一些量①；布里渊（1956）也认为信息是负熵②。信息的生成，有感受和接受特性，整个过程有抗干扰、去噪声和编码的能力。而在人工智能时代，这些特性和能力都被智能终端代替。人从大量的简单的重复劳动中解放出来，人类社会发展成为“物数据化”与“数据物化”兼有的社会。一方面，在信息知识化、信息数据化和数据信息化的今天，人与人、社会和社会之间的沟通更加方便，人类在社会活动中的信息非对称性问题得到了有效消解，公民道德选择的可能性大大提高。这也标志着人类认识的一个根本性转变，能够全面采集和计算显性的、隐性的实体数据和实体间的关系数据，从而形成信息体，形成更多的知识及知识体系并指导人们的社会活动，即释放信息的能量。另一方面知识信息化、信息数据化、数据物化，能够引发实践范式和思维范式的转变，有助于人们获得并树立更加理性的价值观、价值体系，使得人类生活迎来由繁到简的变迁。

（三）数据：道德选择的超级动能

数据最早来源于测量和统计，是对客观世界进行测量和计算的“有根据的数字”。数据从知识到信息，再从信息向数据的变迁历程，也是人类文明进步的历程。数据既有自变量，也有因变量，当它们发生作用时，数据就成为引发世界变革的重要因素。首先，数据是一种对实体存在及其关系的映射。数据是动态的，随着实体的变化而变化，同时也受质量对空间的

---

① Shannon C E. *The mathematical theory of communication*, The Bell System Technical Journal, 1948, 27 (3), pp. 379 – 423。

② Brillouin L. *Science and information theory*, New York: Academic Press Inc, 1956。

扭曲，即具有引力波，也就具有自激活与他激活的价值功能。其次，数据“从性质上看，跨界、跨领域的关联和重组是数据自身发展的天性，它能够打破时空的界限进行快速流转和聚合，并把同一类型、同一领域的数据聚集成类，相互作用，并形成更高层级的、跨领域的持续集聚，进而在新的条件下形成新的价值”①。最后，数据是改变世界的战略资源和动能。通过现代科技的深度融合应用，数据为人们提供了一种全新看待世界的方法：数据既可以用来提炼成知识，助力人们亲自实践，也可来驱动人造物代替人类实践。因此，数据不仅是创新引擎和革命性动能，更是一种不确定性对抗确定性的变量。随着人类文明的进步，特别是人类社会进入信息文明时代后，“数据”的内涵得以拓展，一些结构化、半结构化和非结构化的客观存在，如文本、图像、音频、视频等，都被纳入了数据的概念中。其中，一些多源的数据并不是测量和计算的结果，而只是一种对客观世界的记录方式。因此，从形式看，数据可分为：测量、计算的结果和对世界的记录；② 从来源看，数据可以分为点数据、条数据、块数据和面数据。

条数据。一般指特定领域或行业内纵深数据的集合，“在思维模式上，条数据是传统人类研究范式的数据化体现，是对单独领域的深化，不同领域间彼此割裂、互不融通”③。“反映在价值观上，条数据是一种利我的、闭合的观念，这时的我，既是特定的主体，也是特定的领域，是虚拟化的‘我’”④。条数据对反映实体及实体间的关系，是很有用的资源，在数据资源缺失的领域同样具有价值信息的作用，也是提炼知识的基础数据。公民的道德选择活动是全覆盖自然生态的。因此，在一些人类认知甚少的领域，作出道德选择需要依靠这样的条数据。

块数据。它由若干条数据组成，“就是一个物理空间或者行政区域内

① 大数据战略重点实验室：《块数据 2.0：大数据时代的范式革命》，中信出版社 2016 年版，第 16 页。

② 涂子沛：《数据之巅》，中信出版社 2014 年版。

③④ 大数据战略重点实验室：《块数据 2.0：大数据时代的范式革命》，中信出版社 2016 年版，第 33 页。

形成的涉及人、事、物的各类数据的总和"①。当下社会中的大数据是以领域、行业、部门等为单元，汇集成的纵向性条形数据链，具有领域单一性、数据封闭性、数据垄断性和源于事务流的四大特征。② 而块数据打破"数据孤岛"和数据垄断，可以在学科与学科、学术与产业、技术与应用等鸿沟之间实现跨界融合。块数据观旨在拓展条数据的开放性、共享性和连接性，强调全部优于部分、杂多优于单一、相关优于因果。因此，"块数据是具有高度关联性的数据在特定平台上的持续集聚，既是数据集聚的结果，也是数据聚合的过程；既包括点数据、条数据，也包括面数据；既有数据空间的填充、空间数据的重构，也有聚合过程中的组构和组构过程中的聚合，同时还伴随新数据的汇集和原有数据组合后衍生数据的产生"③。质言之，块数据是从大数据演化而来的、聚焦高度关联的数据，能够实现从有一定关联向高度关联的选择过渡。块数据应用在公民道德选择能力培养方面，可以通过将一个特定区域内的数据聚焦、聚合，打造成一个具有高度关联性的数据平台。

四、价值保障：培养公民道德选择能力的正能量

价值保障，是人工智能时代培养公民道德选择能力的价值导向，处于主导地位，具有正能量和风向标的作用。受道德选择理论与人工智能和大数据实际应用的影响，培养公民道德选择能力的价值保障就是要倡导和践行属于人工智能时代的价值观。习近平总书记指出，"我们要本着对社会负责、对人民负责的态度，依法加强网络空间治理，加强网络内容建设，做强网上正面宣传，培育积极健康、向上向善的网络文化，用社会主义核心价值观和人类优秀文明成果滋养人心、滋养社会，做到正能量充沛、主

---

① 陈刚：《块数据的理论创新与实践探索》，《中国科技论坛》2015 年第 4 期。

② 大数据战略重点实验室：《块数据 4.0：人工智能时代的激活数据学》，中信出版社 2018 年版，第 55 页。

③ 大数据战略重点实验室：《块数据 2.0：大数据时代的范示革命》，中信出版社 2016 年版，第 34－35 页。

旋律高昂，为广大网民特别是青少年营造一个风清气正的网络空间”①。社会主义核心价值观和人类优秀文明成果是价值保障的重要内容。

（一）践行社会主义核心价值观价值标准规范

社会主义核心价值观是凝聚中国当代社会共识的“最大公约数”。人类文明史实质上是价值观不断确立和升级的历史。在人类文明长河中，价值观被冲击现象非常普遍和常见，即便是当下，由于来自西方的“普世价值”的冲击和影响，功利主义、个人主义、享乐主义和奢靡主义等问题蔓延，导致了道德滑坡、道德失范、价值迷失等非道德现象出现，严重影响了我国道德建设。社会主义核心价值观提供了判断是非善恶的标准，为公民道德选择提供了依据。一方面，动态的时代背景决定了价值观的动态性，动态的价值观对应于动态的社会意识形态。在人工智能时代，数据开放与共享是一种常态的社会发展需要。然而开放之中也混入了“苍蝇”，诱导价值观不坚定、信仰缺失的公民迷失自己，树立了非道德的自私的价值观，甚至作出恶的选择，导致社会生活方式混乱。社会主义核心价值观为人工智能时代公民提供了应对价值多元化的是非善恶判断标准，助力公民行动起来，共建共享人类美好生活的精神家园。另一方面，在价值多元的人工智能时代，确立确定性的道德选择价值规范和标准，不仅能够在实践层面助力公民道德选择，还能以事实消解道德相对主义、道德虚无主义的主张。因此，在人工智能时代背景下，公民道德选择需要价值规范和标准的引导，以防止、对抗道德相对主义、道德虚无主义。

（二）凝聚道德选择价值共识

道德相对主义把道德选择中的确定性、稳定性的价值准则给忽视了或才说是给否定了，而只是片面地看到或强调道德选择中一部分动态条件和境况，并作为道德选择的整体性或决定性参考。由此可见，这个观念实质上是对培养公民道德修养、引导公民明辨是非、凝聚社会道德共识、树立

① 习近平：《在网络安全和信息化工作座谈会上的讲话》，《人民日报》2016年4月26日。

正确的道德义利和理欲等价值观、传承优秀道德文化具有巨大的危害性。为此，必须倡导和践行社会主义核心价值观，帮助公民从多元化价值观中找到正确的道德价值和道德选择导向理念，树立坚定道德价值立场和义利观，辩证地看待道德自由与道德责任之间的关系，自觉抵制非道德现象。

（三）提升公民道德品质和道德境界

“道德境界就是社会生活中的人，从一定的道德观念出发，在个人与他人、社会的利益关系中所形成的一定的觉悟水平以及思想感情和精神情操”①。质言之，公民具备什么样的道德品质，就拥有什么样的道德境界，也就会作出符合其道德品质与境界的“道德选择”。为此，为了确保所做的道德选择是最好的、最善的，每一个公民应当追求人性的向上向善、追求先义后利或利不压义。

（四）增强对道德失范行为的矫正能力

增强对道德失范行为的矫正能力就是需要教育，马克思认为，“为改变一般人的本性，使它获得一定劳动部门的技能和技巧，成为发达的和专门的劳动力，就要有一定的教育或训练”②，因此，要长期坚持对公民予以教育引导，树立公民道德思维，培养公民的道德习惯，发挥道德陶冶的效用，促成社会风气的渐渐好转。对于广泛存在的道德失范，必须从每个人做起，从身边小事做起，找准原因、对症下药，以养成道德习惯为切入点，培养和提高全体公民的道德失范行为矫正能力。

第四节 营造开放和谐的培养公民道德选择能力的生态环境

营造开放和谐的公民道德选择能力培养的生态环境，就是营造开放和

① 罗国杰：《论道德境界》，《哲学研究》1981 年第 3 期。
② 《马克思恩格斯选集》第 2 卷，人民出版社 2012 年版，第 166 页。

谐的、有利于公民道德选择能力培养的政治生态环境、经济生态环境、文化生态环境、社会生态环境和自然生态环境。经济生态，以共享经济为范本，以正确的义利观为价值引领，积极扬弃异化劳动和私有制，从而实现公民从价值选择向道德选择迈进；政治生态，以数据铁笼锁住政治权力的非理性发挥，在实现公民本质人性需求的释放与满足的同时，间接夯实社会民主的基础；文化生态，以数据驱动，将公民的应然诉求汇聚成人工智能和大数据道德文化，使公民之间，乃至子孙世代薪火相传；社会生态，注重人自身肯定人自己，通过共建共享人类命运共同体，促进每一个人自身、人与人之间、人与社会之间的和谐相处；自然生态，将网络时空纳入自然生态，促进现实空间与网络空间的统一。

一、经济生态：让共享经济引领公民义利观

马克思曾指出，“如果有 20% 的利润，资本就会蠢蠢欲动；如果有 50% 的利润，资本就会冒险；如果有 100% 的利润，资本就敢于冒绞首的危险；如果有 300% 的利润，资本就敢于践踏人间一切的法律”①。经济生态是公民道德选择能力培养的重点领域，是引导价值选择与道德选择之间、义与利之间关系的选择导向。义利观，是人性回归后，如何运动地、有机统一地看待义与利，以及谁先谁后的思想、理念和情感以及价值倾向。其中，人性回归特指经过积极消灭异化劳动和私有制后，建立起来的能使人成为真正的人的本质特性。换句话说，只有秉持消灭剥削、消除两极分化理念建立起来的经济生态，才能有正确的义利观。在人工智能时代，“共享经济”是一个理想的经济形态，通过把社会上利用率不高、不经常使用的闲散资源，通过大数据平台整合起来，使这些资源的所有权与使用权有效分离，供需求者以较低成本使用，在实现资源配置最大化的同时，让每一个公民都能“消费起”“共享起”社会资源，化解不充分和不

① 转引段磊：《商业世界没有“山楂树”》，《东方企业文化》2011 年第 3 期。

平衡的社会主要矛盾，有利于社会缩小贫富差距、满足公民个体的美好生活需求。

（一）积极消灭异化劳动

在马克思看来，劳动的本来面目和意义是保持人与人、社会和自然的同一性，以及消解人与人、社会和自然的非同一性。但现实中，劳动的本来面目与意义被人自身无情地抛弃，甚至使用更为先进的科技来提升恶化，严重地导致了异化劳动的蔓延，当然，也更深刻地形成很不正常的经济业态。为此，为了构建良好的经济生态，特别是在人工智能时代构建良好经济生态，首要的任务就是要积极消灭异化劳动，使人的劳动成为人的本质的确证。第一，以科技助力人与人、社会和自然的同一性。在马克思看来，人与科技之间具有同一性，人通过科技实现主体本质力量的对象化，两者之间没有主客体之划分。第二，在社会有机统一下进行劳动分工。要消灭异化劳动，现实中的人就绝对不能是为了赚取更多利润而从事劳动，而应是为了肯定人，才进行社会分工和劳动，在对象化的劳动中，实现人与人、社会和自然之间的同一性。因此，之所以运用科学技术提高劳动生产率，不是为了让人与人、社会和自然分离，而是要消解他们之间的非同一性问题，消灭异化劳动。当然，有时候非同一性也具有不可超越性。正如马克思在《德意志意识形态》一文中所认为的，"'精神'从一开始就很倒霉，受到物质的'纠缠'"①，因为，人作为有生命的社会存在物和自然存在物，必须通过劳动来否定自然，独立于自然实现自己生命的再生产。

（二）积极消灭私有制

在一定历史阶段里，对于那些饱受压迫和剥削的工人阶级和农民阶级来说，彻底推翻私有制，无疑是实现自身真正自由全面解放的最有效途径。

① 《马克思恩格斯选集》第1卷，人民出版社2012年版，第161页。

但是，在什么样的历史阶段才能真正消灭私有制呢？马克思认为要在发达资本主义之后才能建立。然而，面对世界及中国许多地方经济发展存在的落后性，如何在彻底消灭资本主义私有制后，建立一个公有或共有的社会呢？中国特色社会主义用改革开放40余年的进程，向世界提供了中国模式和中国方案。在改革开放之前，我国先后经历了“利用和发展资本主义”“消灭资本主义再搞资本主义”，以及让私有制“彻底绝种”的重大转变过程。改革开放以后，关于“利用和发展私人资本主义经济为社会主义服务”的主张，为我国允许、支持、鼓励、促进非公有制经济发展提供了理论支撑。① 特别是改革开放初期，“邓小平立足于当代中国现实国情，创造性地发展了科学社会主义关于‘消灭私有制’的理论，科学地阐述了社会主义制度下公有制经济和非公有制经济共同发展的理论”②。新时代以来，以习近平同志为核心的党中央，提出进一步促进非公有制经济发展、积极推进混合所有制经济建设的要求，也为如何看待和对待消灭私有制的问题，提供了重要指导。结合人工智能时代特色，应当从以下几个方面来做好消灭私有制的工作：第一，无论是在公有制、非公有制和混合所有制经济形式中，人工智能和大数据科技的发展与应用必须做到“以人为本，以人为贵”，必须体现和保证科技存在的目的是人，否则“如果我自己的活动不属于我，而是一种异己的活动、一种被迫的活动，那么它到底属于谁呢？”③ 答案是科技作为劳动工具的一种特殊的形式，作为主体本质力量的对象化，他的主人只能是具有主观能动性的人；第二，人工智能和大数据科技发展必须顺应自然、尊重自然，因为人与自然的关系具有同一性。

此外，经济生态方面，还应当加强数字红利的释放引领和数字鸿沟的弥合，让公民在道德选择中尽量少受负面干扰。

---

①② 赵丽：《马克思主义经典作家“消灭反有制”思想探析》，《技术经济与管理研究》2017年第10期。

③ 《马克思恩格斯选集》第1卷，人民出版社2012年版，第58页。

二、政治生态：让数据铁笼锁住大数据权利

制度的规范作用是获得东西方一致认同的。习近平总书记指出：“没有健全的制度，权力没有关进制度的笼子里，腐败现象就控制不住。”① 美国的乔治·布什总统曾认为：“人类千万年的历史，最为珍贵的不是令人炫目的科技，不是大师们浩瀚的经典著作，不是政客们天花乱坠的演讲，而是实现了对统治者的驯服，实现了把他们关在笼子里的梦想；因为只有驯服了他们，把他们关起来，才不会害人。”② 可见，让数据铁笼锁住权力，特别是在人工智能时代锁住大数据权力，将迎来更加公平、正义、民主的政治生态，从而为公民道德选择能力的培养提供坚实的政治生态保障。

公民道德选择能力要想实现对非道德选择和非理性选择的有效治理，必须由政府部门牵头，将公权力的“数据铁笼”拓展出来，辐射全社会，让全体公民的行为在“数据铁笼”红利下理性而道德。一方面，应当将所有权力，特别是政治领域的公权力进行数据化、信息化、自流程化和融合化改造，以现代科技搭建起“数据铁笼”，在优化、细化、简化、稳定化和精准化权力运行流程的同时，实现事前免疫，避免事中防治或事后惩戒的资源浪费，确保权力不缺位、不移位、不越位、不错位。另一方面，在具体实践上，可以借鉴贵州省贵阳市政府部门权力数据化“数据铁笼”建设经验。“在本质上，‘数据铁笼’强调以块数据技术为基础，实现权力流程数据化、权力数据融合化和权力数据监察化，通过全程采集记录行政行为数据，全面监控行政执法过程风险，精编天网之‘经’，密织天网之‘纬’，塑造天网之‘魂’。建立具备超融合、分布式计算、多维度管理等功能的块数据应用平台，实现对各类权力运行的数据集聚，将分散独立的条数据融合成更具挖掘价值的块数据，构建起预防腐败的电子‘防火墙’，

① 中共中央纪律检查委员会、中共中央文献研究室：《习近平关于党风廉政建设和反腐败斗争论述摘编》，中共文献出版社、中国方正出版社 2015 年版。

② 佚名：《笼中对》，《领导文萃》2006 年第 6 期。

确保实现'人在干、云在算、天在看'"①，从而建立起不敢腐、不能腐、不想腐的现代管理机制。

"数据铁笼"是一项系统性较强的大工程，既要做好顶层设计，又要做好全民参与的保障建设。第一，基层设计。运用人工智能和大数据融合分析技术，借助云计算平台，运行和管理道德选择影响要素，实现道德选择价值导向、原则和规范的数据化和信息化，以及公众社会活动行为与云计算平台的数据融合化，通过大数据云计算平台对公众行为进行道德选择预算，为公民道德选择提供实践参考方案。第二，基础平台。公民道德选择涉及面广，应当分行业、分部门地搜集公众行为数据，将行业与部门的行为规范、原则和价值导向与道德选择的价值规范、原则和导向有机结合起来，建立分行业、分部门的公民道德选择行为云平台。第三，专家指导。组建跨学科、跨行业、跨部门、跨区域的社会学、信息技术学、产业学等权威专家委员会，实现专家风险评估、政策研究、业务指导等，为"数据铁笼"工程建设、调试、调善和改进提供智力支持和技术服务。第四，安保体系。在建立外部行为、数据骚扰和侵害防治体系、评估体系、反击体系的同时，建立内部行为、数据的秩序管理、高效利用、防泄漏和追溯体系，实现内外统建、内外兼防。

总之，"信任不能代替监督"。在人工智能时代公民道德选择领域建设"数据铁笼"，就是要以现代科技为技术支撑，以云平台为综合分析、计算、验证工具，以边界划分清楚的道德选择价值要求为制度内容，以公众社会活动行为数据为激活引擎，建起数据化、信息化的"数据铁笼"，实现公众行为选择的可控制、可追溯、道德化、理性化。

三、文化生态：数据驱动谱写大数据道德观

"大数据不仅是新的科技革命和产业变革的引爆点，更是一种新的世

① 大数据战略重点实验室：《块数据 2.0：大数据时代的范示革命》，中信出版社 2016 年版，第 264 页。

界观、价值观和方法论”①，“块数据倡导开放、融合、共享的价值理念，重构数据信用体系与信用社会。利他主义将成为AI时代的主流文化，并孕育出一种新的社会文明”②。一方面，数据化驱动新的义利文化。在人工智能时代，万物数化，就连现实中的“真实人”自己也因为借助网络空间来表达、储存情感，而被数化为网络“数据人”。“数据人”与现实中的“真实人”之间，是通过数据信息连接起来的映射关系。尽管存在信息不对称的问题，但网络超大容量的储存空间和超强的记忆力，又是现实中的“真实人”难以企及的。于是，当这些“数据人”的数据信息达到一定量级时，数据信息的价值自然就能爆发，反映公民个体需求，影响市场供求、政府行政决策等。因此，大数据还是能够验证其映射对应关系的，甚至有时候“数据人”的数据信息比现实中“真实人”的数据信息表现得更真实。数据化和数据驱动后的世界，在改变社会活动、影响供求平衡的同时，也在创造数据信息化和信息知识化的奇迹，这个奇迹既能促进人类文明与文化建设，又能满足个体需求和刺激他人需求，在利己中彰显利他。另一方面，数字社会和信息文明解放人的自由全面发展。“每个人都将通过数据的开放、共享，实现人的智力、体力各尽所能、各尽所长，在社会生产过程中尽可能多方面、自由和谐地发展，实现人的个性、人格、创造性和独立性最大限度地‘不受阻碍地发展’”③。为此，数据驱动公民的应然诉求汇聚成人工智能时代道德观文化，得以薪火相传，成为公民道德选择能力培养的文化保障。

倡导万物数据化、数据信息化、信息知识化，提炼更多的知识性文化。人的社会活动，就是为了满足自身生存和发展需要进行的，寻找信息、搜集信息和信息处理的全过程行为表达。在原始社会，人们想采摘到野果裹腹，首先要在实践中认识世界，知道什么能吃、什么不能吃。这个认识主要在长期的实践认识经验中总结、积累；然后，再依照知识、经验去寻找野果的位置信息、形态信息等，找到后激活大脑接收信息系统，验证信息、

①②③ 大数据战略重点实验室：《中国数谷》，机械工业出版社2018年版，第261页。

摘取果实。整个过程实质上是信息搜集、加工处理的过程。从信息工程学的视角来看，就是由信息发送端通过一定的信息通道传递到信息接收端，信息接收端将收到的信息处理后，再通过同路径反方向的信息通道反馈给信息发送端，从而实现信息交流达成信息有用的价值。整个过程中，涉及了信源、信源编码、信源通道、信源噪声、信源译码、信宿的信息处理。随着人类对实体世界认识的不断加深，知识也不断积淀，人们可利用的知识，也逐渐有了一定的新形态表现，如符号、文字、数字等。总体来说，世代积累的知识是人类认识世界、改造世界的重要力量。知识资源积累的过程本身就是信息在信源与信宿之间，通过感受与接收不断循环往复的过程。信息在这个过程中得到进化，形成实体和实体之间的信息体。信息体又进一步发展演化为当今掌握大量信息的“大数据”，再加之人类劳动的替代需要，人工智能也就自然和必然诞生了。

信息既不是物质也不是能量，但它既需要以物质为依附又需要能量传播。从它的运动过程可以看出，信息与物能一样是人类社会活动不可缺失的东西，是处于并列地位的生存要素，只不过这种新的存在方式意味着一种新的人类文明，一种在物能文明基础上发展起来的、以大数据为基础的更高层次的人类文明——信息文明。因此，在人工智能时代，万物数化和数据物化使得物信息化和信息物化，在这两个方面的循环中又一次促进了与整个物能文明并列的信息文明的发展进程。也正是在倡导和践行知识信息化、信息数据化、数据物能化的社会实践中，人们才能获得、积累和树立更加稳定、更加理性的大数据价值观、大数据道德观。

四、社会生态：释放个性筑人类命运共同体

“数字文明使得全球大规模协作成为可能，网络空间人类命运共同体大门得以开启”①。人工智能时代是公民个体个性自由的时代、是追求和张

① 大数据战略重点实验室：《块数据 4.0：人工智能时代的激活数据学》，中信出版社 2018 年版，第 322 页。

扬个性的时代，也是没有隐私的时代。每一个公民的社会生活状态都被大数据记录着、被人工智能和大数据技术分析着。任何不诚信不共享的行为都难以藏身，更遑论长期维持。所以人工智能时代也被称为开放、共享和诚信的新时代。无论关系亲疏，在网络空间所有人都是平等的网民主体，在大数据监督之下享用着大数据带来的各种便利，并在不知不觉间建立起了覆盖全球的、去中心化和脱地域化的、具有开放性和共享性的网络空间人类命运共同体。在这个共同体中，人自身肯定人自己，有利于解放每一个公民个性，促使每一个人自身、人与人、人与社会和谐相处，是“真正的共同体”，是以每一个公民自由解放为前提的真实集体，是人工智能时代应该鼓励支持发展的共同体。有学者认为，“从范式的角度看，从马克思的共同体思想到网络空间人类命运共同体思想，实现的不仅是理论的跨越，也推动进了共同体理论范式的重构”①。基于此，习近平总书记审时度势、高瞻远瞩指出：“中国高度重视大数据发展。我们秉持创新、协调、绿色、开放、共享的新发展理念，围绕建设网络强国、数字中国、智慧社会，全面实施国家大数据战略，助力中国经济从高速增长转向高质量发展。希望各位代表和嘉宾围绕‘数化万物·智在融合’的博览会主题，深入交流，集思广益，共同推动大数据产业创新发展，共创智慧生活，造福世界各国人民，共同推动构建人类命运共同体。”②

（一）世界人民是网络空间人类命运共同体的构建者和共享者

在人工智能时代，网络早已把世界文明、世界人民紧紧地连在一起，任何不文明、不和谐、非理性、非道德的行为、情感和思想都会被透明开放的数据信息显现出来。当然，网络空间人类命运共同体是允许和包容文化多元的，但这种允许和包容建立在厘得清善与恶、大善与小善的基础上，因为植入人类道德伦理系统的机器智能能够把任何文化差异之间的善与恶、

① 大数据战略重点实验室：《块数据 4.0：人工智能时代的激活数据学》，中信出版社 2018 年版，第 324－325 页。

② 习近平：《习近平向 2018 年中国国际大数据产业博览会致贺信》，《人民日报》2018 年 5 月 27 日。

大善与小善计算得清清楚楚。因此，“建构网络空间命运共同体是把世界人民作为价值的出发点和落脚点，真正让世界人民以网络空间为载体，吸收和借鉴人类历史发展的精神财富和文化精华”①，这种趋善避恶、扬大善与慎选小善的智能计算方式应当成为世界人民共享的、共同遵循的价值选择。

（二）尊重和满足个体价值的诉求

“数字文明时代的网络空间人类命运共同体思想则属于人类文明研究范式，主要回答人类文明在何种状态下才能存续和发展，包括如何处理人类社会内部不同国家不同民族之间、人类与自然之间的关系，以及怎样才能达到高层次的人类文明生存状态”②。构建网络空间人类命运共同体就是“解锁之钥”，因为在“命运共同体”中，任何一个共同体成员的不一致行为都能影响整个共同体的命运，这个命运既可能影响局部利益，也可能影响全体人类的存续和发展。因此，命运共同体的核心价值在于每一个个体的合理、理性、道德的价值诉求必须得到尊重和满足，否则消耗、销毁的不是某一些生存条件而是整个人类的生存环境。因此，在人工智能时代，作为个体的人的价值诉求是永恒的，追求自由全面发展也必然是永恒的。

（三）长期持久地开展网络时空治理

一方面，这是个系统工程；另一方面，这个工程需要多元主体的协同参与。正如约瑟夫·奈（Joseph Nye）认为的，网络空间伦理治理“应根据不同的治理议题，建立不同的治理机制，让不同的主体发挥应有的作用”③。由于网络社会中公民个人的数据隐私安全存在隐患，因此，必须加

---

① 大数据战略重点实验室：《块数据 4.0：人工智能时代的激活数据学》，中信出版社 2018 年版，第 326 页。

② 大数据战略重点实验室：《块数据 4.0：人工智能时代的激活数据学》，中信出版社 2018 年版，第 324 页。

③ Joseph Nye. *The Regime Complex for Managing Global Cyber Activities*, Scholary Articles, 2014, pp. 5 – 13.

强网络伦理治理，提高管理水平，增强技术安全支撑能力，倡导公民建立正确的网络安全观。此外，网络空间的伦理的各项治理与科普是营造良好人类数据生态的“一体两翼”，世界各国人民应当加强对话、加强交流、加强交融，携起手来、互鉴合作、分享共赢，把全人类科普放在与科技创新同等重要的位置上，共同推进科普、共同参与治理，净化数据生态，尽早建立起符合全人类共同价值和共同利益追求的人工智能时代的网络空间人类命运共同体。

结语：

人工智能时代道德选择能力的适应与超越

公民数智道德选择能力培养相对滞后，是造成人工智能时代公民道德选择能力不足、素养缺失的主要原因。从科学、技术、工程的三元论视角来看，在大数据囊括一切人、事、物的网络时空内进行科学调配，获取大数据资源，并利用人工智能和大数据技术原理、人工智能和大数据思维进行道德选择分析研判，提高公民道德选择的实践应用能力，是人工智能时代培养和提升公民数智道德选择素养的基础性与前提性工作，是人工智能时代思想政治教育转型升级的重要抓手和着力点，是为党和人民培养有朝气的且是自由全面发展的新时代公民的重要保障。从人性本质论、科技价值旨归论、人与科技的道德伦理关系论等视角来看，公民进行道德选择的价值规范、价值原则和价值导向等，具有一定的滞后性，亟须深入融合人工智能时代特征进行系统重构，以提高人工智能时代公民智能道德素养的实践效用，真正实现科技为人人自由全面发展服务的价值旨归。为此，从客观现实维度出发，要解决人工智能时代公民道德选择能力的普遍缺失问题，及其解决公民道德选择能力培养的非精准化、非智能化问题和解决公民道德选择中信息不对称性问题，迫切需要挖掘、确立、完善和培育人工智能时代公民的道德选择素养，从而实现人工智能时代公民道德选择能力的调整、适应和超越发展。

一、人工智能时代公民道德素养的调整与适应

在传统社会，公民道德选择的理论体系与实践经验相对稳定、成熟，能够引领公民在二元对立统一的非善即恶的道德价值中作出道德选择。但是，随着网络技术的迅猛发展、海量数据的指数级剧增，传统社会的道德选择理论基础与实践经验尽管还能从客观层面为公民道德选择发挥一定的指导作用，可是已经不能适应人工智能时代背景下的时代发展需要和公民道德选择现实诉求，呈现出一些与新时代特性及公民道德选择诉求相抵触、相矛盾、相冲突的非理性问题和乱象，使得公民在沿用传统社会道德选择理论基础与实践经验进行选择的过程中，出现了选择困难、困扰、困境和困惑。因此，顺应时代发展，遵循新时代的人、社会和自然之道，调整、适应、重构和凝结相关理论体系和实践经验，是切实提升人工智能时代公民道德选择能力培养可能性、合理性和正当性的当即之需和必要性行动。

人工智能时代公民道德选择能力的调整。由于传统社会的公民侧重于在二元对立统一结构中作出非善即恶的价值选择，因此，随着道德选择诉求的复杂化和精准化，传统的公民道德选择模式难以满足人工智能时代公民道德选择价值量化、精确化、智能化的新诉求、新愿望，暴露出了公民道德选择客观能力的缺陷。与此同时，人工智能时代，各种智能终端设备得以广泛应用，展现了其助力公民道德选择能力精准化、智能化的功能与能力，但又导致一些公民的畏惧和恐慌，他们不敢选择、不敢应用、不敢对他人的选择进行评价，甚至怀疑自己的选择究竟是不是道德的选择。鉴于此，顺应新时代的客观现实和运行特性，梳理、调整和揭示人工智能时代的道德选择价值原则，特别是理清道德选择中自我解放与自由发展的最高价值原则、哪怕有且只有一点善的最低价值原则、秉持仁义礼智信的常规价值原则、消解社会活动“痛点”的时代价值原则，进一步厘清人、社会、自然之间的关系，特别是道德选择价值导向关系和真善美的价值诉求，以希望人性为善为道德选择出发点，以人人自由全面发展为价值旨归，以

义利观和理欲观等为价值标准，来全面升级调整人工智能时代公民道德选择的理论体系，总结人工智能时代公民道德选择的实践经验，以求人工智能时代社会健康发展等问题的解决。当然，这样的理论升级调整和实践经验调整总结，是公民实现道德选择的可靠出路，也是消除公民道德选择焦虑和恐慌的必然行动。

人工智能时代公民道德选择能力的适应。厘清和重塑人工智能时代公民道德选择的价值原则、价值导向及价值诉求后，借鉴马克思主义之人性本质理论、科技价值旨归理论，以及马克思主义人与科技的道德伦理关系理论和社会主义核心价值观，协同观照升级调整后的人工智能时代精准化、智能化的公民道德选择理论体系，一方面，有利于教会公民如何进行数智道德选择，培养和提高人工智能据时代的公民道德素养；另一方面，有利于引导公民学会数智道德选择，培养和提高其人工智能和大数据科技素养。正因为如此，此路径应为回应人工智能大数据时代公民新需求，提供了作出道德价值最大化和作出道德价值范围最广化的有效方法。此外，人工智能时代公民道德选择能力的培养，是一项涉及科学、技术、工程和道德伦理等多方面的复杂工程。具体来说，在科学发展方面，要正确认识“数智道德选择”“大数据道德观”“人工智能和大数据思维”“数据智能化”等核心概念，合理利用好“数智道德选择随着数据质与量的剧增而向善趋向越大”的核心规律；在工程方面，人工智能时代建造的“类人类世界的机械世界”必须同时加强法治和德治建设；在道德伦理建设方面，人工智能时代的公民必须遵循新时代道德选择的价值原则、价值导向、马克思主义人性论、马克思主义科技旨归和人伦之道，以及社会主义核心价值观等；在技术方面，所有智能终端应当采用“CPU 植入道德伦理法”，以保障数智道德选择结果趋向于最大的善且智能工具助力公民道德选择活动中只做好事不做坏事。

二、人工智能时代科技素养的发展与超越

在人工智能时代，万物数据化、数据万物化，数据成了囊括一切、无

所不在的特殊战略性资源和先进性的物质、精神生产力。于是，公民的数智道德选择应运而生、星罗棋布，渗入了公民生产生活每一个细节；同时，数智道德选择使得人工智能时代公民道德选择能力走向了精准化、智能化的必由之路。在此过程中，公民的人工智能和大数据科技素养得以加强和提升，逐渐学会了运用人工智能和大数据思维，利用人工智能和大数据技术、大数据网络时空来完成数智道德选择，即，既提升了公民自身的道德选择能力，又提升了人工智能时代的信息文明。基于此，公民道德选择的载体、路径、方式和方法等有了质的飞跃，甚至拥有了超越发展的可能。

人工智能时代公民人工智能和大数据科技素养的发展。传统社会，公民作出道德选择，仅仅依靠知、情、意、信、行等主观能动性来对选择活动中的善与恶、是与非、对与错等二元对立统一结构的选择价值性质进行思辨、抉择。而人工智能时代，公民往往需要突破二元结构进行道德价值性质优化选择，追求更微观的、更善的、可量化的道德选择。即，在诸多有且只有善的道德选择可能性之中，以道德价值量的多少来量化善的价值，并以普遍性和广泛性的程度、层级呈现出来，进而倒逼公民在实践层面自觉养成人工智能和大数据科技素养。

人工智能时代公民人工智能和大数据科技素养的创新。人工智能时代公民道德选择能力的精准化和智能化是依靠智能终端等现代科技来助力完成的。这种创新并不是对传统社会主要依靠知、情、意、信、行进行道德选择思维范式的完全否定，而是在传统社会以“问题⟷知识⟷问题”的思维范式基础上，再拓展一条“问题⟷数据⟷问题”的人工智能和大数据思维范式，以及还超前构想了“问题⟷电脑+人脑⟷问题”的安全运行思维范式，即以上三种思维范式之方式的融合应用，共同助力人工智能时代公民道德选择精度、效度和信度的提高。在这个过程中，公民使用智能终端等现代科技进行海量数据运算和预测，以数据驱动智能终端的方式来助力公民道德选择，其实质就是在使用智能终端消解了人眼看不清、看不到、看不透的弊端，是在使用智能终端模仿人、助力人和超越人作出道德选择，建构新的信息文明和人类文明。即，公民更进一步遵循、维护和实现人、社会、自然的运行之道，更进一步地解放公民自身、实现自身自由全面的发展。由此可见，这样的公民道德选择能力培养，与其说是对道德选择能力的创新，不如说是人利用科学、技术、工程和伦理，在人工智能时代为努力实现万事万物良序运行而进行的适应性和超越性活动，是一种综合了新方法、新路径和新视野的改良性和创构性的活动。

新时代公民人工智能和大数据科技素养的超越。人工智能和大数据科技素养的建立和培养，不完全是为了满足人类物质生活需要，也不完全是为了应对新的生产力带来的更复杂的社会活动方式和社会关系，而是为了整个世界万事万物的共同进步而进行的。因为整个自然生态的进步与文明能够反促人类的文明与进步，人类的进步与文明又以自然生态的进步为基础。在传统社会，公民的生存活动主要依靠实体物能维持，人们选择社会活动围绕对实体物能的认识而展开。在人工智能时代，公民的生产生活实践不仅依靠物能，还要依赖包括实体物能等在内的涉及全世界各个角落的各种信息数据资源。随着信息数据资源的广泛深入融合应用，人类文明进入数据文明、信息文明和知识文明新时代，万物数据化、数据万物化，世界万物在深度融合应用中，智能地将数据提升为信息、将信息提炼为知识、将知识转化为信息，再逆转回来。即，将知识转为信息，将信息转为能驱动智能机器的数据，并将其升级为信息数据智能体。在循环往复的转化中，数据、信息和知识联动、互动起来，形成闭合的信息数据交融机制，感受社会存在、接收和反馈数据信息，进而延伸人的感知器官，模仿人脑的思辨功能，成就了公民更为强大的、规范的、体系化的现代科技素养和道德选择素养，满足人工智能时代公民道德选择的现实诉求，带动和引领着整个自然世界的良性互动和向上向善发展。

三、超人工智能时代道德选择能力的联想与展望

超人工智能时代将沿袭当下时代数据囊括一切、不断升华的基本特征。正如尤瓦尔·赫拉利（Yuval Narari）所评价的，“这个世界的变化速度比

以往更快，而我们又被海量的数据、想法、承诺和威胁所淹没。人类正逐渐将手中的权力交给自由市场、集体智慧和外部算法，部分原因就在于人类无力处理大量数据。过去想阻挡思想言论，做法是阻挡信息流通。但到了21世纪想阻挡思想言论，反而靠的是用不相关的信息把人淹没”①。未来社会只是智能化发展到了更高阶段的社会，是人、社会和自然之间的运行规律和规则得到不断转型、升级和发展的社会。在未来社会中，为了更好地适应新变化、抓住新机遇，人们应当顺应时代变化，审时度势，与时俱进，作出更能造福人、社会和自然的选择。虽然作为道德选择主体的个体，公民可能已经拥有精准化、智能化的道德选择愿望和能力，拥有智能化的、更加舒适的道德选择空间，甚至连同道德选择责任也被智能化规避的不再存在，使得道德选择的可能性结果只能是更善和更好的，甚至会有更先进的科技和材料从手段、方法、路径和载体等方面更好地助力公民实现道德选择。然而，这并不意味着全体公民都能真正作出契合新时代特性的、道德价值最大化的、道德价值覆盖最广化的道德选择。变化是永恒不变的真理，无论社会发展到什么程度，适应新阶段、新时代要求自觉努力地学会道德选择都是最重要的生存方式和思维范式，是培养公民道德选择能力的核心内容，也是人与人、人与社会、人与自然和谐相处的一条必经之路和必经之道。因此，无论是人工智能时代，还是超人工智能时代，借助大数据资源、借助机器智能理性工具来满足公民道德选择的新的价值理性诉求，将是一条不断完善、永无止境的路。

---

① ［以色列］尤瓦尔·赫拉利：《未来简史》，林俊宏译，中信出版集团2017年版，第358页。

参考文献

一、经典著作及重要文献类

《马克思恩格斯选集》第1—4卷，人民出版社2012年版。
《马克思恩格斯全集》第1卷，人民出版社1995年版。
《马克思恩格斯全集》第2卷，人民出版社2005年版。
《马克思恩格斯全集》第3卷，人民出版社2002年版。
《马克思恩格斯全集》第10—11卷，人民出版社1998年版。
《马克思恩格斯全集》第10—11卷，人民出版社1995年版。
《马克思恩格斯文集》第12—13卷，人民出版社1998年版。
《马克思恩格斯全集》第14卷，人民出版社2013年版。
《马克思恩格斯全集》第16卷，人民出版社2007年版。
《马克思恩格斯全集》第19卷，人民出版社2006年版。
《马克思恩格斯全集》第21卷，人民出版社2003年版。
《马克思恩格斯全集》第25—26卷，人民出版社2001年版。
《马克思恩格斯全集》第25—26卷，人民出版社2014年版。
《马克思恩格斯全集》第30卷，人民出版社1995年版。
《马克思恩格斯全集》第31—32卷，人民出版社1998年版。
《马克思恩格斯全集》第33卷，人民出版社2004年版。
《马克思恩格斯全集》第34卷，人民出版社2008年版。
《马克思恩格斯全集》第35卷，人民出版社2013年版。
《马克思恩格斯全集》第44卷，人民出版社2001年版。
《马克思恩格斯全集》第45—46卷，人民出版社2003年版。

《马克思恩格斯全集》第47—48卷，人民出版社2004年版。

《马克思恩格斯全集》第47—48卷，人民出版社2007年版。

《毛泽东选集》第一、二、三、四卷，人民出版社1991年版。

《邓小平文选》第一、二、三卷，人民出版社1994年版。

《邓小平文选》（一九七五——九八二年），人民出版社1983年版。

《江泽民文选》第一、二、三卷，人民出版社2006年版。

江泽民：《论“三个代表”》，中央文献出版社2001年版。

江泽民：《论有中国特色社会主义（专题摘编）》，中央文献出版社2002年版。

胡锦涛：《高举中国特色社会主义伟大旗帜为夺取全面建设小康社会新胜利而奋斗》，人民出版社2007年版。

习近平：《习近平谈治国理政》，外文出版社2014年版。

习近平：《习近平谈治国理政》第二卷，外文出版社2017年版。

习近平：《习近平谈治国理政》第三卷，外文出版社2020年版。

习近平：《习近平谈治国理政》第四卷，外文出版社2022年版。

中共中央文献研究室编：《三中全会以来重要文献选编》，人民出版社1982年版。

中共中央文献研究室编：《十四大以来重要文献选编》，人民出版社1996年版。

中共中央文献研究室编：《十五大以来重要文献选编》，人民出版社2000年版。

中共中央文献研究室编：《十六大以来重要文献选编》，中央文献出版社2006年版。

中共中央文献研究室编：《十七大以来重要文献选编》，中央文献出版社2013年版。

中共中央文献研究室编：《十八大以来重要文献选编》，中央文献出版社2014年版。

中共中央文献研究院编：《十九大以来重要文献选编》上中下，中央文献出版社2021年版。

中共中央文献研究室编：《毛泽东邓小平江泽民论世界观人生观价值观》，人民出版社1997年版。

中央文献局编：《习近平关于全面深化改革论述摘编》，中央文献出版社2014年版。

中共中央宣传部编：《习近平总书记系列重要讲话读本》学习出版社、人民出版社2016年版。

中共中央文献研究室编：《习近平关于科技创新论述摘编》，中央文献出版社2016年版。

中共中央文献研究室编：《习近平关于社会主义文化建设论述摘编》，中央文献出版社2017年版。

中共中央党史和文献研究院编：《习近平关于网络强国论述摘编》，中央文献出版社2021年版。

二、著作类

孟子：《孟子》，任大援，刘丰注译，安徽人民出版社2002年版。

荀子：《荀子》，安继民注译，中州古籍出版社2006年版。

叶秀由：《前苏格拉底哲学研究》，人民出版社1983年版。

罗国杰、宋希仁：《西方伦理思想史》上卷，中国人民大学出版社1985年版。

宋定国：《人的本质的揭示和唯物史观的创立》，广西人民出版社1985年版。

罗国杰：《伦理学》，人民出版社1989年版。

戴本博：《外国教育史》上，人民教育出版社1989年版。

万俊人：《现代西方伦理学史》上卷，北京大学出版社1990年版。

杨伯峻：《孟子译注》，中华书局1990年版。

唐凯麟、龙兴海：《个体道德论》，中国青年出版社1993年版。

罗国杰：《中国伦理学百科全书》伦理学原理卷，吉林人民出版社1993年版。

肖雪慧:《守望良知——新伦理的文化视野》,辽宁人民出版社 1998 年版。

李泽厚:《论语今读》,安徽文艺出版社 1998 年版。

李连科:《价值哲学引论》,商务印书馆 1999 年版。

杨国荣:《科学的形而上之维》,上海人民出版社 1999 年版。

朱哲:《先秦道家哲学研究》,上海人民出版社 2000 年版。

何建华:《道德选择论》,浙江人民出版社 2000 年版。

罗国杰:《伦理学》,人民教育出版社 2001 年版。

谢海光:《互联网与思想政治工作概论》,复旦大学出版社 2002 年版。

朱贻庭:《伦理学大词典》,上海辞书出版社 2002 年版。

曾钊新、李建华:《道德心理学》,中南大学出版社 2002 年版。

夏东伟:《思想道德修养》,中国人民大学出版社 2003 年版。

唐凯麟:《伦理学》,高等教育出版社 2003 年版。

李惠斌:《全球化与公民社会》,广西师范大学出版社 2003 年版。

杨丽英:《网络思想政治教育论》,人民出版社 2003 年版。

李德顺、孙伟平:《道德价值论》,云南人民出版社 2005 年版。

张耀灿、郑永廷、吴潜涛、骆郁廷:《现代思想政治教育学》,人民出版社 2006 年版。

李斌:《网络政治学导论》,中国社会科学出版社 2006 年版。

陈万柏、张耀灿:《思想政治教育学原理》,高等教育出版社 2007 年版。

潘建红:《现代科技发展与道德教育重建》,湖北人民出版社 2007 年版。

王敬华:《道德选择研究:以价值论为视角》,中国社会科学出版社 2008 年版。

徐志远:《现代思想政治教育学范畴研究》,人民出版社 2009 年版。

张再兴:《网络思想政治教育研究》,经济科学出版社 2009 年版。

何建华:《道德选择论》,浙江人民出版社 2010 年版。

葛桦:《个体道德选择教育论》,广西师范大学出版社 2011 年版。

徐子沛:《大数据:正在到来的数据革命,以及它如何改变政府、商业与我们的生活》,广西师范大学出版社 2012 年版。

杨怀中：《现代科学技术的伦理反思》，高等教育出版社2013年版。

檀传宝：《学校道德教育原理》，教育科学出版社2014年版。

徐继华：《智慧政府：大数据治国时代的来临》，中信出版社2014年版。

涂子沛：《数据之巅》，中信出版社2014年版。

潘建红：《现代科技与伦理互动论》，人民出版社2015年版。

大数据战略重点实验室编：《块数据2.0：大数据时代的范式革命》，中信出版社2016年版。

李开复、王咏刚：《人工智能》，文化发展出版社2017年版。

连玉明：《中国大数据发展报告》No.2，社会科学文献出版社2018年版。

魏琴、欧阳智、袁华：《数融未来：图解大数据+产业融合》，贵州人民出版社2018年版。

大数据战略重点实验室：《中国数谷》，机械工业出版社2018年版。

大数据战略重点实验室：《块数据4.0：人工智能时代的激活数据学》，中信出版社2018年版。

［德］黑格尔：《法哲学原理》范扬、张企泰译，商务印书馆1961年版。

［德］黑格尔：《小逻辑》，贺麟译，商务印书馆1980年版。

［英］大卫·休谟：《人性论》上下卷，关之运译，商务印书馆1980年版。

［美］阿尔温·托夫勒：《第三次浪潮》，朱志焱、潘琪、张焱译，三联书店1984年版。

［美］约翰·奈斯比特：《大趋势——改变我们生活的十个新趋向》，梅艳译，中国社会科学出版社1984年版。

［美］J. P. 蒂洛：《哲学：理论与实践》，古平、肖峰译，中国人民大学出版社1989年版。

［德］黑格尔：《精神现象学》上，贺麟、王玖译，商务印书馆1997年版。

［德］马克斯·舍勒：《资本主义的未来》，罗悌伦译，上海三联书店1997年版。

［古希腊］亚里士多德：《亚里士多德全集》第9卷，颜一、秦典华

译，中国人民大学出版社 1997 年版。

［苏］彼得罗夫斯基、雅罗舍夫斯基：《心理学辞典》，赵碧如译，东方出版社 1997 年版。

［美］尼葛洛庞帝：《数字化生存》，胡泳、范海燕译，海南出版社 1997 年版。

［美］埃瑟·戴森：《2.0 版数字化时代的生活设计》，胡泳、范海燕译，海南出版社 1998 年版。

［美］塞缪尔·亨廷顿：《文明的冲突与世界秩序的重建》，周琪等译，新华出版社 1998 年版。

［英］哈耶克：《自由宪章》，杨玉生、冯元兴译，中国社会科学出版社 1999 年版。

［美］约翰·奥尼尔：《身体形态——现代社会的五种身体》，张旭春译，春风文艺出版社 1999 年版。

［德］黑格尔：《历史哲学》，王造时译，上海书店出版社 2001 年版。

［德］胡赛尔：《欧洲科学的危机与超越论的现象学》，王炳文译，商务印书馆 2001 年版。

［美］霍尔戴维斯：《道德教育的理论与实践》，陆有铨、魏贤超译，浙江教育出版社 2003 年版。

［古希腊］亚里士多德：《尼各马可伦理学》，廖申白译，商务印书馆 2003 年版。

［美］劳伦斯·莱斯格：《代码——塑造网络空间的法律》，李旭译，中信出版社 2004 年版。

［英］齐格蒙特·鲍曼：《被围困的社会》，郇建立译，江苏人民出版社 2005 年版。

［俄］尼古拉·别尔嘉耶夫：《论人的使命：神与人的生存辩证法》，张百春译，世纪出版集团、上海人民出版社 2007 年版。

［美］罗伯斯·罗伦斯·库恩：《中国三十年：人类社会的一次伟大变迁》，吕鹏译，上海人民出版社 2008 年版。

［美］尼尔·唐纳德·沃尔什：《与神对话》，李维宏译，上海书店出版社2009年版。

［英］休谟：《人性论》，石碧球译，中国社会科学出版社2009年版。

《爱因斯坦文集》第三卷，许良英、赵中立、张宣三译，商务印书馆2010年版。

［英］安德鲁·查德威克：《互联网政治学：国家、公民与新传播技术》，任孟山译，华夏出版社2010年版。

Darin barney：《网络社会的概念：科技、经济、政治与认同》，黄守义译，韦伯文化国际出版有限公司2012年版。

［英］迈尔·舍恩伯格维克托、库克耶肯尼思：《大数据时代：生活、工作与思维的大变革》，周涛译，浙江人民出版社2013年版。

［美］约翰·马尔科夫：《与机器人共舞》，郭雪译，浙江人民出版社2015年版。

［英］维克托·迈尔－舍恩伯格、肯尼思·库克耶：《与大数据同行——学习和教育的未来》，赵中建、张燕南译，华东师范大学出版社2015年版。

［美］弥尔顿·L. 穆勒：《网络与国家：互联网治理的全球政治学》，周程译，上海交通大学出版社2015年版。

［美］科德·戴维斯、道格·帕特森：《大数据伦理：平衡风险与创新》，赵亮、王健译，东北大学出版社2016年版。

［以色列］尤瓦尔·赫拉利：《未来简史》，林俊宏译，中信出版集团2017年版。

三、文章类

习近平：《习近平在周边外交工作座谈会上发表重要讲话强调：为我国发展争取良好周边环境》，《人民日报》2013年10月26日。

习近平：《共同谱写中拉全面合作伙伴关系新篇章——在中国拉共体论坛首届部长级会议开幕式上的致辞》，《人民日报》2015年1月9日。

习近平：《习近平致国际教育信息化大会的贺信》，《人民日报》2015年5月24日。

习近平：《携手构建合作共赢新伙伴，同心打造人类命运共同体——习近平在第七下届联合国大会一般性辩论时的讲话》，《人民日报》2015年9月29日。

习近平：《在网络安全和信息化工作座谈会上的讲话》，《人民日报》2016年4月26日。

习近平：《在庆祝中国共产党成立95周年大会上的讲话》，《人民日报》2016年7月2日。

习近平：《携手推进"一带一路"建设——在"一带一路"国际合作高峰论坛开幕式上的演讲》，《人民日报》2017年5月15日。

习近平：《决胜全面建成小康社会，夺取新时代中国特色社会主义伟大胜利——在中国共产党第十九次全国代表大会上的报告》，《人民日报》2017年10月28日。

习近平：《习近平在全国网络安全和信息化工作会议上强调：敏锐抓住信息化发展历史机遇，自主创新推进网络强国建设》，《人民日报》2018年4月22日。

习近平：《习近平向2018年中国国际大数据产业博览会致贺信》，《人民日报》2018年5月27日。

习近平：《高举中国特色社会主义伟大旗帜　为全面建设社会主义现代化国家而团结奋斗——在中国共产党第二十次全国代表大会上的报告》，《人民日报》2022年10月26日。

S. Chandrasekhar：《科学中的美和对美的追求》，方兆炷译，《世界科学译刊》1980年第8期。

罗国杰：《论道德境界》，《哲学研究》1981年第3期。

姚新中：《论道德选择》，《中国人民大学学报》1989年第1期。

孔德萍：《道德选择的自主性》，《江汉论坛》1990年第8期。

魏长领：《社会道德选择与个体道德选择》，《河南师范大学学报》（哲学社会科学版）1991年第2期。

李春立：《价值原则与真理原则的冲突》，《晋阳学刊》1992年第6期。

王泽应：《论市场经济与道德的关系》，《湖南师范大学社会科学学报》1996年第6期。

孙伟平、贾旭东：《关于“网络社会”的道德思考》，《哲学研究》1998年第8期。

刘清平：《儒家伦理：道德理性还是血亲情理?》，《中国哲学史》1999年第3期。

高德胜：《道德教育中的主知主义》，《现代教育论丛》1999年第4期。

朱喆：《天人关系与生态智慧：先秦道家与西方哲人之有关思想比较》，《武汉水利电力大学学报》（社会科学版）2000年第6期。

杨怀中：《“网络社会”的伦理分析及对策》，《武汉理工大学学报》（社会科学版）2001年第1期。

高亮华：《“技术转向”与技术哲学》，《哲学研究》2001年第1期。

谢舜、赵少钦：《网络虚拟社会伦理问题的成因与控制》，《广西大学学报》（哲学社会科学版）2002年第6期。

高兆明：《“道德”探幽》，《伦理学研究》2002年第2期。

万俊人：《人为什么要有道德?》下，《现代哲学》2003年第2期。

于咏华：《论道德生产力》，《理论学刊》2004年第5期。

马向真：《科学活动中的道德选择》，《道德与文明》2004年第5期。

杨怀中：《科技伦理学究竟研究什么》，《江汉论坛》2004年第2期。

陈爱华：《试论高技术的道德选择及其本质》，《道德与文明》2004年第6期。

窦炎国：《论道德认知》，《西北师范大学学报》2004年第6期。

马向真：《道德选择的心理分析》，《南京师大学报》（社会科学版）2004年第5期。

王智：《1956—1976：技术革命与文化革命思想的扬抑轨迹》，《学术交流》2004年第1期。

蔡志良：《论道德能力的构成要素》，《天津市教科院学报》2005年第4期。

温克勤：《略谈道德相对主义》，《道德与文明》2005年第5期。

朱葆伟：《工程活动的伦理责任》，《伦理学研究》2006年第6期。

李伯聪：《工程创新和工程人才》，《工程研究——跨学科视野中的工程》2006年第2期。

王冬梅、王柏峰：《美国工程伦理教育探析》，《高等工程教育研究》2007年第2期。

王敬华：《事实、价值与道德选择》，《齐鲁学刊》2007年第6期。

张之沧：《论科学的道德寓意》，《沈阳师范学院学报》2007年第6期。

高德胜：《身体退隐的道德后果——论网络世界中的身体、道德和教育》，《教育研究与实验》2007年第2期。

杨豹：《理性、中道与幸福——探讨亚里士多德的道德选择理论》，《伦理学研究》2007年第5期。

毕孟琴：《论高校实施道德情感教的四大障碍》，《教育与职业》2009年第1期。

王敬华：《道德悖论与道德选择》，《齐鲁学刊》2009年第3期。

李忠红、王贺：《儒学道德终极价值对现代德育的启示》，《求索》2009年第4期。

李培超：《个人自由全面发展的实现——论马克思〈1857—1858年经济学手稿〉的伦理主题》，《湖南师范大学社会科学学报》2010年第6期。

赵法生：《孔子人性论的三个向度》，《哲学研究》2010年第8期。

吕耀怀：《科技伦理：真与善的价值融合》，《道德与文明》2011年第1期。

韩东屏：《论道德选择的所指、前提、责任与方式》，《河南社会科学》2012年第4期。

徐步刊、周兴社、梁韵基、王海鹏、於志文：《一种场景驱动的情境感知计算框架》，《计算机科学》2012年第3期。

姚引良、刘波、郭雪松等：《地方政府网络治理形成与运行机制博弈仿真分》，《中国软科学》2012年第10期。

刘峻杉、张俊：《仁义礼智信五德体系的德育价值——基于三种美德体系的比较研究》，《比较教育研究》2013年第12期。

倪光南：《关于大数据》，《高科技与产业化》2013年第5期。

陈释：《大数据的启示与探讨》，《信息安全与通信保密》2013年第9期。

吴国林：《量子技术的哲学意蕴》，《哲学动态》2013年第8期。

邱仁宗、黄雯、翟晓梅：《大数据技术的伦理问题》，《社会与科学》2014年第1期。

何李新：《齐泽克的赛博空间批判》，《外国文学》2014年第2期。

舒心心、穆艳杰：《马克思博士论文中的自由思想探源》，《社会科学战线》2014年第7期。

曾楠：《面境与机缘：核心价值观教育的文化考察》，《理论导刊》2014年第3期。

陈永国、邓倩妮：《网络舆情治理机制的仿真实验研究》，《上海交通大学学报》（社会科学版）2014年第5期。

柳夕浪：《从“素质”到“核心素养”——关于“培养什么样的人”的进一步追问》，《教育科学研究》2014年第8期。

邬贺铨：《大数据思维》，《科学与社会》2014年第1期。

蒋洁、陈芳、何亮亮：《大数据预测的伦理困境与出路》，《图书与情报》2014年第5期。

胡纵宇、黄丽亚：《大数据时代大学生思想政治教育面临的问题及应对》，《学校党建与思想教育》2014年第13期。

楼巍、张志伟、黄静：《网络环境下大学生思想政治教育研究探索与思考》，《思想理论教育导刊》2014年第5期。

张康之、向玉琼：《网络空间中的政策问题建构》，《中国社会科学》2015年第2期。

朱锋刚、李莹：《确定性的终结：大数据时代的伦理世界》，《自然辩证法研究》2015年第6期。

崔海英：《大数据时代高校网络思想政治教育的价值维度与实现方式》，

《黑龙江高教研究》2015 年第 3 期。

黄欣荣：《大数据技术的伦理反思》，《新疆师范大学学报》（哲学社会科学版）2015 年第 3 期。

杨少涵：《孟子性善论的思想进路与义理架构》，《中国哲学》2015 年第 2 期。

詹世友：《马克思的道德观知识图景与价值坐标》，《道德与文明》2015 年第 1 期。

张维明、唐九阳：《大数据思维》，《指挥信息系统与技术》2015 年第 2 期。

张弛：《大数据思维范畴探究》，《华中科技大学学报》（社会科学版）2015 年第 2 期。

陈刚：《块数据的理论创新与实践探》，《中国科技论坛》2015 年第 4 期。

胡小明：《大数据思维形成的两种视角：信息技术驱动及应用拓展》，《电子政务》2015 年第 12 期。

黄欣荣：《大数据哲学研究的背景、现状与路径》，《哲学动态》2015 年第 7 期。

谢存旭：《大数据视域下人类生存危机哲学反思》，《人民论坛》2015 年第 35 期。

陈进华：《大数据时代社会道德治理创新的伦理形态》，《学术界》2016 年第 1 期。

王永峰：《对大数据道德悖论的思考》，《人力资源管理》2016 年第 2 期。

哈玉红：《道德选择教育：高校立德树人的新路向》，《甘肃高师学报》2016 年第 11 期。

孙全胜：《马克思主义生态自然观的“天人合一”之境》，《华北电力大学学报》（社会科学版）2016 年第 1 期。

闫闯：《道德教育人性化的诉求阐释》，《教育理论与实践》2016 年第

34 期。

高航:《政府舆情应对能力系统动力学建模与仿真研究》,《情报科学》2016 年第 2 期。

张新宝、许可:《网络空间主权的治理模式及其制度构建》,《中国社会科学》2016 年第 8 期。

何强:《大数据预测》,《中国统计》2016 年第 3 期。

九州:《如何在互联网时代激发群体智能》,《中外管理》2016 年第 4 期。

朱扬勇、熊赟:《大数据人才培养的基础条件初探》,《大数据》2016 年第 5 期。

黄欣荣:《大数据对科学哲学的新挑战》,《新疆师范大学学报》(哲学社会科学版)2016 年第 3 期。

贾向桐:《"大数据"革命与科学哲学变革的三重维度》,《人民论坛》2016 年第 5 期。

李楠:《论道德选择能力的自我形成》,《阴山学刊》2016 年第 4 期。

唐凯麟、李诗悦:《大数据隐私伦理问题研究》,《伦理学研究》2016 年第 6 期。

史巍:《自由意志与道德选择的可能性:西方学者对自由意志探讨的基本倾向》,《东北师大学报》(哲学社会科学版)2017 年第 2 期。

卢艳芹、彭福扬:《人与自然命运共同体论析》,《理论月刊》2017 年第 6 期。

周午鹏:《虚拟现实的现象本质及其身心问题》,《科学技术哲学研究》2017 年第 3 期。

陈艳、李君亮:《大数据哲学研究述评》,《广西社会科学》2017 年第 3 期。

齐磊磊:《由大数据引起的对因果与相关的讨论》,《自然辩证法研究》2017 年第 5 期。

邵永生:《道德选择与爱》,《道德与文明》2017 年第 3 期。

陆建华:《性朴、情欲与性恶:荀子人性论的三个层面》,《学术界》

2017 年第 10 期。

杨怀中、朱文华：《网络空间治理及其伦理秩序建构》，《自然辩证法研究》2018 年第 2 期。

蓝江：《一般数据、虚体、数字资本：数字资本主义的三重逻辑》，《哲学研究》2018 年第 3 期。

王向华、赵华：《德性回归：道德教育的当代诉求》，《当代教育科学》2018 年第 4 期。

易宛如：《电车困境拷问道德》，《文苑天地》2018 年第 3 期。

潘军：《AI 理性价值智能的隐忧与消解》，《自然辩证法通讯》2018 年第 4 期。

潘建红、潘军：《大数据时代个体数据理性化的悖论与消解》，《甘肃社会科学》2018 年第 2 期。

潘军、罗用能：《勒索病毒事件的科技伦理隐忧与消解》，《长沙理工大学学报》（社会科学版）2018 年第 3 期。

潘军：《大数据时代大学生道德选择的价值原则》，《学校党建与思想教育》2020 年第 6 期。

潘军：《AI 智能层级与仿人实现的价值调控与治理研究》，《重庆大学学报》（社会科学版）2022 年第 4 期。

陈爱华：《高技术的道德选择何以可能?》，《首届国际道德哲学会议论文集》2004 年。

张之沧：《论科学的道德属性》，《光明日报》2004 年 6 月 22 日。

陈明奇：《大数据时代的美国信息网络安全新战略分析》，《第 27 次全国计算机安全学术交流会论文集》，中国计算机学会计算机安全专业委员会 2012 年。

朱哲：《培育诚实守信的社会风尚》，《人民日报》（理论版）2013 年 4 月 9 日。

王毅：《坚持正确义利观：积极发挥负责任大国作用——深刻领会习近平同志关于外交工作的重要讲话精神》，《人民日报》2013 年 9 月 10 日。

黄欣荣：《大数据时代的哲学变革》，《光明日报》2014年12月3日。

《解析："大数据"有多大?》，《燕赵都市报》2015年11月10日。

《坚持走自己的高等教育发展道路——论学习贯彻习近平总书记高校思想政治工作会议讲话》，《人民日报》2016年12月9日。

2017中国国际大数据产业博览会：《区块链将如何改变世界》，《数博会前沿》2017年4月5日。

潘军、罗用能：《以科技伦理观思考"勒索病毒事件"》，《第八次全国工程哲学学术会议集》2017年9月19、20日。

梅宏：《全球数字经济正处于成型展开期》，《大数据时代杂志》2018年4月2日。

四、硕博论文类

1. 博士论文

李耀臻：《论大学生道德选择教育》，博士学位论文，华中科技大学，2005年。

李斐斐：《大学生合作能力培养研究》，博士学位论文，南京航空航天大学，2009年。

邵永生：《境遇与道德选择：弗莱彻道德选择理论及其在生命伦理学中的应用研究》，博士学位论文，东南大学，2011年。

张兰廷：《大数据的社会价值与战略选择》，博士学位论文，中国共产党中央委员会党校，2014年。

王婧：《大数据时代大学生道德教育研究》，博士学位论文，西南大学，2015年。

陈桂香：《大数据对我国高校教育管理的影响及对策研究》，博士学位论文，武汉大学，2017年。

2. 硕士论文

张晓强：《大数据引起的科学转变研究》，硕士学位论文，清华大学，2014年。

王智黎：《社会转型期当代大学生道德选择能力培养研究》，硕士学位论文，武汉纺织大学，2017 年。

五、外文文献类

B. Edward Mc Clellan, Moral Education in American: School and the Shaping of Character from Colonial Times to the Present, New York: Teachers College, 1999.

B. William, To the Limit Sofa Ptability: Political Control of Higher Education, The Subversion of Australian Universities, 1999.

Ball, Politics and Policy Making in Education: explorations in policy sociology, London: Rutledg, 1990.

Brillouin L, Science and information theory, New York: Academic Press Inc, 1956.

Cynthia Dwork, Differential Privacy: A Survey of Results, in Proceedings of International Conference on Theory and Applications of Models of Computation, Berlin: Springer, 2008.

Elias J, Moral Education: Secular and Religious, Malabar Florida: Robert E. Krieger Publishing Company, 1989.

Emmanul G Mesthene, Technological Change: Its Ipact Man and Society, New York: New American Library, 1970.

F. C. Higgins A, and Kohlberg L, Lawrence Kohlbeg's Approach to Moral Education, New York: Columbia University Press, 1989.

Frankena Wiliam, A Model for Analyzing a Philosophy of Education, Boston: Allyn and Bacon, 1970.

Gilligan C, In a Different Voice: Psychological Theory and Women's Development, Cambridge: Harvard University Press, 1982.

Hans Jonas, The Imperative of Responsibility: In Search of an Ethics for the Technological Age, Chicago: University of Chicago, 1985.

Harwood L, Childen, Public Opinion: Nature, Formation, and Role. Princet, New Jersey: Van Nostrand Company, 1965.

Heidi M, Ravven, The Self Beyond Itself: An AIternative History of Ethics, the New Brain Sciences, and the Myth of Free Will, New York: the New Press, 2013.

J. M. Staudenmaier, Technology's Storytellers: Reweaving the Human Fabric, Cambridge: MIT Press, 1989.

Jack Goldsmith, Tim WU, Who Controls the Internet? Illusion of World, Oxford: Oxford University Press, 2006.

Johnson D W Johnson R. W, Holubec E J, The New Circles of Learning: Cooperation in the Classroom and School, Interaction Book Company, 1993.

Kohlberg L, Essage on Moral Development: Volume 1: Philiosphy of Moral Development, New York: Harper and Row, 1981.

Kuo A, Creating Social Value through Frugal Innovation, Entrepreneurship in Asia: Social Enterprise, Network and Grassroots Case Studies, 2015.

Laclau E, Politics and ideology in Marxist theory, London: New Left Books, 1977.

Larry Diamond, Liberation Technology, Journal of Democracy, 2010 (3).

Laura Westra, Bill E Lawson, Faces of Environmental Racism: Confronting Issues of Global Justice, Lanham, Md: Rowman and Littlefield Publishers, 2001.

L. Kohlberg, High School Democracy and Education for Just Society in R. t. Mosher, New York: Moral Education, 1980.

Luciano Floridi, Network Ethics: Information and Business Ethics in a N2tworked Society, University of Hertfordshire, 1998.

Mark J Smith, Culture: Reinventing the Social Science, Me Graw Com Panies, 2001.

MERLEAU – PONTYM, Phenomenology of perception, London and New York: Routledge, 2012.

Michael Le Buffe, Spinoza's Normative Ethics, University College Station, USA, 2000.

Miehael J, O'Neil, Media Power and Danger of Mass Information, Nieman Re Porls: Harvard University, 2000.

Newmman, Fred, Education for Citizen Action: Challenge for Secondary Curriculum, Berkeley, Califonia: Mc Cutchan, 1975.

Piaget J, The Moral Judgment of The Child, New York: Power, 1965.

P. Samarati and L. Sweeney, Protecting Privacy when disclosing information: K - anonymity and its enforcement through generalization and suppression, Miami: IEEE, 1998.

R. N. Procto, Value - Free Science is Purity and Power in Modern Knowledge, Cambridge: Harvard University Press, 1991.

Robert Baldwin, Martin Cave and Martin Lodge, eds. , The Oxford Handbook of Regulation, Oxford: Oxford University Press, 2010.

Robert D, Heslep, Moral Education for Americans, Westport Praeger Publishers, 1995.

Sandin, R. T, The Rehabitation of Virtue: Foundations of Moral Education, New York, Praeger Publisher.

Sklair. , Sociology of the Global System, Maryland: The Johns Hopkins University Press, 1991.

Taylor C, The Ethics of Authenticity, Cambridge: Harvard University Press, 1991.

Turiel E, The Development of Social Knowledg: Moral and Convention, New York: Cambridge University Press, 1983.

Urich Beck, Bisk Society: Towards a New Modernity, London: Sage Publications, 1992.

Weber, Max, Wirtschaft und Gesellschaft, Tübingen: J. C. B. Mohr, 1956.

WGIG, Working Group on Internet Governance, Report of the Working Group on Internet Governance, Switzerland: Chateau de Bossey, 2005.

Basarabn, Transdiscip linarity theory and practice, Cresskill: Hampton

Press, 2008.

Ashwin Machanavajjhala, Daniel Kifer, Johannes Gehrke, Muthuramakrishnan Venkitasubramaniam, L diversity: Privacy beyond K anonymity, ACM Transction on Knowledge Discovery from Data, 2007 (1).

Ann Lieberman, Maureen Grolnick, Networks and Reform in American Educatio, Teacher's College Record Volume, 1996.

Eugene C Hargrove, Toward Teaching Environmental Ethics: Exploring Problems in the Language of Evolving Social Values, Canadian Journal of Environmental Education, 2000 (5).

Gilbert, Education and Post modernity, British Journal of Sociology of Education, 1995.

H Marcuse, Industrialization and Capitalism in the Work of Max. Weber, Boston: Beacon Press, 1968.

Helen V, Milner, The Digital Divide: The Role of Political Institutions in Technology Diffusion, Comparative Political Studies, 2006 (2).

Joseph Nye, The Regime Complex for Managing Global Cyber Activities, Scholary Articles, 2014.

Kirschenbaum, Howard, From Value Clarification to Character Education: A personal Journey, Journal of Humanistic Counseling, Education and Development, 2000 (1).

Lickona T, The Return of Character Education, Education Leadership, 1993 (3).

Lockward A, A Letter to Character Education, Education Leadership, 1993 (3).

Mark Grabe, Ellen Sigler, Studying Online: Evaluation of an Online Study Environment, Computer and Education, 2002.

Neil Weinstock Netanel, Cyberspace Self Governance: A Sceptical View from Liberal Democratic Theory, California Law Review, 2000 (2).

Panayotis A, Yannakogeorgos, Internet Governance and National Security, International Strategic Studies Quarterly, 2012 (3).

Raymund Werle and Eric J Iversen, Promoting Legitimacy in Technical Standardization, Science, Technology and Innovation Studies, 2006 (1).

Resl J R, Thoma S T, Bebeau M J, A Neo Kohlberg Approach to Morality research, Journal of Moral Education, 2000 (29).

Sabrina De Capitani di Vimercati, Sara Foresti, Giovanni Livraga, Pierangela Samarati, Data Privacy: Definitions and Techniques, International Journal of Uncertainty, Fuzziness and Knowledge - based Systems, 2012 (6).

Scott J, Shackelford, Toward Cyberpeace: Managing Cyberattacks Through Polycentric Governance, American University Law Review, 2013 (5).

Shannon C E, The mathematical theory of communication, The Bell System Technical Journal, 1948 (3).

Sue Ellen Henry, What Happens When We Use Kohlberg? His Troubling Functionalism and the Potential of Pragmatism in Moral Education, Education Theory, 2001 (51).

Thomas Lickona, Eleven Principle of Effective Character Education, Journal of Moral Education, 1996 (1).

Tom Sorell, Scientism - Philosophy and the infatuation with science, London and New York, 1991.

Wilson J, First Step in Moral Education, Journal of Moral Education, 1996 (25).

Zern, David, The Attitudes of Present and Future Teachers to the Teaching, Journal of Genetic Psychology, 1997 (4).

Zhu Y Y, Xiong Y, Defining big data, Big Data Research, 2015 (1).

ZHU Y Y, X IONG Y, Training data scientists in the era of big data, Big Data Research, 2016 (3).

Dario Amodei, Sundaram Ananthanarayan, Rishita Anubhai et al Deep

Speech 2: End to End speech Recognition in English and Mandarin, Computer Science, 2015.

Deng J, Dong W, Socher R, et al. Image Net: A Large Scale Hierarchical Image Database, Computer Vision and Pattern Recognition, 2009. CVPR2009. IEEE Conference on. Miami: IEEE, 2009.

Marti P, Gabrielli F, Petroni L, et al. Situated Interactions in Art Settings, Proc. Workshop on Situated Interaction in Ubiquitous Computing. April, 2000.

Schiele B, Starner T, Rhodes B, et al. Situation Aware Computing with Wearable Computers, 1999.

附　　录

（一）调研（访谈）提纲

1. 您知道人工智能和大数据吗？您认为它可以融合您的工作或生活发展吗？

2. 您认为人工智能和大数据与您的工作或生活融合发展后，会带来哪些方面的变化呢？

3. 您认为选择人工智能和大数据融合发展最核心的要素和条件是什么？

4. 您认为"人工智能和大数据＋"战略的实施带来了哪些变化？

5. 您认为人工智能和大数据能分辨善恶、真假、美丑吗？

6. 您认为人工智能和大数据技术对公民作出道德选择有什么影响呢？

7. 您认为在人工智能时代，公民应遵循什么样的道德选择价值原则、价值导向和价值诉求？

8. 您认为公民在借助人工智能和大数据作出道德选择时应注意哪些因素？

9. 您认为人工智能时代应怎样培养和提升公民的道德选择能力？

10. 您对人工智能时代培养公民道德选择能力有哪些意见建议？

11. 麻烦您分享一下你们在融合应用人工智能和大数据方面的经验与成果吧？

12. 你们融合应用人工智能和大数据方面的原理或者说可以提炼出来分享经验，或者说秘密是什么呢？

（二）调研（访谈）单位信息

为了研究能够更加聚焦主题、问题和客观现实，提高科研的理论性、科学性和实践性，自 2016 年以来，采取实地访谈与学术交流相结合、国内与国外相结合的方式，设计了到政府、国际性会议会展、高校、企业中去的多渠道调研路线，尽可能地搜集有价值的信息素材、了解和掌握前沿动态，保障了调研的全面性、有序性和实效性，见附表 1 和附表 2。

附表 1

调研单位一览表

序号	调研单位	序号	调研单位	序号	调研单位
1	阿里巴巴（中国）有限公司	17	新浪集团有限公司	33	中国大数据（贵州）综合试验区
2	腾讯云计算（北京）有限责任公司	18	Vimana	34	哈工大大数据集团有限公司
3	360 企业安全集团	19	威图电子	35	浙江大华技术股份有限公司
4	NTT DATA 集团	20	易鲸捷	36	国信优易数据有限公司
5	甲骨文	21	满帮集团	37	中国知网
6	传化智联股份有限公司	22	浪潮集团有限公司	38	多彩贵州网有限责任公司
7	中科聚信	23	Facebook	39	中国通信服务股份有限公司
8	京东云	24	茅台云商	40	北京东方国信科技股份有限公司
9	中央电视台财经频道	25	中国联通（贵州公司）	41	小 i 机器人
10	戴尔易安信	26	中国电子信息产业集团有限公司	42	科大讯飞
11	富士康科技集团	27	神州数码	43	武汉光迅科技股份有限公司
12	中国电科（CETC）	28	云上贵州	44	HIGGS BLOCK
13	华为技术有限公司	29	中国电信（贵州公司）	45	联想（北京）有限公司
14	华蕊通	30	北京多牛互动传媒股份有限公司	46	扬州赛格布线科技集团有限公司
15	美国高通公司	31	软通动力	47	广州南盾通信设备有限公司
16	谷歌信息技术（中国）有限公司	32	华大基因	48	中国振华电子集团有限公司

注：以调研时间为序。

附表 2

调研单位一览表

序号	调研单位	序号	调研单位	序号	调研单位
49	上海森亿医疗科技有限公司	65	重庆誉存大数据科技有限公司	81	数联铭品科技有限公司
50	河北省信息产业与信息化协会	66	众安信息技术服务有限公司	82	东华软件股份公司
51	科大国创软件股份有限公司	67	四川创意信息技术股份有限公司	83	成都四方伟业软件股份有限公司
52	贵州以晴光电集团有限公司	68	航天信息股份有限公司	84	北京因特睿软件有限公司
53	史陶比尔（杭州）精密机械电子有限公司	69	南威软件股份有限公司	85	国家知识产权专利检索咨询中心
54	深圳捷誉技术有限公司	70	深圳太极云软技术股份有限公司	86	电子科技大学国家大学科技园（天府园）
55	贵州黔亿城网商贸有限公司	71	上海卓繁信息技术股份有限公司	87	科技谷（厦门）信息技术有限公司
56	中国大数据技术与应用联盟	72	印度国家信息技术学院	88	中译语通科技股份有限公司
57	捷通智慧科技股份有限公司	73	罗伯斯机器人	89	贵州树精英教育科技有限责任公司
58	深圳大普微电子科技有限公司	74	英国信特尼有限公司	90	北京中关村融汇金融信息服务有限公司
59	杭州长三角大数据研究院	75	南京中新赛克科技有限责任公司	91	修文农业投资有限责任公司
60	赛瓦软件（上海）有限公司	76	北京数字冰雹信息技术有限公司	92	数博会无人体验超市
61	广东欧科空调制冷有限公司	77	四川空间信息产业发展股份有限公司	93	东方科幻谷
62	华信咨询设计研究院	78	江苏蓝创智能科技股份有限公司	94	公安部合作企业集团
63	深圳市皓丽智能科技有限公司	79	广东南方数码科技股份有限公司	95	西西洋教育
64	贵阳银行	80	食品安全云	96	PIX 无人驾驶体验项目

注：以调研时间为序。

后　　记

本专著获得国家社科基金和贵州商学院资助以及中国财政经济出版社的大力支持，庆幸之余，我想这就是中国特色社会主义对学者的爱护与关怀，是对我个人崇尚严谨治学的一种更好鞭策，说明我还必须更努力和多奉献，才能报答这种支持之情、关心之爱！在此，我对资助、支持与鞭策我的各个单位、领导、专家学者、同事及本科研团队成员，表达衷心的感谢："谢谢你们了！"

如果说，本专著是有益中国公民道德选择能力培养与提升的1.0版研究成果的话，那么本专著的背后，即国家社科基金项目的AI时代中国公民道德选择的定性与定量研究（项目编号：21BKS165）就是受本专著影响而要研究的2.0版研究成果。本专著重点在于培养中国公民道德选择能力数据化、智能化及人工智能和大数据思维，而2.0版是要把中国公民数智道德选择能力在定性与定量中更微观地论证清楚和阐释清楚，以及将数据化和智能化的中国公民道德选择能力定性与定量化构建为体系化、规范化理论与实践范式。

诚然，本专著的研究花费了我较多的心血，特别是边学习人工智能和大数据技术，边调研收集有关人工智能和大数据的经典案例和典型案例，边研究写出专著，相当于以"强硬"的方式将我从思政学科拉到了思政学科与智能科学的融合应用思考与研究领域。这样的"文理互嵌式"艰辛学习与研究同步进行的历程，虽然艰辛，但是很快乐、很兴奋，有满满的成就感、收获感！当然，临近交稿出版时又满怀忐忑，因为智能科学我只学一些皮毛，害怕批评之声。但是，细想又还是希望出版，获得认可的，希望在收获鞭策和收获可能性批评之后再前行。为此，本专著敬请各领域的行家和有此学术专长的师友们，在百忙之中来信来函提出宝贵的修改意见或指导性学习建议，甚至是批评意见，以致未来的成果更好更有现实价值。

作　者

2024 年 4 月

尽　善　尽　美　　弗　求　弗　迪

慢慢变老

身心年轻的习惯养成法

〔日〕和田秀树·著

宋刚·译

「感情の老化」を防ぐ本

電子工業出版社
Publishing House of Electronics Industry
北京·BEIJING

版权贸易合同登记号 图字：01-2021-0395

图书在版编目（CIP）数据

慢慢变老：身心年轻的习惯养成法 /（日）和田秀树著；宋刚译. —北京：电子工业出版社，2021.7
ISBN 978-7-121-41104-5

Ⅰ. ①慢… Ⅱ. ①和… ②宋… Ⅲ. ①习惯性－能力培养－中老年读物 Ⅳ. ①B842.6-49

中国版本图书馆CIP数据核字（2021）第080037号

责任编辑：王小聪
印　　刷：三河市鑫金马印装有限公司
装　　订：三河市鑫金马印装有限公司
出版发行：电子工业出版社
　　　　　北京市海淀区万寿路173信箱　邮编 100036
开　　本：880×1230　1/32　印张：8.5　字数：125 千字
版　　次：2021 年 7 月第 1 版
印　　次：2021 年 7 月第 1 次印刷
定　　价：49.80元

凡所购买电子工业出版社图书有缺损问题，请向购买书店调换。若书店售缺，请与本社发行部联系，联系及邮购电话：（010）88254888，88258888。

质量投诉请发邮件至 zlts@phei.com.cn，盗版侵权举报请发邮件至 dbqq@phei.com.cn。

本书咨询联系方式：（010）57565890，meidipub@phei.com.cn。

前　言

"没有以前那么容易掉眼泪了。"

"遇到烦心事，就一直缓不过来。"

"最近老是想不出什么好点子。"

"有时候觉得自己脾气好像变倔了。"

如果你觉得自己最近有上述这些情绪变化，那么或许你的情感已经开始老化了。

一般来说，提起老化，我们都会想到三个方面：健康、大脑和外貌。

腿脚变得不好，肌肉变得无力，体力不容易恢复，身体容易生病——这些属于健康方面的老化，是身体机能开始衰退了。看到一件很熟悉的物品，怎么想也想不起来它的名称，见到新的事物，怎么记也记不住它的名称，思路很难梳理清楚——这些属于大脑方面的老化。皮肤失去弹性，体型变得臃肿，色斑和皱纹越来越多——这些属于外貌方面的老化。

为此，很多人通过慢跑、健身和减肥让自己保持身体健康；很多人通过研究智力问答游戏题来阻止大脑机能的衰退；还有很多人特别关注美容和时尚，想让自己青春永驻。

这些努力当然都不会白费，但是，在做这些工作之前，避免情感老化，保持情感年龄年轻才是重中之重。

话虽如此，很多人听了情感年龄或者情感老化都有些摸不着头脑。实际上，情感年龄与大脑额叶萎缩有着密切的关系。

人的大脑不同的部位具有不同的功能。位于大脑前侧的额叶主要控制人的思维、意愿、情感、性格等方面，属于高级的人类感情控制系统。

哭泣和愤怒等情感都较为原始，与此类情感

不同，额叶控制的是比较高级的、细腻的情感。额叶的主要功能不仅有产生触动心弦、小鹿乱撞、兴奋好奇、灵光乍现等生理、心理活动，还有为人注入活力、控制情绪、调节心情等。

如果利用成像技术记录大脑的活动，我们会发现人到了40岁左右，额叶就会开始出现萎缩了。只要开始萎缩，这个进程就不会停止。结果就会出现这种状态：看到什么都没有兴致、很少被感动、什么都不想做、很难控制和调节情绪。

如果一个人不能被感动，也没有什么干劲儿，还不能及时调节自己的情绪，那会发生什么呢？

那样的话，恐怕就会既不想锻炼，又不想动脑，甚至连打扮自己都嫌麻烦。综合起来，因为什么都变得“佛系”，所以就容易变得“破罐破摔”了。

并且，更可怕的是，一旦上了年纪，身体机能得不到发展的话，衰老的速度就会加快。

比如说，一个年轻人因为遭遇了一些事情几个月卧床不起。由于肌肉力量减弱了，他在恢复之后，刚下地的时候可能会觉得身体软绵绵的。但是，因为年轻人恢复得快，所以他很快会回到卧床不起之前的生活状态。但是，老年人要是躺上几个月，或许这辈子就再也起不来了。

再比如说，如果年轻人不学习，可能他的学习能力不会提升，但也不会很快就变成头脑空空的“废人”。但是老年人如果在生活中很少用脑，那么他的思考能力会迅速下降，甚至出现认知障碍。

大脑和身体只有越用才能越发保持年轻。不过，人要想保持年轻，首先就要保持住想要动脑和动脚的欲望。

因此，预防情感老化，想办法“冻”住情感年龄，这才是保持身心健康，使人生充满活力的要诀。

为了让各位读者了解自己的情感年龄，我根据大脑额叶会通过哪些形式显现出功能老化，制作了一份《情感老化度测试》问卷，请各位读者先从填写问卷开始吧，该问卷在前言之后。

前言

情感的老化是在不知不觉中自然发生的。给自己一个重新审视自己的机会，你可能会发现很多平时没有注意到的地方。如果测试的分数比你的实际年龄要高，说明你的情感已经开始老化了。

在本书中，我介绍了一些在日常生活中就可以轻松做到的预防情感老化的小方法，以及激活额叶的思维方式，并且分享了一些日常生活中的好习惯，真诚希望各位读者可以尝试一下。

如果你的情感老化度测试分数高于你的实际年龄，那么我希望你可以学习书中的一些小方法，这样可以帮助你实现情感“减龄”。

我在老年人精神和心理医学领域已经工作了20年，也遇到了很多上了年纪的人。在与他们接触的过程中，让我感触最深的是个体差异竟然如此之大。

尽管上了年纪，但仍有很多人非常有活力，他们对很多新鲜事物感兴趣，也很积极地和年轻人谈天说地。然而，也有一些人，刚刚60岁，就每天绷着一张脸，除非十分必要，否则他们一般不愿意与别人有任何交流，每天都宅在家里。

从外貌上看，他们的差距就更大了。看上去比实际年龄要年轻 10~15 岁的大有人在，同样也有很多人看上去比实际年龄要老 10~15 岁。

这些差距是从哪里来的呢？答案就是情感年龄。当人到了 40~50 岁的时候，情感就开始老化，而不同的人会用不同的心态去面对，最终就形成了他们之间的巨大差距。

情感老化，就是一切老化的元凶！

希望读者们记住这一点，认识到情感老化的实际影响。如果你通过这本书可以养成一两个保持情感年龄年轻的好习惯，那么我会感到无比荣幸。

情感老化度测试

请在正确的位置画"√"

	YES	哪边都不是	NO
最近没有主动邀请朋友出去玩			
性欲、好奇心等减退严重			
遇到挫折，比以前还想不开，翻来覆去睡不着			
难以接受与自己意见不同的观点			
年轻人对自己说话不用礼貌用语就会一下子火冒三丈			
经常会想"都这个岁数了，再开始也晚了"			
感觉花钱一时爽不如攒起来养老			
心里装不下事，会一直惦记着			
想不起最近因为什么事情被感动得泪流满面			
脾气一上来就会对下属或家人咆哮			
感觉创业是年轻人的特权			
最近半年，一部电影也没看过			
夫妻俩一吵架就没完没了			
对新书、兴趣班、资格考试、旅行广告都没兴趣			
听到朋友自夸，不像以前那样可以耐着性子听下去了			
最近一个月没看过一本书			
是否觉得越来越看不懂现在的年轻人			
当天发生的事情萦绕在脑海里，怎么都睡不着			
最近总是容易掉眼泪			
和以前相比，想不出什么新鲜的点子了			
感觉自己跟美食杂志、时尚杂志不属于同一个世界			

续　表

	YES	哪边都不是	NO
想到一个好主意后，就没有其他的思路了			
和以前相比，变得容易烦躁			
这几年出去旅行的时候，自己从来没有做过攻略，都是照抄别人的			
和以前相比，什么事情都懒得去做			
“√”的总数			
“√”的总数分别乘以“3”“2”“1”	×3	×2	×1
	①	②	③

	YES	哪边都不是	NO
明知对方是在奉承自己，却很愿意听			
经常对别人的性格做出一些主观判断，例如“因为那小子……，所以……”			
懒得向别人请教			
工作上虽然有更好的方案，但是因为怕麻烦就不向领导建议了			
一旦讨厌（喜欢）一个人，就很难承认这个人有优点（缺点）			
“√”的总数			
“√”的总数分别乘以“2”“1”“0”	×2	×1	×0
	④	⑤	

①	+②	+③	+④	+⑤	= 岁

你的情感年龄↑

如果高于实际年龄，你可要注意了！

目 录

第一章
情感年龄是什么?

第二章
情感老化与性激素的关系

目录

第三章
不要让大脑太放松

第四章
开心享受百岁人生

目录

第一章

情感年龄是什么？

年轻人和老年人的情感有什么不同?

张口闭口就说“累死了”“烦死了”“无所谓”，这样的年轻人屡见不鲜。相反，不少老年人退休之后不停地坚持挑战新鲜事物，生活中充满了活力。

话虽如此，年轻人的情感和老年人的情感还是大不相同的。

我们人类的情感中会有喜、怒、哀、乐。每一种情感的强度因人而异。不过，年轻人和老年人在情感方面的最大不同，就体现在情感产生的涟漪是大还是小，心动的强度是强还是弱，一跃而起的高度是高还是低。

年轻人的情感，往往是靠好奇心和意愿驱动的——“我想去那里看看”“我想尝试一下这份工作”“我想了解一下这个领域”……

也就是说，不断萌生的好奇心是年轻人情感的催化剂，推动他们去发掘更多的兴趣，这就是年轻人的思维惯性。欣喜、愤怒、哀伤、快乐，与之相伴的情感也一样丰富多彩。

无论是老年人还是年轻人，基本的情感都是一样的，但各类情感的热度多寡有别。

“年轻思维”使年轻人对任何事物都兴致勃勃，但“老年思维”却使老年人的心动指数很难提升，做什么事情都提不起精神。

例如，在老年思维影响下，大脑可能会感叹“最近怎么好吃的馆子越来越少了？”而这种时候，年轻思维的大脑却会想“上次的餐厅真差劲，下次我要找一家真正好吃的馆子！”

年轻思维乐于挑战新鲜事物。

再举一个例子，比如遇到突发状况时，老年思维会迟疑半晌，一直在想：“怎么会这样？”而年轻思维则转换得飞快，会对自己说：“调整计划，接下来要干点什么？”

行动能力和挑战精神，就是区分老年思维和年轻思维的标准。

情感之中，与实际行动贴合得最为紧密的就是“怦然心动”和“心跳加速”。因此，如果还能充分感受到这种兴奋，即使已经白发苍苍，也一定还拥有年轻的心，保持着青春活力。

我认为人的衰老与年龄无关，情感的“青春永驻”才是最关键的。

如何度过“思秋期”

“人生百年时代”一词入围了“2017 年 U-CAN 新语·流行语大奖”。创造这个词汇的是畅销书《百岁人生：长寿时代的生活与工作》（*The 100-Year Life*：*Living and Working in an Age of Longevity*）的作者琳达·格拉顿（Lynda Gratton）。

很多朋友可能已经读过这本书了。接受教育—参加工作—离职退休—颐养天年，书中认为应当重新审视这种传统的人生规划，以便迎接百岁人生。实际上，人活到 100 岁，已经不是遥远的未来，这一时代已经到来。

我们可以把人生比作大自然的四季。

少男少女时期，生理或心理上各种各样的变化会纷至沓来。逐渐成为大人的这一段人生就像是春天，我们称之为“青春期”。

之后，我们就会进入恋爱和结婚阶段，并全身心地投入工作中，这个火力全开的人生阶段，我们可以称之为“盛夏期”。而在成为“冬眠期”老人之前，40~60 岁可以比作人生的秋天，我们就把这个阶段称为“思秋期”吧。

当今时代，人的平均寿命逐渐延长。一想到退休后的人生长度和一辈子从事工作的时间差不多，你一定会觉得退休后的人生太漫长了，简直让人感觉喘不过气来。前些年，人类的平均寿命只有六七十岁，现在的人肯定不能像那时候的人一样规划“第二人生”。

要是再加上情感老化，既没有好奇心，又什么事情都懒得做，那么经历漫长的退休阶段，也是一种煎熬。百岁人生就是一场长途旅行，所以我们要提早做好准备，预防情感老化。

有一个词语叫“大器晚成”，这里，它也可以形容有的人过了60岁还要开始新的工作，希望给自己的才能找到施展的舞台。

比如小说《我将独自前行》（河出书房新社）获得了第158届芥川文学奖，作者若竹千佐子就是63岁才登上文坛的。当然，若竹女士并不是60岁之后才突然想起要写小说的。

50多岁的时候，若竹女士在家人的劝说下，参加了早稻田大学举办的小说讲座，经过了长时间的学习和准备。在参加讲座之前，或许她还阅读过很多书籍，经过了多年的练笔。她通过这些努力才获得了芥川文学奖。

还有很多人在退休之后成功创办了企业。他们并非退休之后一时兴起——“开个公司玩玩吧”，而是在40多岁的时候，就已开始设定新的人生目标，朝着那个方向做好准备。

他们付诸行动的能量源泉是什么呢?那就是意愿、好奇心和创造力。

因此,当你即将步入“思秋期”的时候,一定要预防情感老化。只有这样,才能保住你的意愿、好奇心和创造力。

◉ 上了年纪以后，智力和体力不会明显衰退

一般认为，上了年纪以后，身体的所有机能都会衰退。日本东京都老人综合研究所对70~90岁的老年人进行了长达15年的跟踪调查，得出的结果令我们感到十分意外。

例如，老年人接受了一项言语智商测试，即通过文字和语言的形式考察老年人的语言表达能力、词汇量、理解能力、计算能力。通过测试，有人得出结论：这些能力不会随着年龄的增长而下降。

《文艺春秋》杂志在日本的知识阶层很受欢迎，它的读者中有很多人都是80岁以上的老年人。结合这一现象再考虑

上述测试结果，也就不觉得意外了。

在操作智商测试中，通过搭积木和拼图的形式考察了老年人的智力水平。我们往往认为这些游戏对于老年人来说肯定有些困难。但是，实际结果是 70 岁以上的老年人并没有出现明显的机能衰退现象。

除此之外，还有考察大脑运转能力的测试，分为“液态智力”和“晶态智力”两项。相关数据表明，“晶态智力”这一项也没有随着年龄的增长而下降。

“液态智力”这一项考察的是人的计算能力和背诵能力，这些能力体现了大脑运转功能的活力水平，人在 20 岁左右的时候，这些能力会达到顶峰，之后会逐步下降，过了 40 岁会急剧下降。

“晶态智力”这一项考察的是知识和经验积累之后所获得的智力水平，是一个人经验值的重要体现。这一项与“液态智力”毫无关系，它不仅不会逐步下降，而且会在60岁左右达到顶峰。

尽管有一部分机能会因年龄的增长而衰退，但是由于“晶态智力”越来越能发挥效力，因此，如果要依据测试的所有数据来评估大脑综合机能的话，那么可以得出结论——大脑的综合机能不会随着年龄的增长而明显衰退。

也就是说，上了岁数以后人的智力水平会有所下降，这一常识是错误的。大脑的综合机能会因为各部分功能的互补而保持在一个相对稳定的水平。

还有一点令人难以置信，即身体机能也是一样，不会严重衰退。

举个例子，对健康状态的30岁的成年人和70岁的老年人的肌肉含量进行比较，虽然老年人的肌肉含量减少了30%，但是30岁的成年人和70岁的老年人的生活情景也是截然不同的。

如果是 30 岁的成年人，在工作过程中，可能会被要求从事重体力劳动。但是，有谁会对一位 70 岁的老年人提出这样的要求呢？没有人会让老年人搬重物或者跑得气喘吁吁的。

因此，尽管老年人与年轻人相比，其肌肉含量减少了 30%，但这也不会对其日常生活中所需的能力产生很大影响，例如行走。因此，可以说其身体机能并没有严重衰退。

而且，这种衰退也是相对的。只要不要求老年人做剧烈运动或者长时间工作，即使他们上了年纪，身体机能维持正常生活也是没有问题的。

东京都政府实施的关于老年人生活状况实际调查的结果也印证了这一点。1980 年，在 65~69 岁的老年人中，不借助拐杖可以正常行走的老年人的比例低于 90%，到了 2000 年，这一比例超过了 95%。

在 75~79 岁的老年人中，1980 年不借助拐杖可以正常行走的老年人的比例低于 80%，但在 2000 年，不借助拐杖可以正常行走的老年人的比例已接近 90%。

如此看来，如今老年人的智力及体力等日常生活所需的能力要比以前好太多，因此，我们是不是应该转换一下思维，不要总是疑神疑鬼的，怀疑自己的身体已经衰老得不行了。

传统的老化模型展现的是，随着年龄的增长，人的健康水平会有所下降。但是，最近的老化模型却发生了一些变化，呈现出来的趋势是老年人直到去世前几年身体都很健康，在之后的短短几年时间里身体状况会急转直下。这种情况有点像很多老年人理想中的人生轨迹——健健康康地活一辈子，最后离开这个世界的时候也不拖泥带水。

也就是说，如果人上了年纪可以保持正常的智力和体力，那么剩下的健康秘诀就是保持情感不老化。

情感老化从 40 岁开始

前文提到，尽管已步入老年阶段，但是人的智力和体力并不会严重衰退，行走能力也可以维持到很高的年龄，但是，令人不解的是，情感年龄的老化却很容易在人生较早的阶段出现，所以我们不得不重视这个问题。

一提到情感老化，可能有人会想到没有喜怒哀乐，心情变得十分平静；也有人会想到不会哭、不会笑，变得面无表情。然而，这些想象都不是正确答案。

那么，情感老化到底指的是什么呢？其实，情感老化和大脑的额叶萎缩有密切的关系。

我们大脑的不同的部位具有不同的功能，额叶控制的区域都有哪些功能呢？主要包括激发人的主动性、积极性、创造性，进行思维转换和产生情感变化。

因此，如果年纪越来越大，额叶日渐萎缩，就会出现以下这些症状：失去做事的动力、难以控制情绪、感情不再敏感细腻、不再那么容易被感动、失去创造力。

额叶萎缩之后，人们遇到不愉快的事情时还是会愤怒，悲伤的时候还是会流眼泪。为什么呢？因为这些原始情感是由大脑的边缘系统控制的。

可怕的是，有些人刚 40 岁额叶就开始萎缩了。

眼下 40 多岁的男演员有长谷川博己、室毅、伊势谷友介，女演员有菅野美穗、井川遥、中谷美纪等，印象中这些演员和“衰老”一点都不沾边。因此，很多人并不觉得 40 多岁就会怎样。

不过，额叶的萎缩一般会早于大脑其他部分。

当额叶萎缩之后，人就会失去动力，但凡遇到点什么事情，脱口而出的话都是：“太麻烦了”“做不做都行”“反正无所谓”。并且，情绪也变得难以控制，特别容易固执己见。生气时控制不住自己的情绪，伤心时眼泪流个没完，性格也会变得古板。最终会变成一个什么事都不想干、什么话都听不进去、什么情绪都宣泄个没完没了的人。

你想象一下，这样的人有谁愿意去接近？而且，要是真的变成这样的人了，人生还有什么乐趣啊？

如果放任情感持续老化下去，那么它就像走下坡路的自行车一样，老化速度会越来越快。“最近怎么什么都不想干？”“怎么这么容易发脾气呀？”“情绪怎么总是平复不了呢？”“怎么不如年轻的时候想到的点子多呢？”当你有这些感觉的时候，一定要尽早想想对策才行，因为这些都是情感老化的信号。

情感老化后会变成“老顽固”？

众所周知，上了年纪以后，人会越来越难以变通，变成我们经常说的“老顽固”。但是，为什么会出现这种现象呢？

我认为，这也是因为额叶萎缩了。理由是，在这种情况下往往会出现轻微的持续症（属于思维障碍的一种）症状。

比如，有一种测试大脑机能的方法，即向测试对象提问“今天是哪年哪月哪日？”如果回答的是诸如“2019 年 3 月 30 日”这样的答案，那就说明测试对象充分理解了提问者的意思。

但是，如果下一个问题是“今天您和谁一起来的医院？”

有些测试对象回答的还是“2019 年 3 月 30 日”，再接着问“请问您的生日是哪年哪月哪日？”答案依旧是“2019 年 3 月 30 日”。

像这样，已经换了不同的问题，但是测试对象持续做出相同的回答，这就是持续症的表现。换句话说，当人的大脑出现某种想法或答案后，他没办法正常切换到其他想法或答案，就像看电视换不了频道一样。

若仅仅是额叶出现萎缩，持续症的症状倒不会这么严重。不过，若是情绪非常低落的时候很难自拔，或者因为某个事情大发雷霆之后又很难平复心情等，这些现象就表明他出现了持续症的症状，此时他情绪的“频道”很难进行切换。

我认识一个年轻人，曾向我这样抱怨：“我们那个领导的口头禅就是‘必须按我的想法来，不这样，绝对不行！’最后我们什么都得听他的。明明我们有更好的点子，他就是不愿意听我们的，简直太崩溃了。”

听了他的抱怨，我觉得他这位上司的大脑额叶一定已经开始萎缩了。明明时代已经发生了翻天覆地的变化，他却一味地固执己见，他可能曾经获得过成功，但是一味地凭借过去的经验，而且还坚信这些经验是完全正确的，并且强迫下属完全服从自己……不能转换思路的领导，可以说他已经出现了持续症的症状。

如果你自身也有过类似的经历，那么最好怀疑一下自己是否已经出现情感老化了。

额叶让人更富有人性

“额叶”这个名词是这两年才为人熟知的。在这之前，这个词在人们日常聊天时还很少出现。而且，额叶是大脑的哪个部分，有什么功能，很少有人知道。

但是，最近在电视上的健康综艺节目中，还有养生杂志的专刊里，额叶都经常被提到。

进入21世纪以后，脑科学领域备受瞩目，“脑训练”“脑内maker”等年度流行语也对人们认识额叶产生了促进作用，因此人们才开始关注额叶。

还有一点不容置疑，就是现在患认知障碍的老年人越来越多，很多老年人都有强烈的愿望，“得想想法子，可别得老年痴呆症”“多大岁数都不想变成‘老糊涂’。因此，只不过经历了短短数年时间，人们便开始关注大脑。

在我们进入正题了解额叶之前，先让我们跑个题，聊一部电影。

这是1975年美国拍摄的电影《飞越疯人院》，曾获得五项奥斯卡大奖，主演是杰克·尼科尔森。作品揭示了精神病院的黑暗面，在日本也大获好评，想必很多读者都有印象。

故事的主人公因对精神病院的体制不满，呼吁人们反抗，而被院方强制实施了脑叶白质切除术，最终变成了废人。

顾名思义，这项手术就是通过切除脑前额叶外皮的连接组织来截断神经系统。这一方法曾经被用于治疗自主神经功能紊乱等精神疾病。但是，这项手术的副作用远远大于治疗效果。尽管为了达到使病人镇静的目的，或者为了治疗某些精神疾病，这项手术曾经风靡一时，但目前在日本已经没有人做了。

据说患者在接受脑叶白质切除术之后，不但智商测试的分数没有下降，而且还减少了兴奋和带有暴力倾向的行为。但是，精神上却变得缺少动力，注意力不集中，情感反应迟钝，与人交流的时候看起来不像正常人。

那么，脑前额叶是一个什么器官呢？它负责给人“打气”，让人充满活力，保持精神高度集中，丰富人的情感。换句话说，额叶会让人更富有人性。

进一步来说，额叶让人的情感变得丰富，它控制着人的主观意愿和创造力，是大脑中运筹帷幄的“指挥官”，是让人变得更有人性、更具有情感的一座“信号塔”。它是如此重要的器官啊！

尽早预防情感老化

额叶萎缩对人的情感老化有很大的影响，当然，除此之外，还有其他的影响因素。所有因素形成叠加效果，最终就会导致情感老化。我们再来了解一下额叶萎缩之外的因素。

首先是动脉硬化，我们要像重视额叶萎缩一样重视它。人的血管内如果堆积了大量的胆固醇，严重时便会形成动脉硬化，堵塞血管，导致血流变得缓慢。

发生动脉硬化以后，人就容易丧失好奇心，降低自主性，一旦伤心起来，眼泪就流个不停，容易发生“情感失控”现象。到了这个程度，人就控制不了自己的情感了，反而会被失控的情感弄得筋疲力尽。

乍一看，血管与情感毫无关系，但实际上它们还是有很大关联性的，希望读者朋友们不要忘记。

其次是神经递质血清素，它的减少也是情感老化的影响因素之一。

血清素会随着年龄的增长而减少，详细内容会在第二章进行介绍。血清素的主要作用是调节多巴胺（产生喜悦感、兴奋感）和去甲肾上腺素（感到恐惧、害怕），维持稳定的精神状态。

来我这里看病的老年患者有人会说“每天从早到晚都很焦虑”“也不知道为什么，心里老是不踏实，觉得堵得慌”。这些情绪紊乱都和血清素的减少有关，也可以看作情感老化的一种现象。

实际上，如果通过服药提高大脑中血清素的分泌水平，很多患者的这些症状就都能得到缓解。

另外，有研究表明雄性激素的分泌减少后，人的判断能力和记忆力都会有所下降，精神也不容易集中，做事变得不积极。

以上这些影响因素叠加之后，就会导致情感老化。如果对这些症状听之任之，那么情感老化的问题是不会得到解决的。

额叶萎缩是无法阻止的，但是我们可以养成时时刻刻正视自己的习惯，提早做好预防情感老化的“功课”。

“算了，就这样吧”会加速情感老化

曾经，我们脑海中的老年生活，应该是坐在屋檐下，晒着温暖的阳光，腿上再卧着一只大花猫。但是，这样的老年人仿佛生活在童话中，现实中已经极为少见了。

今天，在工作中努力拼搏的男男女女们都非常注重健康问题，他们不仅坚持运动，而且注意在饮食上保持均衡，劳逸结合，准备迎接百岁人生。

但是，也有越来越多的人开始变得“佛系”，做什么都打不起精神，什么事都不想尽全力，有“算了，就这样吧”想法的人也越来越多。

年轻的时候，“一定不能输给那小子！”“我要办一场让所有人都羡慕的婚礼！”“我一定要当上部门经理，让你们高攀不起！”那时的我们有自己的梦想和野心，并且在努力奋斗着。但是，人到中年之后，我们逐渐意识到了自己的“天花板”，于是“算了，就这样吧”“做成这样就不错了”成了我们的口头禅，目标值不断下调。

40 岁时，无论是精力方面还是体力方面，应该都是十分充足的人生阶段。但是，因为每天的生活都没有变化，“不管怎么卖力气，结果都是这样”“何必对自己要求这么高呢？”所以被温水煮的“青蛙”也没有了动力。

在日本，人们经常会说成功是成功之母，失败会生出失败。平庸而缺少激情的生活，会让人变得浑浑噩噩。

现在的年轻人也常常把一些丧气话挂在嘴边，“反正我也干不好”“我就会这么多”，这些话听多了，让人感觉整个社会都在“老化”。

要是30岁、40岁就没有一点野心和冲劲儿，那么等他们上了年纪，再加上情感老化，不难想象，将来会变得多么死气沉沉。

“算了，就这样吧”这句话使人们不再磨炼自己的意志，而是养成了消极的思维习惯，那么之后，先是情感老化，接着就是身体老化，最后一切都会“水到渠成”。然而，要想避免发生这一切，我们就要保持一种年轻人的心态。

不过话说回来，在实际生活中，我们往往会因为“算了，就这样吧”这句话而感到变得海阔天空。特别是那些过分追求完美和对自己要求过于严苛的人，他们往往不会妥协，从而把自己逼进“死胡同”。对于这类人，我倒是希望他们能多说说“算了，就这样吧”。

不过，在这里我建议那些生活和工作中没有动力、没有精神的朋友，可不要把自己的“算了，就这样吧”和竭尽全力、鞠躬尽瘁之后的“算了，就这样吧”混为一谈哦。

虽然已经重复了很多次，但我还想再强调一遍，千万不能轻视情感老化。额叶的功能从40岁左右开始衰退，只有尽量延缓这个进程，人们才能在人生百年时代活得轻松自在。

◉ 额叶可以压住怒气，萎缩后会任由怒火蔓延

年过 40 之后，很多人开始感觉“身体容易疲劳”“精神不再容易振奋”。

眼睛开始昏花，肌肉开始减少，时不时腰疼，鬓角开始出现白发，身体机能也越来越差……有的人明显感觉到身心发生了变化，有的人则觉得精力慢慢跟不上了，思维方式也逐渐固化，经历这些变化的人不在少数。

令人吃惊的是，人的心理年龄老化的速度要比肌肉力量减退的速度要快。

额叶萎缩引起的症状之一就是人变得容易焦虑，一旦发

火，就很难把怒气压下去。

工作有没有动力，想法是不是消极，这些会更多地影响到自己，不会对他人产生太直接的影响。但是，要是一个人容易乱发脾气，那么周围的人就会跟着遭殃。思维方式不够灵活，遇事固执己见，这与额叶萎缩有密切的关系，要是这些内化的症状通过焦虑和愤怒发泄出去的话，那周围的人就太无辜了。

有一段时间，“暴走老人”这个词非常流行，在车站和商场，老年人大发脾气的现象的确令人错愕。

但是，这些暴露出来的问题还只是冰山一角。在这些老年人的家里，估计每天都会听到诸如“你在那里碍什么事？！”“这点儿道理都不懂？！”“一点眼力见儿都没有，还让不让我活了？！”之类的怒骂。

若是对老年人的这种语言暴力放任不管，心想“爸爸大概是上了年纪，所以说话开始难听了，不用当回事儿，就由着他来吧”，这样下去只会让“暴风雨”的危险等级越来越高。

若是周围的人对自己爱搭不理，再加上老年人孤独的心理，他们的性格会变得更加固执，因此需要周围的人采取一些有深度、有温度的应对之策。

乱发脾气的老年人本身也不希望自己惹得周围的人不高兴，或者故意让别人不痛快。由于额叶萎缩之后，情绪无法得到控制，因此很多行为都不够冷静，这才让怒气开始“暴走”。

我们都说对事不对人，面对老年人，我们应该关注的是他们开始萎缩的额叶，而非具体的某个老年人。

并且，有很多方法可以减缓额叶萎缩，我们可不能过早地见“老”不救。

接下来，我会介绍一些预防情感老化的小技巧，供各位读者参考。

环境也会诱发情感老化

“山本大姐的老公去年退休以后，你不觉得他突然老了很多吗？”

“对呀对呀，以前都是身着高档西装，一看就是有派头的人。现在整天穿着一件汗衫和毛衣，衣服都起球儿啦！”

“听说他去过职业介绍所了，没有适合他的新工作。”

“估计他也挺郁闷，天天对山本大姐呼来喝去的，跟个领导似的。”

“到处乱发脾气，可真是烦人。有点身份的人一旦没事情干了，就很难伺候。”

在一个安静宁和的小区里，一大早就能听到这样的家长里短。人到了“思秋期”，身体和心理都会发生显著的变化，环境也会发生一些巨大的变化。

有些人，尽管年龄不算大，但看起来已经是十足的上了年纪的人。还有些人，本来性格非常开朗，但上了年纪后脸上的笑容忽然消失了。这些都是情感老化在表情和对人的态度上的一些体现。

另外，人在退休前后发生的一些转变，除了与大脑的老化有关，还与一些社会因素有关。

退休以后，与他人之间的联系变得越来越少，沟通的频率大幅降低，这会降低人的自我认同感，所以头脑中经常会充斥着这样的想法：“我要获得更多的认可”“我希望别人赞扬我”。

当这种期待在现实中不能实现时，人们就会产生不满和不安的负面情绪，这些负面情绪如果转化为怒气，就会产生“暴走老人”；如果这些负面情绪累积起来，就会导致老年人不愿与外界接触或者患上抑郁症。

特别是那些在商界打拼多年的人，他们都会形成一种固定观念，就是别人应该尊重我，别人应该高看我一眼，因为他们工作时的固化思维就是这样的。然而实际上，周围突然少了众星捧月的人，他们一定会有一种失落感，失落感郁结得久了，没有地方发泄，就变成了乱发脾气。

本节开头那段对话中的山本先生应该就属于这一类人。

这种现象准确地说并非情感老化，而是加速情感老化的重要原因之一。

一般来说，在即将退休的时候，不少人会进入人生比较闲的阶段，有的人会再找一份零工。这段时期又恰好与“思秋期”重叠，因此，这个阶段的老年人应提前做好计划，最好在心里先做好模拟演练。

先想象一下那时将要遇到的挑战和可能受到的打击，这样我们就可以在遇事时变得更加冷静，也可以很好地保护自己的自尊心。

谁都希望别人认可自己、尊重自己，每个人的这种期待都是一样的。而且，额叶可以让我们把这种期待巧妙地表达出来。

要是发出指令的额叶不能正常工作，那就糟糕了，我们一定要小心应对。

如果我们的家人进入了人生的这一阶段，他们有可能会迎来情感的老化期，所以此时需要我们对当事人给予理解，采取正确的态度处理与他们的关系。

过了40岁以后，当我们看待身边的人或事的时候，也应该有意识地想一想：“会不会是因为情感老化了？”“是不是因为额叶萎缩了？”

做好了这些预防工作，不就可以避免无谓的争吵，不就可以智慧地变老了吗?

有些病症
偶尔会“藏”起来

大脑的老化是自然现象，上了年纪之后，人会变得不那么自律。每个人多多少少都会变得爱发脾气，遇事容易冲动。

发脾气、认死理、爱急躁、没精神，当然，我们可以把这些看作衰老的现象。但是，在这些现象之中，有可能还藏着其他的疾病。

最为常见的、患者数量最多的就是老年抑郁症，这是抑郁症的一种。

提到抑郁症，我们很容易想到这是一种性格消极、低沉，想法大多是负面的一种精神疾病。但是，患者时而也会变得兴奋易怒，具有攻击性。

有的人平日里性格温和，对谁都是和蔼可亲的。但是，突然有一天他们变得不爱说话、面无表情，甚至说出一些悲观的话：“像我这样的人，也没什么用处了，还不如死了算了。”遇到这种情况，一定不要觉得他们只是单纯地上了年纪，最好马上带他们到医院去咨询一下。

为什么要这样做呢？因为大多数情况下，患者本人是意识不到得了这种病的，因此他们需要家人的关心。现如今，独居的老年人越来越多，所以很多患者都没有赶上治疗这个疾病的黄金时期。

目前，据相关部门推算，日本约有600万名抑郁症患者，其中老年抑郁症患者的人数每年都在不断增加。

抑郁症中有一种情况叫“血管性抑郁”。血管性抑郁一般会在发生脑出血或脑梗死等疾病之后出现。长期服用相同的几类药物，也容易发生血管性抑郁，因此需要特别注意。

如果你身边有人过了40岁以后，语言和行为发生了一些明显的变化，除了要考虑他是情感老化了，你最好还要考虑一下他是否患了抑郁症。

情感老化的特征与抑郁症的症状并不相同，但有些地方比较相似。

因此，在这里我举一些抑郁症的典型症状，请读者朋友们对照筛查一下：

· 变得没有食欲，吃什么都觉得不香

· 以前觉得有意思的电影或电视节目，现在觉得无聊

· 读书的时候无法集中精力，很容易走神

· 做什么事很快就觉得疲倦

· 夜里会多次醒来，清晨醒来也无法入睡

· 从早上开始就觉得疲惫不堪，什么都不想做

如果具有以上这些症状的话，那就是典型的抑郁症了。但是患者本人一般很难意识到自己出现了这些症状。这类人最好也留心观察周围人的反应，然后再寻求专业医师的帮助。

这难道是老年痴呆症？

“上了年纪之后，最怕得的是什么病？”当我问一些40岁以上的朋友时，得到的答案大多数都是“阿尔茨海默病[①]”。

“最近老是记不住别人的样子和名字……”

“我这脑子，昨天晚上吃的什么都想不起来了……”

…………

这样的内容，总是出现在中老年人的对话中，不论是在哪个地方。不过，这或许只是单纯的记忆力不好，并非认知

① 阿尔茨海默病是一种起病隐匿的进行性发展的神经系统退行性疾病，又称“老年痴呆症”。

障碍。

如果只是想不起来晚饭吃的是什么倒还好，要是连吃没吃过晚饭都忘记了的话，那就有点麻烦了。

上了年纪之后，额叶开始萎缩，因此人会变得易怒。和这种情况类似，认知障碍也是有前兆的，但不容易被发现。

大家为什么这么害怕患上阿尔茨海默病呢？“得了老年痴呆症以后，满嘴都是胡言乱语”“大半夜的一个人出去乱走，让家里人着急”……大概是因为这些症状已经深入人心了。事实上，虽然有这些症状，但这不是认知障碍的全貌。其实，有很多认知障碍的患者，是可以照顾自己的日常起居的，还有很多可以在生活中保持开朗的性格。

很多人并不了解认知障碍的真实情况，所以才会人云亦云，让阿尔茨海默病成了令人闻风丧胆的疾病。那么，我们应该如何正确看待这个病呢？我们首先要做的是冷静客观地了解这方面的相关信息。

情感老化的原因大多与额叶萎缩有关，而患认知障碍的人，在患病初期都会出现大脑中的海马体（负责管理人的记忆）萎缩。

阿尔茨海默病是一种典型的认知障碍。一般情况下，这种病的初期症状也是由于海马体萎缩，导致无法对记忆进行管理。

由于大脑产生混乱，所以无法对以往的记忆进行管理，这时患者就会产生巨大的精神压力。

实际上，认知障碍患者变得易怒的主要原因就是这个。因为精神压力大，所以遇到一点小事就会大发雷霆。而且一旦产生怒气，就很难在短时间内平息，无法依靠理性控制自己的情绪。认知障碍患者的额叶萎缩速度要比正常人快得多，所以他们才会变得更难控制情绪。

不过，即使人变得易怒，也不能就此断定患上了认知障碍。有人只是因为单纯的情感老化而使自己的压力变大。

为此，我们可以通过一个简单的测试，来区分一下到底是情感老化了还是患上了认知障碍。在下面的选项中，测试者符合的选项越多，就越有可能是患上了认知障碍。

· 记不住今天是几月几日星期几，每天要确认很多次

· 多次询问相同的事项，说相同的内容，并且马上会忘记

· 想表达一些内容，但是迟迟表达不出来，还不停地重复“这个”“那个”

· 总感觉自己忘了些什么，多次去确认，又好像总是在寻找什么

· 自己的东西找不到之后，越来越爱怀疑是别人拿走了

· 经常搞错和别人约定的时间、地点等

· 想要隐瞒自己的错误和失败

· 越来越难以保持整洁，屋子里总是一团乱

这些选项相对来说描述得比较粗略，但都是认知障碍患者所具有的一些行为特征，读者朋友们可以作为参考进行判断。

如果人过了 40 岁以后，突然出现一些以前没有过的言行，而且越来越明显，那么首先要确认一下他是否是情感老化了，同时也不要忘记测试一下，看他是否是患了抑郁症或认知障碍（40~50 岁患这种病的人非常罕见）。

我的想法

第二章

情感老化与性激素的关系

情感老化与性激素分泌减少有关

在第一章中，我们了解了大脑额叶与情感老化之间的关系，而这一章的关键词则是性激素。

首先，什么是性激素呢?

脊椎动物的生殖腺分泌的类固醇激素，我们一般称为性激素。性激素的主要功能包括促进生殖器发育、维持生殖器功能、促进第二性征发育、提高性欲等。性激素分为雄性激素和雌性激素。

有一句话叫作“人生于中性，死于中性”。孩童时期，人体中是没有多少性激素的。因此，无论是男孩还是女孩，除了性器官，身体其他部位没有太大的区别。

到了青春期，男孩开始大量分泌雄性激素，女孩开始大量分泌雌性激素，于是他（她）们的身体就开始出现明显的不同。

少男开始长胡子，体毛也开始变得浓密，骨骼和肌肉迅速增长，身体变得越来越结实。另外，还会变声、第一次射精，并且对性开始萌生兴趣。少女则会变得丰满，长出阴毛，迎来初潮。

也就是说，少男和少女都具备了可以生育的条件。

性激素的分泌从青春期开始，到 20~30 岁时迎来峰值，之后会随着年龄的增长而有所下降。

女性在 50 岁左右身体里的性激素水平会急剧下降，出现绝经。绝经期的前后 5 年，就是我们常说的更年期。

雌性激素减少以后，女性会有头疼、头晕、焦躁、耳鸣、失眠、肩膀僵硬、心悸、气血上冲、盗汗等各种身体不适的症状（有些女性不会出现任何症状）。这些症状统称为围绝经期综合征，又称更年期综合征。

与女性不同，男性身体里的性激素水平则会慢慢下降（由于压力大等原因，性激素的分泌也可能突然大量减少）。

不久以前，我们还都认为更年期综合征是只有女性才会有的现象。目前，我们也逐渐认识到，男性也有更年期综合征。

已故漫画家原平先生从 50 岁开始就受到了更年期综合征的困扰，经过媒体报道之后，人们对男性的更年期综合征形成了普遍的共识。

男性的更年期综合征除了有易疲劳、盗汗、头晕等身体方面的症状，还有缺乏动力、精神不容易集中、抑郁、健忘等精神方面的症状。

无论是男性还是女性，性激素分泌减少之后，身体和心理都会慢慢衰老。

○ “男人婆”与“女汉子”

“我还以为是个爷们儿，一听说话声音，发现竟然是个女的，吓了我一跳。”

“远远一看分不出来是男是女。”

“有时候，从后边看我老公像个女的。”

老人们都明白这样的调侃。

随着年龄增长，“男人婆”和“女汉子”会越来越多，这种现象与性激素的分泌水平密切相关。

顺带一提，雄性激素并非男性的专利，雌性激素也并非只有女性才会分泌。男性的身体里会分泌雌性激素，女性也会分泌雄性激素。

青春期期间，少男分泌的雄性激素处于绝对优势地位，少女的雌性激素亦是如此，因此男生会很有男子汉气概，女生也越来越有女性的柔美。但是，年纪大了以后，“同性激素①”的分泌有所减少，原本存在的“异性激素②”就开始揭开“面纱”了。

具体来说，就是有些女性开始出现胡须，身体变得结实。男性的脸型和身体变得圆润，还有一些胸部也开始膨胀。

男性和女性各自的“同性激素”减少之后，身体上就会逐渐呈现异性的特征。这就是产生“男人婆”和“女汉子”的生理原因。

另外，性激素不光对外在特征产生影响，对性格和气质等内在特征也会产生影响。

① 同性激素，即男性体内的雄性激素，女性体内的雌性激素。
② 异性激素，即男性体内的雌性激素，女性体内的雄性激素。

当然，每个人都有自己的个性，所以性格不可能千篇一律。但是，总体来说，男性更有“动”感，性格开朗，喜欢社交；女性则偏“静”，相对内向一些，比较稳重。

因为在很久以前，男性要抵御外敌，保护自己的妻子和孩子，为了获取食物，还要外出狩猎。女性主内，守护家庭，生育孩子，并负责把孩子抚养大。促使男性和女性完成各自“使命”的，就是性激素。

不过，随着年龄增长，男性由于雄性激素水平下降，容易变得不再开朗，不喜欢与外界交流，做什么事情都没有动力，精神也越来越萎靡。

那么，随着年龄增长，女性会产生怎样的变化呢？

家庭中“女王”增多的理由

各位读者，请回答我一个问题，“你印象中去景区旅游最开心的是什么样的人呢？”答案八成是上了年纪的阿姨们吧？

阿姨们凑到一起热热闹闹、开开心心，一会围在一起照相，一会四处抢着买土特产，一会品尝美味的小吃。看着她们充满活力的身影，好像每个人都在欢呼：“我们要不顾一切享受人生！”

为什么上了年纪的女性会这么有精神、有活力呢？“孩子长大成人，不用操心了”“老公辛辛苦苦上班挣钱的时候，我不好意思出来玩。现在他退休了，我就能天天出来了”，像这样的理由，很多都是出于精神层面的。实际上，这种现象的出现与性激素的分泌也有一定的关系。

前文也提到过，更年期的女性不仅身体上会出现各种症状，精神上也会出现做事情没有动力、不能集中精力、抑郁等情况。可是，等更年期一过，不知道为什么，很多人又都变得特别有活力。

绝经之后，女性体内的雌性激素水平大幅降低，可为什么看起来却精神焕发呢？实际上，原因令人十分惊讶。

东日本大地震之后，相关机构对各个年龄段的男性和女性的性激素水平进行了跟踪调查。之前，一般认为随着年龄增长，女性的雌性激素分泌减少，因此雄性激素的比例会相对增加。但是，实际情况并非这么简单，调查结果表明，女性雄性激素的绝对数量也在增加。

我们经常会看到，退休后的老夫妇中女性越来越霸气，而男性却越来越像“小媳妇儿”。

究其原因，从生理特征来说，女性本来就善于守护家庭，再加上她们体内的雄性激素分泌水平上升，因此，也就不难理解在家庭中女性会有“称王称霸”的状态了。

温柔与亲和力
是雄性激素的功劳

同样是雄性激素，男性雄性激素减少之后会降低活力，缺少动力；女性却因为它的不断增加而变得活泼、开朗。这是为什么呢？所以关于雄性激素，我们有必要再深入了解一下。

一提到雄性激素，我们可能会先想到与性相关的话题。再说得通俗一些，会想到“雄性激素充足的人缺不了女人”“色狼”“雄性激素就是提高性欲的分泌物”。

不过，对女性费心思的男人，大多数对于同性来说也很容易接触，这倒是有点令人意想不到。也就是说，我们可以认为，雄性激素可以提升人的亲和力。

另外，雄性激素还与人的动力有密切的关系。

做事有动力的人基本上也都有旺盛的好奇心，这有点像性欲强的人对性总是很感兴趣一样。

很多人都会觉得，对知识的渴求是可以被认同的，但对性的好奇就难以苟同了。不过，按道理来说，对知识具有很大好奇心的人，对性的好奇心也不会小。

好奇心旺盛的人，是不分知识还是性的。要是强行把知识和性分开思考，反而显得有些做作。

并且，有实验证明，雄性激素充足可以使人变得温柔。

2013 年发表在权威杂志《自然》上的一篇论文公布了一项调查结果，为女性涂抹带有雄性激素的啫喱水之后，有意愿从事志愿者工作的女性比例提升了，女性捐款的平均金额也有所增加。

可能很多人一提到雄性激素，头脑中闪现的都是“粗暴”“攻击性”等与“温柔”相反的字眼，但上述的那个调查结果真的让人大跌眼镜。

这个例子可能有些跑题，比如说，有一些政治家从事社会活动，倡议保护弱势群体，但是自己却因有外遇或充当第三者而遭到媒体曝光。他们一定会被全社会骂得狗血喷头：“嘴上说得漂亮，干的都不是人事儿！”“什么保护弱者，都是胡说八道！”

不过，因为雄性激素水平较高而有外遇和保护弱势群体其实并不相悖。不如说二者正好体现了一定的相关性（雄性激素水平较高的话，临床表明性欲也会相对较强）。

多说一句，有些色狼可能也会对人温和一些，这么想也不为过（相反，如果一个政治家真的坐怀不乱，那他对弱势群体说不定也会漠不关心）。

那么，我们来总结一下雄性激素的特点：

① 使人变得有亲和力

② 使人具有好奇心和动力

③ 使人变得温柔

看到这些，读者朋友们是不是也意识到，雄性激素具有让人生变得丰富多彩、让情感变得细腻的重要作用？

因为雄性激素具有这样的作用，所以绝经后的女性才能活力四射地到处旅游，这一点已经不言而喻了。

另外，雄性激素最重要的作用是为了延续基因，因此它可以让人的肌肉变得发达，头脑变得聪明。

还有一点，很容易引起误解。男朋友众多的女性分泌更多的其实是雄性激素，而非雌性激素。为什么呢？雌性激素水平较高的女性，会显得十分被动，具有从一而终的特点。促使女性和多个男性坠入爱河的，反而是雄性激素发挥了作用。

对性激素越了解，我们就越觉得人的身体有很多奥秘。在人的一生中，性激素实在太重要了，它会影响到我们的人生是否多彩。你是否也这么认为呢？

雄性激素的分泌减少有可能会导致情感老化

雄性激素的“使人具有好奇心和动力”这一特点与情感老化有很深的关联。

之所以这么说，理由就是雄性激素的分泌减少之后，人的好奇心和动力都会有所减退，人就会变得不愿意学习新的东西，不愿意活动，不愿意与人交往，不想做事情，也没有任何乐趣。什么都懒得做，这种状态就是丧失了动力。

如果缺乏动力，人就不会用脑，也不会用身体，长此以往，大脑和身体的机能就会不断退化。年轻的时候，这种危害还不是很明显，但是对于老年人来说，就严重了。

举个例子，年轻人生了病，在床上躺几周，等到身体恢复了，还可以像往常一样正常生活。但是对于老年人来说，就很有可能面临再也下不了床的风险。

另外，年轻人就算不学习，知识水平无法提升，但短时间内也不会变得越来越傻。可是，如果老年人长时间不用脑的话，就会逐渐产生认知障碍。

也就是说，越是上了年纪，越要有意识地用用脑、动动身体。

过了 40 岁以后，额叶开始萎缩，情感开始老化。若再加上雄性激素分泌减少，干什么都没有动力的话，就算身体没什么大毛病，也找不到生活的乐趣了，更不会有兴奋感，取而代之的是周而复始的平淡日子，没有滋味。

过着这样的日子，还不如早一天进天堂。但是，现在是人生百年时代，如果我们每天的生活都像毛驴拉磨，日复一日，波澜不惊，想一想都觉得无聊至极。因此，我们还是要正视雄性激素分泌减少的问题，让情况有所改观吧。

多了解一下 男性的更年期综合征

女性的更年期综合征广为人知，绝经前后身体会出现各种各样不适的症状，这个时候她们差不多也都意识到，应该就是更年期了。

而且，女性喜欢和朋友分享一些比较私密的话题。“最近老是出好多汗，我这是怎么了”“啊，那八成是到了更年期了，我这半年也是，老是浑身燥热”。这也算是一种信息交换。

而男性的更年期综合征是在近几年才开始受到重视的。由于“只有女人才有更年期综合征”这种想法根深蒂固，因此男性很容易忽视自己身体上的一些变化。

需要注意的是，男性的更年期综合征并不会很快消失，出现症状之后，如果放任不管的话情况会越来越严重，有些情况下还有可能发展为抑郁症。我强烈建议读者朋友们好好学习一下男性更年期综合征这方面的知识。

如何辨别男性是否进入了更年期呢？下面我来介绍一下男性更年期的几个特点：

第一，中年肥胖。年轻的时候，吃一大碗面条之后，再来一盘盖饭，就着大口的可乐吃甜点和面包，即便是这样，也不会长胖。可是一到 40 岁，就算控制自己不暴饮暴食，但赘肉还是会不断“纠缠”自己。出现这种情况的原因，一般是上了年纪之后，新陈代谢的速度比年轻时慢了很多，因此，如果和年轻时吃的量差不多，就会有大量无法消耗的能量转化为脂肪储存在身体里。

可是，问题不仅仅是这些，影响中年肥胖的还有性激素水平的失衡。

雄性激素（睾酮）有助于肌肉增长，提高身体的肌肉含量，使脂肪很难堆积。因此，当雄性激素分泌减少以后，身体慢慢开始变得圆润，肚腩也开始冒出来了。

另外，还会腰酸背痛。在没有怎么运动的情况下，起床之后就会觉得从头到脚都有这种感觉。这也是由于雄性激素减少以后肌肉含量降低导致的。

第二，性欲减退。这一点很容易理解。性激素减少以后，就会出现这种症状。例如男性晨勃消失，已婚夫妇的夫妻生活也开始受到影响。

无法勃起，或者勃起时间不长，这种症状带来的后果不光影响性生活本身的质量，还会使男性产生不良情绪。对于男性来说，他们会感到巨大的羞耻，精神上受到了折磨。当然，性生活不和谐还会影响夫妻感情。

一般男性刚出现这种状况的时候，可能会想“今天可能太累了”“最近工作压力有点大”，甚至会想“要是她再多一点女人味儿就好了”。但是如果这种不良情绪长时间得不到缓解，就会变成一种惯性思维。“看来我也是到岁数了”，这样给自己“宣判”的人也不在少数。

第三，疲劳难以恢复。这也是处于更年期的男性经常提到的一点。

上了年纪以后，睡眠变得越来越浅，有些人可能会说“因为最近睡得不好，所以才会觉得累吧”，其实有可能是因为激素分泌减少导致的。具体来说，激素分泌减少的话，是很容易引起失眠的。

疲倦感难以消除，第二天起床后总感觉昏昏沉沉的，有时还会迟到，工作也无法集中精力——这些状况持续发生之后，越是对自己要求严格的人越会责备自己，使心情变得焦躁，士气也越来越低沉。

另外，还有一些男性，进入更年期之后会变得健忘。“我不会是老年痴呆了吧？”意识到自己变得健忘以后，人会变得更加不安，工作上也开始出现失误。如果被上司或者下属指出来的话，很多人还会更加自责。

而且很多人都不了解男性的更年期综合征，甚至从没有听说过。因此，当这些人无法得到周围人的理解的时候，他们就会产生强烈的孤独感，“谁都不明白我的痛苦”。

如果遇到了这种情况，千万不能轻言放弃，随口说出“我都这个岁数了，没救了”之类的话。我们不能放任负面情绪任意蔓延而不管。

如果某个员工被医生诊断为抑郁症，那企业就更不能随随便便地辞掉这个员工了。但是如果这个员工总是做不好工作，肯定会被上上下下的人嫌弃，“那家伙压根儿不想干活”。最终的结果不是被安排个闲职，就是被迫辞职。

了解了男性更年期综合征这么多的负面影响，读者朋友们可能会想，“要是我得了更年期综合征，岂不是梦想和希望都要破灭了？”不要着急，其实，有多种方法可以帮助男性平安度过这一时期。

关于这一点，我们在后文中会详细阐述。接下来，我们先看一看男性更年期综合征的一些症状，帮他们纠正“反正我也到岁数了”这种消极的想法。

提防生活中无性

既然提到了性激素，那么性欲和性生活就成了不可避免的话题。

但是，性毕竟属于个人隐私，在日本也不可能在公开场合高谈阔论。

不过，性与生命直接相关，可谓意义重大。而且，与大脑和身体相同，与性相关的部位也是“玉不琢，不成器”。我们的目的是延缓激素分泌减少的过程，以预防情感老化，因此，在这里我也希望大家可以利用这个机会，正确面对性欲和性生活。

从世界范围来看，日本社会对于性的倾向是相对比较淡泊的。最近又出现了大量“食草男”，无论什么时候他们看起来都是无欲无求的，这也让日本人显得更加性冷淡。

有一项调查结果很有意思，可以看出日本与其他国家年均性生活次数的差距。日本人的年均性生活次数是 45 次，平均每月 3.75 次，大约每周 1 次。

与日本相比，世界上年均性生活次数最多的国家是希腊，达 138 次，也就是说，平均每月 11.5 次，每周 3 次。从数量上看，希腊是日本的 3 倍（2005 年全球性调查结果）。

还有一项调查，是从 2002 年开始每两年开展一次的“性生活与性意识相关调查”（由一般社团法人日本家族计划协会实施）。调查结果显示，日本的夫妻之中，无性（并非由于疾病等原因，持续 1 个月以上没有性生活的情形）的比例在 2002 年是 31.9%，到了 2016 年，这一比例已经高达

47.2%。每次调查后人们都会发现，这一数字环比增加。40岁以上的夫妻，无性的比例更高。

性生活不仅仅是为了满足性欲，更是夫妻之间证明彼此相爱的一种方式，可以加深夫妻感情。

“都这个岁数了”“两个人总不能老是腻腻歪歪的，相敬如宾才像个有智慧的成年人”这类借口，还是不要说出来的好。

可以从外界获得性激素

从前文中可以了解到，性激素分泌减少之后，人的身体会出现各种各样的症状。那么，如果人体内的激素真的不够了，要怎样从外界补充呢？

其实，糖尿病患者注射的胰岛素就是一种激素。当身患糖尿病，体内的胰岛素不足时，就需要进行人工补充，以此来维持正常的生活。

提起激素治疗，很多人会认为它主要是针对女性更年期综合征的。这种补充激素的治疗方式，也被称为“激素替代疗法”（HRT）。治疗形式有内服、外贴、涂抹、插入、注射等，人们可以根据各自的体质和症状进行选择。

进行补充激素的治疗之后，不仅可以缓解燥热、气血上涌、焦躁、无力等更年期综合征的症状，还可以滋润肌肤，预防骨质疏松，降低血液中胆固醇的含量。这种治疗无疑可以提升人们的生活质量。

激素替代疗法还有一种治疗效果值得期待，那就是可以延缓绝经后的老化过程，这一点至关重要。因此，它也是一种具有确凿的医学根据的逆龄治疗方式。

但是，与国外相比，激素替代疗法在日本还没有被广泛接受。根据某项统计结果显示，这种疗法在日本的普及率仅为 1.5%，欧美国家普遍为 40% 左右，韩国也达到了 8.8%，差距一目了然。

为什么在日本人们无法对激素替代疗法形成共识呢？其原因之一是这种疗法可能会增加患乳腺癌的风险。

的确，实施激素替代疗法后，患乳腺癌的风险会有所上升，但从数据上看，乳腺癌的患病率仅仅从 0.3% 上升到了 0.4%。如果把这种疗法的优点和乳腺癌的患病风险放到天平的两端，我个人觉得还是前者的分量更重一些。并且，近期的一些研究表明，采用这种疗法后，乳腺癌的患病率并未提高，大肠癌的患病率反而有所降低。

在接受这种疗法后，从原则上来说，一年要进行一次乳腺癌筛查。通过早期发现，也可以降低患乳腺癌的风险。

提高雄性激素的治疗方法

与女性的更年期综合征相比，男性的更年期综合征似乎还没有得到应有的认同，并且接受治疗的人更是寥寥无几。尽管如此，最近也出现了“LOH[①]”等名词，可以说，人们对男性更年期综合征开始有了一定的了解。

在医疗机构中，除了泌尿科，最近在一些男性健康门诊也开展了一些针对男性更年期综合征的治疗。

不过，很多男性朋友对于在医院治疗仍有一些抵触情绪，

① LOH 是男性迟发性性腺功能减退症的缩写。

或者觉得不好意思。还有一些人想要治疗，但只希望能开一些在药房可以轻松买到的药物。

在体育报纸的成人专栏和男性杂志的广告栏经常可以看到一些推销营养品的广告，“让你重振雄风”“苏醒吧，男人的信心”。这些营养品的成分很难确定，有很多都是不值得信赖的（很多这类广告都有性感的女性照片或插图，而这也会增加男性的羞耻感）。

与之相比，正规的医疗机构开的处方药基本上都有明确的用法和用量，因此，使用起来要安全放心得多。

前文提过，乳腺癌患病率的增加是女性使用激素替代疗法的一个风险，因此，也成了这种疗法被大众厌弃的一个理由。那么，男性在补充雄性激素时会不会也出现副作用呢？这种担忧也让不少想去治疗的男性望而却步。

第一个担心是容易患前列腺癌。

医生在治疗前列腺癌的时候，需要降低病人的雄性激素的分泌水平。因此，很多人认为补充雄性激素就等于容易患前列腺癌。实际上，雄性激素中的睾酮并不会导致男性患前列腺癌。

另外，在进行雄性激素补充治疗之前医生会进行筛查，对于 PSA（前列腺癌筛查）值过高的人，医生是不会采取这种治疗方法的。

第二个担心是患前列腺增生。

前列腺增生会导致男性出现尿滴沥、尿速低、夜尿多、尿不尽等症状，而且经常会弄脏衣裤。

我还经常听到这样的疑问：男性如果接受了雄性激素补充治疗，会不会变成秃头？

大家想想，一生之中，雄性激素分泌最旺盛的时候是青春期。青春期的少男哪有患前列腺增生的？也没见过秃头少年郎。因此，雄性激素本身是不会导致脱发的。

那么，为什么会有那么多人担心接受雄性激素补充治疗后，男性会患前列腺增生，还会脱发严重呢?

原来，男性随着年龄增长，雄性激素中的睾酮很容易转化为双氢睾酮，双氢睾酮在人体中会产生一些副作用。因此，睾酮在减少的过程中，还有可能导致双氢睾酮增多。

目前已经查明，双氢睾酮喜欢搞“恶作剧”，是导致男性前列腺增生和脱发的原因之一。

不过，目前已经有药物可以阻止睾酮转化为双氢睾酮。美国默克集团（Merck & Co Inc）研发的非那雄胺（日本的商品名称为 PROPECIA）就属于这类药物。

搞笑艺人组合“爆笑问题”出演的 AGA 治疗广告中有一句台词是“要向医生咨询哦♪医生有药药”。这里的“药药”就是指非那雄胺。

非那雄胺本来是用来治疗前列腺增生的药物，后来才被用于治疗脱发。当阻止睾酮转化为双氢睾酮之后，不仅对于治疗前列腺增生有效果，研究人员还发现患者的脱发症状也得到了缓解。

因此，只要保证补充的睾酮不会转化为双氢睾酮，前列腺就不会增生，头也不会变秃。不过，有一点还是需要注意的。

为什么年龄增长以后双氢睾酮的分泌量会有所增加呢？因为睾酮的分泌减少了，身体为了找到替代品，就把睾酮转化为更强劲的双氢睾酮。人体是通过双氢睾酮来填补因睾酮分泌减少而引起的雄性激素不足的。

因此，如果阻止睾酮转化为双氢睾酮，其副作用就是会使雄性激素分泌不足，甚至出现勃起功能障碍。我的恩师激素研究领域著名专家萧夏博士（Dr. Claude Chauchard）建议在使用非那雄胺对患者进行治疗的时候，还应该适当补充睾酮。

关于雄性激素补充治疗，我介绍了很多，其中有利有弊。与雌性激素补充治疗相同，我个人认为这种疗法还是利大于弊的。

我们讳疾忌医的一个理由是“一切治疗都是有违自然规律的”，但与其这么想，不如有了疑问马上向医生咨询。只有这样，才能从更年期综合征的困扰中走出来，才能延缓情感的老化。

血清素减少会引发抑郁

额叶萎缩、性激素分泌减少会使人活力减弱和缺乏好奇心。关于情感老化，我相信通过前文的介绍，读者朋友们也了解了大致的情形。

除此以外，我还希望各位读者可以记住，过了 40 岁以后，人体中的血清素水平就开始下降了。

血清素的别名是“幸福激素”，是一种神经递质。如果缺少血清素，人就容易患上抑郁症，症状较轻的人会做事没有动力、心里感到不安、因担惊受怕而心情焦虑。

虽然抑郁症近几年已经离我们很近了，我们也都清楚，无论什么人都有可能患上抑郁症，但现实中还是有很多人存有侥幸心理，“我怎么可能得抑郁症”“我肯定没问题”。

如今40岁的中年人可不只是血清素的水平在下降，让我们想象一下他们所面临的压力。在社会上，他们要肩负一定的责任。并且，他们还正站在十字路口，“我该继续往上拼搏呢？还是现在就适可而止呢？”除了工作上的压力，差不多也开始面临买房的压力，还有孩子的高考、父母的健康……重重压力，压得他们喘不过气来。

不仅如此，由于额叶萎缩，他们做事缺乏动力；又由于性激素水平降低，他们的身心都处于不稳定的状态。这时，血清素也跟着减少，真可谓“多事之秋”。

如果听之任之，不采取任何措施，就有可能眼看着一个人失去生活动力，开始在情感老化的路上飞驰。进入“思秋期”以后，我们要注意通过一些生活小技巧促进血清素的分泌。

（1）多晒晒太阳

起床之后多晒晒太阳，会对血清素的分泌起到促进作用。喜欢宅在家里，经常昼伏夜出的读者朋友们要注意了。

周末了，想睡个懒觉，这种心情能理解。但是，“哗”的一声拉开窗帘，沐浴在清晨的阳光下，会使血清素加速分泌。

白天总在办公室对着电脑屏幕的读者朋友们，也最好利用午休时间到外面晒晒太阳。

（2）适量运动

一提到运动，人们就会想到去健身房，或者去长跑，这些都让人觉得“门槛”有些高。要是运动过度了，反而会产生副作用。要是你从一开始就定一个不切实际的目标，比如每天跑步半小时，那么最后很容易因无法实现目标而自责，这样就有点得不偿失了。

在每天的生活中，定一个小目标就行，“今天努把力活动活动吧”，稍加运动，就可以促进血清素的分泌。

比如，上下班途中换乘车站的时候，把坐电梯改为爬楼梯；坐公交车的时候，提前一站下车走一走；在食堂用餐的时候，比平时多嚼两口；等等。这些都是在运动。

另外，据说腹式呼吸法也有效果。在工作的间隙，用手抵住腹部深呼吸也是一个很好的办法。

（3）改善饮食

改善饮食不仅可以促进血清素的分泌，对激素的分泌也有益处。关于这一点，后文中我们会详细说明。

心理视野狭窄可能会引起自杀

近年来，日本的自杀率有所降低。即便如此，在 2017 年日本政府公布的世界各国自杀率分析报告中，日本依然高居第 6 位。报告显示，日本 40~60 岁的自杀人数最多，40~50 岁的死者死因排在第一位的是癌症，排在第二位的就是自杀。在 50~60 岁的死者中，自杀排在了死因的第三位。

据调查，自杀者中有 50%~80% 的人是由于患有抑郁症。可以说，“思秋期”的主要课题，就是如何远离抑郁症。

关于抑郁症的病因，前文中我们也有所提及，包括血清素减少、激素水平失衡等，还有一个病因，即是否拥有“可替代选项”（alternative），我认为这一点也是至关重要的。

“可替代选项”这个词是从“二选一”的词义演化而来的，这个词主要是指某种事物的备选项，或者替代某种事物的新事物。

比如，有的人比较顺遂，没经历过什么挫折，先是考入了名牌大学，之后进入大型企业工作，一路直奔精英阶层，但是因中间遇到了一些挫折，就匆匆结束了自己的生命。

这时候，“围观群众”总是会发表一下自己的见解。“那个人从来没遇到过挫折，所以才撑不下去”“要是曾经经受过挫折，也不至于这样”。

但是，在我看来，这些解释都有些“站着说话不腰疼”。没有经历过挫折，不是自杀的主要原因。导致一个人结束自己生命的是心理视野狭窄。

所谓心理视野狭窄，指的是由于精神压力等原因导致身心方面的视野都有局限性。

举个例子，一边为某件事发愁一边行走的时候，人的眼睛是顾不上看周围的环境的。还有，人烦恼的时候，很容易走极端，别人的意见和声音很难传递到他本人的耳朵和大脑中。

这种现象就属于心理视野狭窄。换句话说，这种状态下的人失去了可替代选项，或者“屏蔽”了其他选项。

即便在公司不再受到领导的重视，无法继续升迁而被安置在没有希望的岗位上，你也可以告诉自己：

“反正公司要付我工资，索性就在这个位子上调整一下自己的状态，想办法利用手头的资源拓展一下人脉。等有了好时机，一定把公司炒了，自己创业！”

“看来我还是和这家公司没缘分，索性华丽转身，跳槽到其他公司吧！”

“大树底下好乘凉，我可不能冲动，傻子才辞职呢。正好退休之前能把时间用到业余爱好上！”

像这样，如果有很多条路可供选择的话，你就不会把自己逼上绝路了。正所谓“此处不留爷，自有留爷处”。

不过，这种情绪的调整不仅需要当事人有调节心情的能力，还需要有挑战新事物的意愿。归根结底，还是需要预防情感老化。为此，我们需要在生活中经常锻炼额叶的功能，以促进激素的分泌。

○ 吃什么好呢?

“美肌就要靠可可！”

“吃纳豆，降血压！”

电视和杂志经常会使用这种吸引眼球的标题，目的是夸大宣传某种食物的功效。看到这种宣传后，有人就会跟风，失去理智，把这种食物奉为“灵丹妙药”，一日三餐都要吃。

相反，还有一些人会受到一些毫无根据的信息的影响，“每天喝这个东西，就会得异位性皮炎”“吃这个就和吃塑料差不多”，因而导致摄入的食物营养不均衡。

因过分夸大某种食物的功效而导致大批人盲目跟从的行为被称为“食物盲从”（food faddism）。

无论是什么食物，如果长期只食用这一种，都不可能对身体有好处。同样，只要适量，只要是食物，都可以品尝一下。

也就是说，饮食健康的关键是营养均衡。

我很喜欢吃日式拉面，不时会吃上一碗。“那可是典型的垃圾食品！”“盐分摄入太多了！”“蔬菜太少了！”很多人提起拉面都“恨”得咬牙切齿，像是跟拉面有杀父之仇一样。

可是，和以前的拉面不同，现在很多拉面的汤汁里都含有 30 多种原料。换一种角度来看，吃一碗拉面相当于一餐摄入了 30 多种食材。

还有人会说，“便利店的便当都有防腐剂，不能吃！”“你老吃那种东西，不生病也得减寿！”

但是，来我这里看病的患者有很多是老年人，还有认知障碍的患者。他们每天都依靠便利店的便当，因为他们没办法自己做饭。

话虽如此，但他们每天仍充满活力。所以，什么事情都不能一概而论。

所以，有“这个绝对不能吃！”“除了这个，都是垃圾！”等此类想法的人，大概也是情感老化了。

为了避免情感老化，我们在做出某种判断时，是否应先想一想自己认为绝对正确的事情，以及所谓的常识是不是有需要推敲的地方。

进入“思秋期”以后，哪些食物可以促进性激素和血清素的分泌？我想留在第三章详述。在此之前，希望读者们先认识到饮食营养均衡的重要性。

在日本，很多国外的食材也能轻易入手，我们要好好利用这个便利的购物条件，好好地预防我们的情感老化。

慢慢变老

我的想法

第三章

不要让大脑太放松

不锻炼，大脑与情感就会呈断崖式老化

在社区运动会上，经常会听到这样的对话：“最近没有锻炼，感觉身体都生锈了”“跑两步就喘不过气来”。

实际上，如果平时不锻炼身体，心肺功能就会减弱，稍微运动两下，就能明显感觉到身体机能不如以前了。

与此相同，人到中年之后，有很多人会感叹：“最近老爱忘事儿”“就是记不住别人的名字”“脑子里明明什么都知道，可一张嘴什么都忘了”。这些征兆似乎也被当作衡量上了年纪的一个标准。

可是，有谁听过这样的抱怨：“最近情感有点老化，状

态不好”“到了这个岁数，情感老化也是没法子的事儿”。

我估计应该没有人听过。

尽管我们每个人都有七情六欲，并且任何喜怒哀乐都会对身体和行为产生影响。然而，当情感不再丰富或者开始老化之后，我们对此却非常迟钝。

不仅如此，当我对别人说“上了年纪后，情感也会老化”，听到的却是这样的答复：

“啥？情感怎么可能老化？我怎么觉得自己的火气越来越大？我不是情感老化，我是情感迸发了吧？”

“老人们常说，上了年纪就爱掉眼泪，所以年纪大了应该是情感变得丰富才对呀！”

“我奶奶呀，一会儿哭一会儿笑，情感变化可快了，这怎么可能是情感老化了呢？”

殊不知，情感变得起伏不定，其实正是由于情感老化引起的。同样，情感变得没有起伏，也是情感老化引起的。

因为大脑在适应了长期以来的生活习惯和思维方式之后，会逐渐处于“低耗能模式”。

人在年轻的时候，如果受到一点小小的刺激，情感就会产生波动，心跳也会加速。但是情感老化之后，反应就会变得迟缓，情感也变得不那么细腻了。

当情感不再丰富、细腻时，情绪的起伏也会逐渐消失，这也是情感老化的一大特征。

如果人不经常产生情感，那么情感就会逐渐老化。也就是说，心情不再起伏，会使心脏的承受力失去弹性，像是没有弹性的皮筋一样硬化。

听到什么，看到什么，都漠不关心。这就是情感老化最明显的特征。如果不采取措施去阻止，情感老化就会呈断崖式发展，因此必须尽早干预。

如何才能让40岁就开始的情感老化不再进一步发展呢？最好的办法就是给萎缩的额叶打一剂“强心针”，让大脑不再“平静”。因此，我们要重新审视自己的舒适区，找到让自己在生活中“邂逅”惊喜与感动的方式。在这一章，我们一起来思考让额叶活跃起来，每时每刻保持年轻思维的生活方式吧！

前行途中
不要畏惧失败

“失败又不会真的要命。”

我这么说很可能会遭到一些人的反驳。

“到了四五十岁，人就不能失败了，因为每次失败的打击都是致命的。”

“到了一定岁数，人还是得随遇而安，这样才能活得舒坦。”

当然，我不是劝读者朋友们过了50岁还去体验一下黑社会的生活，或者明天就辞掉工作去当一名怀揣梦想的音乐人，因为做这些事情的风险太大了。

但是，如果生活一直没有任何变化和刺激，那么就会导致情感加速老化。

所以，“就算有一些小小的失败也可以继续前行”，这种挑战精神其实就是一种“特效药”，它可以使人的情感年龄保持年轻。

我们年轻的时候，“什么都能变成人生阅历，我要尝试一下”“挑战一下又怎么了，反正失败是成功之母”，会为了自己喜欢的事情不管不顾。但是，成年以后，我们的胆子会一点点变小，“有风险的事儿不能干”，于是自己就会一步一步地给自己戴上“枷锁”。我相信大家都有过这样的人生阶段。

因为考虑到有风险，所以每一步都谨小慎微，这样就不会犯错误，也不会失败。但是，生活也会因此变得波澜不惊，人也会渐渐适应这样的生活状态，而温水中的“青蛙”也逐渐失去了灵魂。

这样平静的生活当然可以让自己安心，但问题是，这种程式化的生活也会加速情感老化。

一成不变的、周而复始的、缺少刺激的生活会让情感不断老化。若不改变这样的生活状态，就很难阻止情感老化。

那些喜欢挑战新事物，对很多领域都感兴趣的人，看起来总是充满生机，比实际年龄要年轻很多。

因为这些人的情感和大脑是有弹性的，而这种弹性也会体现在肌肤上。心已经死了的人，外表怎么可能会有生气呢?

上了年纪以后，很多人经常说“最近都不像年轻的时候那么容易心动了”。这是因为额叶的功能衰退，少量的刺激已经很难让情感产生波动了。

具体来说，大脑的前额叶皮层是掌控情感的中枢，它最喜欢的事情就是“心动”。心跳不止、兴奋不已，当它经常产生这样的情绪之后，你想让它老化都很难。

“想找一些能让自己心动的事情”“要是开心的话，什么都想尝试一下”。其实预防额叶萎缩的方法就这么简单，那么我们还有什么理由不去试试呢?

再看看那些老年人，他们似乎都有一个特征，就是女性比男性看起来更有精神。这不仅因为女性体内的雄性激素水平增加，还因为女性有着旺盛的好奇心，喜欢主动去找乐子。

跟朋友聊聊天，出门买个东西，旅旅游、看看剧，对什么事情都充满乐趣的中老年女性拥有许多使额叶兴奋的“素材”。

与中老年女性相比，中老年男性就很少“心动”了。在工作岗位上操劳一辈子之后，他们已经没有什么兴趣爱好了，也很难由衷地去感受某些事物带给自己的快乐，细细品尝那种解脱的感觉。

“人生充满了乐趣”，如果不这样想，人的内心就会变得越来越空洞，情感也会不停地老化下去。

如果你真的想让大脑保持年轻，就要找到让自己觉得开心的事情，找到让自己的心重新跳动的事情。

让大脑保持年轻的秘诀，就是寻找心动的感觉！“一大把年纪了，还心动什么，麻烦死了”“平平淡淡才是真”，如果你每天都这么想，那就任由情感老化下去吧！

保持年轻的头脑和心情，暂时忘掉生活中的烦恼，让心跳加速，让自己对快乐“贪婪”一些吧！

“算了，挺好的”是加速情感老化的口头禅

在第一章中，我们介绍过，如果遇到什么事情都用一句“算了，挺好的”让自己逃避的话，情感就会不断老化。要想让大脑保持年轻，就不要让“算了，挺好的”“这样就行了”之类的口头禅再出现。

“算了，挺好的”这几个字里暗含了“虽然不怎么样，但是基本上还算满意”的意思，其实体现出来的更多的是一种发自内心的“投降”，除此之外，再没有其他任何积极的成分。

比如要出门的时候，通常会想“今天穿什么衣服出去好呢？”如果情感老化了，就会变成“动脑子搭配衣服太麻烦了，

还是穿平时那件吧”。

在外面吃饭的时候，就会说“动脑子去想吃什么太麻烦了，还是去平时那家店吧”。

人之所以说出“算了，挺好的”这句话，是因为大脑的“好逸恶劳”。

我们稍微努努力，争取把“算了，挺好的”变成“这样最好”。

在挑选衣服的时候，“今天有初次见面的朋友，穿一件亮色的衣服去吧”，用一种积极的心态去选择；在决定去哪家餐厅吃饭的时候，“每次都是吃面条，偶尔去意式餐厅尝尝吧”，尝试一下不同的菜品。

在进行选择的时候，“这个也挺好”和“必须是这个”的心态是有天壤之别的。

如果是主观做出的选择，就会刺激额叶，这也是一种提高思维主动性的训练。

生活中会遇到很多需要选择的时候，比如我们可以挑选自己喜欢的服饰，让自己紧跟时尚的潮流。而且，可以尝试穿一些和以往风格不同的衣服，还可以尝试一下稍微前卫一点的装扮。

举个例子，平时喜欢褐色或藏青色等深色的朋友，可以试一下粉色或橘色等亮色，穿上亮色衣服之后会显得情绪高涨，活力满满。

既然只要穿上与平时颜色不同的衣服，心情就能变得愉悦，那我们何不尝试一下呢?

另外，暖色调会刺激人的身体，提高雄性激素的分泌水平。

雄性激素可以使人变得主动、开朗，是让生活变得愉快的必不可少的东西。

女性过了更年期以后，雌性激素减少，雄性激素增加，因此会变得更加活泼健谈。相比较之下，男性随着年龄的增长，雄性激素则会减少，变得不喜欢社交，懒得与人打交道。

要想提高社交欲望，让低落的情绪重新高扬，方法之一就是提升时尚度。男性也可以穿上自己喜欢的服装，身着亮色的服饰，这样一来，情绪也会变得和女性一样高涨。特别是红色，据说它对雄性激素的分泌具有一定的促进作用，各位读者一定要试穿一下哦！

要是一下子从头到脚都改变很大，会很有挑战性，并且心理上肯定也会有抵触情绪。那么，可以先从小处着手，比如可以挑选主色调为红色的领带、口袋巾、围巾、皮包等。

要是一条领带就能让人心情放松，谁也不会觉得做这件事很难。

但是，为了与额叶萎缩形成对抗作用，对额叶的刺激太弱可不行。所以要想挑战自己的话，就去挑选一些平时不敢尝试的颜色，找回青春时代的新鲜感吧！

单调而重复的生活会导致情感老化

每天的生活都没有任何变化和刺激，每个环节都像是例行公事，这是导致额叶萎缩的一个重要原因。为了避免额叶萎缩，我们就要反其道而行之。

也就是说，先要避免工作的时候总是只有一身打扮，避免与固定的人交谈，避免总去一家商场购物。

当遇到与平时不同的状况或发生不同于往日的变化时，额叶才能发挥它的最大作用。若是例行公事的话，额叶是不需要工作的。

因此，我建议各位读者应在以往的兴趣中不断加入新的爱好。

接受一项新的事物，使之成为自己的一个兴趣固然很好，但若是自己从未接触过的事情，那么做起来难度可能有点大。因此，可以从多少有些了解却又不太熟悉的事情下手，也可以去找一些自己独有的乐趣。

比如，近些年比较流行“大人们的彩绘”，这既让人怀念自己小时候，又能通过自己的努力创造一些与众不同的图画。

现在书店里面可供挑选的彩绘画本非常多，可以选择一些自己喜欢的风格，发挥一下想象力，在上面自由涂色。

有意思的是，尽管底画相同，但是涂上不同颜色之后，整幅画都会体现出不同的风格。

现在的彩绘画本，可不像以前的画本，要完完全全仿照原画去上色，大多是可以自由选择颜色，充分发挥创造力的，自由度非常高。

因此，要是能见到小时候的彩绘画本，你可能还会很吃惊。

再加上彩色铅笔、水彩笔、彩色粉笔、丙烯颜料等，用不同的画笔，画出来的效果也是不同的，画完之后，真的会有种完成了一个艺术品的感觉。

就像画画一样，涂色也并非要按照一定的规矩进行操作，而是可以自己摸索一套独特的表现手法，这就可以让额叶百分之百地复工，简直都没有工夫老化。这是一种非常好的避免大脑偷懒的方法。

实际上，在脑出血患者的康复治疗过程中，涂色也是一种治疗手段，有不少患者都收到了很好的效果。

一位患者 J，他开始涂色以后，一下子就入迷了。之后还非常用心，想让自己的画作更加写实。他的画越来越传神，越来越好。而他本人，也从不能说话的状态开始逐渐好转。

脑前额叶的侧面有一部分是运动和语言区域，可以对语言的理解和表达提供辅助作用。这位患者应该是通过涂色刺激了额叶功能的恢复，提高了语言能力的恢复速度。

这一结果也证明了康复治疗活动并非都在重复单调的动作，也可以打破常规，做一些具有创意的创造性活动。

关键是要学会享受自身的变化。

如果你的创作只是服从某人指令的被动的行为，那么它对于额叶功能的恢复来说是不具有任何积极意义的。如果是主动自发的创作，它对额叶的刺激效果就会很明显。

如果你重新审视自己的生活之后，发现有些地方已经出现了“公式化”的现象，那就尽快发掘一个新的兴趣爱好吧！

学习语言可以预防额叶萎缩

说到学习语言，“很早我就开始学英语，可就是学不好”，可能有很多朋友都会先入为主，觉得英语特别难学。之所以有这种印象，可能是上学时的阴影造成的。

当学生的时候，学习英语就是为了应付考试，死记硬背单词，这个是助词，那个是副词，一边要把所有的语法背下来，一边还要模仿老师的发音……

在这种应试教育体系中，要是有学生说我喜欢在学校学英语，我反而会觉得这个孩子有点可怜。不过，离开学校以后，作为一个成年人学习语言，与上学时的感觉是完全不同的。

特别是过了40岁以后，额叶功能开始衰退，学习语言是最好的逆龄方法。

额叶所控制的运动和语言区域可以帮助人们更好地理解语言，并用语言进行更好的表达。在学习语言的过程中，这个区域就会变得十分繁忙，从而起到了预防额叶萎缩的作用。不过，对于老年人来说，没有任何动机就开始学习一门外语好像不太常见。要想在上了年纪之后开开心心地学习外语，还是需要找到一些学习动机的。

喜欢曾经去过的某国外小镇，想故地重游；在国外认识了投缘的朋友，想进一步联系；喜欢爬山，想和国外网友聊聊……动机可以有很多很多。只要有想跟别人说的话，有想向别人提的问题，都可以成为自己学习外语的动机。

近年来，很多外国游客也开始到日本旅游。所以，说外语的机会越来越多，学外语的环境也越来越好。

我曾经参加过一个电视节目，认识了一位步入老年的K女士。她跟我介绍了她的经验，让我很受启发，所以我也想和读者朋友们一起分享这些经验。

K女士每周都会去一次意大利语教室，她把学习外语当作锻炼大脑的一种方式。上课的时候，她看了一部意大利的电影，然后她就成了影片中一个男演员的粉丝。

之后，K女士每天都会看这位意大利演员出演的电影，只要他一出场，她就会变成充满爱意的少女。过了一段时间，就连她的思维方式也都开始带有意式气息，她变得乐天而开朗了。

K女士变得越来越喜欢热情奔放的化妆和时尚风格，所以显得越来越年轻。

聊天的时候，K女士开心地对我说：“那个演员呀，别提多性感了！每天都让我的心扑通扑通的！”她说她以前从来不穿大红色的衣服，现在特别喜欢穿，其他服饰也都是五颜六色的。

K 女士的经历中有很多宝贵的经验，这些经历也从侧面反映了她的额叶已经“返老还童”了。

比如，在学习外语的过程中她的生活也开始发生变化，她会因为自己喜欢的男演员而“心动”，心情变得开朗之后连服饰也开始花哨起来。她觉得自己学习外语后，最大的收获是性格变得开朗和乐观了。

额叶喜欢的“素材”，在 K 女士的故事中都可以找到。可以说，她的经历就是成功预防情感老化的典型案例。K 女士的经历并非个案，而是具有很强的普遍性。

无论什么人，只要勇敢迈出第一步，去尝试一些小的挑战，都可以让额叶变得“兴奋”。重要的是，要迈出第一步。

期待感可以预防情感老化

上文中提到的K女士，通过学习意大利语而变得年轻之后，她的故事还没有结束。在节目现场，K女士讲完她的经历之后，一位嘉宾回应说，K女士有了喜欢的男演员倒是开心了，K女士的老公心里会不会不是滋味呢？主持人把话茬接了过去，说："如果这么说的话，吃醋会不会也能刺激大脑呀？"

我十分同意主持人的观点。上了年纪之后，在生活中就很少能尝到"醋"味了。偶尔品尝一下，对于刺激大脑来说，还是具有很好的效果的。心动或吃醋对预防情感老化都有一定的帮助。

从未经历过的体验、初次感受到的情感，以及强烈的感受，都会促进刺激大脑。

不光是心动或吃醋，只要是能让心跳加速的事物，都可以让额叶变得活跃。

比如，投资和博彩也是如此。一提起投资和博彩，人们马上就会和“危险”“风险太大”等词语联系起来，纷纷表示反对。但是，我说的只是用于怡情的小额投资，并没有让大家押上身家性命。

现在有很多类型的小额投资，像那种只要几千日元本金的投资就可以尝试一下。

博彩的话，可以赌赌马。先猜猜哪匹马可以跑第一，这也是一种乐趣。投资的时候，可以先调查一下各个公司的状况，然后预测股价的走势，这也算是一种虚拟的博彩，既可以促使额叶发挥作用，同时还能让人感受到一些小乐趣。

无论是股市还是赌场，意外每天都在发生，其刺激性可以说是百分之百的。预想不到的事情一定会刺激额叶。

当然，你要做的事并非一定要像投资和博彩那么刺激。尝试一些轻松的小冒险也是可以的，而且这样的方式有很多种。

可以报名参加兴趣班，认识一些新的朋友；也可以跟着视频学习，挑战一下健身项目；还可以下载一个新的社交软件，每天发 10 条状态；等等。只要想到要做什么，就不要有那么多顾虑，去试试看。这样的话，生活就会发生明显的变化。

最近一位 70 多岁的老奶奶很受关注。她参加了一个教草裙舞的兴趣班，经常穿着一身绚烂的舞服载歌载舞。如果这种现象能在整个社会得到普及，那么日本整个国家就一定会充满活力。

饮食是保持身体健康的基石

“老公，今天晚饭想吃什么？”

“嗯……想吃点热乎的，有肉有菜煮一锅吧。”

“就这么办。”

做晚饭前，很多家庭的夫妻之间都会有这样的对话。

几年前，电视上有个拉面广告曾因广告词被投诉了。“老婆负责做饭，老公负责吃饭”，有观众说感到男女不平等。话虽如此，但直到今天负责吃饭的仍是老公，大约没有几个男人知道一顿饭是怎么做出来的。

比如西式炖菜。除了要按照分量选择食材，还要洗菜、削皮、切成大小合适的块，锅里放上油之后先要炒一下，之后倒入水小火煮。用调料调好味道，然后放入从超市买来的西式炖菜调料提升黏稠度，最后装盘。轻松的一句“有肉有菜煮一锅”，原来竟有这么多道工序。

有些家庭不用超市现成的炖菜调料，那做起来就更复杂了。另外，可能还要同时做其他的菜，到了吃饭时间，要让所有的菜品一同“登台”。因此，做菜的顺序、每道菜的烹饪时间等，这些都要短时间内在头脑中估算出来，要不然就不能满足家人的要求。其实，做饭是一件非常用脑的工作。

而且，做饭还具有“实验性”和“创造性”两大特点。

偶尔，我们在餐厅的菜单上会看到“创意菜”这三个字。若能发挥才智，制作出家常菜以外的美食，额叶也是会“兴奋不已”的。

如果每天在做饭的时候都尝试新的口味，大脑就会不停地运转。所以，读者朋友们为了实现这个目标，一定要竭尽全力让大脑运转。

特别是对那些从未使用过的食材，如何切、如何做、如何调味、如何配菜、时间长短、装盘设计等都要提前考虑好。这样的体验不可谓不刺激，因此，额叶也会拼命工作。

“哪有时间呀，每天做饭太费事了。”一定会有人这样说。没关系，其实偶尔换一个与平日不同的餐具，随着季节的转换换一块新的桌布，稍微动一动小心思，都可以对大脑产生不同程度的刺激。

如果有时间，可以设置一个烹饪主题，比如“寻找记忆中的味道”“回味旅行途中遇到的美食”等，将它们当作一种游戏，这样做起来会更有乐趣。

在日本，你只要稍稍转一转，就可以买到制作世界各国美食的食材。在网上找一找，你也可以发现有很多友善的网友已经上传了各式美食的烹饪方法。你还可以去异国风味的餐厅，从餐厅直接购买食材，回去之后再挑战一下自己，让大脑飞速运转。

前文提到日本的很多男性不清楚做饭的工序，但是，最近出现了可喜的现象，60 岁以上的老年人中，“烹饪发烧男”的数量在急剧上升。

有不少男性退休以后想把做饭当作兴趣，就报名参加烹饪兴趣班，并由此一发不可收拾。有的是夫妇两个到各地品尝美食；有的为了吃到正宗的海鲜饭，竟然飞到西班牙；还有的花了 3 年时间，成了制作荞麦面条的大师。不少男性开始钻研烹饪技术之后，很快就会入迷，而且还达到了一定的烹饪水平。

还有的因为喜欢钓鱼，回家后就把战利品——鱼收拾干净后做成美味吃食，后来竟然开了一家餐厅。看来，挑战精神和探险心理真的可以让人保持年轻。

老年人的大脑也需要营养

“上了年纪后就不能再加重肠胃的负担了，萝卜白菜保平安。”

“大鱼大肉会引起动脉硬化，还是不吃为妙。”

在日本，还有很多老年人有这样的想法。

日本目前没有粮食短缺问题，但是为了减脂胡乱减肥而导致营养失衡的人，还有因蛋白质摄入不足导致肌肉萎缩的人不在少数。看到他们，我总觉得百岁人生的前景不容乐观。

为了可以永葆青春，我认为健康的肠道环境、足够的肌肉、良好的精神状态等因素都非常重要。其中，最关键的还是要有健康长寿的强烈欲望。

额叶功能发挥作用了，人就会想要活下去，想挑战很多事情。除此之外，多巴胺的分泌也可以让人产生心动的感觉。

大脑中如果有足够多的多巴胺，人就会充满活力。相反，多巴胺要是不足的话，就会什么都懒得做。

人的身体内除了有多巴胺这个关键的神经递质外，还有血清素和去甲肾上腺素等，其中，尤为重要的是多巴胺和血清素。

多巴胺可以增加人的动力，激发人的探索精神，还可以使人保持行动意愿。血清素可以缓解人的紧张和不安，帮助人控制情绪。多巴胺和血清素这两种物质就像是情感的鼓励者和抚慰者，只要它们正常发挥功能，就可以使人的精神保持稳定，心理处于正常状态。

那么，如何才能增加这类神经递质的分泌量呢？首先要补充足够的蛋白质，因为蛋白质是神经递质的主要原料。

通过饮食等方式，蛋白质被人体吸收，再由消化酶分解转化为氨基酸。想要产生大量的多巴胺和血清素，就需要摄入大量的蛋白质。但是，当进入情感老化期以后，日本很多老年人就开始不吃鱼和肉了，结果导致蛋白质摄入不足。

在日本，70 岁以上的老年人，每 5 个人中就有 1 个人蛋白质摄入不足。这样就很容易导致多巴胺和血清素的分泌量不足，最终会让人变得缺少活力，并加速情感老化。

基于上述情况，如果老年人仍坚持“食草”生活，蛋白质就会流失得越来越严重。

从目前来看，肉类、鱼类、牛奶制品、豆类都是很好的蛋白质获取来源，人体也最容易吸收，建议各位读者要注重营养均衡，不要成为蛋白质摄入不足的人。

除蛋白质以外，人还需要其他多种营养元素来合成神经递质。

维生素 B_{12} 对优化脑部供血和改善大脑神经系统的机能有很好的作用，建议读者朋友们积极摄取。

然而，如今在 60 岁以上的老年人中，维生素 B_{12} 摄取不足的比例高达 20%，因此老年人必须重视这个问题。维生素 B_{12} 一般存在于鱼类、贝类等水产品和动物肝脏中，所以素食主义者的体内一般是缺乏的。日本有很多人虽说不是严格的素食主义者，但一日三餐都以蔬菜为主，所以这类人也需要多加注意。

很多朋友认为少吃高蛋白的食物对健康有好处，但是这样会导致大脑营养不足，过早地出现情感老化。“素食对健康有好处”，我认为这是一种误解，三餐中一定要补充足够的鱼类和肉类食物。

食肉有助于打造活力寿星

“吃肉之后感觉精力充沛！”

“吃肉后耐力好像也提升了不少！”

大口吃肉之后，很多人都会有上述这种感觉。实际上，这并不是错觉。

前文中我们提到了血清素，这种物质对于稳定情绪、获得满足感来说是不可或缺的。血清素的原材料之一是色氨酸，而肉类食物则富含色氨酸。

所以，吃了肉之后，毫无疑问会产生一种满足感。

研究表明，体内的血清素越少，越容易患抑郁症。因此，为了提高血清素的分泌水平，吃肉可是一件好事。

最近的新闻报道中多次提到，有些名人尽管已经很大年纪了，但他们还是很喜欢吃肉。他们的很多粉丝也因此受到了影响，开始改变自己的生活方式，我希望读者朋友们也适当吃些肉，这样既可以让自己有活力，又能长寿。

提起活力四射的老年人，著名的有日本圣路加国际医院名誉院长日野原重明先生。2017 年，日野先生以 105 岁高龄驾鹤西去。很多人都知道，他特别喜欢吃肉。即使过了 100 岁，他每周也要去两次牛排馆大快朵颐。

日野先生 100 岁之后，依然精力充沛，很多时间都花在了自己热爱的工作上。支撑他身体的正是这种坚持吃肉的饮食习惯。他最喜欢吃的就是脂肪较少的里脊肉。

另外，著名的日本探险家三浦雄一郎先生也令人敬佩，他在 90 岁高龄的时候，还计划再一次登顶珠穆朗玛峰。三浦先生吃肉的样子简直令人赞叹，他 86 岁的时候还能一眨眼就干掉一块 500 克的牛排。充满能量的饮食，使他摄取了足量的蛋白质。

肉类中的蛋白质是肌肉和血管的重要原材料，它可以激活脑神经，提高免疫力，是人体非常重要的营养元素。越是上了年纪，越需要摄取足够的优质蛋白质。

例如，猪肉中含有丰富的维生素 B_1，牛肉中则有人体必需的氨基酸和血红素，羊肉中含有大量名叫左旋肉碱的营养成分，这些成分的逆龄效果都很好，所以一定要均衡补充各种肉类。

顺带提一句，很多人觉得肉中含有胆固醇，所以都敬而远之。然而，胆固醇既是雄性激素的原材料，也具有向大脑输送血清素的功能。

大多数读者朋友平常可能都不太在意吃肉的时间，实际上，有一些时间是非常适合身体吸收肉类营养物质的。

晚饭的时候最好不要吃太多肉，最适合吃肉的时间其实是早餐和午餐，因为这时候肝脏的功能是最强的。

负责分解肉类中的氨基酸并合成蛋白质的正是肝脏。下午 6 点之后，肝脏的功能就会减弱，即使吃了肉，也很难得到分解，所以很大一部分都无法被吸收。

还有一件事，可能会令读者朋友们感到意外，那就是胃部功能最强的时间是中午 12 点左右。

五脏六腑的工作时间各不相同，但是中午吃肉的话，一般不会觉得不舒服。

那么，一天摄取多少蛋白质合适呢?

主要取决于自己的体重，每公斤体重每天需要约 1 克蛋白质。如果体重是 60 公斤，那么每天就需要 60 克蛋白质。若换算成肉类的重量，鸡胸肉约 250 克，猪腿肉约 270 克，牛肉约 280 克。不过，这只是一个大概的数值，不一定非要特别精确。

作为我个人来说，我建议年纪越大的人越要吃肉。

每天接触患者，我深深感到日本人摄入蛋白质的量太少了。之所以这么说，一方面是我从患者肌肤的光泽之暗、肌肉的弹性之差得来的，另一方面我很难从患者身上感受到他们的活力。很多情况下，越是饮食清淡的患者，看起来越显老。因此，一个人的精气神和每天的饮食习惯有很大关系。

每天多吃一块肉，多摄取一些蛋白质，就可以在一定程度上保持身心不容易老化，这么做好像并不难。肉类是人体营养的宝藏，让我们在每天的饮食中多吃一些肉，向着“超级活力老人”的目标前进吧！

学习预防大脑老化的减肥法

我的一个朋友跟我说了他的烦恼。

“我家那老婆子整天说想再瘦一点，想把体重再降一点，可我认为她并不胖啊。都 50 多岁的人了，还瞎减什么肥呀……”

说完，朋友还拿手机给我看他妻子的照片。说实话，她看起来比一般体型的人还要瘦一些，我也觉得她没必要再减肥了。

聊了一会儿我才弄明白，原来他的妻子是担心体重超重的话会引起代谢综合征，容易得一些听起来很可怕的疾病，所以她才有紧张情绪，一定要减肥。

于是我对朋友说，肥胖当然不好，可是过瘦的话坏处更多。而且，如果营养不足的话，大脑会老化得非常快，就像患了认知障碍一样，一下子就老态龙钟了。然后，我又从营养学的角度，给他做了简要的介绍。

我朋友的妻子是一个非常具有代表性的例子。日本人经常“自找苦吃”，有的会陷入肥胖恐惧中，有的会坚持减肥信仰。

实际上，我是非常反对通过牺牲生活乐趣去减肥的，而且从预防情感老化的角度来说，这样的行为也是有百害而无一利。

有的人想吃的东西忍住不吃，一直咬牙坚持减肥，即使这样，谁也不能保证他就可以长命百岁。况且，若身体和心理都遭受饥饿感的侵袭，说不定会产生精神压力过大等负面情况。

“与肥胖说再见”，这种说法是从美国传来的。最初的目的其实是预防动脉硬化等疾病，但实际效果如何，目前还没有太多确凿的证据去证实。

如果为了一个并未得到证实的依据而去冒加速身心老化的风险，我个人是很不建议的。

当然，暴饮暴食和挑食是一定要纠正的。然而，为了避免患上代谢综合征就过度节食，这也很难说是一种健康的生活方式。

医学博士柴田博是日本老年医学界的泰斗，在他的著作《长寿的谎言》（bookman 出版社）中，我有幸执笔了一段导读，提出“喜欢吃肉，身材微胖的人其实最长寿”。借此机会，我介绍一些这部作品中的观点。

2006 年，美国公布了一项持续跟踪 29 年的国民健康营养调查结果。结果表明，BMI 指数为 25~30 的微胖人群是最长寿的人群，BMI 指数为 18.5 以下的偏瘦人群的死亡率是微胖人群的 2.5 倍。

2009 年，日本也公布了类似的研究结果。从 40 岁男女的死亡率来看，身体最健康的人群 BMI 指数为 25~30。

平均寿命最短的人群是 BMI 指数为 18.5 以下的偏瘦人群，这一结论和美国的相同。

如果 BMI 指数在 25~30 之间，那么这种体型的人在日本一定会被看作肥胖。但是看到美国和日本的调查结果之后，我们是不是要在“与肥胖说再见”这句话后面加上无数个问号呢?

所以，认为胖子一定活不长，瘦子一定就健康，然后开始疯狂减肥的朋友还是先停一停吧。

如果想减肥，还是找一些不那么痛苦的方式吧!

令人感到意外的是，近几年，日本国民摄取的能量（卡路里）在逐年减少，2005 年以后，竟然低于第二次世界大战结束后的第一年。

现在，有很多日本人认为当你感觉吃饱时就一定是吃过量了。但是，实际情况是很多人吃得太少，还不如战争刚结束时的饥荒状态的人吃得多，所以我认为人们应尽早改变这种观念。

幸福感可以让大脑“返老还童”

可以让大脑开开心心保持年轻活力的，是感到幸福的事情。

幸福感不仅可以提高免疫力，预防情感老化，还可以让人远离抑郁症。因此，人到了40岁以后，情感可能开始老化，这时应该把幸福感当作人生最大的追求。

在日本，严格的节食和自律越来越成为一种潮流。日本人往往很容易就开始痛苦地减肥，或者禁欲般地限制自己的饮食。

这样做，相当于牺牲品尝美食的乐趣，换来偏瘦的身材，可是这样怎么能感到幸福呢？对于人来说，最重要的幸福感被剥夺了，这不是得不偿失吗？

比如，老年人喜欢读的杂志里面，一定有美食专刊。另外，从一些做梦都想去的知名餐厅，到普普通通的家常菜馆，也可以看到很多美食信息。电视节目不光介绍国内的美食，还会带观众去遥远的国度，介绍那里的珍馐美味。我们看了之后，会开始拥有新的梦想，“必须尝一尝这家馆子的招牌菜”“下次结婚纪念日的时候，一定要去这家餐厅”。

当我们畅想享受美食的时候，或者几个朋友一起谈论美食的时候，额叶会受到强烈的刺激，处于激活状态。

我从没见过有人一边谈论美食，还一边愁眉苦脸。相反，心情不太愉快的时候，如果能尝到自己喜欢的美食，反而会变得笑逐颜开。这样的经历真的不在少数。

不管是从营养学的角度，还是从精神医学的角度来说，饮食对人们来说都是特别重要的。

要是从早到晚都在害怕代谢综合征，神经递质就会越来越少，因此不仅容易加速情感老化，还特别容易产生抑郁倾向。如果人生一直是这样的，那幸福也不会愿意“留”下来。

摄入的蛋白质较少的话，体内的血清素也会变得越来越少。

另外，饭量减少的话，葡萄糖的摄入量也会不足，这样的话身体的运动能力会变得越来越差，最后会变得不能动弹，而且心情还会变得忧郁，人也越来越没有精神。

因为工作关系，我接触过很多老年人。在给他们治疗的过程中，我越来越能感受到食物对老年人的重要性，食物可以给他们带来很多乐趣。

尤其住在老人院，每天的生活几乎没有刺激，也非常单调。在这种情况下，食物带来的乐趣就会变得大得多。在没有变化的日子里,“今天的晚餐是什么?”“饭后甜点会有什么呢?”光是想想这些问题,额叶就会受到刺激,大脑也会变得“愉悦”。

到了五六十岁,不是说想恋爱就能恋爱,博彩的风险又太大,更不能大手大脚地花钱。

然而,对于美食的追求,每个人都有自己的看法。有人觉得,到米其林三星餐厅吃一顿豪华大餐才是幸福;也有人觉得,嘴里塞个热腾腾的章鱼小丸子就已经是很大的幸福了。

如此想来,用美食刺激额叶的方法真是既便捷又有效。

正因如此,真的希望各位读者朋友不要主动放弃美食之乐,别再勉强自己咬牙忍耐,也不要再被一些错误的节食方法弄得身体虚弱、大脑老化了。

能让你的大脑活跃的“特效药”,一定就是你最爱吃的那个。

让身体吸收优质脂肪

在日本，胆固醇被视为健康最大的敌人。

一提到胆固醇，所有人都觉得如临大敌，觉得它会给健康带来隐患。但是，胆固醇是细胞膜的重要组成部分，没有细胞膜，就没法形成细胞。因此，胆固醇在我们的身体中发挥的作用是很大的。

我在东京都小金井市开展了一项调查。调查结果表明，在 70 岁以上的老年人中，死亡率最高的是总胆固醇值为 169mg/dl 以下的人群。相反，长寿的男性总胆固醇值大多为 190~219mg/dl，而长寿的女性总胆固醇值则为 220~249mg/dl。

长寿的男性和女性的总胆固醇值竟然比我们认为的正常值都要稍高一些。

如果依据这项调查结果来分析，我们就不应该再把胆固醇视作“洪水猛兽”。因为胆固醇是合成激素的重要原料，所以要想让雄性激素分泌水平不降低，那么稍多摄取一些胆固醇反而更好。因此，我们就不要再对胆固醇“群起而攻之”了。

在欧美国家，有人认为国民胆固醇高的国家，心肌梗死的患病率也高。法国和意大利的肉类消费量并不低，但这两个国家因患心肌梗死而死亡的人的比例却相对较低。因此，有人认为是葡萄酒中含有的多酚等抗氧化物发挥了功效。这个观点，近年来在日本也备受瞩目。

另外，法餐和意餐中也经常有鱼类和贝类。鱼类的脂肪可以抑制胆固醇的负面作用，因此，平时多吃些鱼类和贝类对身体有好处。

脂肪是身体必需的营养元素。如果一定要摄取脂肪，最好摄取一些优质脂肪。

目前，全世界都非常关注橄榄油的功效。研究表明，橄榄油不仅可以帮助人体吸收适量的脂肪，还可以帮助人体燃烧身体内堆积的多余脂肪。

为什么橄榄油对身体好呢?

因为橄榄油是一种帮助脂肪燃烧的脂肪。橄榄油富含OMEGA-9等不饱和脂肪酸，可以降低细胞发生炎症的风险，所以我非常建议大家食用。

不过，食用橄榄油的时候尽量不要加热，直接食用效果最好。

很多人不喜欢脂肪和油脂，但是，我们不要忘记还有橄榄油、亚麻籽油、紫苏油等优质脂肪。

但是，无论什么油，只要它过期了，或者高温加热、光照劣化后，都对身体非常不好。即使尚未开封，长时间暴露在日光下，或是经过很长时间后已经氧化的油绝对不能食用。

有些保健品可以延缓衰老

如今，市面上有数不清的保健品。但是，哪种保健品有什么功效，自己又该服用哪种，很多人都说不清楚。

从很久以前开始，市场上就出现了各种各样的保健品。为什么保健品这么受欢迎呢？其实是从人们发现葡萄酒中的抗氧化物多酚对预防心肌梗死有效之后，才开始重视保健品的。

葡萄酒中含有酒精，不能喝酒的人和未成年人都不能饮用。而且，好的葡萄酒价格不菲。

因此，市场上就有了这种需求——喝不了葡萄酒，但是想补充多酚。后来，经过统计学反复验证，人们终于提取出可以补充人体所需元素的有效成分，生产出了营养成分多、容易吸收的保健品。

另外，日本还有很多健康食品，健康食品和保健品的不同之处在于研发思路。保健品是基于统计学原理，对摄取不足的营养元素进行补充遵循的是科学营养的原则。

说实话，从食物中获取有效的营养成分是最理想的状态。但是，有些营养元素单纯从食物中获取很难达到人体所需的剂量，并且在气味和味道方面，也不是所有人都会喜欢。

因此，保健品的优势就凸显出来了。无论何时何地都可以摄取，而且不受味道和个人好恶的限制。不过，不管怎么用心，现实生活中人们很难每天都能摄取足够均衡的营养。

年轻的时候，有些营养元素就算不够，身体也不会出现大的毛病。但是，人到了中年以后，稍有不足，身体很快就会出现一些毛病。年龄越大，就越不能勉强和糊弄自己的身体。到了老年，若身体哪方面营养不足了，一定要及时补充。

预防大脑老化，也可以服用保健品，而这些保健品和年轻时为了补充体力而服用的保健品就不大相同了。

情感进入老化期之后，需要补充的营养元素有哪些呢？具有代表性的有维生素 C、维生素 E、β－胡萝卜素、硒、辅酶 Q10 等。每个人所要补充的微量元素也不尽相同，如有需要的话，可以咨询一下这方面的专家。

最近有一款名叫“KANKA”的保健品，受到了人们的欢迎。不过，不同年龄段所需的营养成分会有所不同，还是要具体问题具体分析。

最关键的是，要时刻聆听身体发出的“声音”，并且提高警惕。人过了 40 岁，不仅要好好使用身体，还要学会让身体养生，学会让身体“开心”。

多看一些不同风格的书，多听一听与自己观点相悖的意见

“我每年读 200 多本书，每天还看报纸，怎么可能情感老化呢。”

这样想的人一定不少。既然读了这么多书，大脑的确能得到使用，很多人会觉得这样就可以避免情感老化了。

但是读书并不是越多越好。读书方式、选书标准等，这些都会影响额叶的活性程度。

举个例子，比如有一个国家的总统是 A，有些读者对 A 的看法是“大独裁者，不仅通过政治上的白色恐怖让全体国民不能自由发表意见，还搞个人崇拜”。

如果这些读者读了几十本书，每本书写的都是“A 是独裁者”。这就相当于通过不同的书去巩固自己已经根深蒂固的思维，即使看到新的信息，也都是在印证自己已经持有的观点和看过的内容。

这些读者肯定会不停地说“没错没错，我的看法果然是正确的”，并从中获得一种满足感。因为这些书就像是自己意见的“代言人”，说出了自己想说的。

殊不知，和自己想法相同的书，读得再多，也不会对额叶产生积极的影响。

比如，《产经新闻》旗下的《正论》《WILL》等杂志的读者大多是具有保守政治倾向的人群，其实我倒希望他们可以读一读《朝日新闻》旗下的《周刊星期五》《世界》，因为这里面都是一些拥有相反政治主张的文章。

同样，我也希望《朝日新闻》《周刊星期五》《世界》

的忠实读者们可以偶尔翻翻《产经新闻》《正论》《WILL》。

当接触到与自己观点相悖的意见时，人首先会感受到厌烦，接下来会感到不快，之后会保持距离、不闻不问。但是，要想有效地刺激额叶，预防情感老化，最好是直面与自己不同的意见，而不要全面否定，避之唯恐不及。

换句话说，就是告诉自己相反的意见也有一定的道理，或者对这些相反意见进行理论性的批判，这样才能让大脑保持活力。

另外，还有一个例子，就是有些人只喜欢看一位作家的作品。我建议这些人可以偶尔换换口味，看看不同写作风格的书籍。写作风格差距越大，人的大脑机能就越能得到锻炼。

具体来说，读过池波正太郎全集的朋友下一本就先不要读藤泽周平的作品了，可以尝试一下不同文风的林真理子，让额叶受到刺激。经常读池井户润作品的朋友，最好看看金子美铃的诗集或者宫泽贤治的童话，这样能有效预防情感老化。

看电视节目也是如此。

我的一位朋友的丈夫，每到周末就会从早到晚地看电视，据说这是他最大的乐趣。可是，他看的电视台是 24 小时不停播放时代剧的频道。

日本的时代剧主题大都是惩恶扬善，几乎所有的剧情都是劫富济贫、除暴安良。“水户黄门系列”“必杀仕事人系列”等都属于这类主题。

就算中途离开一会，剧情也完全能猜得出来，故事都是用一个模子里刻出来的。所以，看剧的时候很轻松，几乎不用思考。这样当然很舒服，但是我们不能让大脑太放松。

每天都看同一个节目的朋友们，可以偶尔换换频道，挑一个自己平时绝对不看的节目吧。生活中只要掌握一些小窍门，就可以预防大脑和情感老化。

做一些无法预知结果的事情

如果有人问你，“你什么时候会心跳加速？”你会怎么回答呢？

回答“恋爱”“外遇”“找小三”之类的人，我只能说你的精力很充沛。

回答“弹子机”“赌马”“麻将”之类的人，说明你平时很喜欢玩。

回答“爬楼梯”“追公交车”之类的人，我能体会到你的苦处，不过我还得劝你放飞想象力，多找一些人生乐趣。

实际上，“恋爱”“外遇”“弹子机”“赌马”这些事情都可以让情感年龄保持年轻。可是，为什么浪漫的男女交往和存有侥幸心理的博彩会有相似之处呢？

它们最为相似的地方，就是无法预知结果。

我们想象一下，年轻的时候，为了让喜欢的异性能够注意到自己，对自己感兴趣，我们曾经花费了多少心思。该穿什么，该怎么说话，该摆什么造型……还会拼命去打听对方的兴趣是什么，喜欢什么音乐，然后有意无意地流露出自己和对方的兴趣爱好一样……恋爱中的人们，为了能让对方更加喜欢自己，大脑会持续高速运转。

另外，找外遇的时候，除了要让外面的人喜欢上自己，还要不让家里的人发现任何蛛丝马迹，两边都要动脑筋。

稍微有点疏忽，或者外面的人远离自己，或者家里的人赶自己出门，哪还有比这种事更让人无法预知，让人心惊肉跳的呢？

众所周知，博彩也是如此。打麻将虽然多多少少需要一些技巧，但是在很大程度上要靠运气，而且结果很难预知，所以玩麻将的人才会上瘾。

但是，无论是博彩还是外遇，因为无法预知结果，所以获得成功以后的喜悦也非比寻常。正因如此，人很容易上瘾，但结果往往会非常糟糕，这一点一定要注意。另外，如果喜欢博彩的人大脑额叶已经出现了萎缩，那么他是很容易形成依赖性的，所以会上瘾。人生当然需要一些小乐趣，但是要把握好尺度，不要失去理性。

预防情感老化的要点

怒火一着很难被浇灭，做什么事情都没有兴致，人变得越来越古板，这些都是情感老化的表现，有的人 40 岁时就出现了这些情况。

无论男女，这一时期的激素水平都会下降，之后会迎来更年期。由于血清素减少，有的人会出现抑郁。在这一时期，40 岁以前的人生中从没有经历的一些变化会纷至沓来。

面对这些重大变化，有的人会主动想办法解决，下决心与现实正面对决；有的人会找很多借口，“反正这辈子就这样了”，早早举起白旗投降了。其实，这一时期是人生的分水岭。

这个时候，我们必须意识到，人生留给我们的时间不多了。为什么呢？因为情感老化以后，如果放任不管，整个人就会迅速衰老，并且这个过程是不可逆的。

情感老化以后，身体和大脑会变得越来越懒惰，可怕的是人的整个身心都会变老。

因此，如果你发现自己有情感老化的端倪，一定要下定决心，与它抗战到底。

这个时候是否能下决心，决定了你10年后是精力充沛还是老态龙钟。

需要记住一点，为了保持青春与活力，你要尽量延缓情感老化的速度。

为此，我把本书介绍的预防情感老化的要点进行了简要汇总，请各位读者参考。

（1）把让自己开心的事情放在第一位

尽量不要为了迎合别人而压抑自己，不要把自己最想做的事情放到最后，要把让自己开心当作人生准则。

不要觉得忍让才是美德，记得偶尔“自私”一些。

（2）不要一开始就一定要得到答案

“这样就差不多了吧”“做这些起码不会出错”，总是这样想的话，情感会加速老化。所以不要一开始就下结论，不求结果的行动也是必要的。

特别是男性，他们的思维比女性要保守一些，所以拥有这样的思维模式更加重要。

（3）尝试挑战第一次

到没去过的餐厅尝尝美食，在没走过的路上散散步，用没有尝试过的食材做一顿晚餐……第一次经历的事情都会刺激额叶，让心神得到净化。

只要改一改平时的行为习惯，就可以有效地预防情感老化，今天就开始试试吧。

（4）挑战一下有风险的事情

投资也好，博彩也罢，通过挑战一些有风险的事情，使大脑得到刺激，开始快速运转。刺激与兴奋感可以激活额叶的功能，把情感老化踢得远远的。

目前，在日本小额投资的种类很多，有100日元就可以买到的大乐透彩票，还有在网上就可以下注的体育彩票。所以说，可以享受乐趣的方式有很多，不妨去试试。

攒了多年的私房钱，可以尝试去投资一下，也可以参加兴趣班结识新朋友，只要从事一些无法预知结果的事情，心情就会变得雀跃，情感就会产生活力。

这类令人心跳加速的事情可以帮助人们预防情感老化，所以我们偶尔也可以大胆一些，尝试一些新的挑战。

（5）品尝恋爱的甜蜜

恋爱，是保持情感年龄年轻的最好的特效药。只要开始恋爱，性激素分泌水平就会上升，大脑额叶也就可以保持活性。所以，无论男女，恋爱的人都会显得年轻。

就算不是现实中的恋爱，哪怕是喜欢一位歌手或演员，与一部小说中的主人公坠入爱河也是可以的。模拟恋爱的状态也可以提高性激素分泌水平，达到逆龄效果。因此，不管多大年纪，我们都不能忘记恋爱的甜蜜。

多做一些“不符合年龄”的事情

“当时我在电影院不停尖叫，真的，连我自己都没想到。跟我家老头子说了以后，他说我都一把年纪了，也没个大人样，真丢脸。可是，这种感觉真的太好了，下回我要穿得再鲜艳点！”

这是一位50多岁的大姐S女士跟我说的话。

S女士的女儿已经上大学了。一次，女儿约她一起去电影院看印度电影《巴霍巴利王：开端》，她一下子就喜欢上了。

《巴霍巴利王：开端》改编自印度古代神话，场景波澜壮阔，对白生动，情节紧凑，是一部值得观看的大片。

有的影院，除了可以正常观看电影，还会举办“尖叫观影”活动。观众不但可以带上荧光棒、手鼓、喇叭等乐器，还可以打扮成印度人，观影过程就像参加了一场演唱会。据说，当时那个影院的活动盛况空前，门票也是一票难求。

全场观众都对着银幕一起呐喊、一起唱歌。电影中有一个情节，就是全体国民不断高喊主人公的名字“巴霍巴利”。每当演到这里，所有观众都像电影中的国民一样，一起高喊主人公的名字。

银幕上的世界与现实中的观众融为一体，参与活动的观众自始至终都情绪高涨。最近，体验型的观影活动越来越多，不光是《巴霍巴利王：开端》，一些动画电影也会举办体验型的观影活动。

参加不参加暂且不谈，在这类观影活动上，呐喊对于年轻人来说应该是再自然不过的事情了。但是，这位年过半百的女士也在人群中大呼小叫，难怪她的丈夫会满腹牢骚，说她“没个大人样”。

可是，在我看来，这位女士不但激起了自己的好奇心，还能让情绪高涨起来，真的非常难得。

日本人有个习惯，就是岁数越大，越要强迫自己遵守一些奇奇怪怪的清规戒律和道德规范。比如，“大呼小叫的只能是小孩子，成年人遇事要沉着冷静”“上了年纪就要云淡风轻，不能把情绪表现出来”等诸如此类的想法。

可能有点跑题，读者朋友们知道，日本未婚女性的和服是长袖的，而已婚女性的和服是齐腕的。据说，在古代衣袖是一种表达情绪的道具，未婚女性可以通过飘逸的衣袖表达自己的情感，而已婚女性就要把自己的情感隐藏起来，绝对不能暴露。

古代很少有人能活到 50 岁，我们就不操心古人了。但如今是人生百年时代，这种想法不改改怎么行呢？

随着年龄的增长，每个人的额叶都会萎缩，这个过程是不可避免的。因此，为了让开始萎缩的额叶得到锻炼，必须激发自己的好奇心，这一点至关重要。“都这个岁数了，真难为情”“已经不是年轻人了”，这么想的人是不是有点太在意别人的目光了？

人生只有一次，自己开心就好。看到有意思的东西，就去尝试一下。我认为，“不符合年龄”的行为不应该被批评，反而要好好褒奖。因为人只有积极投身于未知的世界，才能充分锻炼大脑和心脏，才能保持青春和活力。

交朋友的方式
要多少有多少

每个人都会老去，那么，你周围的朋友是越来越多，还是越来越少呢？

当然，有的人喜欢和三两知己谈天说地，有的人喜欢和更多的人交往，这与性格有很大关系。我们不好说哪一种好，哪一种不好。但是，如果想让情感保持年轻，还是要多交一些朋友为好。

但是，如果每天只是公司与家庭两点一线，是很难交到新朋友的。其实交友最好的方式是多去一些新的地方，这样就可以遇到很多人。但是，人到了中年以后，就很难像上学的时候那样喜欢结识很多新朋友了。

不过，今天只要使用 SNS，就很容易交到新朋友。

SNS 指的是社交网络服务，它可以提供维持、促进社会性人际交往的多种服务，这种线上服务一般需要申请人进行注册。在日本最有名的是 LINE、instagram、推特和脸书。

比如，有的人喜欢名胜古迹、古堡废墟。这要是在以前，在周围可能找不到有相同爱好的朋友，会感觉很孤单。但是如今在网上，很容易就能找到。

在日本，有很多中老年人都喜欢使用脸书，在检索栏输入“废墟”或“古建筑”的话，就可以找到很多这样的同好社区。每个社区都有管理员，只要联系管理员，经过批准之后就可以加入了。

社区中如果有成员发布消息，其他成员就可以给他们点赞，还可以留言评论。你也可以按照规则发布消息，其他成员也会给你点赞和留言。通过这样的形式，虽然是在虚拟世界，但也可以交到很多志同道合的朋友。

并且，一些网络社区还会举办线下交流活动，大家会在现实中面对面交流。在网上交流的话要打开电脑电源，需要“on”；而在线下交流就不需要使用电源了，所以“off”就可以了。

另外，自己也可以建立社区，并担任管理员。这样的话，不仅可以交到朋友，还可以体验到其他乐趣。

“网络世界里的朋友哪有正经人”“不知根不知底的，多吓人”，不少人都有这样的顾虑。如果是因为这些原因而犹豫不决，那我们就可能真的一步也迈不出去了。的确，网上认识的朋友中或许有坏人，不过，我们也没必要总把“或许”当作“一定”，只要我们保护好自己的个人信息就好了。

我们不妨转变一下思维——即使上了年纪，也可以交到很多新朋友。这也是网络的一大好处，不会受到时间和空间的制约。

我的想法

第四章

开心享受百岁人生

活到 100 岁，已经不是什么了不起的事情了

各位读者朋友，在我们的孩提时代，如果有人提到百岁老人，你脑海中会浮现出什么样的形象呢？满头白发，长长的胡须，想象出来的大概是仙人的样子。

为什么会这样呢？因为那时候的我们可能几乎没见过能活到 100 岁的人，我们会觉得那样的老寿星可能没有几个，所以才会把他们想象成仙人的样子。

的确如此，几十年前，我们还觉得能活到 100 岁的人都是老寿星。

东京奥运会的前一年，也就是 1963 年，日本通过了《老

年福祉法》。那时候，日本全国超过100岁的老年人只有153人。1981年，这一数字增长到1000人，1998年更是超过了1万人。百岁老人数量的增长速度越来越快，到2018年，已经达到将近7万人。

根据厚生劳动省的测算，目前50岁的日本国民中，可以活到100岁的男性将达到1.75%，女性将达到7.54%。50岁以下的人群中，年龄越低，这一比例就越高。

也就是说，活到100岁已经不是什么了不起的事情了，今后无论什么人，都有可能轻易活到这个年龄。

可是，听说自己也能活到100岁，“我竟然能活到100岁，太高兴了！”“大家都能长寿，世界太美好了！”其实，并没有那么多人开心得不得了。相反，“哪有那么多钱活到100岁啊？”“活那么大岁数，也不一定是好事”，有如此担忧的人，恐怕也不少。

以前的人，哪怕多活一天也好，都想活的时间长一些。

可是现在，只要岁数差不多了，别痴呆、别瘫痪，死的时候痛痛快快的，才是大家的愿望。然而，我们不应该自己去控制寿命的长短，因此，在轻易死不了的今天，如何才能轻松地度过晚年才是我们应该认真思考的课题。

基于此，归纳起来，拥有一颗年轻的心才是最为重要的。

如今，长寿意味着要有更重的经济负担，很多人会为此担心。但是，如果情感老化了，那么有再多的钱也只能度过无聊而又漫长的每一天。

因为生活缺少动力，所以习惯把自己闷在家里。长此以往，身体会变得虚弱，大脑会变得迟钝，整个人都会变得苍老。就算再有钱，如果将来要过着卧床不起并且有认知障碍的生活，你不觉得这样的生活太悲惨了吗？

正因如此，我们要正确看待百岁人生，提前做好预防，让情感不要迅速老化，并且思考该怎么做才能实现这一点。我认为这才是平稳度过这个时代的重要课题。

逆龄并非美容

今天，百岁人生正在逐渐成为每一个人的“标配”。我特别建议正处于“思秋期”的朋友们一定要有意识地开始努力逆龄，因为逆龄与预防情感老化关系密切。

逆龄指的是抗衰老，尽量避免由于年龄的增长而使身体和心理各方面很快出现衰老现象，延缓老化的速度。

不过，在日本有不少人看到“美魔女”（虽然人已经到了中老年，但是还像使用了魔法一样美丽动人的女性）之后，就把逆龄当成了美容。

可能也是由于这个原因，在一本杂志的名人对话中，女演员小泉今日子和社会学家上野千鹤都说到“我特别讨厌‘逆龄’这个字眼”“人家说我显得年轻，我可高兴不起来”。她们的观点在网络上引起了激烈的讨论。

其中有很多人表示赞同。“没错！已经是上年纪的人了，干吗非要打扮成那样？”“上了年纪又不是什么坏事，不用费那么多心思去掩饰，接受自己变老的事实就好”。

到底是该与衰老对抗？还是举手投降？网上出现了各种意见和主张。但是，看着大家的发言，我觉得有些哭笑不得。关于如何看待衰老，两种意见完全对立。但是，我们为什么不让自己的思路更灵活一些呢？

在漫长的人生中，无论是谁，都想让自己的身体和心灵更长时间地保持活力，这是一种美好的愿望。并且，现在的医学也在发展，再加上日常生活中的一些小诀窍，我们虽然不能让 100 岁的人变成 50 岁，但是完全可以让 40 岁、50 岁甚至60岁的人外表看起来充满活力，心脑血管不出现什么大的问题。

人生中的生老病死是必然现象，无论怎么挣扎，都必须接受这个现实，谁都会有变老的那一天。因此，我们多多少少了解一些关于逆龄方面的知识，到了70多岁依然坚持与自然规律“搏斗”，这应该不是什么坏事吧？

⦿ 人生路漫漫，从细胞开始抗老化

“人衰老的根本原因是细胞‘发炎’了。”

这是法国预防医学、抗衰老医学领域权威人士萧夏博士（Dr. Claude Chauchard）提出的观点。基于此，萧夏博士长期开展多种实践，目的是研究如何最大限度地抑制细胞“发炎”。

我从萧夏博士的观点中受到了巨大的启发，回到日本之后，也想在日本开展相关方面的研究，我一边向恩师萧夏博士咨询，一边开办了和田秀树心灵与身体医院。

萧夏博士认为，人类本身是带有长寿基因的，何止100岁，正常来说可以活到120岁。

但是，为什么人类的平均寿命远远达不到这一数字呢？原因就是人的细胞“发炎”了。

我再进一步清晰地解释一下。

各位读者朋友可能还记得，我们在中学课本中学习过“氧化”。氧化是一种化学反应，当金属与氧气结合，就会产生氧化，金属会散发热量，还会生锈。

人类通过呼吸吸入氧气，体内也会和金属一样发生氧化。当然，我们人体所需的能量就是通过氧化获取的。另外，身体也会像金属一样，因为氧化而“生锈”，变得不那么健康。为什么氧化会产生这样的作用呢？因为细胞因氧化而“发炎”了。

人体的所有器官都是由细胞组成的。内脏、皮肤、骨骼、大脑、毛发等，它们的基本单位都是细胞。

细胞的外层包裹着细胞膜。细胞膜发挥着非常重要的作用，它一方面可以输送营养物质到细胞内部，另一方面还可以使细胞之间传递信息。

所谓细胞“发炎”，就是指细胞膜遭到了破坏。

比如，我们不小心摔了一跤，磕到的皮肤损伤后，会有细菌进入，然后就会肿胀，甚至出现发烧等症状。再比如，我们不小心崴了脚，脚腕肿起的部分也会变得很热。这是因为受到损伤的部分为了修复组织，会分泌各种各样的物质。细胞膜也是如此，当它遭到破坏时，也会分泌很多东西出来。

当细胞膜遭到破坏之后，营养物质就无法正常输送到细胞内部了，细胞的功能就会减弱。萧夏博士认为，这就是人衰老的根本原因。

另外，人体吸入氧气之后，会代谢出活性氧等自由基。自由基指的是不稳定且容易发生反应的分子或原子。因为自由基具有不稳定性，所以它对细胞的破坏力非常大。

生活中重视健康知识的人可能比较了解活性氧。活性氧的氧化性非常强，它是一把双刃剑，既可以杀死进入人体的有害细菌，也会对人体细胞造成伤害。

人类依靠呼吸生存，氧化也是一种自然现象，并不是疾病。因此，细胞由于氧化而“发炎”是不可避免的。不过，我们可以尽量减少细胞的“炎症”反应，以达到抗衰老的目的。这也是萧夏博士提出的解决方案。

调整肠道环境可以预防老化

早春时节，最让日本人头疼的就是花粉症。眼睛肿痒，鼻涕眼泪都止不住，这其实是一种过敏症状。

提到过敏，我们经常听到的还有鸡蛋过敏和牛奶过敏等。当摄入这类食物或饮品后，人突然变得呼吸困难，或者全身起疹子，或者突发高烧，这些都是急性过敏的症状。

除此以外，还有一种慢性过敏。萧夏博士认为，我们必须对慢性过敏重视起来，因为它是细胞“发炎”的主因。

与急性过敏不同，慢性过敏在人体中引起炎症的速度十分缓慢，一般很难察觉。

我们看一些例子，“吃完猕猴桃之后，嘴里面隐隐觉得有些痒”“吃完牛蒡之后，放的屁好像变臭了”“吃完火腿之后，肚子感觉有点不舒服”，诸如此类的变化并不明显，因此我们也不太在意。即使有所察觉，也不当回事。

但是，慢性过敏特别容易引发肠道发炎。肠道发炎以后，细胞就很难获得营养。这种状况如果持续几天，再加上氧化的作用，很容易加速衰老。

肠道发炎后，摄入的食物很难被人体充分吸收，再好的营养也难以输送到细胞内。我们都知道，肠道是帮助人体吸收和消化营养的器官，其实，小肠集中了人体大约 80% 的免疫细胞，具有举“肠”轻重的免疫作用。

如果免疫功能健全，就可以抵御细菌的侵袭，也可以修复破损细胞。但如果肠道发炎，免疫力就会下降，细胞的修复能力也会下降。

换句话说，保持肠道健康对于预防身体老化十分重要。

日常生活中经常喝酸奶的国家和地区的人相对长寿，那是因为酸奶中含有的乳酸菌可以帮助人们调节肠道环境，让肠道正常发挥功能。

我们再回到慢性过敏上。引起过敏的原因是人体摄入了抗原物质即过敏原，因此要避免接触这些东西，这样也可以抑制人体氧化，降低老化的速度。

至于哪些东西是过敏原？因人而异。只要经过筛查，都可以准确找到，不过这需要一定的费用（我的诊所也可以针对 123 种急、慢性食品过敏进行过敏原筛查）。

不过，不去医院做检查，也不代表就不能了解什么是过敏原。

比如，我们可以把每天吃的食物做个记录。吃了某种食物之后，如果感到不舒服，出现恶心、发痒等症状，就一定要确认一下，是否是该食物引起了过敏。

如果吃了某种食物之后，全身起疹子，感觉很不舒服，我相信每个人都会下决心以后不会再吃。但是，如果症状较轻，就容易不当回事，还会继续吃。

可是，只要觉得不舒服，其实就是身体发出了一些信号。很可能在不知不觉之中，我们的身体就已经因氧化而“生锈”了。

因此，一定要远离过敏原，这样就可以延缓身体的氧化速度，预防老化，其实这并不复杂。

“情感老化”与“保持肠道健康”，这两件事情看似没有多大关系，但是“身”“心”健康是不可分离的一个整体。

从预防细胞老化开始，一定能够预防情感的老化。

让自己甩掉“大爷”“大妈”的标签

周末，如果一天到晚都穿着睡衣或起居服，人就会变得懒懒散散的，发发呆时间就过去了。不过，要是换上一身精神的衣服，就像打开了某个“开关”，人也会有意愿做一些有意义的事情。

各位读者朋友有过这样的经历吗？

男性在出门之前，只要一打好领带，就感觉已经进入了工作模式。女性只要一化好妆、穿上漂亮的衣服，整个后背都会挺得笔直。这样的心理变化，大家应该都有过。

以前，我们认为内心世界是一种由内而外的展现。但是，随着行为疗法和认知科学的发展，越来越多的人认为，人的心理变化，会受到周围环境的影响。

也就是说，人的心理变化会与自身的行为相结合，同时也会引起身体上的变化。如果主动做出一些有益于激活大脑的行为，无论是身体还是心理，都可以保持一种健康的状态。

因此，如果想保持身体、心理的活力，首先就要改变自己的外观，这是一个好方法。

“我都一把年纪了，还臭美什么？”如果这么早就放弃人生，每天穿着暗淡肥大的衣服，早早地就给自己贴上“大爷”“大妈”的标签，那么我们的心理和身体就真的会朝这个方向“奔跑”了。

慢慢地，人就会习惯猫起腰走路，从动作和说话语气上也都会变得和大爷大妈一样了。

其实，我们可以给自己打打气，挑一件具有时尚感的衣服，去网红咖啡厅坐一坐，到银座去逛逛街，整个人都会变得更有精气神。

相反，要是穿成典型的大爷大妈风格，可能自己都会对自己说“今天就去便利店买个盒饭凑合一顿吧”“这副打扮就别跑到外面去凑热闹了”。

一个人的活动半径越大，活动量也就越大。并且，人在大范围的空间里大脑会受到各种各样的刺激。如果只在自家附近绕圈子，是不会有什么新鲜感的。

穿上一身精神的衣服，心情就会变得明朗，会有想见某个人，想和某个人聊天的冲动。穿得邋里邋遢的时候，就变成了“我可不想被别人看到”“我今天谁也不想见”。

换一身衣服，去一个新的环境，大脑会受到很大影响。真的是“成也衣装，败也衣装”。

俗语说，人是衣裳马是鞍。当自己的仪容显得十分年轻时，心情也会变得愉悦，激素的分泌也会变得旺盛，额叶的运转也会加速。

可能有的人会说，从头到脚都精心打扮有点麻烦。其实，只要男性打一根比平时显年轻的领带，女性在寡淡的衣服颜色中加入一些亮色，就会产生逆龄的效果。

避免“无事一身轻”

“我家那口子，最近做什么事都没有以前那么利索了，真有点担心她。总算有了自己的时间，结果天天就在家里躺着，这是怎么回事呀？”

我的一个朋友这样问我。

我又详细问了一下他，原来他的妻子一直照顾常年卧病在床的母亲，母亲前一阵子去世了。再加上，儿子也考上了大学。

要高考的儿子，卧床不起的母亲，这些对于他的妻子来说，无疑都是巨大的精神压力。所以，在一旁理解她苦衷的丈夫原以为妻子终于从这两座“大山”中解放出来了，有了自己的时间，可以无忧无虑地做一些自己想做的事情了，却没想到妻子的精神却萎靡了。

从妻子的角度来看，她的确是从母亲和孩子的压力中解放出来，可以松一口气了。然而，同时她自己也变得没人需要了，“我没有存在价值了”她很有可能产生这样的想法。

当人对某个事物全力以赴之后又失去的时候，往往会变得很难重新站起来。比如，失去家人、离婚之后，随之而来的是离开熟悉的人和物的那种孤独感。

如何才能缓解或者忘掉这种痛苦呢？这也是精神分析研究领域的一个重大课题，如何解决“对象丧失”。当一个人失去依赖自己的人，或找不到自己的价值的时候，心理会受到巨大的打击。

我那个朋友的妻子的心理变化又恰好和激素分泌失衡的

更年期重叠，所以她的症状更明显。

每天闷在家里，从早到晚都躺在床上，大脑和身体都得不到锻炼。时间长了，身体的各种机能都会衰退。当然，情感也一定会老化，做事没有动力。整个人就像是从山坡上往下打滚一样，很难再爬上人生的顶峰。

听了朋友的介绍以后，我建议他尽快让妻子咨询一下专业的医师。

刚开始的时候，据说他的妻子还说“不是什么大不了的事，用不着去医院”。之后，她竟然出现了头晕、气血上涌和盗汗等症状。因为她的更年期综合征变得越发严重，所以去医院接受了激素补充治疗，后来症状逐渐得到缓解。

没有工作的家庭主妇们，即使身体有些不舒服，也都不愿意去医院检查，“休息一会儿，再看看情况”，这样很容易让病情进一步恶化。

另外，由于对激素补充治疗不了解，因此也会劝自己“不用那么大惊小怪吧”，然后人就变得更加消极。身体缺少什么，就应该进行补充，缓解症状。这不是很清楚明白的道理吗？

各位读者朋友，我们去医院看病的时候，让自己的心情放松一些吧。

即使经常动脑，也不能疏忽大意

人体的功能如果经常得不到使用，就会开始老化。

特别是上了年纪以后，这种老化速度会加快，这一点我们已经强调过多次了。所以，进入“思秋期”以后，一定要积极地动脑、动身。

如果在工作中处理很多复杂的问题，是不是就算动脑了呢？

举个例子，比如有些人从事设计方面的工作。这份工作具有很强的专业性，并且不能出现一丝一毫的错误，工作的时候，大脑长时间保持高度紧张状态。

乍一看，这样的工作是让大脑高速运转的。但是，无论什么样的工作，如果大脑已经变得程式化，就会处于“低耗能模式”。

当大脑进入程式化运转之后，运转的只有负责计算和画图的顶叶部分，而与情感老化相关的额叶部分是得不到锻炼的，因此情感老化在所难免。

可以说，越是从事专业性强的工作，越要在工作之余尝试一些不同的领域。

举个不太贴边的例子。好的运动员，大多不会通过自己擅长的项目来提升自己的运动能力，而是通过其他项目。比如，棒球运动员会练习游泳，高尔夫球选手会挑战骑马。

为什么要这样呢？因为一种体育项目只能锻炼身体特定的一部分肌肉。如果只做相同类型的运动，那么身体机能就会出现不平衡。如果时常做做不同类型的运动，就可以锻炼到自己专业中无法练到的肌肉，从而提升身体的整体机能，为自己带来更好的成绩。

与此相同，如果有些人工作时总是坐在电脑前盯着屏幕，那么在周末的时候可以体验一下攀岩，或者参加合唱团，唱唱赞美诗。

无论是饮食，还是生活中的动脑、动身，都需要不偏不倚，保持平衡。走出舒适区，尝试新的生活，大脑就会保持活力，情感也可以保持年轻。

“美美与共”，保持心理健康

你身边是不是有一些人，在他们的眼里一切都是非黑即白的。比如，“A 反对我的意见，我就跟 A 势不两立”“B 同意我的意见，我就拿 B 当闺密”“出国旅行肯定危险，我绝对不去”“要是出去玩，我只在国内玩”。

这类人的主观性比较强，当遇到自己没有预想到的情况时，容易变得消极低沉。

比如，一直支持自己的 A，某一天突然抱怨说，“你说的不太对吧，我觉得你的思路有点问题”。这个时候，非黑即白的人就会大吃一惊，接下来他会感觉自己遭到了背叛，然后就会变得非常沮丧。

再比如，本以为国内旅行会让人放心，但是遇到一些问题以后，非黑即白的人就会受到巨大的打击，得出一些比较极端的结论，“这辈子再也不去旅游了，还是家里最好！”

其实，这样处理问题或看待事物的思维方式，我们称为“两极化思维”。这种思维很容易发展为抑郁，对人是有很大伤害的。

事物不是非黑即白的，在黑与白之间还有灰色区域。而灰色又有接近白色的浅灰，还有接近黑色的深灰。对待事物、认识世界的角度不同，人的心情也不尽相同。我们再看看刚才举的例子。

A平时都会同意自己的意见，但是有一天突然抱怨起来。这时候，其实我们可以有不同的方式来看待这个问题。

“今天我的思路看来和A有些不合拍呀。”

“我的思路哪里出问题了吗？”

“看来今天 A 的脾气有点大。”

“月有阴晴圆缺嘛。”

如果能从这么多个角度思考，人怎么会变得消沉，心情又怎么会变得不愉快呢？

另一个例子也是如此，一直认为在国内旅行最省心，但是遇到了突发状况。这时也是可以有不同的思维方式的。

“看来在国内旅行也不一定让人放心呀。”

“说不定国外旅游业在安全管理上做得更好呢？”

“反正哪里都有好有坏。”

这么想的话，心情会一下子轻松很多。

由此看来，可以接受运用多种思维方式看待问题的程度，是预防抑郁的关键，我们称这种程度为“认知成熟度”，认知成熟度越高，越能远离抑郁，保持心理健康。相反，如果一定要把这个世界看得非黑即白、非好即坏，“肯定就是这么回事！”习惯这样思考问题的人相对来说认知成熟度就会低一些。

之前，我在地铁上遇到过这样一件事。

一个年轻人坐在座位上玩手机，明明眼前站着一位老年人，他却没有让座的意思。这时候，旁边的一个中年人突然就发火了，大声骂了那个年轻人，要求他给老年人让座。

相信这位中年人头脑中想的是“现在的这些小年轻，天天不务正业，就知道玩手机，坐在那里也不知道给老年人让个座，太不像话了！”

可是，如果这个中年人换一种思维方式，“这个年轻人真是玩手机入了迷，旁边站着一位老年人他都没看到”“要是提醒他一下，估计他就会让座了”“现在的年轻人也不容易，可能是工作太辛苦了”，这样思考的话，也不会让自己火气那么大。

发火之后，结果怎么样呢？挨骂的年轻人给老年人让了座，坐下的老年人被周围人盯着，中年人的怒气一时半会也消除不了，三个人都感觉不舒服。

人上了年纪以后，会不知不觉地变得古板。正因如此，要时刻提醒自己，遇到什么事都不能一概而论。感觉气往上冲，要发脾气的时候，先做一个深呼吸，问问自己，“能不能换一个角度思考问题呢？”

这样做的话，情感老化一定会得到缓解，心理也可以保持健康状态，也不用担心得抑郁症了。

● 性是生命，也是生活，不要难为情

第二章我们也提到过，日本的无性生活现象愈演愈烈。据统计，具有婚姻关系的男女中，有 47.2% 的人长期没有性生活。

然而，尽管没有性生活，但夫妻之间的感情并没有变得不好。

“孩子出生以后，老婆和孩子睡在一起，所以夫妻生活的次数就越来越少了。”“经常加班，到了家不是累了就是觉得麻烦，完全没有那个心思。”像这样，很多人都说，不知不觉两个人之间就没了性生活。

这样的话，性激素的分泌自然也会减少，这对身体和心理都会产生影响。话虽如此，我也不是劝朋友们为了预防情感老化，大家都开始努力做“床上运动”，大量分泌性激素，我只是建议大家要尽量避免没有性生活。

出国旅行的时候，我经常看到老爷爷和老奶奶牵着手，或者老爷爷搂着老奶奶的肩膀。尽管我是个路人，但是看到这样自然和谐的情景，我还是不禁会面露微笑。无论什么时候，无论是身体还是心理，男性和女性还是不要提前“退休”的好。

可是，在日本，如果看到老爷爷和老奶奶拉着手，周围的人一定觉得他们中有一方生活不能自理了。关于这一点，日本与国外的文化差异还是非常明显的。

在日本，为了避免没有性生活，夫妻之间会经常聊天，会经常接触对方的身体，会约在某个地方一起去享受美食，这些都属于夫妻之间的沟通。

如果读者朋友中也有人长期没有性生活，不要冷不丁地就恢复往日雄风，还是从日常生活中开始和对方频繁接触比较好。

比如，可以一起去看一场电影，一起喝一杯小酒，稍微注意一下自己的仪表，就像回到了谈恋爱时的样子。

如果两个人都是一身肥大的运动服，头发也是乱蓬蓬的，对对方的仪表什么的已经无所谓了，谁还有心情深情相拥、相互爱抚呢？若能喷些香水，整理整理发型，穿一件对方喜欢的衣服，说不定就能在平淡的生活中找到心动的感觉。

在入睡之前，两个人也可以互相揉揉肩膀，做做按摩，有意识地增加身体接触和交流的时间，自然而然就水到渠成了。

产科和妇科医生宋美玄女士在《女医生告诉你如何提升性生活质量》（bookman 出版社）中提到，“更年期是夫妻构建新的性关系的阶段”。

随着年龄的增长，人的身体会发生一些变化，肯定和年轻的时候大不相同了。男性可能会出现勃起功能障碍，女性可能会出现分泌物不足，因疼痛而引起性生活障碍。

但是，现在有很多药物都对治疗勃起功能障碍有效，也有分泌物的替代物可以帮助女性缓解疼痛，有需要的人可以去尝试一下。

另外，关于身体上的变化也可以和对方聊一聊，年轻的时候羞于开口，但是“思秋期”的夫妻之间是需要敞开心扉的。这也算是婚后一起生活多年的好处了吧。

性是生命，也是生活。它可以为生命与生活提供动力。“都这个岁数了”，这样的话，还是不要说出口的好。

不过，也不要强迫自己或对方，一提到性就一定要走完全流程。两个人一起躺在床上感受一下对方身体的温度，也有助于分泌一些性激素。

心动会促进性激素分泌

以前，我的一个朋友的妻子和她的朋友一起去看乡裕美的演唱会。

乡裕美身材挺拔，歌声甜美且带有磁性，舞蹈也是力量感十足。虽然他已经年纪不小了，但是完全看不出来，是日本顶级的男歌手。每一次看他的演唱会，观众都会激情四射。

在他的演唱会上，观众不仅会从头站到尾，还会大声尖叫“裕美！！”“哇！！”“帅死了！！”我朋友的妻子和她的朋友仿佛都回到了少女时代。

过了几天，我朋友的妻子收到了一条短信，是和她一起看演唱会的那位朋友发来的，内容是“我来例假了，好几年都没有来了。”

这也算是印证心动可以促进性激素分泌的一个例子了。就算没有和喜欢的偶像握手，没有面对面直接交流，也会产生这样的效果。

所以，我们可以去看一看偶像的演唱会，然后在现场释放自我，这也可以使身体分泌大量的性激素。

最近，在很多追星活动中粉丝都可以和喜欢的偶像握手，一起合照。无论是线下聚会，还是粉丝见面会，可以接触到偶像的机会越来越多了。

“整天追着偶像，什么时候看起来都像是发情一样”，这其实并不是什么坏事。今后，为了保持活力，更应该享受青春期的乐趣。人生这么漫长，何必让自己年纪轻轻就变成行尸走肉呢？

这样的心动体验，或者非日常性的体验，不仅可以促进性激素的分泌，还可以强烈刺激额叶，提高人的免疫力。

男性什么时候都要帅气，女性什么时候都要美丽，这样的话，身心都会变得越来越年轻。

参加一场有男有女的葡萄酒品酒会

单身的时候，可以和同学或者同事一起喝喝酒，醉醺醺地谈天说地。相信大家都有过这样的经历。很多人喝酒的时候并不在意桌子上是男性还是女性，只要开心，什么都可以聊。但是，只要一结婚，几乎就没有和异性说话的机会了。

特别是女性，因为要考虑到丈夫的感受，和男性一起喝酒，有一搭无一搭地聊天，这种情况就从生活中消失了。

可是，当自己不用照顾孩子，时间也充裕时，其实可以适当增加一些社交的机会，男男女女在一起谈天说地。

因此，我非常建议读者朋友们参加一些有男性和女性同时参与的交流活动。

例如，可以和兴趣班的同学，或者志愿组织的成员，一起去喝点酒、聚聚餐。大家本来就兴趣相投或者有相似的志向，聊起天来也不会冷场。

一位将近 60 岁的女性对我说，她参加了一个由男性和女性一起组成的朗诵会之后，皮肤变得有光泽了，周围的人都说她变得更靓丽了。

这位女性为什么会更有魅力了呢？秘密就是朗诵会里有一位男性是她喜欢的类型。每次去参加朗诵会之前，她都会洗头洗澡，做头发，用心化妆，达到最佳的状态后才出门。

不过，日本人还是内向的比较多，像这位女性一样积极主动的人恐怕不多。有时候，可以稍稍借助酒的力量壮壮胆。

适当饮酒可以缓解羞怯，还能让人的口齿变得伶俐。因此，酒是一种促进交流的道具。

特别值得推荐的是，男男女女一起参加的葡萄酒会。

为什么是葡萄酒呢？因为啤酒和清酒都太日常化了，缺少新鲜感。而红酒可以让人忘记平日里的生活，带有一些时尚感。

当然，有些人平时也经常接触葡萄酒，如果想脱离日常生活，可以换换龙舌兰酒或者伏特加。

不过，葡萄酒中的多酚可以帮助人体软化血管，改善糖分代谢，还具有预防肥胖和认知障碍的效果，喝的时候更加放心。

我自己也时不时举办一些葡萄酒派对，或者参加一些别人举办的活动，因此深有体会。我记得很久以前就有人说过葡萄酒是连接人与人的纽带。

来一场说走就走的旅行

我们出去旅行的时候，在名胜古迹前照了无数张照片。但是，过了一段时间，看这些照片回忆往事的时候，“当时有这个景点吗？”“怎么好多细节都记不住了？”像这样记忆模糊的时候，大家也都有过吧？

以前，人们都用体积比较大的相机拍照，看到特别喜欢的才会拍下来，因此头脑中的记忆会清晰许多。现在都用智能手机拍照，轻轻松松就能照一张，然而，我们大脑记忆的强度却降低了。

美国心理学家琳达·亨克尔（Linda Henkel）的研究结果表明，如果在旅途中以拍照为主，那么对实际体验的记忆会减少很多。

同样是参观博物馆的学生，一边拍照一边参观的学生和只参观不拍照的学生相比，前者对于参观过程中的很多细节都会记不清楚，对于博物馆的展品认识也会出现偏差。

也就是说，当大脑开始依赖某种工具的时候，就很难认真地认识观察对象了，旅行亦是如此。

例如，我们出去旅行之前，旅行社都会做出周密的安排，包括交通工具、酒店预约、参观景点的图册、餐厅的选择、每一顿的菜单……一切都面面俱到，使得旅行过程非常顺畅。

可这样一来，旅途是顺畅了，却缺少了惊喜和意外。

我们为什么喜欢旅行呢？难道不是为了遇到一些未曾想到的意外和超出想象的感动吗？

上学的时候，出去旅行也都是“穷游”。但是，在目的地可以交到新朋友，可以遇到好心煮玉米给自己吃的农民伯伯，还会因为没赶上末班电车而在车站过夜，反正有过太多太多的意外。

可是，这些经历都会留在我们的记忆中，多大年纪都忘不掉，因为已经深深地烙印在心里了。

别人安排的旅途即便再奢华舒适，如果没有任何意外和惊喜，我们也是很难获得旅途中本应获得的心动和感动的。

因此，进入“思秋期”之后，更要来一场说走就走的旅行，让自己感受一下期待已久的未知之旅。现在，很少有人看列车时刻表了，若能自己安排路线，自己做攻略，来一次个性化的旅程，那感觉该有多好啊。

旅行攻略就像拼图游戏，我们可以从中感受到很多乐趣。

口若悬河的人永远年轻

这个世界上，有的人沉默寡言，有的人口若悬河。整体来说，有动有静，基本保持了平衡。不过，爱说话的人似乎更有活力一些。

在日本的演艺圈里，要说口若悬河的艺人非黑柳彻子女士莫属。她今年已经 85 岁高龄了，但是在节目里还是语速飞快，与嘉宾对话永远是对答如流。

黑柳女士不仅说话特别利索，而且用词非常优美，实在令人敬佩。并且，她的语速和随机应变的能力，绝对是情感老化的人望尘莫及的。

换句话说，豁达开朗的黑柳女士通过她的伶牙俐齿告诉我们，她依然拥有年轻而充满活力的额叶。

人在与他人对话的时候，不仅要充分理解对方的意思，还要把自己的思路进行汇总，然后当场做出较为适宜的反应，是一种综合运用多种能力的行为。如果额叶开始萎缩，与他人的对话也会变得困难。

因此，锻炼额叶是非常关键的。

大脑的颞叶和顶叶可以储存记忆，是处理认知信息的输入端。与之作用相反的是额叶，额叶是输出端，可以将存储在大脑中的记忆、知识、信息等进行输出。

额叶控制着人的思考能力和创造能力，可以让人的行为充满灵性，发挥着高层次的功能。

额叶发挥着多方面的作用，而强化这些作用的最好方式就是与他人对话和交流。

黑柳女士的例子也告诉我们，要想提高语速，大脑就需要高速运转。

有时候，我们会看到一些老年人，他们总说“上了年纪后就变得沉默了”“每天都懒得说话”。这些现象可能都是因为额叶功能开始衰退，导致思维变得混乱，在语言表达上也找不到合适的语汇了。

如果一直保持沉默的话，情感老化会继续加速。所以我们要重新锻炼会话能力，再次找到轻松聊天的感觉，并且坚持下去，把这当作最好的逆龄方法。

如果是一个人生活，没有可以聊天的对象，可以试试网上的SNS，和网友聊聊天、通通话，这样就能找到一些可以谈天说地的朋友。以前有人说，自言自语的习惯不好，但是这是一种不科学的说法。

就算没有人，也可以想象着对某人诉说自己的观点，打磨说话技巧，让自己的想法脱口而出，这样语言表达能力才能得到提升。

另外，通过与他人的交谈，还可以提升自己的社交性和主动性，可以说是一箭双雕。在人生百年时代，口若悬河将成为一种开心度过晚年的重要技巧。

一条围巾或一根领带就能让你逆龄

我时不时会参加一些电视节目，每次在摄影棚看到演员和歌手的时候，都会感叹他们为什么看起来那么年轻。

他们中也有人常常把“人不可貌相”“不能光有好看的皮囊”挂在嘴边。但是，因为相貌好看而发愁的事情应该是没有的。所以无论是谁，无论多大年纪，应该都是想保持亮丽的外表的。

而且，只要在服饰上花一些小心思，从外表上看起来年轻几岁也不是什么难事，让我们挑战一下吧。

在摄影棚里，我发现了一个小窍门。一些上了年纪的演员和评论家喜欢穿立领的衣服，我研究了一下，原来这样做是有理由的。

我们经常听到有些老年人会抱怨，“化了妆之后，脸是显得年轻了，可是手和脖子的皱纹藏也藏不住啊。”不过，立领上衣和高领衫正好可以遮住颈部的皱纹。

可以遮挡颈部的，不光有立领上衣和高领衫，打一根领带，围一条围巾也是不错的办法。这样做既可以遮住缺点，又可以增加时尚感。

如果围巾和领带的颜色比较鲜艳，还可以让人眼前一亮，就算身上的服装是深色系，整体感觉也会非常明快，让人感觉心情舒畅。

多年都喜欢穿素色衣服的朋友们，也不用急着一下子就要挑战时尚，因为那很难突破心理障碍。但是，如果只需换一根领带或一条围巾，那是不是也可以尝试一下显眼的设计风格呢？

在脸部四周增添亮色的话，会显得脸色非常好。脸色好了，心情自然就好了。

养成主动出门的习惯

文学家寺山修二的名言是"扔掉书本，出去看看世界。"进入"思秋期"的人们，最好养成主动出门的习惯。

比如，每个月最少去电影院看一场电影，时不时去图书馆借一本书，即使是这样的小外出也没关系。

随着网络的普及，现在人们在家里就可以看视频，可以看电子书。但是，和外出带给人的信息量和刺激程度相比，线上服务还是有很大差别的。

如果你喜欢音乐，在家里当然可以听听 CD，可是 CD 带给你的感觉怎么能和实际去听演唱会带给你的兴奋感相比呢？在家里看美食节目获得的乐趣，也远远不如实际去餐厅享受来的惬意。

想让自己多出门，就要让出门和自己的兴趣爱好结合起来。因此，进入“思秋期”的人们，要注意多培养几个兴趣爱好。

小时候或者年轻时感兴趣的东西，有的人到了 40 岁左右会突然变得不感兴趣了。不过，40 岁左右开始喜欢上的兴趣爱好，大多数人就算到了 60 岁、70 岁也依然会玩得津津有味。上了年纪以后，对很多事情都变得没有兴致，但只要是与兴趣爱好相关的事情，很多人都会乐此不疲地去做。

我有一个朋友，特别喜欢登山和摄影。他几乎爬遍了日本所有的名山，拍摄高山植物就是他生活的意义。

可是，有一次他扭伤了腰，不能再去登山了。由于不能登山，他也就懒得出门，也不再为了登山而健身了，每天从早到晚都在电视前发呆。

以前他很爱说话，常常开怀大笑。但是，不出门之后，没过多长时间，他就变得不爱说话了，说话的时候也是有气无力的，感觉一下子老了很多。

家里人都很担心他，“拍不了高山植物，还有那么多其他漂亮的植物可以拍呢！下次去拍拍看吧！”于是，在家人的软磨硬泡之下，他终于出门了。

一开始，他仍显得毫无兴致，可是，和家人出去几次之后，他开始对一种植物产生了浓厚的兴趣。是什么呢？就是路边的草花，我们称为杂草。

注意观察之后，他发现自家的院子里，附近的公园里，散步的路上，都生长着各种各样的草花。再稍微走远一些，他还发现了很多完全不同种类的草花，于是他变得越来越痴迷。

如果他只对登山感兴趣，不能登山的话可能就会一直憋在家里了。幸好他还喜欢摄影，所以才能在生活的“荒漠”中再次找到“绿洲”。

上了年纪以后，有一些兴趣爱好可能因为身体的原因而无法坚持下去。

正因如此，我们才应该多培养几个兴趣爱好。

“这个玩不了，就玩玩那个”。这样就可以自然切换，兴趣爱好越多，好奇心和兴奋感就越多，情感也就可以保持年轻，不会轻易老化。

不要让动脑成为目的

当我们知道自己有可能活到 100 岁时，很多人想到的第一个问题就是“我不会得老年痴呆症吧？”

关于认知障碍，其实人们还有很多误解。“是不是变得和小孩子一样了呢？”“整个人的智力水平都会下降得特别严重吧？”有这种想法的人绝不在少数。

的确，在患有认知障碍的老年人中，有的变得像个孩子一样爱耍小性子。尽管如此，但这绝不代表他们已经丧失了成年人的骄傲和自尊。即使有很多事情，他们无法自己去完成，但是他们无疑也是成熟的大人。

另外，还有一些患者可能记不住刚刚听到的信息。可是，他还能记得住几十年前学过的法语，并且说得非常流利（内容方面或许会有一些混乱）。因此，老年人即使患了认知障碍，也不是一下子就变成了低智商的人。一般情况下，他们依然会保留曾经拥有的能力和知识（不过，这些能力和知识会因认知障碍而一点点丧失）。

还有一个数据显示，在 90 岁的老年人中，有 60% 都患有认知障碍；到了 95 岁，有类似症状的人则占 80%。这样看来，我们或许可以重新认识认知障碍。

“还是在得老年痴呆症之前死掉好。”很多人都会这样想。这也是因为人们对认知障碍的误解较深造成的。

由于这样的担心普遍存在，因此很多人都对大脑锻炼很感兴趣。“锻炼大脑，预防老年痴呆症”，逐渐形成了热潮。

几年前，面向成年人的锻炼大脑的游戏软件很受欢迎。

这些软件包含了多种锻炼大脑技能的项目，比如计算数字、朗读故事、计算时间、瞬时记忆等，通过完成这些项目，使大脑得到均衡锻炼。其中，特别受关注的是测定大脑年龄的游戏。

测试结果不同，得出的大脑年龄也会发生变化。大家为了得到一个更年轻的大脑年龄评分，开始疯狂地玩游戏锻炼大脑。

当然，这类锻炼大脑的游戏是有益的，玩一玩一定比不玩要好。因为玩的时候的确可以增加大脑中的供血量，对于激活额叶具有一定的作用。

但是，如果只是为了得到年轻化的大脑年龄而拼命玩游戏，将得分变成了目的，那就缺少现实意义了。

如果用开车来比喻，锻炼大脑的游戏相当于怠速运转，只能让发动机刚刚升温而已。并且，最近的研究表明，如果只是练习计算或者做一些文字游戏，那么只能激活大脑的部分机能，并不能激活整个大脑。

与其这样，不如让我们再前进一步。“去上老年大学吧”“自己办一个兴趣班吧”“忘掉一切，去非洲大草原看看吧”。像这样，只有让大脑在实际行动中快速运转，才可能让情感保持年轻。

如果仍有人觉得玩玩游戏就可以锻炼大脑，那我真的要建议他们放下游戏机、走出家门了。

种植家庭菜园
可以预防情感老化

你听说过这样一句话吗？“农民年年都上一年级”。

农民种植稻谷和蔬菜。就算今年收成好，也不能保证明年一定会更好。为什么呢？因为他们要和大自然打交道。即使在相同地区，每年的降水量、日照时间、温度都会不一样。而且，有时候会有害虫，有时候又会长杂草。

正因如此，农民每年都像刚上一年级的新生，要适应新环境，所以才有“农民年年都上一年级”这句俗语。

也就是说，农民的生活不可能公式化，永远都会出现新的挑战。

退休之后，很多老年人开始种植家庭菜园。因为不知道第二天会发生什么，所以它才成了预防情感老化的好方法。

“会不会发芽呢？”“不会有小飞虫来捣乱吧？”“能不能长好呢？”每次来到菜园，心里都在打鼓，这种情感变化对额叶会形成很好的刺激。

而且，种植作物的工作都是在白天进行，人可以充分沐浴在阳光下，这也会促进血清素的分泌，因此还能避免出现抑郁。

再加上种植菜园的时候全身都要活动，运动量比想象中要大得多，这样还可以防止体力下降。当然，收获的喜悦也是无可替代的。

可以说，种植家庭菜园的好处太多了。

小时候，我们都玩过泥土吧。玩的时候会忘记一切，一会儿堆一座土山，一会儿做一大片泥球儿。玩泥土给我们留下了快乐的回忆，它就像一扇大门，大门里是满满的兴奋感和满足感。

“干点什么好呢？什么都无聊。”这种时候，就先从收拾一个小花盆开始吧。尝试种一些蔬菜，回到童年，让自己沉浸在玩泥土的乐趣中吧。

养成小憩的习惯，保持心理健康

因过劳猝死的人和因过劳压力过大而自杀的人，你知道哪一类人更多吗？

答案是后者，扛不住繁重的工作，最后结束自己生命的人更多。疲劳与情感的变化关系密切。极度疲劳的时候，人的情绪也会变得特别消沉，而且很难控制自己的情绪，会变得暴躁易怒，有时又会莫名流泪。

同时，还容易产生心理视野狭窄。“我怎么都做不好”“我这人太笨了”，不少人都摆脱不了这样的困惑，最后走上了不归路。

正因如此，当你感到自己有些意志消沉，或者持续焦虑的时候，最好的办法是不要强迫自己做什么去转移压力，而是主动休息一下。

特别是上了年纪以后，不光是身体，大脑也容易变得疲劳。让身体与大脑得到充分休息的最有效的方法就是睡眠。并且，不用一觉睡到天昏地暗，只要 20 分钟的午后小憩就足够了。睡醒之后，无论是身体还是大脑，都会得到超乎想象的舒适感。请各位读者朋友一定要在生活中尝试一下。

例如，午饭之后谁都会犯困。这个时间，如果勉强自己继续工作，效率会很低，还不如睡上一会儿。不仅身体和大脑会得到休息，心情也会变得很好。

从我自身的情况来说，午餐和晚餐后我都会小憩一会儿，这已经成了我每天的必修课。每次起来之后，心情都会变得很好，工作也成效显著。

如果在公司上班，中午很难在工位上午睡，那就到公园的长椅、附近的网吧或者 KTV 的包厢里打个盹儿也行。最近，我听说有不少人中午会找一辆共享汽车，到里面小睡一会儿。

在人生后半程，“日积月累”不如“开闸放水”

很多人在退休之后都会下个决心，“从今天开始，我要学点新东西！”

有学习欲望，要学习新的东西固然很好。但是，进入人生后半程之后，学习的知识最好不要让它成为堆积在“仓库”的死知识，而要主动让学过的知识在生活中“活”起来。

比如，中考、高考前的复习是为了考上高中和大学。工作时，我们还会为了获得某种职业资格而努力学习。

但是，在人生后半程，很多人都会想，“多了解一些知识，让自己变得有学识”“想成为一个受别人尊重的人”。

的确如此，在以前，有学识的人的确会被周围的人高看一眼。但是，现在这个时代，只要有一部手机，有一根手指，什么知识都可以瞬间查到。没有人会特意跑去问别人，因为很容易就可以找到答案。

因此，除非掌握了专业性非常强的知识，否则很难引来周围人崇敬的目光。这样看来，退休之后才积累的一些小知识，又怎么会让别人高看你一眼呢？

日本人对于学习有一种固定的认识——只有掌握新的知识，增加了知识量才是学习。因此，总觉得自己的知识量不够，总是极端地鼓励自己多去学习新知识。其实，在人生后半程，积累再多的知识也没有太大的作用，“日积月累”不如“开闸放水”。

2011 年，《文艺春秋》刊载了我和御茶水女子大学名誉教授外山滋比古老师的对话，标题是“退休之后的学习所需的记忆力”。

在我们的对话中，外山教授提出“过了50岁以后，就别再学习什么了”。原来，他主张“不要闷在书房里，主动和别人展开讨论，才是最大的乐趣，要有意识地输出知识。”

进一步解释的话，就是最好多结识一些不同行业不同领域的朋友，大家坐在一起谈天说地。在日常生活中，多想想怎么才能让别人更爱听你说话，然后不断付诸实践。与别人沟通的时候，大脑必须快速运转。在与他人交流的过程中，自己还会得到新的刺激，获得新的灵感。

外山教授的话让我也很受启发。由此，我也得出结论，退休后要学习，但并非传统方式的积累式学习，而是与人交流的输出式学习，这样才能更有效果。

不要轻信电视上所说的一切

如今，看电视的年轻人越来越少了，大多数人都开始用手机和电脑获取信息。很多年轻人，一天连一眼电视都不会看。

但是，随着年龄的增长，人们看电视的比例却有所上升。并且，很多人会将电视上的信息不假思索地全盘接受。

举个例子，主持人池上彰有一档节目，不仅介绍世界上发生的各类时事，还会介绍各国的政治体制。

节目语言通俗易懂，解释得非常细致。有很多中老年朋友，看了这档节目之后，都会想“原来就是这么简单的一回事呀”，从而得到一种获取信息的满足感。

池上彰先生是我非常尊重的一位主持人，我丝毫没有想要否定他的意思。但是，如果看了池上彰先生的节目之后，“原来是这么回事”“可算是理解了”，这样就心满意足的话，确实很难让自己的智力水平有所提升。

更重要的一点是，人们很难从不同的角度看待同一问题。“真的是这样吗？”“是不是还有其他的观点呢？”“如果局势发生变化，这个观点还会成立吗？”

不要把别人的观点当作知识直接吸收，一定要在大脑中增加一道程序，“真的是这样吗？”经过这一层过滤之后再吸收知识也不迟。或者，干脆就换成另一种思路。这样的一道工序，对于大脑而言，是很好的刺激，它可以帮助我们保持情感年轻。

日本人遇到不清楚的地方，总觉得不好意思问。大概也是因为这个原因，所以这类节目的收视率一般会比较高。

可是，如果人云亦云的话，自己就会成为别人的“奴隶”。如果把自己的知识体系建立在别人的观点之上，我们看电视的时候，也许会看到另一幅画面。

另外，不要只看电视，我建议你偶尔上网看一看。在网上，所有人都可以自由发表自己的观点。电视上同一个节目的专家们都会统一说法，“这个就要这么理解！”但是，在网上就不一样了，“我不赞成你的观点”“你的看法有点片面”……很多人会发表不同的意见。这样做不仅可以通过多个视角看问题，还可以印证一下到底有多少人支持电视上专家们的观点。

之后，可能你会发现，专家们的意见并没有多大的说服力。要是自己的意见能得到更多人的支持，那就更好了。

这种方式不仅可以预防情感老化，还可以让自己的学习充满动力。

我的想法

后 记

在本书中，我主要面向正处于“思秋期”的40~60岁的中老年人提出自己的观点。

为什么呢？因为在这个年龄段，情感已经开始老化，如果听之任之，后果会越来越严重。如果这段时期过得健康、开心，那么之后也会过得比较顺利，因为这段时期真的是一个非常重要的人生阶段。

实际上，青春期和“思秋期”会产生一种相似的变化。

在青春期，性激素开始大量分泌，男孩和女孩从中性开始变成了真正的男性和女性。而在“思秋期”，男性和女性又都因为性激素分泌的减少，重新向中性靠近。在青春期，男孩和女孩都会问自己“我是谁”，之后会逐渐建立自我认同感。接着，还会思考“我要成为什么样的大人”，对自己未来的人生进行规划。

在“思秋期”，男性和女性都会从动物属性肩负的繁殖任务中解脱出来，开始寻找新的人生方向。“我要过什么样的晚年生活呢？”到达人生终点的路径都在这一时期描绘。

可以说，青春期如何度过，决定了一个人将成为怎样的成年人。同样，“思秋期”如何度过，也决定了一个人将迎接怎样的晚年。

不过，“思秋期”的人要面临很多变化。

在工作中，要继续努力吗？还是就这样平庸地迎来退休？岔路口就在这一时期。退休之前，还要想一想如何打发不用上班的日子。

在家庭中，孩子要考大学、找工作、结婚。

这个时期，差不多也要开始照顾老人了，买了房子的人还要每个月还贷款，可能根本没有精力顾得上自己。

雪上加霜的是性激素分泌减少，自律神经开始紊乱，血清素也越来越少，由于这些因素叠加导致记忆力减退，做什么都没有动力。“思秋期”简直就是受难季。

如果在这个时期放任情感老化下去，那么晚年生活不可能露出曙光。这个时期虽然会有很多很多的烦恼，需要考虑各种各样的问题，但一定要记得体恤自己，为了晚年生活更加幸福，为了延缓情感老化，为了保持情感年轻而努力。

在日本，对于逆龄还没有形成广泛的认知。即便是激素补充治疗，明明接受治疗后会有很多好处，但是，还是有很多人会持有偏见、误解，一意孤行，结果眼睁睁地看着宝贵的治疗时机溜走了。

在生命的旅途中，衰老是无法避免的。但是，除了变得更加主动，改变生活方式，我们还有很多事情可以做。人生最大的乐趣，也可以是与衰老对抗到底，让身心保持年轻。如果已经努力了，那么等到真的迎来了不得已而衰老的那一天，我们的心情也一定是非常平静的。

在本书中，我把自己可以想到的办法毫无保留地告诉给了各位读者朋友，有的方法是让“思秋期”的你保持青春活力，有的方法是让你的晚年生活变得丰富多彩。如果其中的一两个方法可以帮助到你，可以让你的未来更加幸福，我就心满意足了。

和田秀树

术语表

额叶	前頭葉	身体部位
认知障碍	認知症	疾病名
激素	ホルモン	化学物质
血清素	セルトニン	化学物质
逆龄	アンチェイジング	治疗方法
边缘系统	辺縁系	身体部位
持续症	保続	症状
脑叶白质切除术	ロボトミー手術	治疗方法
胆固醇	コレステロール	化学物质
去甲肾上腺素	ノルアドレナリン	化学物质
多巴胺	ドーパミン	化学物质
挫败感	フラストレーション	症状
老年抑郁症	高齢者うつ	疾病名
血管性抑郁	血管性うつ	疾病名
脑出血	脳出血	疾病名
脑梗死	脳梗塞	疾病名
海马体	海馬	身体部位
阿尔茨海默病	アルツハイマー病	疾病名
脊椎动物	脊椎動物	动物种类
生殖腺	生殖腺	身体部位
类固醇激素	ステロイドホルモン	化学物质
性激素	性ホルモン	化学物质
头疼	頭痛	症状

头晕	めまい	症状
焦躁	イライラ	症状
耳鸣	耳鳴り	症状
失眠	不眠	症状
肩膀僵硬	肩こり	症状
心悸	動悸	症状
气血上冲	のぼせ	症状
盗汗	発汗	症状
更年期综合征	更年期障害	疾病名
睾酮	テストステロン	化学物质
晨勃	朝勃ち	生理现象
胰岛素	インスリン	化学物质
骨质疏松	骨粗しょう症	疾病名
胆固醇	コレステロール	化学物质
乳腺癌	乳がん	疾病名
LOH	LOH 症候群	疾病名
门诊	外来	医疗机构
前列腺癌	前立腺がん	疾病名
双氢睾酮	ジヒドロテストステロン	化学物质
非那雄胺	フィナステリド	药物名
默克集团	メルク社	企业名
勃起功能障碍	勃起不全	疾病名
萧夏	クロード・ショーシャ	人名
可替代选项	オルタナティブ	特殊名词

术语表

异位性皮炎	アトピー性皮膚炎	疾病名
食物盲从	フードファディズム	疾病名
前额叶皮层	前頭前野	身体部位
消化酶	消化酵素	化学物质
氨基酸	アミノ酸	化学物质
色氨酸	トリプトファン	化学物质
血红素	ヘム鉄	化学物质
左旋肉碱	カルニチン	化学物质
血清素	セロトニン	化学物质
代谢综合征	メタボリックシンドローム	疾病名
心肌梗死	心筋梗塞	疾病名
多酚	ポリフェノール	化学物质
不饱和脂肪酸	不飽和脂肪酸	化学物质
维生素 C	ビタミン C	化学物质
维生素 E	ビタミン E	化学物质
β－胡萝卜素	β - カロチン	化学物质
硒	セレン	化学物质
辅酶 Q10	コエンザイム Q10	化学物质
活性氧	活性酸素	化学物质
自由基	フリーラジカル	化学物质
过敏	アレルギー	疾病名
过敏原	アレルゲン	化学物质
顶叶	頭頂葉	身体部位
颞叶	側頭葉	身体部位